A FORÇA DO DIREITO

Frederick Schauer

A FORÇA DO DIREITO

Tradução ANDRÉ LUIZ FREIRE
Revisão técnica CELSO FERNANDES CAMPILONGO
LUCAS FUCCI AMATTO

wmf martinsfontes

Esta obra foi publicada originalmente em inglês com o título THE FORCE OF LAW pela Harvard University Press.
Copyright © 2015, by the President and Fellows of Harvard College
Copyright © 2022, Editora WMF Martins Fontes Ltda.,
São Paulo, para a presente edição.
Publicado em acordo com a Harvard University Press.

Todos os direitos reservados. Este livro não pode ser reproduzido, no todo ou em parte, armazenado em sistemas eletrônicos recuperáveis nem transmitido por nenhuma forma ou meio eletrônico, mecânico ou outros, sem a prévia autorização por escrito do editor.

1ª edição 2022

Tradução *André Luiz Freire*

Revisão técnica *Celso Fernandes Campilongo e Lucas Fucci Amatto*
Acompanhamento editorial *Márcia Leme*
Preparação de texto *Maria Luiza Favret*
Revisões *Nanci Ricci, Sandra Regina de Sousa e Ricardo Franzin*
Edição de arte *Gisleine Scandiuzzi*
Produção gráfica *Geraldo Alves*
Paginação *Renato Carbone*

Dados Internacionais de Catalogação na Publicação (CIP)
(Câmara Brasileira do Livro, SP, Brasil)

Schauer, Frederick
   A força do direito / Frederick Schauer ; tradução André Luiz Freire. – 1. ed. – São Paulo : EditoraWMF Martins Fontes, 2022. – (Biblioteca JurídicaWMF)

   Título original: The force of law.
   ISBN 978-85-469-0353-5

   1. Coação (Direito) 2. Coerção I. Título. II. Série.

21-95341   CDU-340.11

Índice para catálogo sistemático:
1. Coerção : Teoria : Direito   340.11

Eliete Marques da Silva – Bibliotecária – CRB-8/9380

Todos os direitos desta edição reservados à
Editora WMF Martins Fontes Ltda.
Rua Prof. Laerte Ramos de Carvalho, 133 01325.030 São Paulo SP Brasil
Tel. (11) 3293.8150 e-mail: info@wmfmartinsfontes.com.br
http://www.wmfmartinsfontes.com.br

SUMÁRIO

Prefácio, IX
Sobre a jurisprudência geral e particular: uma introdução à edição brasileira de A força do direito, XV
Uma nota sobre as notas, XXI
Apresentação: Coerção e teoria do direito, XXIII

1. INTRODUÇÃO: A FORÇA DO DIREITO, 1

    1.1. A ubiquidade da coerção, 1
    1.2. Obediência ao direito, 7
    1.3. As dimensões da força, 11
    1.4. A força do direito, 14

2. O DIREITO DE BENTHAM, 17

    2.1. O direito como coerção – o começo, 17
    2.2. Austin entra, 23
    2.3. A sabedoria convencional, *circa* 1960, 30

3. A POSSIBILIDADE E A PROBABILIDADE DO DIREITO NÃO COERCITIVO, 35

    3.1. As partes faltantes da sabedoria convencional, 35
    3.2. H. L. A. Hart e os furos no quadro de Austin, 40
    3.3. A internalização das regras jurídicas, 47
    3.4. Internalização e a natureza do direito, 54

3.5. Genéricos, conceitos e o conceito de direito, 57
3.6. Em busca do homem perplexo, 62

4. EM BUSCA DO HOMEM PERPLEXO, 67
    4.1. Fazendo um balanço – e avançando, 67
    4.2. O que é obedecer ao direito?, 74
    4.3. Refinando a questão, 80
    4.4. O ser e o dever ser, 84

5. AS PESSOAS OBEDECEM AO DIREITO?, 89
    5.1. Cumprindo as leis de que gostamos, 89
    5.2. Isolando o efeito do direito, 96
    5.3. Sobre obediência à autoridade, 106
    5.4. O direito causa a moralidade?, 108
    5.5. A contingência cultural da obediência ao direito, 114

6. OS AGENTES PÚBLICOS ESTÃO ACIMA DO DIREITO?, 117
    6.1. Tartarugas até o final, 117
    6.2. Os fundamentos não jurídicos do direito, 120
    6.3. A força e os fundamentos do direito, 127
    6.4. A questão da obediência oficial, 133
    6.5. Quando e como o direito obriga (se é que obriga) as políticas públicas oficiais?, 138

7. COAGINDO A OBEDIÊNCIA, 143
    7.1. O argumento até agora, 143
    7.2. Os incentivos ao cumprimento, 150
    7.3. As ocasiões do direito, 153
    7.4. A função de resolução do direito, 160
    7.5. Anjos equivocados, 163

8. CENOURA E PORRETE, 169
    8.1. O aparente erro de Austin, 169
    8.2. Dois tipos de benefícios, 175

8.3. A política das recompensas, 178
8.4. Recompensas e a natureza do direito – No final das contas, talvez Austin estivesse certo, 183

9. O ARSENAL COERCITIVO, 189
   9.1. Além (ou talvez antes) das ameaças, 189
   9.2. As sanções são sempre coercitivas? A coerção sempre envolve sanções?, 193
   9.3. Multas, tributos e o custo de fazer negócios, 197
   9.4. A reputação importa, 201
   9.5. Fora! Expulsão e outras incapacitações, 205
   9.6. A coerção e o papel do direito privado, 209

10. INUNDADO EM UM MAR DE NORMAS, 213
    10.1. Das normas jurídicas e não jurídicas, 213
    10.2. O efeito do direito sobre as normas, 220
    10.3. O efeito das normas sobre o direito, 226
    10.4. Existe uma norma do direito?, 229

11. A DIFERENCIAÇÃO DO DIREITO, 233
    11.1. Um pacote de diferenças, 233
    11.2. O assaltante armado – De novo, 241
    11.3. Direito não estatal, 244
    11.4. E, assim, sobre a coerção, 246
    11.5. Coda: o ponto de tudo isso, 252

Notas, 255

PREFÁCIO

Concebido como uma intervenção nos debates, no âmbito da jurisprudência* analítica, este livro foi além disso. O plano inicial era contestar a ideia, predominante desde que H. L. A. Hart publicou a sua profunda e importante obra *The Concept of Law*, em 1961**, de que a natureza própria do direito reside não na sua capacidade coercitiva, mas em outro aspecto. O alvo de Hart era a explicação oferecida num primeiro momento, em profundidade, por Jeremy Bentham, em 1793, e depois desenvolvida por John Austin, discípulo de Bentham, nas aulas publicadas subsequentemente, em 1832, como *The Province of Jurisprudence Determined*. De acordo com essa explicação, o traço característico do direito está no modo como ele nos diz o que fazer e nos ameaça, apontando as consequências desagradáveis se não obedecermos. Mas o direito pode existir sem coerção, Hart argumentou, e pode ser encontrado sempre que os agentes internalizam um conjunto de regras. Que essas regras sejam ordinariamente su-

---

* O termo "jurisprudência" é usado por Schauer no sentido de "filosofia jurídica". No debate travado em língua inglesa, é muito mais comum o uso do termo "jurisprudência" nesse sentido do que no Brasil. Aliás, o próprio autor apontou isso na Introdução à edição brasileira desta obra. [N. do T.]

** Há tradução brasileira. HART, H. L. A. *O conceito de direito* (trad. Antônio de Oliveira Sette-Câmara. São Paulo: WMF Martins Fontes, 2012). [N. do T.]

portadas pela força, este pode ser um relevante fato sobre como o direito tipicamente opera, Hart sustentou, mas isso é irrelevante como questão filosófica ou conceitual. Para Hart, e ainda mais para aqueles que o sucederam, é a internalização sistemática e estruturada das regras que faz que se tornem direito, e não o fato de o direito com frequência ser suportado por aquelas regras, com a ameaça da força.

Por razões que serão tratadas no Capítulo 1 e desenvolvidas nos Capítulos 2, 3 e 4, questiono a visão de Hart e questiono se a força e a coerção são tão irrelevantes para explicar a natureza do direito, como talvez Hart e, certamente, sua legião de seguidores assumiram. Mas se tornou evidente para mim que o papel da força no direito não pode simplesmente ser relegado à margem dos debates dentro da jurisprudência filosófica. Ao contrário, o tópico da força no direito tem dimensões sociológicas, psicológicas, políticas e econômicas que vão além do conceitual e do filosófico. Lidar com essas dimensões empíricas da coercitividade disseminada do sistema jurídico pode nos ajudar a entender o que o direito é, como opera e o papel que desempenha numa sociedade organizada.

Entender o direito como tipicamente coercitivo dificilmente é uma revelação. Mas há razões que levaram Hart e seus seguidores a minimizar essa característica aparentemente óbvia do direito. Em particular, é frequente afirmar-se que muitas pessoas obedecem ao direito apenas porque é o direito, e não por causa do que o direito pode fazer a elas se desobedecerem. Se isso for verdade e, portanto, se a orientação jurídica não coercitiva for generalizada, então a coerção jurídica é mais bem entendida como parte dos esforços do Estado para controlar a minoria de desobedientes, e não para explicar o que o direito significa e faz para a maioria da população. Mas a alegação de que o direito é cumprido de modo generalizado apenas porque é o direito pode muito bem ser falsa – falsa para os cidadãos comuns e, talvez surpreendentemente, ainda mais falsa para as autoridades. Explicar e documentar essas conclusões constitui o escopo de grande parte deste livro. Então, se nem os cidadãos nem os agentes públicos mostram-se muito inclinados a obedecer ao direito quando o que o direito ordena conflita com o que eles teriam feito em bases independentes do direito, a necessidade de coerção se torna aparente. Uma maneira de entender a motivação deste livro, portanto, é tentar explicar o que parece um fato obviamente importante sobre o mundo: o direito é comum e valiosamente coercitivo. Poderíamos dizer, como o faz grande parte da comunidade jurisprudencial contemporânea, que o fato generalizado da coercitividade do direito não é tão importante, ou pelo menos não tão importante jurisprudencialmente. Ou poderíamos, de preferência, na minha opinião, tentar explicar por que a face do direito que parece tão importante para os cidadãos comuns, os agentes públicos e os comentaristas não jurídicos se tornou e é tão relevante. Assumir essa última tarefa, em várias dimensões e sob vários ângulos, constitui o objetivo principal deste livro.

O fato de essa característica do direito, tão importante e evidente para quase todos, exceto para os jusfilósofos, ser tão marginal para a empreitada jurisprudencial diz algo sobre a empreitada da filosofia do direito – a jurisprudência – em si. Portanto, um subtexto corrente deste livro é um desafio a um modo prevalente de investigação jurisprudencial. Para a maioria dos praticantes contemporâneos da jurisprudência, a tarefa principal ou mesmo exclusiva de sua atividade é identificar as propriedades *essenciais* do direito, as propriedades sem as quais ele não seria direito, e as propriedades que o definem em todos os sistemas jurídicos possíveis, em todos os mundos possíveis. Mas essa compreensão da empreitada jurisprudencial repousa sobre o que é, no mínimo, uma visão bastante contestada e muito possivelmente equivocada da natureza de nossos conceitos e categorias e da natureza de muitos dos fenômenos – incluindo o direito – aos quais esses conceitos e essas categorias estão conectados. Ao enfatizar a importância da coerção para o direito tal como ele existe e é experimentado, embora ainda não insistindo que a coerção seja uma característica essencial de todo direito ou mesmo de todo sistema jurídico imaginável, contesto os métodos da jurisprudência moderna, bem como uma de suas conclusões importantes. Os dois objetivos estão vinculados neste livro, mas o leitor deve ter em mente que são dois objetivos distintos, e não um só.

Trabalho tendo em vista a ideia ultrapassada, não mais vigente, de que os livros devem ser escritos como livros, e de que a maioria dos livros que constituem coleções de artigos publicados anteriormente devem ser lidos como coleções de artigos publicados anteriormente. E, embora este livro tenha sido escrito como um livro do começo ao fim, aproveitei a oportunidade para falar e escrever sobre as dimensões coercitivas do direito em várias ocasiões e, assim, refinar minhas ideias, em resposta às críticas feitas verbalmente ou publicadas. Portanto, embora algumas das ideias que ofereço aqui tenham sido assunto de artigos anteriores publicados no *Canadian Journal of Philosophy*, *Ratio Juris*, *Canadian Journal of Law and Jurisprudence*, *Yale Law Journal* e *Archiv für Recths-und Sozialphilosophie*, de duas palestras para o *Jurisprudence Discussion Group* na Universidade de Oxford e de quatro palestras posteriormente publicadas: a *MacCormick Lecture* na Universidade do Arizona, a *Sibley Lecture* na Universidade da Georgia, a *"Or" Emet Lecture* na *Osgoode Hall Law School* da York Universidade e a *Julius Stone Lecture* da Universidade de Sydney, não há repetição de texto ou de estrutura. Ao escrever sobre esse tópico com palavras diferentes e sob um foco diferente, sinto-me confortável em afirmar que meu pensamento sobre a coerção jurídica é agora substancialmente diverso e mais refinado do que naquelas ocasiões anteriores. Se as alterações e os refinamentos subsequentes foram para melhor, cabe ao leitor avaliar.

Grande parte deste livro foi concluída durante uma licença sabática da School of Law da University of Virginia, instituição à qual sou grato não apenas pela licença, mas também, e ainda mais importante, por muitas outras formas de apoio, tangíveis e intangíveis. O ano sabático ocorreu na Columbia Law School, na qual o corpo docente e a equipe colaboraram de várias maneiras. Larry Alexander, Charles Barzun, Brian Bix, Sarah Conly, Nicoletta Ladavac, Dan Ortiz, Veronica Rodriguez-Blanco, Kenneth Winston e Adrian Vermeule forneceram comentários detalhados sobre todo o manuscrito, e Kim Ferzan, John Gardner, Grant Lamond, Margaret Martin, Rip Verkerke e Sai Prakash, sobre grande parte dele. Todos dedicaram um tempo valioso do próprio trabalho para colaborar com o meu trabalho. Também sou grato às audiências da Cornell University, da Hebrew University of Jerusalem, da Melbourne University, da University of Oxford, da University of Toronto, da Stockholm University e da University of Virginia, que proporcionaram um fórum valioso para aprimorar os argumentos do manuscrito final. Este livro apresenta ainda frases mais curtas e referências mais longas a dados empíricos do que teria normalmente graças sobretudo a Bobbie Spellman, que leu o manuscrito inteiro com a mistura correta de apreciação e ceticismo e ofereceu o seu apoio de tantas outras maneiras que não haveria palavras que eu conseguisse escrever para agradecer.

SOBRE A JURISPRUDÊNCIA GERAL E PARTICULAR: UMA INTRODUÇÃO À EDIÇÃO BRASILEIRA DE *A FORÇA DO DIREITO*

Há uma respeitável distinção na filosofia do direito entre jurisprudência geral e particular. O termo "jurisprudência", em português, e seus equivalentes em italiano, francês, espanhol e outras línguas, pertencentes ao mundo do direito legislado, costuma referir-se ao direito feito pelos juízes, e não a questões amplas ou profundas sobre a natureza do direito. Aqui, usarei a expressão "filosofia do direito" como equivalente ao que, em inglês, em geral é referido como "jurisprudência", embora reconheça que tais questões amplas e profundas podem ser abordadas, por exemplo, sob a perspectiva da história, da sociologia ou da psicologia, e não só da filosofia. Ainda assim, e independentemente do rótulo, é feita uma distinção que remonta ao menos até John Austin, no início do século XIX, entre o geral e o particular na teorização sobre o direito e a sua natureza*.

De acordo com essa distinção, a filosofia do direito particular preocupa-se com os fundamentos filosóficos do direito em

---

* O termo "jurisprudência geral" tem sua origem em John Austin, *The Province of Jurisprudence Determined*, Wilfrid E. Rumble ed. (Cambridge: Cambridge University Press, 1995) (1832). Veja Wilfrid E. Rumble, "The Legal Positivism of John Austin and the Realist Movement in American Jurisprudence", *Cornell Law Review*, 66 (1981), pp. 986-1031, pp. 996-998.

determinados países ou jurisdições, ou talvez até mesmo em grupos (ou famílias) de países ou jurisdições, como o grupo do *civil law*, o grupo do *common law* e o grupo das democracias liberais seculares industrializadas contemporâneas. Já a filosofia do direito geral preocupa-se com a natureza do direito em todos os lugares. Não se preocupa com o direito aqui ou ali, mas com o próprio conceito de direito em todos os sistemas jurídicos possíveis, em todos os mundos possíveis.

Os adeptos da filosofia do direito geral, como Joseph Raz, Leslie Green, Julie Dickson e Jules Coleman, todos discutidos neste livro, costumam realizar suas investigações teóricas por meio do que na época atual é chamado de "análise conceitual", a teoria filosófica e a investigação não empírica sobre o que é necessariamente parte da própria ideia de direito. Por outro lado, aqueles que seguem uma filosofia do direito específica, fazem-no examinando a natureza do raciocínio jurídico ou ideias jurídicas em jurisdições específicas ou famílias jurídicas específicas. Ao proceder dessa maneira, eles confiam mais fortemente, e talvez necessariamente, na investigação empírica, reconhecendo que a filosofia do direito particular deve começar pela identificação dos objetos de investigação existentes.

Fica implícito, no que foi apontado, que a distinção entre investigação empírica e análise conceitual não se ajusta perfeitamente à distinção entre filosofia do direito particular e geral. A filosofia do direito geral pode – talvez deva – começar com a tarefa necessariamente empírica de identificar o objeto da investigação, e a filosofia do direito particular pode – novamente, talvez deva – confiar em pelo menos alguma análise conceitual para que a investigação seja qualificada como filosofia, e não outra coisa.

Mesmo que a distinção entre filosofia do direito particular e geral seja clara, pode ser que a filosofia jurídica geral seja simplesmente impossível. E, embora seja lamentável que alguns dos chamados pluralistas jurídicos erroneamente usem a expressão "jurisprudência geral" nas suas investigações*, esses teóricos insistem que a diversidade de culturas ao longo do tempo e do espaço é simplesmente muito ampla para permitir qualquer generalização significativa. Muitas das características que podemos associar aos sistemas jurídicos contemporâneos, em sistemas jurídicos seculares e em democracias liberais industrializadas, eles argumentam, não são encontradas em culturas não contemporâneas, não industrializadas, não seculares, não democráticas e não liberais, muitas das quais dependem de métodos tão diferentes de controle social e organização social que não há nada reconhecível como direito nessas sociedades tão diferentes.

Tudo isso permite identificar, mas não resolver, uma série de debates na teoria jurídica moderna. E esta introdução certamente não é o lugar para resolver esses debates sobre a metodologia filosófica do direito e sobre os objetos da investigação filosófica do direito. No entanto, apontar essas questões mostra-se apropriado aqui exatamente porque não está claro, nem mesmo para o autor, se este livro é um exercício de filosofia jurídica geral ou particular, ou mesmo até que ponto é um exercício de filosofia do direito. Ele é, sem dúvida, interdisciplinar, empregando a análise filosófica para esclarecer conceitos importantes e para situar muitas das afirmações feitas nesta obra no contexto de uma literatura que é inegavelmente filosófica. E como grande parte dessa literatura é, na certa, a literatura da filosofia do direito geral, este livro está claramente em debate com as principais linhas da filo-

---

* Veja William Twining, *General Jurisprudence: Understanding Law from a Global Perspective* (Cambridge: Cambridge University Press, 2009); Brian Tamanaha, "What is 'General' Jurisprudence? A Critique of Universalistic Claims by Philosophical Concepts of Law", *Transnational Legal Theory*, 2 (2015), pp. 287-308.

sofia do direito geral e é, de maneira importante, um desafio a essas afirmações. Desde que H. L. A. Hart demonstrou, em *O conceito de direito*, que o conceito de direito por *ele* identificado poderia prescindir de coerção, sanção ou força, a principal corrente da filosofia jurídica analítica geral de língua inglesa considerou axiomático que coerção, sanção e força não são propriedades necessárias de todos os sistemas jurídicos possíveis, em todos os mundos possíveis. Assim, como costumam assumir os praticantes da filosofia do direito geral de língua inglesa, esses aspectos comuns dos sistemas jurídicos reais, no nosso mundo real, ainda não têm interesse jurídico-filosófico algum.

Ao desafiar esse princípio da filosofia jurídica analítica de língua inglesa contemporânea, este livro também pode ser visto como um desafio ao próprio projeto da filosofia jurídica geral. Mesmo se for verdadeiro que o uso ou a ameaça da força não consiste numa característica necessária do conceito de direito, o fato de a força ser uma parte onipresente de todos os sistemas jurídicos que realmente conhecemos sugere que o projeto da filosofia jurídica geral é deficiente como uma questão explicativa, mesmo em seus próprios termos, ou que aquela ideia genuína sobre o direito deve vir das investigações parcialmente particulares e parcialmente empíricas que costumam ser associadas à filosofia do direito particular e com frequência são desacreditadas no mundo da filosofia jurídica geral.

Agradeço a André Luiz Freire, amigo e ex-aluno, pela tradução do livro, por providenciar sua publicação e levar sua mensagem ao público de língua portuguesa. O próprio fato de que o livro tenha algo a dizer para culturas jurídicas muito diferentes pode, de modo perverso, servir de argumento para ao menos uma forma de filosofia jurídica mais geral, que renuncie a afirmações conceituais amplas e universais, mas ainda busque falar filosófica e teoricamente além das fronteiras nacionais e jurisdicionais. Se tal objetivo não é filosofia jurídica nem geral, nem particular, então talvez essa ambiguidade deva ser considerada uma virtude, e não um vício.

FREDERICK SCHAUER
Março de 2021

UMA NOTA SOBRE AS NOTAS

Pelos parâmetros da escrita jurisprudencial contemporânea, as notas que acompanham o texto são extensas. Quando H. L. A. Hart escreveu *The Concept of Law*, a jurisprudência era dominada por grandes tratados que forneciam referências exaustivas e categorizações elaboradas, mas nos quais eram raras as aspirações a novas visões. Hart, em consequência, achou útil enfatizar que ele não estava escrevendo um livro sobre outros livros. Suas referências eram esparsas e, o que não era convencional, na época, para a escrita acadêmica, apareciam escondidas no final do livro. Mas, quaisquer que sejam os méritos ou deméritos da abordagem de Hart, ela foi entusiasticamente abraçada pela maioria de seus sucessores, de modo que, hoje em dia, o livro ou artigo típico de filosofia do direito contém um número lamentavelmente pequeno de referências a outras obras.

Eu rejeito essa abordagem. O estudo acadêmico é um empreendimento coletivo, e trabalhos discretos, com poucas referências, tendem a enfatizar com exagero a novidade das contribuições do autor, a ignorar quanto o trabalho dele foi construído com base no que foi feito por outros e a oferecer pouca ajuda ao leitor que busca orientação informada para outros escritos e ao ambiente acadêmico relevante em que o trabalho se insere. Consequentemente, considero muito melhor oferecer muitas referências. Se essas referências puderem servir de apoio, em termos de bibliografia, ao leitor que busca indicações para outros trabalhos, essa será uma ajuda valiosa. Se puderem deixar claro que minhas contribuições se baseiam naquelas de outras pessoas e estão inseridas numa comunidade maior de estudos e estudiosos, serão ainda mais valiosas.

Dito isso, reconheço que tentar ler um livro ou um artigo alternando constantemente a leitura do texto e das notas de rodapé é uma distração incômoda. Então, no texto que se segue, foram usadas notas de fim, no lugar de notas de rodapé, mas será pouca a perda se o leitor não interromper a leitura do texto para ler as notas de fim. E nos lugares onde as notas de fim contêm digressões textuais, e não simplesmente referências, as digressões são apenas isso, e o leitor é convidado a lê-las em separado do texto e avaliar se o que dizem e quando dizem pode ser de seu interesse.

APRESENTAÇÃO: COERÇÃO E TEORIA
DO DIREITO

I. Um autor não convencional

A obra que a Martins Fontes oferece ao público é de um autor "não convencional". Frederick Schauer é, sem dúvida, um dos mais importantes teóricos do direito do mundo. Pode-se dizer que ele é um autor "não convencional" por três razões. A primeira delas, porque ele sempre esteve acostumado a questionar, de forma profunda e clara, concepções dominantes no direito constitucional norte-americano e na filosofia do direito. A segunda, porque ele possui um método de fazer filosofia do direito diferente do usual, fundamentando-se bastante em estudos empíricos para fazer afirmações filosóficas sobre o direito. E, a terceira, pelo seu estilo de escrever e apresentar as questões.

Nascido em 15 de janeiro de 1946, em Newark, estado de Nova Jersey, nos Estados Unidos da América, Schauer é neto de austríacos que emigraram para os Estados Unidos em 1902. Em 1967, obteve seu bacharelado pela Dartmouth College e, no ano seguinte, um MBA pela Amos Tuck School of Business Administration da Dartmouth College. Seu título de Juris Doctor (J.D.) foi obtido em 1972 pela Universidade de Harvard (nos Estados Unidos, os cursos de direito são pós-graduações, diferentemente do que ocorre na maioria dos países, em que o direito é um curso de graduação).

Após dois anos na advocacia em Boston, estado de Massachusetts, Schauer iniciou sua carreira acadêmica na West Virginia University College of Law, em 1974. Como sua experiência na advocacia envolveu a defesa de restrições relacionadas à obscenidade, foi este o tema de seu primeiro artigo* e livro**.

A partir disso, ele ampliou suas pesquisas sobre a Primeira Emenda da Constituição dos Estados Unidos. A Primeira Emenda, de 1791, é a que consagra alguns direitos de liberdade, entre eles, o de liberdade de expressão***.

Entre 1978 e 1983, Schauer lecionou no College of William and Mary Law School e, em seguida, foi professor da University of Michigan Law School, onde ficou até 1990. A partir desse período até 2008, ele se tornou Professor Frank Stanton da Primeira Emenda na John F. Kennedy School of Government da Universidade de Harvard, atuando como professor afiliado na Harvard Law School entre 1996 e 2009. Em 2008, Schauer ingressou na University of Virginia School of Law, como "David and Mary Harrison Distinguished Professor of Law", posição que ocupa até os dias de hoje. Além disso, Schauer foi professor visitante em inúmeras instituições importantes, como a Oxford

---

* SCHAUER, Frederick. Obscenity and the Conflict of Laws, *West Virginia Law Review*, 77, pp. 377-400, 1975.
** SCHAUER, Frederick. *The Law of Obscenity*. Washington, D.C.: BNA Books, 1976.
*** "Emenda I
O Congresso não legislará no sentido de estabelecer uma religião, ou proibindo o livre exercício dos cultos; ou cerceando a liberdade de palavra, ou de imprensa, ou o direito do povo de se reunir pacificamente, e de dirigir ao Governo petições para a reparação de seus agravos". Para uma tradução para o português, vide: https://constitutioncenter.org/media/files/Port-Constitution%208-19.pdf. Acesso em: 12 fev. 2022.

University (George Eastman Visiting Professor), a Columbia Law School, a University of Chicago Law School, entre outras.

Em *A força do direito*, Schauer aborda dois temas, um metodológico e outro clássico na teoria do direito.

II. Qual é o método da "jurisprudência"?

O primeiro aspecto que Schauer enfrenta em sua obra diz respeito ao método usado para fazer "jurisprudência", que é um termo usado no mundo anglo-americano para designar a filosofia do direito. Como ele mesmo explica no prefácio, a obra é uma intervenção nos debates travados no âmbito da "jurisprudência analítica". E o que é a "jurisprudência analítica"?

Em primeiro lugar, vamos partir da seguinte ideia: a filosofia do direito nada mais é do que "filosofia" aplicada ao direito. Então, a filosofia do direito não tem uma característica que seja distinta da filosofia. Um filósofo do direito é um filósofo (e, portanto, deve ter uma formação adequada para lidar filosoficamente com o direito). Como consequência, podemos pensar na jurisprudência analítica como sendo a filosofia analítica aplicada ao direito.

É difícil delimitar as fronteiras do que seja a "filosofia analítica". Trata-se de um movimento filosófico muito diverso. Aliás, com base no que Schauer afirma, talvez nem seja essa a melhor estratégia e, certamente, não vamos aqui indicar um conceito de filosofia analítica. É certo que, enquanto movimento filosófico dominante no mundo anglo-saxão desde o início do XX até os dias atuais, é *típica* da filosofia analítica uma preocupação com o método da filosofia. De forma geral, o filósofo atinge seus fins por meio da análise de problemas, conceitos, argumentos. Ele os disseca para encontrar suas características relevantes, a fim de averiguar como as coisas são, isoladamente e em conjunto, e como podem ser construídas e reconstruídas*.

Uma das questões metodológicas abrange o objeto da análise. Para os que adotaram o chamado "giro linguístico", a linguagem é o tema central da filosofia. Logo, os filósofos deveriam realizar uma análise da linguagem para lidar com os problemas filosóficos. No entanto, nem todos conferiam à linguagem essa centralidade. Alguns reputam que o objetivo da filosofia é analisar a estrutura do pensamento (e não os processos psicológicos do pensamento), e isso não seria feito apenas pela análise da linguagem. Se o pensamento é constituído por algo, este "algo" seriam os conceitos. Então, o filósofo deveria proceder por meio da análise dos conceitos. De acordo com Timmothy Williamson, esses filósofos teriam realizado o *giro conceitual***.

Dentro dessa concepção, então, a filosofia opera por meio da análise dos conceitos. Se esse é o método da filosofia, então a pergunta seguinte é: o que são conceitos? Há, é claro, concepções diferentes acerca da ontologia dos conceitos. Alguns os veem como entes psicológicos. O pensamento ocorre em um sistema interno de representação, sendo que crenças e desejos entram no processo mental como símbolos internos. As crenças, então, teriam uma estrutura interna composta por representações mais básicas, que são justamente os conceitos. Para outros – fundados em certo ceticismo sobre a existência e utilidade das representações mentais –, os conceitos são habilidades que nos permitem diferenciar as coisas. Então, o conceito de "cachorro" nos confere a habilidade de discriminar um cachorro de não cachorros e fa-

---

* SCHWARTZ, Stephen P. *Uma breve história da filosofia analítica*: de Russell a Rawls. Tradução: Milton C. Mota. São Paulo: Loyola, 2017. p. 3.
** WILLIAMSON, Timothy. *The philosophy of philosophy*. Oxford: Blackwell, 2007. p. 14.

zer certas inferências sobre cachorros. Há ainda os que entendem que os conceitos são objetos abstratos em oposição a objetos mentais; os conceitos são os significados (ou o conteúdo) das palavras e frases*.

Seja qual for a ontologia dos conceitos, há ainda outra questão sobre a estrutura dos conceitos. Como eles são compostos? Também não vamos nos aprofundar nesse tema. Mas é importante fazer referência à teoria clássica, porque ela é importante para a obra de Schauer. Segundo essa teoria, os conceitos são formados por outros conceitos mais simples que indicam as condições necessárias e suficientes para que certo ente esteja dentro da extensão do conceito. Este é um tema relevante para Schauer porque, para alguns filósofos, o objetivo da filosofia é analisar as condições necessárias e suficientes do conceito. Para citar um autor contemporâneo, Colin McGinn adota justamente essa concepção.

Segundo McGinn, o objetivo da filosofia consiste em descobrir as essências das coisas por meio de uma investigação *a priori*. A filosofia busca o "ser" das coisas, no que certo ente consiste: a "essência *qua* essência". O resultado dessa busca está na definição das coisas. "Definição", para McGinn, é a relação entre a linguagem (ou possivelmente apenas o pensamento) e algo além da linguagem (ou pensamento), isto é, a realidade, o ser, o mundo objetivo. As coisas têm uma essência independentemente da linguagem, e a tarefa do filósofo reside em formular em linguagem o que essas essências são enquanto essências (a essência *qua* essência). Para realizar essa tarefa, o filósofo não faz uma investigação empírica (por observação ou experimentos), tal como

---

* Para uma visão geral do tema, ver: MARGOLIS, Eric; LAURENCE, Stephen. Concepts. *In*: ZALTA, Edward (ed.). *The Stanford Encyclopedia of Philosophy*, 2021. Disponível em: https://plato.stanford.edu/archives/spr2021/entries/concepts/. Acesso em: 8 fev. 2022.

ocorre nas ciências naturais. O filósofo realiza sua investigação unicamente "da cadeira", mediante contemplação. Isto é, de forma independente da experiência: *a priori*. Os únicos experimentos da filosofia são experimentos mentais, e seus dados são possibilidades (ou intuições sobre as possibilidades). Essa busca do conhecimento da realidade objetiva de forma *a priori* é realizada por meio da análise conceitual. A análise conceitual, por sua vez, consiste na indicação, sem circularidade, das condições necessárias e suficientes para a aplicação do conceito. E isso é feito pela decomposição do conceito em suas partes componentes. O *analisandum* é um conceito complexo composto por grupos de subconceitos; já o *analysans* é a especificação de suas partes conceituais que indicam as condições necessárias e suficientes do conceito analisado. Em suma, McGinn vê a *essência* da filosofia como a busca de essências por meio da análise conceitual*.

Para Schauer, essa forma de ver a filosofia tem dominado a forma como os filósofos do direito conceituam o direito. E talvez não seja essa a melhor estratégia, já que ela resultou – e aqui entra o outro tema central do livro – na exclusão de um elemento que não seria necessário e suficiente para o conceito de direito: a força. Afinal, as pesquisas feitas no âmbito das ciências têm indicado que não pensamos em termos de elementos necessários e suficientes. Mesmo teoricamente, esse é um ponto contestado. Existem outras teorias que procuram explicar os conceitos, como a teoria do protótipo e a teoria pluralista.

Não é o caso de entrar aqui em toda as nuances desse debate filosófico na filosofia e em como ele se aplica ao direito. Basta anotar que o livro de Schauer nos leva a pensar quais regras me-

---

* MCGINN, Colin. *Truth by analysis*: games, names, and philosophy. Oxford: Oxford University Press, 2021. pp. 3-5.

todológicas devemos adotar para investigar o direito de maneira filosófica. Talvez não seja o caso de adotar posturas mais radicais de naturalismo filosófico* – como a da filosofia experimental, a qual sustenta que a filosofia também deve se valer de experimentos para fazer afirmações filosóficas**. Mas, por outro lado, ainda que os experimentos sejam uma atividade típica das ciências naturais e de outras ciências sociais, o uso desses resultados talvez deva ser mais apreciado pelos teóricos do direito. Schauer os usa de maneira muito hábil, que nos ajuda a entender melhor o fenômeno investigado, no caso, o direito.

Enfim, agora que procuramos contextualizar o leitor um pouco mais sobre este debate metodológico na filosofia, convém fazer a mesma coisa em relação ao segundo ponto central do livro de Schauer: o papel da força na conceituação do direito.

III. O contexto da "jurisprudência" (teoria do direito) analítica

No *Diálogo entre um filósofo e um estudante das leis comuns da Inglaterra*, Hobbes (1588-1679) lapidou a frase: "É a autoridade, não a verdade que faz o direito" (*auctoritas non veritas facit*

---

* Sobre o naturalismo filosófico (não confundir com a teoria do direito natural), ver: KORNBLITH, Hilary. Philosophical naturalism. *In*: CAPPELEN, Herman; GENDLER, Tamar Szabó; HAWTHORNE, John (ed.). *The Oxford Handbook of philosophical method*. Oxford: Oxford University Press, 2016; PAPINEAU, David. Naturalism. *In*: ZALTA, Edward (ed.). *The Stanford Encyclopedia of Philosophy*, 2021. Disponível em: https://plato.stanford.edu/archives/sum2021/entries/naturalism/. Acesso em: 8 fev. 2022.

** Sobre a filosofia experimental, conferir: MALLON, Ron. Experimental philosophy. *In*: CAPPELEN, Herman; GENDLER, Tamar Szabó; HAWTHORNE, John (ed.). *The Oxford Handbook of philosophical method*. Oxford: Oxford University Press, 2016.

legem)*. Em sua narrativa fundante do contratualismo político e do positivismo jurídico, o direito se liberta de fundamentações transcendentes, assim como o soberano é o equivalente terrestre e temporal ao Deus onipotente. Que o direito possa ser estudado como uma questão de fato, que as normas sejam entendidas como decisões postas politicamente e possam ser avaliadas como jurídicas (válidas), independentemente de seu mérito ou demérito moral, foram as teses definidoras da concepção positivista do direito a partir de então.

Na Inglaterra do século XIX, o positivismo jurídico delimitou-se a partir de pretensões "analíticas": emergiu uma corrente de teoria do direito (*jurisprudence*) preocupada com a elucidação dos conceitos-chave do campo jurídico, de modo que essas definições pudessem clarificar o discurso jurídico e purificá-lo de controvérsias morais ou políticas – importava a precisão técnica de termos como "validade", "direito subjetivo", "dever" (jurídico) e "responsabilidade" (igualmente jurídica)**. Tal concepção teórica não é exatamente a mesma da escola da exegese francesa, da "jurisprudência" dos conceitos alemã ou, mais amplamente, do formalismo jurídico clássico. Pelo contrário, os positivistas ingleses eram críticos tanto do *common law* quanto do formalismo de William Blackstone: o primeiro, identificado como uma criação arbitrária do direito a partir dos precedentes jurisprudenciais; o segundo, visto como resquício da visão jusracionalista de direitos naturais.

O positivismo analítico preocupa-se com a publicidade, o controle racional e a sujeição à crítica da interpretação e argu-

---

* HOBBES, Thomas. *A dialogue between a Philosopher and a Student of the Common Laws of England*. Edição de Joseph Cropsey. Chicago: University of Chicago Press, 1971 [1681]. p. 16.
** BIX, Brian. John Austin. In: ZALTA, Edward N. (ed.). *The Stanford Encyclopedia of Philosophy*, 2019. Disponível em: https://plato.stanford.edu/archives/spr2022/entries/austin-john/. Acesso em: 10 fev. 2022.

mentação que constituem a motivação das decisões tomadas por juízes, legisladores e outros atores e comentadas pela doutrina. Há reivindicações comuns às "variedades" de positivismo jurídico*, sobretudo o argumento de que é melhor descrever o direito tal como ele é do que idealizá-lo por juízos morais. Com isso, até mesmo se viabilizam a visão dos defeitos da ordem jurídica, a resistência a decisões injustas e os projetos de reforma jurídica. Mesmo apontar quando as normas positivadas esgotam seu constrangimento linguístico à justificação decisória é melhor do que pretender que juízes-filósofos estejam obrigados a fazer escolhas morais em nome de sua comunidade de jurisdicionados.

Bentham e Austin, por exemplo, pregavam contra o *common law*, acreditando que a codificação do direito restringiria a arbitrariedade dos julgadores**. Como se estava lidando com uma ordem coercitiva, o controle institucional da punição e a crítica racional de sua imposição pelas autoridades eram fatores indispensáveis para a legitimação do direito e do governo perante cidadãos bem-informados de seus direitos, seus deveres e suas reponsabilidades.

Sob influência explícita de Hobbes, mas também de Beccaria***, Bentham (1748-1832) procurava um método científico para a definição do conteúdo das leis; para fundar essa "ciência da legislação", encontrou sua pedra de toque no princípio da utilidade: todos nós buscamos maximizar o prazer (ou a felicidade, ou a utilidade, ou o bem-estar) e minimizar a dor (ou privação).

---

* SCHAUER, Frederick. Positivism before Hart. *In*: FREEMAN, Michael; MINDUS, Patricia (ed.). *The legacy of John Austin's jurisprudence*. Dordrecht: Springer, 2012. pp. 271-290.
** LIEBERMAN, David. *The province of legislation determined*: legal theory in eighteenth-century Britain. Cambridge: Cambridge University Press, 1989. cap. 11.
*** SCHOFIELD, Philip. "The first steps rightly directed in the track of legislation": Jeremy Bentham on Cesare Beccaria's *Essay on Crimes and Punishments*. *Diciottesimo Secolo*, v. 4, pp. 65-74, 2019.

Aí estariam não apenas as bases de um preceito moral, mas também os dados psicológicos e comportamentais empíricos e calculáveis que o reformador moral da sociedade haveria de ponderar cientificamente. Ao dosar estímulos por promessas ou ameaças, o legislador estaria, ademais, respeitando o senso comum: afinal, se é verdade que nem sempre agimos ou nos omitimos ponderando as consequências e calculando os custos e benefícios de nossa conduta, é também verdade que somos todos capazes de fazê-lo, e de fato o fazemos em certas ocasiões. Como disse Bentham em *Uma introdução aos princípios da moral e da legislação* (de 1780), "os homens calculam, alguns com menos exatidão, é verdade, outros com mais: mas todos os homens calculam. Eu não diria nem mesmo que um louco não calcule"*.

John Austin (1790-1859), pioneiro do ensino de Direito na Universidade de Londres, preparou suas aulas, sumarizadas em *O campo da teoria do direito determinado* (1832), sob a influência do contato com o utilitarismo benthamiano, mas centrou suas preocupações no estudo do direito posto, marginalizando as ambições reformadoras de Bentham e de sua "ciência da legislação". Pai do positivismo analítico – analítico no sentido de buscar as propriedades empíricas "reais" para a definição dos conceitos –, Austin formulou uma teoria "imperativista": afinal, resumia, o direito nada mais é que o conjunto das leis estatais, que são comandos ligados a sanções; o fato empírico do direito reside no fato de as ordens da autoridade máxima da nação (o soberano, o Legislativo) serem habitualmente obedecidas pelos súditos**. À "província da jurisprudência" (ou teoria do direito) não cabe-

---

* BENTHAM, Jeremy. *An introduction to the principles of morals and legislation*. Oxford: Clarendon Press, 1879 [1790]. cap. 14, sessão 28, p. 188.
** AUSTIN, John. *The province of jurisprudence determined*. Editado por Wilfrid E. Rumble. Cambridge: Cambridge University Press, 1995 [1832]. lição 1.

ria julgar o valor ou desvalor moral desses comandos (nem mesmo direcionar as escolhas legislativas, como pretendia Bentham), mas simplesmente delimitar o que é e o que não é uma norma jurídica. O caráter "avalorativo" e, portanto, "científico" do positivismo jurídico estaria assim garantido.

Hart inicia seu *O conceito de direito* criticando Austin por essa visão que poderíamos chamar de um tanto quanto "bruta"* ou "fisicalista" do fenômeno jurídico: como se este fosse delimitável a partir de fatos visíveis do mundo, incontroversos e independentes de interpretação**. Hart fez o mesmo com Bentham, ao avaliar que faltava em sua teorização do direito atentar para "a ideia de uma razão jurídica autoritativa"*** – ou seja, ainda que inclua o elemento da coerção, o direito não pode a ele se resumir (sobretudo em um sistema complexo), mas deve produzir "razões para agir", e é nessa medida que regra os comportamentos. Embora diferenciasse o juízo de validade do juízo de moralidade substantiva, e também rejeitasse que a legalidade (e seus postulados, como publicidade, clareza, anterioridade e coerência das normas) constituísse uma "moralidade interna" ao direito (como sugeriu Lon Fuller****), Hart defendeu que a delimitação do direito não se resumia a uma questão de força; resi-

---

* ANSCOMBE, Gertrude Elizabeth Margaret. On brute facts. *Analysis*, v. 18, n. 3, pp. 69-72, 1958.
** MICHELON JR., Cláudio Fortunato. *Aceitação e objetividade*: uma comparação entre as teses de Hart e do positivismo precedente sobre a linguagem e o conhecimento no direito. São Paulo: Revista dos Tribunais, 2004.
*** HART, Herbert Lionel Adolphus. *Essays on Bentham*: studies in jurisprudence and political theory. Oxford: Clarendon Press, 1982. cap. 10.
**** FULLER, *The morality of law*. 2. ed. New Haven; London: Yale University Press, 1969 [1964]. Ver SCHAUER, Frederick. Fuller's internal point of view. *Law and Philosophy*, v. 13, n. 3, pp. 285-312, 1994. Ver também: AMATO, Lucas Fucci. Moralidade, legalidade e institucionalização: o debate Hart-Fuller. *Revista de Direito da Universidade Federal de Viçosa (UFV)*, v. 11, n. 1, pp. 335-360, 2019.

dia, antes, em uma definição linguística e convencional. Mais que a ameaça da sanção (às vezes ausente em normas e situações jurídicas), o uso das regras jurídicas (aquelas assim reconhecidas pelas autoridades) como razões para agir (ou se omitir) é que seria a nota distintiva da "normatividade" do direito: quando colocada em disputa uma conduta ou decisão, uma regra é invocada para a crítica ou justificação.

Dworkin veio a criticar o "aguilhão semântico"* da teoria hartiana, isto é, a concepção das teorias positivistas de apresentarem o direito como um conceito descritivo de fatos empíricos (como a regra de reconhecimento que determinaria a validade ou invalidade das regras jurídicas), e não como uma empreitada interpretativa. Para Dworkin, a teoria do direito deveria engajar-se nas mesmas controvérsias normativas que marcam o juízo prático de aplicação do direito, e que não se resumem a decidir discricionariamente, mas envolvem definir argumentativamente o que se afina e se adequa à moralidade que sustenta uma ordem jurídica.

O ponto de Schauer é distinto: o problema de Hart estaria em sublimar o aspecto da coerção em nome de uma representação do direito como sistema de regras autorreferente** – quase que um fenômeno puramente linguístico (provavelmente, a integridade moral do direito reclamada por Dworkin seria apenas um agravante desse aspecto, mas não uma solução para as pretensões de Schauer***).

---

* DWORKIN, Ronald. *O império do direito*. Tradução: Jefferson Luiz Camargo. São Paulo: Martins Fontes, 1999 [1986]. cap. 2.
** HART, Herbert Lionel Adolphus. *Essays in jurisprudence and philosophy*. Oxford: Clarendon Press, 1983. cap. 7.
*** SCHAUER, Frederick. Institutions and the concept of law: a reply to Ronald Dworkin (with some help from Neil MacCormick). *In*: BANKOWSKY, Zenon; DEL MAR, Maksymilian (ed.). *Law as institutional normative order*: essays in honour of Sir Neil Maccormick. Burlington: Ashgate, 2009. pp. 35-44.

Como Schauer ressalta desde o início deste *A força do direito*, a teoria do direito analítica nutre a ambição de definir os atributos necessários e suficientes à delimitação do que é o direito – distinguindo-o, assim, de outros campos normativos, como o das regras morais e sociais em geral. O autor pretende sustentar a coerção, se não como característica universalmente distintiva do fenômeno jurídico, ao menos como propriedade importante do conceito de direito, como predicado que em geral faz parte de nossos entendimentos compartilhados sobre o que é o direito, como ele funciona e o que ele pode demandar. É interessante notar como, ao sustentar esse intento, Schauer mobiliza a base filosófico-linguística hartiana contra a teoria do direito de H. L. A. Hart.

Dentro da tradição analítica, positivistas jurídicos como Hans Kelsen (1881-1973) foram influenciados pelo positivismo lógico do Círculo de Viena; esses filósofos da linguagem e da ciência do início do século XX acreditavam que poderiam melhor compreender e deslindar as controvérsias se representassem em uma linguagem de segunda ordem – mais formalizada em termos lógicos (e, eventualmente, mesmo matemáticos) – a linguagem ordinária dos usuários dos signos. Pense-se na preocupação de Kelsen, na *Teoria pura do direito* (primeira edição de 1934, segunda de 1960), com as proposições jurídicas como construções da ciência do direito a partir dos textos normativos e na conceituação das normas como esquemas de interpretação que dão sentido objetivo a atos de vontade subjetivos; essas normas são o elemento formal em que se decompõe o direito, uma "ordem coativa"*.

H. L. A. Hart (1907-1992), professor de Direito em Oxford quando escreveu *O conceito de direito* (publicado em 1961), in-

---

* KELSEN, Hans. *Teoria pura do direito*. Tradução: João Baptista Machado. 7. ed. São Paulo: Martins Fontes, 2006 [1960]. cap. 1.

corporou uma nova filosofia analítica que lá circulava por essa época: uma filosofia da linguagem ordinária, que pretendia compreender, internamente ao "jogo de linguagem" dos próprios falantes (por exemplo, dos juristas e cidadãos), o sentido dos conceitos que eles mobilizam. Ludwig Wittgenstein (1889-1951), em suas *Investigações filosóficas* (1953), e John Langshaw Austin (1911-1960), em *Como fazer coisas com palavras* (palestras de 1955) e em outros escritos, eram alguns dos filósofos por trás dessa nova concepção.

Hart fez uso dessa "técnica" quando discutiu a diferença entre "ser obrigado a" algo e "ter a obrigação de".* O aspecto interno de seguir uma regra caracterizaria o "jogo de linguagem" do direito (para usar um conceito de Wittgenstein), em oposição por exemplo à ordem de um assaltante (que mobilizasse não apenas a ameaça da coação, mas a violência explícita, para ordenar a obediência a seu comando). A partir dessa compreensão hermenêutica de como se usam as expressões cotidianamente, Hart construiu sua concepção do direito como um sistema de regras – fechado, no fim das contas, por uma simples regra social, não positivada: a convenção das autoridades sobre quais regras considerar válidas e, portanto, jurídicas.

Ronald Dworkin (1931-2013), sucessor de Hart na Universidade de Oxford, famosamente contestou essa visão convencionalista do direito e seu entendimento da discricionariedade que seria aberta pelo intérprete na "zona de penumbra" das regras, formuladas em linguagem com "textura" inevitavelmente "aberta" (nas palavras de Hart). Contestou também o ponto de vista moralmente desengajado da teoria do direito para descrever a disputa

---

* HART, Herbert Lionel Adolphus. *O conceito de direito*. Tradução: Antônio de Oliveira Sette-Câmara. São Paulo: Martins Fontes, 2012 [1961]. cap. 5.

argumentativa sobre o que o direito demanda na solução de controvérsias. Mas não é esse o ponto da crítica de Schauer a Hart. Curiosamente, Schauer nota que, para as pessoas comuns, e mesmo para os praticantes do direito, a coerção o distingue das meras recomendações trazidas por regras de moralidade ou etiqueta – as quais são apenas reforçadas por sanções difusas de reprovação, enquanto o direito se sustentaria pela aplicação sistemática e organizada de sanções. Entretanto, para a teoria do direito analítica predominante atualmente, nota Schauer, a coerção é marginalizada enquanto atributo definidor da juridicidade. Hart seria um dos responsáveis por isso, ao enfatizar o caráter interpretativo do fenômeno jurídico, em detrimento do lado da força – trazendo para a teoria do direito a "virada linguística" ocorrida na filosofia geral. Portanto, atentando à compreensão ordinária do direito (método semelhante ao de Hart), Schauer contesta os resultados do seu contendor e afirma que também a teoria do direito deve retomar o foco na coerção se ela quer mesmo entender como o direito funciona. Ainda que não seja um elemento universalmente presente ao longo de todo um sistema jurídico, e em todo e qualquer direito imaginável em tese, ela é sim um dado *típico* do direito contemporâneo. Isso porque os cidadãos e os agentes públicos precisam ser motivados – e aí entra a força, ou a ameaça de seu emprego – inclusive para condutas e decisões que contrariem seus interesses individuais e mesmo o juízo autônomo de cada um sobre a melhor linha de ação a adotar.

Essa abordagem da coerção e da força em Schauer representa uma retomada e reavaliação contemporâneas de um tema clássico do positivismo analítico. É interessante notar como Schauer, em outras obras, reavalia também o que há de defensável dentro da concepção formalista do direito. O formalismo jurídico basicamente prega o caráter racional da justificação das decisões jurídicas – isto é, a suficiência das regras ou dos padrões normativos positivados enquanto fundamentos suficientes para determinar a única decisão correta na aplicação do direito a um caso. O que está em jogo é até que ponto a linguagem (no caso, o texto normativo) é capaz de delimitar as opções interpretativas disponíveis ao aplicador da norma em seu discurso de justificação decisória.

É nessa linha que Schauer* apresentou a plausibilidade de um "formalismo presumido": a presunção a favor do resultado gerado pela interpretação literal da regra mais localmente aplicável, só derrotável quando normas menos localmente aplicáveis – incluindo o propósito subjacente à norma particular e normas tanto dentro quanto fora do domínio decisório em questão – oferecerem razões especialmente exigentes para que se evite o resultado gerado pela norma mais "próxima". Nesse sentido, o formalismo permite uma padronização das decisões de interpretação do direito na solução de controvérsias – é um raciocínio rotinizado, constrangido por regras (que precisam ser concretizadas a partir de sua generalidade e abstração); por partir de generalizações, contrasta com o particularismo, isto é, com a solução talhada por equidade para o caso concreto, à luz de sua singularidade em termos do contexto, das finalidades, dos valores e das pessoas especificamente nele envolvidos. É contextualmente, porém, que cada sistema jurídico define em que setores adotar raciocínios mais regrados (que podem não determinar se aquela seria a melhor solução para o caso, mas que permitem a generalização e segurança das expectativas) e em que setores e temas abrir-se a juízos mais particularistas e menos generalizáveis. É

---

* SCHAUER, Frederick. Formalismo. Tradução: Diego Werneck Arguelhes, Fábio Shecaira e Noel Struchiner. In: RODRIGUEZ, José Rodrigo (org.). *A justificação do formalismo jurídico*: textos em debate. São Paulo: Saraiva, 2011 [1988]. pp. 65-116.

igualmente uma questão contextual se um sistema jurídico tende também a um "positivismo presumido", ou seja, a uma preferência relativa pelas soluções já regradas por decisões autoritativas anteriores (os precedentes, regulamentos e leis, ou seja, as fontes formais do direito)*. Em todo caso, o tema da justificação racional das decisões é contraparte importante ao tema abordado neste livro: a força enquanto dado típico do direito. Afinal, a limitação do arbítrio na interpretação jurídica depende não de sanções pessoais voltadas aos criadores e aplicadores do direito, mas da formação e cultura jurídica, dos incentivos institucionais (no Judiciário, sobretudo) e, sobretudo, da exposição à crítica das razões apresentadas para justificar reivindicações e decisões.

IV. Força e coerção em outras vertentes da teoria e sociologia do direito

Também fora do debate anglófono, o problema da coerção marcou a teoria geral do direito. Alguns dos temas e conceitos examinados por Schauer foram objeto de tratamento por outros caminhos metodológicos. Influente, nesse sentido, por exemplo, o papel da escola do Realismo Jurídico Escandinavo. Dentre os vários autores dessa importante linha de pensamento (Hägerström, Lundstedt, Ross, entre outros), merece especial destaque Karl Olivecrona (1897-1980), em particular seu escrito "O direito e a força", capítulo conclusivo da obra *O direito como fato***, originalmente publicada em 1939. Empenhados em assumir modelo decisivamente empirista e antimetafísico de entendimento do direito, esses juristas, notadamente Olivecrona, destacam que as

---

* SCHAUER, Frederick. *Playing by the rules*: a philosophical examination of rule-based decision-making in law and in life. Oxford: Clarendon, 1991.
** OLIVECRONA, Karl. *Il diritto come fatto*. Milano: Giuffré, 1967 [1939].

normas jurídicas são instruções sobre o uso da força socialmente organizada, ou orientações voltadas aos juízes a respeito do emprego da força. As pessoas não seguem o direito por medo das sanções, especula Olivecrona. As penas teriam apenas a função de preparar o terreno para a observância das normas.

Existiriam "imperativos independentes", ou seja, figurações de situações desenhadas pelo legislador e propostas à população como esquemas de comportamento que, pela forma imperativa, pretendem influenciar a conduta. Não são propriamente comandos – que pressupõem relações diretas e pessoais que não existem entre pessoas e normas –, mas vínculos e poderes imaginários que não existem fora da esfera psicológica dos indivíduos. Daí viria a força vinculante do direito: uma força organizada. Não seria possível escapar dessa conclusão, caso se queira permanecer colado à realidade*.

Para Kelsen, em linha bastante próxima, o direito é organização da limitação da força. O Estado e o uso da força são derivações do direito. É famosa a passagem da *Teoria pura do direito* que distingue o comando da norma jurídica da ordem do "bando de salteadores". O que diferencia o poder de tributar do fisco da milícia que determina: "Mãos ao alto! Passe o dinheiro"? Kelsen responde: há que se distinguir uso autorizado de uso proibido da força. Autorizado por quem? Por órgão da ordem jurídica. Por norma válida vinculadora do destinatário. Por Constituição que seja a base da coerção eficaz. Para além dessas referências, Kelsen equipara o uso da força com a violência do "bando de salteadores". É a ordem jurídica, e não o contrário, que define pressupostos para o uso da coação e os indivíduos autorizados a fazê-lo.

Dessa maneira, o direito protege os cidadãos que estão submetidos ao uso da força do emprego da força por parte dos não

---

* OLIVECRONA, Karl. *Il diritto come fatto*, op. cit., p. 105.

autorizados. E, quando a questão é saber se o uso da força é ou não lícito, cabe a um tribunal independente respondê-la, e a ninguém mais. O Judiciário se transforma no "regulador do uso político da violência"*.

Possuir o monopólio do uso legítimo da violência exige prudência. Não se conhece caminho para seu uso civilizado que não seja o Estado de direito. Não cabe à força bruta e desautorizada pelo direito se intrometer nesses assuntos. Intimidar e aterrorizar os "comandados" com a brutalidade e a violência das "milícias" – geralmente fundadas e respaldadas exclusivamente pelo uso da força! – descaracteriza a relação entre direito e força: a aplicação da força respaldada não pela força, mas pelo direito. Quem possui competência legal para dizer que uma ordem é "absurda"? O destinatário da ordem emanada da autoridade? Qual é a utilidade do devido processo legal se qualquer agente público puder acusar o tribunal de ter feito "julgamento político"? Definitivamente, não é com o suporte exclusivamente na força que essas questões são respondidas.

Outro autor a cuidar do tema, em trilha semelhante à traçada por Olivecrona e Kelsen, foi Alf Ross (1899-1979)**. Para Ross, a compulsão pela força possui claros limites. A força pode estar parcialmente, mas nunca inteiramente, fundada na própria força. A vida em sociedade pressupõe um aparato organizado de poder. Algum tipo de autoridade sempre se acha por trás da força. Daí a relação de reciprocidade entre temor e respeito ao direito***.

A maioria da população observa o direito não por receio da força ou das punições, mas, também, por "acato desinteressado",

---

* FERRAZ JR., Tércio Sampaio. O Judiciário frente à divisão de poderes: um princípio em decadência? *Revista USP*, n. 21, p. 18, 1994.
** Ver ROSS, Alf. *Direito e justiça*. Tradução: Edson Bini. São Paulo: Edipro, 2000 [1953].
*** ROSS, Alf. *Direito e justiça*, op. cit., p. 82.

diz Ross. Daí a ideia de poderes legítimos e de autoridade exercida "em nome da lei". Explica o autor: "É forçoso, portanto, que insistamos que a relação das normas jurídicas com a força consiste no fato de que se referem à aplicação da força e não de que são respaldadas pela força"*.

Vale destacar, ainda no plano da teoria do direito radicada no direito europeu continental, os trabalhos de Norberto Bobbio (1909-2004) sobre as diferenças entre comandos e conselhos, a relação entre direito e força e a função promocional do direito**.

Bobbio diferencia "comandos" de "conselhos" exatamente em razão do poder coativo dos primeiros. A razão da obediência está no respeito ou no temor do comando. Estabelece-se, assim, uma cadeia que vai da sanção do poder coativo à obrigatoriedade. A obrigatoriedade, por seu turno, conduz à obediência. A mais relevante dessas características, segundo Bobbio, é exatamente a sanção. Ao contrário, com os conselhos nada disso se verifica. Faltam a eles sanção, poder coativo e obrigatoriedade. Por tudo isso, a desobediência não gera nenhuma consequência jurídica. Aqui reside a força do direito: na resposta institucionalizada e organizada à violação das regras.

O ensaio "Direito e força" retoma essa discussão. As sanções reaparecem como elemento relevante não pelo simples fato de portarem consequências desagradáveis ou penalidades, mas sim pelo fato de o ordenamento jurídico e suas normas regularem a

---

* ROSS, Alf. *Direito e justiça*, op. cit., p. 78.
** BOBBIO, Norberto. *Estudos por uma Teoria Geral do Direito*. Tradução: Daniela Beccaccia Versiani. São Paulo: Manole; Instituto Norberto Bobbio, 2012. Dessa obra, ver os ensaios "Comandos e conselhos" (pp. 43-74), originalmente publicado em 1961, e "Direito e força" (pp. 117-138), inicialmente publicado em inglês, em 1965 (Law and Force, *The Monist*, v. XLIX, n. 3). Ver também, do mesmo autor, *Da estrutura à função. Novos estudos de Teoria do Direito*. Tradução: Daniela Beccaccia Versiani. São Paulo: Manole, 2007 [1976], aqui amplamente utilizados.

aplicação de sanções. Vem daí a ideia, de origem kelseniana, de que o direito é uma técnica específica de organização da sociedade: um ordenamento que organiza, limita e regula o uso da força. O direito tem por grande objeto de regulamentação exatamente a força. Bobbio não é diferente, nesse passo, de Olivecrona, Ross e Kelsen.

O que ocorre quando o direito, em vez de punir a conduta indesejada, estimula, incentiva ou premia condutas desejadas? Pode-se falar, ainda, em direito como regulador do uso da força física? Bobbio afirma que sim. Para tanto, deve-se deslocar a ideia de sanção como uso da força física – constranger pelo uso da força, forçar o recalcitrante – para a noção de que a coação deve ser vista como qualquer tipo de reação ou garantia de cumprimento de uma sanção. O ressarcimento de um dano ou o pagamento de uma multa pouco ou nada têm a ver com o uso da força. São formas de cumprimento de obrigações secundárias, diz Bobbio*.

Vistas dessa perspectiva, as sanções premiais, segundo o autor, também podem ser observadas como garantias de que o destinatário do prêmio tem uma pretensão protegida pelo ordenamento, mediante o recurso à força organizada do Estado.

Fora do circuito europeu continental, vale mencionar antigo estudo sobre o tema feito por Edgar de Godoi da Mata Machado (1913-1995), de 1957, reeditado em 1999**. Mata Machado escreve noutro contexto, anterior às publicações de Ross, de Hart, da segunda edição da *Teoria pura do direito*, de Kelsen, e dos trabalhos de Bobbio aqui mencionados. Aparentemente, também parece não conhecer ou não faz referências a Olivecrona. Isso não impe-

---

* BOBBIO, Norberto. *Da estrutura à função. Novos estudos de Teoria do Direito*, op. cit., pp. 28-29.
** MATA MACHADO, Edgar de Godoy da. *Direito e coerção*. São Paulo: Unimarco, 1999 [1957].

de que seu trabalho, à época, fosse bastante bem informado e atualizado. Justamente por isso, o reexame de sua obra gera interesse. Suas conclusões podem ser assim sintetizadas: 1. Não é a coerção que define o direito; 2. Não é o ato coativo estatal que nos dá a conhecer o direito; 3. Na perspectiva dos fins a que visa, o direito pede, para efetivar-se, o uso eventual da coerção física. Em suas palavras: "A coerção é, assim, e apenas, um instrumento da lei. Não é a lei em sua essência – tal como *é* – mas a lei, neste ou naquele modo de ser, como *está* [...] pensamos que a coerção se situa no plano do exercício do direito, não de sua especificação"*.

Para além da teoria do direito, em outras disciplinas da reflexão jurídica o tema da coerção é também pomo da discórdia. Na antropologia jurídica anglófona da década de 1930, autores clássicos puderam tomar emprestada a definição de Roscoe Pound (1870-1964) sobre o direito: uma forma de "controle social" diferenciada pela "aplicação sistemática da força em uma sociedade politicamente organizada"**. Já uma década antes de tal foco em sanções institucionalizadas, Malinowski*** propusera entender o direito com ênfase na reciprocidade e na interação, não apenas na coerção; o direito poderia se revelar sobretudo por procedimentos e instituições, e os conflitos seriam então oportunidades de negociação.

A mesma controvérsia se repete na sociologia jurídica. Classicamente se entende que a coercitividade da ordem jurídica se sustenta sobre a legitimidade do monopólio da violência pelo Es-

---

* MATA MACHADO, Edgar de Godoy da. *Direito e coerção*, op. cit., p. 243 (destaques no original).
** RADCLIFFE-BROWN, Alfred Reginald. Primitive law. In: RADCLIFFE--BROWN, Alfred Reginald. *Structure and function in primitive society*. Glencoe: Free Press, 1952 [1933]. p. 212.
*** MALINOWSKI, Bronislaw. *Crime and custom in savage society*. New York: Harcourt, 1926. parte I.

APRESENTAÇÃO: COERÇÃO E TEORIA DO DIREITO · **XLV**

tado. Max Weber (1964-1920)*, porém, notava que há meios não violentos de coerção, porventura mais eficazes em alguns contextos, como boicotes, expulsões ou perdas de *status* determinadas por autoridades de alguma organização. Pode até ser que alguma organização tenha à sua disposição meios coercitivos superiores aos do Estado; há, então, direito fora do Estado (ainda que não reconhecido por este), assim como não deixa de haver uma comunidade política estatalmente organizada, isto é, o próprio Estado. Portanto, para Weber, a coerção garantida pela autoridade política *não* era atributo essencial de uma ordem jurídica; característica indispensável (para distinguir o direito de meras convenções sociais) seria ter algum tipo de meio coercitivo (seja físico, seja psicológico) à disposição, o que nem sempre está sob domínio da autoridade estatal.

Embora não resumisse o direito ao Estado, Weber considerava a vantagem que existe para o direito estatal diante de outras ordens e instituições: o Estado se distingue por dispor do meio da coação física**; no Estado moderno, a legalidade legitima e organiza (burocraticamente) o emprego da força, e o emprego da força reitera a normatividade – ou mesmo a legitimação para adotar meios coercitivos acaba por significar um consenso ampliado, de modo que esses próprios meios são economizados e transformados em alternativa subsidiária à obediência espontânea: a orientação da ação social pelas regras.

---

* WEBER, Max. *Economia e sociedade*: fundamentos da sociologia compreensiva. Tradução: Regis Barbosa e Karen Elsabe Barbosa. 3. ed. São Paulo: Editora UnB; Imprensa Oficial, 2000 [1922]. v. 1, pp. 209-227.
** WEBER, Max. *Economia e sociedade*: fundamentos da sociologia compreensiva. Tradução: Regis Barbosa e Karen Elsabe Barbosa. São Paulo: Editora UnB; Imprensa Oficial, 2004 [1922]. v. 2, pp. 525-529; WEBER, Max. A política como vocação. *In*: WEBER, Max. *Ciência e política*: duas vocações. Tradução: Leonidas Hegenberg e Octany Silveira da Mota. 12. ed. São Paulo: Cultrix, 2004 [1918]. pp. 55-64.

Do ponto de vista da sociologia sistêmica funcionalista, o direito existe enquanto toda comunicação sobre o lícito e o ilícito, seja feita pelas profissões e organizações jurídicas, seja pelo público em geral. Da perspectiva de Niklas Luhmann (1927-1998), temas clássicos da sociologia jurídica relacionados com a institucionalização das sanções – por exemplo, o "controle social" (dimensão social) ou a "força do direito" (materialidade do direito) – são deslocados para plano secundário. O que importa é identificar que o direito desempenha função atrelada à dimensão temporal: manutenção de uma expectativa normativa ao longo do tempo. A diferenciação do direito com relação a outros sistemas de comunicação não é constituída nem demarcada pela força ou pelo uso que dela faz o direito. Antes o contrário: é no tipo de operação comunicativa engendrada pelo próprio direito que o sistema jurídico se autodiferencia da política ou da economia, por exemplo. Trata-se de modalidade teórica e metodológica bastante diversa daquela adotada pela filosofia analítica do direito*.

Na concepção de Luhmann, a força física é apenas um meio simbiótico cujos efeitos sensoriais e simbólicos reforçam a normatividade do direito**: para estabilizar e generalizar as expectativas que o sistema jurídico reconhece como válidas e reforçar a resistência destas à desilusão, o direito combina normas a sanções, isto é, ameaças de coerção. A violência é não apenas politicamente centralizada (e assim suportada por um consenso geral pressuposto: o medo do soberano) como também juridicamente

---

* Veja-se, para uma visão panorâmica da Filosofia Analítica do Direito, VILLA, Vittorio. *Storia della filosofia del diritto analitica*. Bologna: Il Mulino, 2003. Para uma visão crítica, DE GIORGI, Raffaele, *Ciência do direito e legitimação*: crítica da epistemologia jurídica alemã de Kelsen a Luhmann. Tradução: Pedro Jimenez Cantisano. Curitiba: Juruá, 2017 [1979].
** LUHMANN, Niklas. *Sociologia do Direito*. Tradução: Gustavo Bayer, 1983 [1972]. v. 1, pp. 123-132.

diferida, postergada e estocada como último recurso para a imposição do direito positivo, se não for verificado seu cumprimento espontâneo. Desse modo, submetida a controles, dosagens e verificações procedimentais (sobre *se* deve incidir, e *como* deve ser aplicada, tudo segundo programações normativas), a violência deixa de estar no primeiro plano da definição da positividade do direito. O problema da contingência e possível arbitrariedade do sistema jurídico reaparece no momento da decisão: textos são produzidos sobre as normas textualizadas, interpretando-as; argumenta-se sobre as interpretações possíveis, observando-as e testando-as à luz de finalidades e consequências; mas a decisão é obra da autoridade que dita o direito, e toda consistência lógica ou integridade moral pode ser desfeita pelo ato que positiva a norma e resolve o caso. Paradoxalmente, é esta autólise – a suspensão da justificação racional pela decisão – que viabiliza a continuidade das redes autopoiéticas de produção de sentido jurídico, ao cauterizar suas extremidades e encerrar o caso, fechado então como "coisa julgada".

Se as expectativas jurídicas ganham durabilidade por seu caráter contrafático, de resistência à desilusão, essas normas são ainda mais reforçadas ao serem vinculadas a sanções. Ainda que falássemos, nos termos kantianos clássicos, apenas de sanções externas organizadas – para diferenciar a ordem jurídica da ordem moral, com suas sanções da consciência –, é certo que há uma variedade de sanções que podem ser desenhadas e implementadas para robustecer a normatividade. O próprio Estado pode, em vez de ameaçar punições, prometer vantagens e prêmios[*]. Mas, e quando se trata de ordens jurídicas não estatais, vislumbradas por concepções de pluralismo jurídico? Aquelas

---

[*] BOBBIO, Norberto. *Da estrutura à função*. op. cit.

menos institucionalizadas podem buscar resolver os conflitos amistosamente, e apenas ameaçar retoricamente o apelo à polícia*; outras podem se armar de um aparato repressivo próprio, paralegal, miliciano**. As ordens mais institucionalizadas, como aquelas do comércio transnacional, podem dispensar a violência evocada pela imagem da sanção penal, preferindo desenvolver normatizações, doutrinas e órgãos de julgamento, assim como impor sanções reputacionais, como a exclusão de membros ou sua estigmatização em "listas negras"***. Meios econômicos de pressão substituem nesses casos, ainda que parcialmente, o recurso à força.

V. Conclusão: a força do direito

O livro aqui apresentado, não bastasse o inegável prestígio de seu autor, ganhou, nos últimos anos, a condição de obra de referência sobre o papel da coerção no direito. Schauer não está preocupado em afirmar, peremptoriamente, se a coerção é elemento instrumental essencial, não essencial ou elemento material indispensável para a caracterização da norma ou do ordenamento jurídico. Simplesmente, parte da premissa de que a coerção não é dado a ser desconsiderado e, muito menos, ignorado pela teoria ou pela filosofia do direito. Mais do que isso, a retomada desse tema é feita em estilo bastante direto, permeado por exemplos de grande atualidade e em estilo que agradará tanto ao estu-

---

* SANTOS, Boaventura de Sousa. *O direito dos oprimidos*. São Paulo: Cortez, 2014 [1973].
** JUNQUEIRA, Eliane Botelho; RODRIGUES, José Augusto de Souza. Pasárgada revisitada. *Sociologia, problemas e práticas*, n. 12, pp. 9-17, 1992.
*** TEUBNER, Gunther. A Bucowina global sobre a emergência de um pluralismo jurídico transnacional. Tradução: Peter Naumann. *Impulso*, v. 14, n. 33, pp. 9-31, 2003 [1996].

APRESENTAÇÃO: COERÇÃO E TEORIA DO DIREITO · XLIX

dante de primeiro ano dos cursos de direito quanto aos alunos de pós-graduação, aos juristas com vezo teórico aguçado e aos profissionais práticos do direito. Ainda recentemente, outra relevante obra de Frederick Schauer foi publicada entre nós: *Pensando como um advogado* (Londrina: Thoth, 2021), texto originalmente datado de 2009. Não se trata de mero acaso. São reflexos de significativo movimento de renovação da teoria do direito e de revisão das fórmulas clássicas do raciocínio jurídico. Parabéns à Editora WMF Martins Fontes, que incorpora a seu magnífico acervo de obras nos campos da teoria, filosofia e sociologia jurídicas este importantíssimo livro de Schauer.

ANDRÉ LUIZ FREIRE
CELSO FERNANDES CAMPILONGO
LUCAS FUCCI AMATO

CAPÍTULO 1

INTRODUÇÃO: A FORÇA DO DIREITO

1.1. A ubiquidade da coerção

O direito nos compele a fazer coisas que não queremos fazer. Ele também tem outras funções, mas talvez o aspecto do direito mais visível seja sua frequente insistência para que atuemos em conformidade com seus desejos, desconsiderando nossos interesses pessoais ou nosso bom senso. O direito demanda que paguemos tributos mesmo quando vislumbramos melhor uso para o nosso dinheiro, no que não se inclui o pagamento de tributos. Ele requer que nós obedeçamos às regulações de trânsito mesmo quando as circunstâncias as tornem inúteis. E, em outros momentos, o direito nos recruta para o serviço militar, embora nós possamos acreditar que as guerras são imorais, que os perigos são enormes e que os inimigos são imaginários.

O direito dificilmente é o único habitante do nosso universo normativo. A moralidade também faz demandas ao nosso modo de nos comportar, assim como os costumes, a etiqueta e as incontáveis normas sociais. Muito embora o direito, diferentemente da moralidade e da etiqueta, tenha os recursos para nos compelir a cumpri-lo de determinadas maneiras que os outros sistemas normativos não têm. Pode ser errado dizer uma mentira ou cortar as unhas em público, mas a desobediência a essas restrições frequentemente não implica quaisquer sanções. E mesmo quando tal comportamento atrai penalidades sociais de desaprovação, humilhação, culpa, ostracismo ou dano à reputação, elas são difusas e assistemáticas. O direito, ao contrário, tem sanções à sua disposição que são sistemáticas, frequentemente severas e altamente relevantes. O sistema jurídico pode nos colocar na prisão, pegar o nosso dinheiro e, em alguns lugares, até mesmo nos açoitar e nos tirar a vida. Ademais, quando o direito impõe tais sanções, ele é usualmente entendido como sendo aplicado justificadamente – isto é, legitimamente. É claro, o direito é frequentemente submetido a críticas morais e políticas quando ele impõe suas sanções de maneira injusta, insensata, imprudente ou imoral, mas continua sendo amplamente aceito que o direito pode, ordinária e legitimamente, usar a força para assegurar a conformidade com suas diretivas[1].

Que o direito possa forçar as pessoas a fazer coisas que elas não querem fazer, e que às vezes vão contra seus próprios interesses e seus melhores e próprios (e não necessariamente egoísticos) julgamentos, pode parecer muito óbvio para justificar que se pense ou escreva muito sobre isso. Porém aqui, como em outros domínios, as coisas não são sempre como parecem. Por mais de metade de um século, os jusfilósofos, com inspiração em H. L. A. Hart[2], têm questionado se a força, a coerção e as sanções são importantes para o entendimento da natureza do direito, tal como as pessoas comuns – o homem do ônibus de Clapham, como os ingleses de maneira pitoresca dizem* – acreditam. Leslie Green, por exemplo, considera que o regime de "imperativos absolutos" que simplesmente "comandasse em geral as pessoas" ou

---

* A expressão "o homem no ônibus de Clapham" é usada pelas cortes britânicas para fazer referência ao homem comum e razoável. [N. do T.]

empregasse o "sistema de preço" para "[estruturar] seus incentivos enquanto as deixasse livres para agir conforme desejavam" sequer contaria como um "sistema jurídico"³. Tais esforços para marginalizar o lugar da força bruta na explicação do que torna o direito diferente seguem a aparentemente sólida observação de Hart de que o direito com frequência confere poderes, em vez de coagir. Ele estabelece as estruturas e até mesmo os próprios conceitos por meio dos quais as pessoas podem criar corporações, fazer testamentos e, em especial, formar governos. Ainda, considerar o direito coercitivo quando opera dessa maneira parece estranho. O direito, afinal de contas, não parece se importar se eu vou fazer um testamento ou não, e certamente ele não me coage a fazer ou a não fazer um testamento. Embora a escolha de fazer ou não um testamento seja minha, é o direito, em primeiro lugar, que me habilita a fazer um testamento. Sem o direito simplesmente não haveria um testamento, assim como sem as regras e a instituição do xadrez não existiriam coisas como o xeque-mate e o roque, e sem as regras do *bridge* (ou do beisebol) seria conceitualmente impossível fazer um *bid*, fazer ou bater um *grand slam**. Porque alguns aspectos do que claramente é direito não parecem ser coercitivos em qualquer sentido objetivo de coerção, podemos compreender a distorção inerente à tentativa de espremer todo o direito nas ideias de força ou compulsão.

Que o direito seja com frequência constitutivo⁴ e atributivo de poderes, em vez de coercitivo, explica em boa parte por que Hart e seus sucessores têm depreciado a ênfase na coerção, na

---

* O autor faz referência a jogadas específicas em alguns jogos. "Roque" é um movimento no xadrez; *bid* é uma jogada do *bridge*; e *grand slam* é uma jogada do beisebol. O mesmo pode ser dito sobre o "gol", a "falta" e o "cartão vermelho" em relação às regras do futebol ou sobre a "cesta de três pontos" em relação ao basquete. [N. do T.]

tentativa de entender o fenômeno do direito. Mas ainda mais importante seja o fato de que é possível, certamente em teoria e ocasionalmente na prática, entender por que as pessoas fazem coisas que não querem fazer apenas porque o direito ordena que façam, e não porque a esses comandos seja associada a ameaça da força. Isto é, as pessoas podem seguir o direito somente porque é o direito, mas ainda sem levar em conta o que o direito pode fazer se elas desobedecerem. Por exemplo, em alguns países – embora decididamente não no meu – os pedestres irão parar obedientemente diante do sinal de "Não atravesse", mesmo quando não há nenhum carro próximo ou agente de trânsito à vista. Ao agirem assim, parecem acreditar que o direito deve ser seguido mesmo quando ele parece comandar um comportamento desnecessário, desarrazoado ou insensato, ou mesmo quando as sanções jurídicas estejam ausentes ou tão longínquas que sua existência pareça irrelevante. Pelo mesmo motivo, governos e sistemas jurídicos, que são, eles mesmos, fontes de poder para coagir os cidadãos a se comportarem licitamente, existem em primeiro lugar não por causa da força, mas porque os governados têm aceitado – internalizado – as regras que estabelecem e circunscrevem o poder público, e com frequência parecem fazer isso independentemente de qualquer medo de sanções ou de outras formas de coerção.

Desse modo, parece que o direito não coercitivo pode existir e, de fato, existe. Mas permanece a questão de saber como devemos encarar esse fenômeno. Para alguns teóricos, como exemplificado na citação anterior de Green, devemos dar muita importância a isso. Na tradição em que Hart é apontado como a tendo estabelecido, a possível e ocasional não coercitividade é vista como determinante na caracterização da *natureza* do direito[5], ao menos se entendermos, como os seguidores de Hart (mas talvez não o próprio Hart[6]) têm entendido, que a natureza de

INTRODUÇÃO: A FORÇA DO DIREITO · 5

algo envolve suas propriedades necessárias e essenciais, propriedades sem as quais seria outra coisa⁷. Então, se a natureza do direito é uma coleção das suas propriedades essenciais em todos os possíveis sistemas jurídicos, em todos os mundos possíveis, e se existem coisas que são claramente direito – como o direito ao testamento e a obediente conduta de Finnis ao confrontar o comando sem sentido de não atravessar num cruzamento deserto –, mas que parecem não ser coercitivas, então a coerção pode não ser mais considerada essencial ao direito. E se a coerção não é essencial à própria ideia ou conceito de direito, continua a argumentação, então a coerção perde seu interesse filosófico ou teórico na explicação da natureza do direito, apesar da óbvia importância da coerção para sociólogos, psicólogos e para o homem do ônibus de Clapham. Joseph Raz é o mais claro e o mais contundente sobre esse ponto: "A sociologia do direito provê uma multiplicidade de informações detalhadas e análises sobre as funções do direito em determinadas sociedades. A filosofia do direito tem que se contentar com essas poucas características que todos os sistemas jurídicos possuem"⁸.

No entanto, existe um problema: a solidez da conclusão anterior depende de duas premissas cuja solidez dificilmente é evidente por si mesma. Em primeiro lugar, considera que a natureza de algo é mais bem compreendida em termos de suas características ou propriedades necessárias ou essenciais. Mas isso está longe de ser óbvio⁹. A natureza ou a essência de algum conceito ou categoria pode às vezes, frequentemente ou sempre constituir um grupo de propriedades inter-relacionadas, nenhuma delas individualmente necessária¹⁰. Ou pode ser que o conceito, categoria ou instituição do direito, ao menos, não tenha essência, sendo muito diversa a coleção dos fenômenos a ser capturada ou explicada por uma ou mais propriedades necessárias. Contudo, mesmo sem tentar resolver algumas das profundas questões relativas a linguagem, conceitos e divisão do mundo em categorias, pode ser ainda mais valioso focar no que é típico, e não nas características ou propriedades necessárias de alguma categoria ou fenômeno social. Assim como podemos aprender bastante sobre um comportamento típico das aves, mas não necessário, de que elas voam, e podemos entender importantes aspectos da história e da química do vinho ao considerar o fato de que essa bebida é tipicamente, porém não necessariamente, feita de uvas, também podemos aprender muito sobre o direito em geral, e não apenas sobre o direito deste ou daquele sistema jurídico, neste ou naquele momento, a partir do que é típico do direito, ainda que isso não se insira entre as suas características necessárias.

Em segundo lugar, não devemos aceitar tão rapidamente que o domínio de inquirição designado como "filosófico" deva estar limitado à busca das propriedades essenciais, mesmo que todos ou alguns dos nossos conceitos exibam tais propriedades essenciais[11]. Não tenho o interesse nem a pretensão de delinear ou impor os limites da disciplina que chamamos de "filosofia" ou da subdisciplina designada como "filosofia do direito". Ademais, as várias ferramentas analíticas e argumentativas da filosofia podem bem ser utilizadas com benefício para formas de entendimento diversas da, em grande parte, não empírica busca pelas condições necessárias (ou, ocasionalmente, necessárias e suficientes) que caracterizam contemporaneamente a análise conceitual. E, em todo caso, nós devemos não deixar as contingentes e contestadas demarcações contemporâneas das disciplinas acadêmicas circunscreverem a inquirição ou obstaculizarem essa forma de investigação, para onde quer que ela possa levar.

Portanto, embora o exame que se faz aqui do papel da coerção na explicação do caráter e da distintividade do direito venha

INTRODUÇÃO: A FORÇA DO DIREITO · 7

a ser, em alguns momentos, filosófico ou conceitual no estilo e no método, sem nenhum constrangimento ele romperá aqueles limites definidos pela disciplina da filosofia ou aceitos, bem mais estritamente, por muitos profissionais contemporâneos da filosofia do direito. Algo do que se seguirá será sociológico, em sentido amplo, e muito mais será baseado nas conclusões empíricas e analíticas da economia e da ciência política. E nada do que virá será uma teoria do direito – ou, nesse caso, uma teoria de qualquer outra coisa. Oliver Wendell Holmes pode ter exagerado na crítica às teorias gerais ao declarar: "Eu não me importo com os sistemas, apenas com as intuições."[12] Mas, ao menos no caso do direito, podemos historicamente, em particular na época recente, ter perdido muitas intuições por causa da insistente busca por uma única e unificadora descrição sistemática – ou uma teoria, se preferir. O direito pode simplesmente ser um fenômeno social muito heterogêneo para suportar uma só teoria unificadora de grande poder explicativo. Mesmo que uma teoria da essência do direito ou apenas de suas propriedades necessárias fosse possível, ela poderia tornar-se tão abstrata que deixaria em aberto muitas questões interessantes, incluindo questões filosóficas sobre o direito, sobre os direitos e sobre os sistemas jurídicos. Este livro é, assim, uma exploração dos vários aspectos da dimensão coercitiva do direito, perseguida, em grande parte, filosófica e analiticamente, mas com algum apoio empírico. Ele constitui uma descrição, não uma teoria. Certamente não é um sistema. Mas talvez uma simples descrição possa ter algum valor.

1.2. Obediência ao direito

Dizer às pessoas como se comportar pode não ser todo o direito, mas parece ser, ao menos, grande parte dele. E quando o direito está no seu modo "obrigatório e proibido", em vez de em seu modo "atributivo de poderes", ele tipicamente suporta seus comandos e suas proibições com uma crível ameaça de força bruta ou outras sanções em caso de não cumprimento. O direito nos diz o que fazer e ele nos diz que, se não obedecermos, então coisas ruins acontecerão conosco – talvez a prisão, uma multa ou outra coisa desagradável. A ameaça de sanções dolorosas ou onerosas no caso de desobediência parece constituir boa parte de como o direito opera e de como busca assegurar o cumprimento de seus comandos.

Por detrás da ubiquidade da força jurídica está a premissa de que, sem a força, o direito com frequência é impotente. A conformidade com o direito pode nos atingir de forma generalizada quando o que o direito comanda está alinhado com o que as pessoas fariam independentemente dele, mas quando o que o direito determina conflita com o que as pessoas fariam, não fosse o direito, ou com o que elas consideram certo, a necessidade da ameaça da força se torna evidente. Talvez se as pessoas sempre, ou na maioria das vezes, obedecessem ao direito apenas por ser o direito, apesar de seus interesses pessoais ou de seus melhores julgamentos não necessariamente egoísticos, seria menor a necessidade de o direito usar o poder bruto que costuma ter à sua disposição. Mas, como abordaremos mais à frente, em especial nos Capítulos 5 e 6, esse não é o nosso mundo. No nosso mundo – e mais em algumas partes do nosso mundo do que em outras –, as pessoas em geral fazem o que querem ou o que consideram correto, a não ser que alguma força externa as leve e as faça agir de outra forma. O lado coercitivo do direito, assim, emerge como uma consequência da disposição menos que perfeita – apenas quão menos é algo a ainda a ser analisado – dos sujeitos de seguir o direito apenas porque é o direito.

Conceber o problema em termos das inclinações das pessoas de obedecer ao direito envolve questões tanto conceituais como empíricas. O que exatamente significa seguir ou obedecer ao direito? Seguir o direito significa o mesmo que obedecer ao direito apenas por ser o direito? Cada ato de cumprimento do direito é também um ato de obediência ao direito? Tratar esses assuntos é importante, como tem sido para várias gerações. De fato, se nós olharmos para Sócrates e suas razões por seguir o julgamento jurídico de sua própria morte, apesar de ele entender que o julgamento era injusto, a questão nos acompanha faz ainda mais tempo[13]. Então, devemos nos dedicar a uma cuidadosa análise, distinguindo entre obedecer ao direito (ou ter uma razão para obedecer ao direito) de agir de maneira consistente ou em conformidade com o direito e, assim, distinguir entre o fato de termos uma razão para seguir o direito apenas por ser o direito do fato de nos engajar no mesmo comportamento que nós teríamos nos engajado mesmo se não existisse o direito regulando-o[14]. É verdade, afinal, que minha conduta de me abster de matar, de estuprar, de incendiar e talvez de obter informação confidencial coloca-me em conformidade com o direito, mas o direito não é parte da minha vontade de realizar essas ações, nem da minha conduta, nem algumas das minhas inclinações comportamentais em nada mudariam se amanhã o direito proibisse que tais atos fossem repelidos.

Tendo delineado o que significa obedecer ao direito ou segui-lo e, assim, quando o direito faz diferença nas nossas decisões e condutas, vamos nos voltar, então, para o lado empírico, examinando se as pessoas realmente obedecem ao direito apenas por ser o direito. E, se existem pessoas que agem dessa forma, com qual frequência fazem isso e em quais circunstâncias? Como veremos nos próximos capítulos, está bem pouco claro se a obediência ao direito, independentemente da sanção, tanto por parte dos agentes públicos quanto dos cidadãos comuns, é tão frequente quanto muitos teóricos e outros acreditam[15]. Quando especificarmos o que é obedecer ao direito e removermos a punição e outras sanções coercitivas do quadro, verificaremos que obedecer ao direito somente por ser o direito, e não por conta do que poderá acontecer conosco se não agirmos assim, é algo dificilmente difundido. Sem dúvida, isso varia de uma área do direito para outra e mais ainda de acordo com o tempo, o lugar e a cultura jurídica, mas a noção de que o direito pode fazer o que está designado a fazer em razão de sua moralidade intrínseca ou de outro poder – de sua normatividade, no jargão técnico da teoria jurídica[16] – parece substancialmente exagerada[17].

Assim, a força entra novamente na foto. Se os mandamentos do direito com frequência conflitam com os julgamentos independentes do direito feitos pelos agentes públicos e pelos cidadãos, e se em muitas dessas ocasiões o direito está certo e o que seus sujeitos fariam de maneira diferente está errado, e se, além disso, os sujeitos do direito tipicamente seguem seus próprios julgamentos, e não os do direito, então o poder coercitivo do direito – sua força bruta, se preferir – torna-se necessário para o direito fazer o que ele precisa fazer. De fato, a onipresença e a ameaça da força podem ser os aspectos que tornam o direito diferente. A moralidade nos leva a realizar algumas ações e evitar outras, e os agentes públicos e outros defendem a mesma coisa quando operam no modo persuasivo, e não no coercitivo. Mas existe uma diferença entre os mandamentos da moralidade e aqueles do direito, e entre as advertências dos agentes públicos e seus atos quando eles estão apoiados em sanções. Como veremos, pode ser que as sanções e a coerção – a força do direito – sejam o que distingue o direito da moralidade; das sugestões, advertências e importunações dos agentes públicos e outros tantos; e das normas sociais que permeiam nossa vida pessoal e profissional.

1.3. As dimensões da força

Mas o que é exercer força para o direito, e como ele faz isso? Mais óbvio, é claro, é a simples ameaça de prisão (ou de algo pior) pela desobediência. O direito penal, entretanto, não abarca todo o direito, e o encarceramento e a pena capital não exaurem todos os dispositivos coercivos à sua disposição. Multas e processos judiciais também são coercivos, apesar de constituírem ameaças à carteira do desobediente, e não à sua liberdade. Mas também pode haver prêmios, em vez de punições, e o poder coercivo (ou ao menos indutor de ações) do direito frequentemente inclui sua habilidade de criar incentivos positivos e negativos[18].

Às vezes o direito faz isso garantindo imunidade em relação a obrigações que, do contrário, seriam juridicamente aplicáveis e executáveis, como na concessão, por uma lei tributária, de isenções para doações de caridade, ou quando leis de alistamento militar preveem exceções para professores de escolas. E às vezes os prêmios do direito são ainda mais diretos. O direito pode simplesmente proibir as pessoas de dirigir de modo perigoso e, é claro, ele o faz de diversas formas. Mas, se em vez de, ou em complemento às usuais sanções negativas, no caso de direção perigosa, o direito concede àqueles com ficha de direção limpa a oportunidade de renovar suas licenças sem grande esforço, a menor custo, ou menos frequentemente, essa seria uma tentativa de atingir os mesmos objetivos com recompensas positivas, em vez de punição. Se queremos chamar esse último método de "coercivo" ou mesmo de "direito", é uma questão difícil, que será endereçada no Capítulo 8, mas, no momento, não devemos restringir a questão preliminar assumindo, de início, que as sanções do direito são apenas negativas e que a punição é o único instrumento coercivo ou motivador à disposição do direito. Os Capítulos 8 e 9 exploram em múltiplas direções a variedade dos poderes coercivos que os modernos sistemas jurídicos parecem ter ao seu alcance.

No entanto, as coisas podem ser bem mais complicadas do que isso. O direito pode ter o poder de usar a força, mas como e quando faz isso são questões complexas que envolvem considerações que se sobrepõem – psicológicas, sociológicas, políticas, econômicas e morais. A U.S. Internal Revenue Service*, por exemplo, conduz extensas auditorias de declarações fiscais de um minúsculo número de contribuintes e raramente processa fraudes fiscais genuínas. Mas ela torna pública a possibilidade de realização de auditorias bastante pesadas um pouco antes do fim do prazo de entrega das declarações fiscais e inicia visíveis processos de fraudes fiscais no mesmo período, uma estratégia claramente criada para inculcar nos contribuintes a crença subjetiva na probabilidade de realização de uma auditoria ou de um processo fiscal consideravelmente maior do que a probabilidade verdadeira ou objetiva de que isso aconteça[19]. Essa estratégia é ilegítima, ou é simplesmente uma forma mais eficiente que o governo usa para ameaçar com a aplicação da punição legal e legítima disponível?

Ou considere a possibilidade de que as mesmas sanções sejam bem mais severas para algumas pessoas do que para outras. Se uma multa de $500 por excesso de velocidade – digamos, vinte milhas por hora acima do limite permitido – corresponde a uma semana de salário para um pobre trabalhador, ou a um mero troco para um rico banqueiro de investimentos, e se é a mesma a possibilidade (e as consequências) de os dois indivíduos realizarem a atividade proibida, é errado que a penalidade seja a mesma? Ou é errado que a penalidade não seja a mesma?

Assim, simplesmente identificar a coerção como característica e potencial aspecto distintivo do direito não é suficiente. Abrir

---

* Internal Revenue Service é o órgão fazendário do governo federal dos Estados Unidos, equivalente à Receita Federal do Brasil. [N. do T.]

a porta para considerar o caráter coercivo do direito expõe uma miríade de importantes complicações conceituais e questões normativas. Historicamente, o poder coercivo do direito estava associado ao direito penal e à habilidade do direito de ameaçar de prisão ou morte os que violassem suas proibições. Mas a multa monetária foi adicionada ao arsenal punitivo do direito, e as coisas ficaram ainda mais complicadas. Uma multa de $20 por exceder o tempo permitido no estacionamento é uma penalidade, ou simplesmente um tributo, ou talvez apenas uma forma diferente de estabelecer um preço para estacionar? Uma multa de $10.000 por operar num local de trabalho inseguro é uma sanção, ou apenas, como alguns empregadores certamente consideram, um custo do negócio? E é possível que aquilo que o Estado vê como penalidade seja percebido pelos sujeitos apenas como tributo ou preço? Além disso, a variedade das forças coercivas do direito indica maior complexidade. Existe uma diferença, por exemplo, entre ser responsável por uma multa de $10.000 e ser responsável por pagar a mesma quantia por danos num processo de responsabilidade civil? Agora que o direito é muito mais do que o direito penal e o carrasco do rei e inclui penalidades civis e todo o aparato administrativo, examinar o arsenal completo das opções coercitivas do direito é parte essencial da exploração das suas dimensões coercivas.

Uma vez que a coerção jurídica é em si mesma um fenômeno diverso, estamos prontos para perguntar no que o direito se distingue, se é que existe algo que o distingue. É alguma conexão especial com o Estado, de tal modo que a ideia de um direito não estatal é um oxímoro? Existe uma importante diferença entre o direito e as numerosas normas sociais que governam nosso comportamento? Pode parecer tolice dar importância à diferença entre o direito e outros sistemas normativos, mas num mundo de advogados, juízes, faculdades de direito, exames da Ordem e afins, todos fundados na diferença entre o direito e outras instituições sociais, é um erro ignorar a maneira que torna o direito, de alguma forma, diferente. Os Capítulos 10 e 11 endereçam a questão do que diferencia o direito de outras fontes de orientação e comando e a extensão em que o poder coercivo do direito contribui para essa diferenciação.

1.4. A força do direito

O não original título deste livro[20] é um jogo de palavras. Ele conota a coerciva força bruta que o direito tem a seu dispor, para ser exato. No cotidiano de advogados e pessoas comuns, contudo, dizer que uma regra, prescrição ou comando tem "a força do direito" é contrastar as prescrições jurídicas a simples sugestões ou recomendações, aos comandos da moralidade e às mais convencionais normas da nossa existência social. É dizer que essa norma foi juridicamente editada e é juridicamente válida. A própria expressão "força do direito" implica que existe algo a diferenciar as normas que emanam do sistema jurídico daquelas que não emanam dele.

Mas o que distingue essas normas que têm a força do direito das outras normas? É uma questão de legitimidade governamental? É porque elas emanam do Estado, e não de Deus, ou de outra forma de convenção social? Ou é, ao menos em parte, porque as normas que detêm a força do direito num sentido têm, em outro, a força por detrás delas? Assim, o jogo de palavras é uma tentativa de sugerir que a força do direito – seu poder coercitivo bruto – tem mais relação com a própria ideia do direito e com o que faz o direito diferente, do que vem sendo aceito. Que a força bruta do direito – sua violência, para alguns[21] – seja a principal característica a identificar a juridicidade, essa foi, no passado, o conhecimento comum[22]. Foi Thomas Hobbes, afinal, quem conhecidamente observou que "as convenções, sem a espada, são apenas palavras, sem qualquer força para vincular um homem"[23]. E James Fitzjames Stephen quase não hesitou ao proclamar que "de fato o direito não é nada mais do que a força regulada"[24]. Mas precisamente o oposto – que a força não é a característica ou o aspecto identificador do direito – é agora o senso comum, um novo conhecimento comum que tem estado no lugar, ao menos em alguns círculos acadêmicos de filosofia do direito, por mais de meio século[25]. O objetivo inicial deste livro é mostrar as maneiras como o conhecimento comum anterior pode ter sido mais correto do que é agora considerado o conhecimento comum e no que o atual conhecimento acadêmico comum pode ser menos sólido do que é agora é amplamente aceito[26]. Mas apreciar esse aspecto do direito – a força do direito em dois sentidos, e não apenas em um – é só o começo. Uma vez percebida a importância das dimensões da coercitividade do direito, da sua força de aplicação e da sua força de ameaça, novas áreas de inquirição se abrem à nossa frente. Assim, este livro procura não apenas restituir a dimensão coercitiva do direito ao entendimento jurisprudencial e filosófico do direito, mas também começar a perseguir alguns dos múltiplos caminhos de inquirição que essa restituição revela. Não se deve esperar que esses novos caminhos revelados sejam seguidos até seus pontos de chegada. Mas encontrar ou reencontrar os pontos de partida pode ser uma conquista significativa.

CAPÍTULO 2

O DIREITO DE BENTHAM

2.1. O direito como coerção – o começo

O estudo filosófico da natureza do direito – a jurisprudência, para simplificar muito – tem uma linhagem longa e relevante. Platão, em *As leis*, *A República*, *Górgias*, *Críton* e *O político*, investigou o valor e os métodos do direito[1], e foi seguido nas gerações seguintes por Aristóteles[2], Cícero[3], São Tomás de Aquino[4], Hobbes[5] e muitos outros[6]. No entanto, em vários aspectos importantes, a jurisprudência moderna, ao menos na tradição analítica, começa com Jeremy Bentham. Como parte de sua campanha intransigente por uma ampla reforma governamental e política, Bentham empreendeu uma análise sistemática do fenômeno do direito e da natureza do sistema jurídico. Seu esforço para caracterizar a própria ideia do direito não foi, contudo, uma empreitada acadêmica abstrata, nem mesmo inteiramente descritiva[7]. Em vez disso, Bentham viu a caracterização precisa da natureza do direito como o primeiro passo essencial na sua fundamental empreitada normativa de tentar destruir para depois reconstruir o sistema jurídico que ele melhor conhecia[8]. Bentham é, na história, um dos grandes odiadores, e seu ódio ao direito, o campo em que ele mesmo foi originalmente treinado e no qual seu pai atuou, conhecia poucos limites. Reagindo contra a veneração de

William Blackstone pelo *common law*[9] e contra a celebração, feita por Edward Coke, de sua "razão artificial"[10], Bentham, em vez disso, percebia o *common law* como pouco mais do que uma conspiração entre advogados e juízes para tornar o direito desnecessariamente complexo e obscuro. Um direito que seja indeterminado[11] e muito complexo, insistia, requer advogados para interpretá-lo. Indeterminação e complexidade, assim, serviam à conspiração, ao fazer aumentar os honorários dos advogados e o poder dos juízes, tudo em detrimento do interesse público. Ele então sugeria, com toda a seriedade (que parece ser o único modo em que ele operava), que deveria ser considerado ilegal oferecer aconselhamento jurídico em troca de dinheiro[12]. Com tal proibição, ele acreditava que desapareceriam os incentivos para tornar o direito mais complexo e menos acessível aos cidadãos comuns. E Bentham expressa opinião similar sobre outros numerosos aspectos do sistema jurídico inglês então existente. Ao descrever as ficções jurídicas como a presunção do direito de que o marido da mulher era o pai de qualquer criança nascida durante o casamento, por exemplo, ele reclamava que "o respiro pestilento da ficção envenena o sentido de todo instrumento que chega perto"[13] e que "no direito inglês, ficção é uma sífilis, que corre em todas as veias, e carrega para toda parte do sistema o princípio da podridão"[14].

As concepções de Bentham sobre ficções jurídicas, complexidade jurídica e indeterminação do *common law* são relevantes para esta investigação, porque a veemência com a qual ele expressou seu ódio diante das características e do método do direito inglês ressalta o seu desprezo por quase todos os aspectos do seu próprio sistema jurídico no tempo em que estava escrevendo. E é justo o seu desdém, que explica os objetivos desconstrutivos e consequentemente construtivos dele –, objetivos que o levaram a procurar uma caracterização do direito descritiva e distante, em vez de simpática[15]. Apenas verificando como o direito realmente é, com todos os seus defeitos, ele e outros com ideias semelhantes poderiam iniciar o processo de reconstrução do direito[16]. E somente reconhecendo o que poderia ser (e com frequência era) um direito ruim poderia haver alguma esperança de aprimorá-lo. O moderno positivismo jurídico, que surgiu com Bentham, emergiu do seu desejo de descrever o direito visto de fora, livre de simpatia ou apoio. Desde então, os teóricos têm debatido a natureza e os compromissos do positivismo jurídico[17], mas no coração do pensamento do positivismo está o objetivo de distinguir a descrição do direito da sua avaliação moral normativa. Bentham e a maioria dos seus colegas positivistas desde então têm, assim, buscado questionar a tradição do direito natural que prevalecia no tempo dele. Essa tradição, e em particular o aspecto contra o qual Bentham se rebelava, por vezes insistia que um direito imoral simplesmente não era direito. A aceitabilidade moral, acreditavam Blackstone, Cícero e outros, em diferentes momentos[18], era uma propriedade necessária do direito propriamente dito. Uma versão mais plausível, e agora dominante na tradição do direito natural, rejeita a visão de que direito injusto não é direito – *lex iniusta non est lex* –, mas subscreve à posição de que o direito moralmente defeituoso, ainda que se trate de direito em certo sentido, é defeituoso *como direito* justamente por conta de seus defeitos morais[19]. Mas sejam as versões mais fortes, sejam as mais fracas, Bentham não adotaria qualquer delas. Introduzir um critério moral para a identificação do direito e mesmo para a avaliação da juridicidade seria para ele um sintoma de uma perigosa confusão conceitual. A existência do direito era uma coisa, insistia, e o seu valor moral era outra bem diferente[20]. Ao separar a identificação descritiva do direito da sua avaliação moral, Bentham acreditava, estaremos mais bem posicionados para identificar o que, no seu modo de ver, estava tão necessitado de uma reforma radical. Longe de ver o positivismo jurídico como uma apologia aos arranjos legais existentes, como costuma ser comumente caracterizado[21], o positivista benthamiano requer uma total noção descritiva do direito precisamente com a finalidade de avaliá-lo sem empatia e, no caso de Bentham, de manter uma distância moral do direito. Bentham era, afinal, um reformista radical e seus esforços para separar a identificação do direito da sua avaliação moral estavam a serviço de fins claramente morais e políticos[22].

O desprezo de Bentham pelo sistema jurídico inglês o inspirou a entender o caráter do direito, em grande parte, em termos do seu poder coercivo. Se alguém acredita, como ele acreditava, que muito da substância e do processo do direito estava com o núcleo podre, então uma característica bastante evidente de um sistema jurídico é a sua capacidade de obrigar que suas diretivas sejam cumpridas, apesar das gritantes falhas do sistema. Para Bentham, o direito era unicamente capaz de forçar a obediência dos seus sujeitos, e a força do direito ganhou destaque para ele graças à sua visão dos defeitos do direito. E assim, sobretudo num trabalho hoje conhecido como *Of the Limits of the Penal Branch of Jurisprudence*[23], Bentham desenvolveu o que, duzentos anos depois, costuma ser chamado de "teoria do comando" do direito[24]. De acordo com essa teoria, o direito é uma espécie de comando ou, como Bentham por vezes colocava, um mandato. Mas existem vários tipos de comandos à nossa volta, e, para ele, o que distinguia os comandos do direito dos comandos de outras áreas ou sistemas normativos é a capacidade do sistema jurídico de lastrear seus comandos na ameaça de desagradáveis sanções – multas, prisão ou mesmo morte – se não for cumprido. De fato,

Bentham por vezes argumentava que a possibilidade de tais sanções definia a própria obrigação jurídica. Ter uma obrigação jurídica era simplesmente encontrar-se num estado oficial de compulsão, e sem isso não haveria obrigação jurídica nem direito, ele às vezes afirmava[25].

A ênfase de Bentham no papel das sanções para o entendimento do direito era baseada substancialmente nas suas próprias teorias psicológicas sobre a motivação humana. Embora reconhecesse que as pessoas possam, em algumas situações, ter puramente motivos sociais de benevolência e simpatia e, ainda com mais frequência, ter o que ele chamava de motivações "semissociais" para lutar por um bem comum, de modo que os indivíduos sejam proporcionalmente beneficiados, Bentham acreditava que, para a maioria das pessoas, na maior parte do tempo – a "regra geral"[26], como dizia –, essas motivações sociais ou semissociais seriam decididamente secundárias em relação às suas motivações autorreferenciais – o desejo de maximizar seu próprio bem-estar em vez do bem-estar dos outros ou da comunidade como um todo.

Assim, por uma questão empírica contingente, se a maioria das pessoas frequentemente prefere seu próprio bem-estar em detrimento do dos outros e da comunidade, então uma força externa seria necessária para evitar que se comportem desse modo, ao menos quando esse comportamento conflitar com o bem comum. Em *Constitucional Code*, Bentham afirma: "qualquer mal que o homem possa fazer, pelo avanço do seu próprio interesse pessoal e privado..., às expensas do interesse público – esse mal, mais cedo ou mais tarde, ele fará, *a menos que de uma forma ou de outra ... seja impedido de fazê-lo*" [ênfase adicionada][27].

O foco de Bentham na coerção como residindo no coração do direito baseava-se, então, na sua avaliação empírica e psicológica de que outros interesses, raramente interesses sociais (raramente, mas não nunca, ressalte-se mais uma vez), seriam suficientes para motivar as pessoas a colocar de lado suas motivações individuais. Na medida em que o direito procura promover o bem comum à custa de preferências e interesses individuais, portanto, sua capacidade de ameaçar ou impor sanções desagradáveis emerge, para Bentham, como a principal forma como o direito pode alcançar o seu fim. Mais importante, a ameaça de sanções, para ele, é por vezes menos parte de uma *definição* do direito, e sim a mais presente modalidade do direito e a sua mais onipresente característica. A coerção é algo *adicionado* aos comandos legais para torná-los efetivos, ao fornecer motivos suplementares para que sejam cumpridos. Embora Bentham descreva a relação de coerção como própria da ideia de direito, de diferentes e por vezes conflitantes maneiras, com frequência ele não tomava a coerção como parte da definição de comando, nem a percebia como um componente do que, por uma questão de definição, faz do comando um comando jurídico[28]. Bentham pode, ocasionalmente, ter expressado o papel da coerção e das sanções em termos de definição[29], mas não era o seu principal objetivo fornecer uma definição formal do direito. Em vez disso, ele estava preocupado sobretudo com a caracterização do funcionamento típico do direito, e a centralidade da força na operação rotineira do direito para ele era uma consequência da possibilidade – mas não da certeza – de que as pessoas colocariam o bem dos outros e o da sociedade acima do seu próprio bem-estar apenas se fossem compelidas a fazer isso[30].

A ênfase de Bentham nas sanções como motivos suplementares para o cumprimento do direito[31] é importante por três razões. Em primeiro lugar, ela nos possibilita distinguir a questão do que é o direito daquela sobre o que pode ter levado as pessoas a cumpri-lo. Em segundo lugar, o entendimento da natureza do direito "dependente-de-sanções" incorpora a hipótese empírica falsificável, ou ao menos investigável, sobre a possibilidade de que, ausentes as sanções coercitivas, as pessoas cumprirão o direito apenas porque é o direito. E, em terceiro lugar, esse entendimento coloca numa perspectiva adequada as menos caridosas interpretações de Bentham e de seus sucessores – interpretações que tornam muito fácil ignorar a forma como ele entendia a coerção jurídica naquela época e como podemos compreendê-la melhor agora. No entanto, para avançar mais nessas dimensões da coerção, devemos voltar nossa atenção não para Bentham, mas sim para o seu mais proeminente sucessor, e, de fato, o sucessor cuja influência no pensamento sobre a própria natureza do direito superou em muito a do próprio Bentham[32].

2.2. Austin entra

Por razões que permanecem obscuras, o trabalho que nós agora conhecemos como *Of the Limits of the Penal Branch of Jurisprudence* não foi publicado[33] quando Bentham ainda estava vivo, definhando despercebido no pântano de seus escritos por mais de um século. O manuscrito não foi descoberto até 1939, e não foi publicado até 1945[34]. Embora os escritos de Bentham sobre a natureza do direito tenham ficado perdidos por muitos anos, suas ideias não estavam perdidas. O seu círculo de amigos no começo do século XIX, em Londres, incluía um advogado muito considerado nas teorias de Bentham: John Austin. Depois de falhar na advocacia, Austin, com a assistência de Bentham e James Mill, entre outros, instalou-se na cadeira de teoria do direito da Universidade de Londres. Ao assumir a cadeira, ele apresentou um curso de aulas expositivas dificilmente mais bem-sucedidas do que sua advocacia, em que ele sistematicamente expôs e expandiu as ideias fundamentais de Bentham sobre a teoria jurídica do comando, o papel da força e a ameaça de sanções no entendimento do direito[35].

As aulas de Austin foram publicadas em 1832 como *The Province of Jurisprudence Determined*, e suas subsequentes edições, refinadas e ativamente promovidas por Sarah, sua esposa, depois da morte dele, receberam materiais adicionais de suas aulas[36]. E, apesar de a intricada categorização dos comandos de Austin e de sua elaborada tipologia das leis reconhecerem algumas das deficiências de uma pura descrição do direito baseada no comando e, consequentemente, acrescentar-lhe muitas qualificações, ele ainda seguia Bentham, ao insistir numa rígida separação entre a avaliação moral e os critérios para identificar o direito:

> A existência do direito é uma coisa; seu mérito ou demérito é outra. Ser ou não ser é uma pergunta; ser ou não ser compatível com um padrão assumido é uma investigação diferente. Uma lei que realmente existe é uma lei, apesar de não gostarmos dela...[37]

Ao distinguir a existência do direito de sua avaliação ou valor moral, Austin também seguiu Bentham, ao perceber o comando fundado na ameaça de força, em caso de desobediência, como a característica central do direito. Em realidade, Austin, cujos compromissos normativos eram menos fervorosos do que os de Bentham, mas cujas tendências analíticas (ou talvez obsessões) eram mais fortes, incorporou a ameaça da força em suas definições de direito e obrigação jurídica. Uma lei, para Austin, era simplesmente o comando do soberano suportado pela ameaça de punição se não fosse cumprido. E, para ele, estar sujeito a uma obrigação jurídica era igual a simplesmente estar sujeito a um comando suportado pela ameaça da força. Nesse sentido, Austin entendia um comando como a expressão de uma vontade ou desejo, mas, ao contrário de outros termos similares – solicitações, ou aspirações, ou expectativas, por exemplo –, um comando era a expressão de uma vontade ou de um desejo suportados pelo "poder e finalidade de uma parte comandante em infligir um mal ou dor no caso de o desejo ser desconsiderado"[38]. Austin, assim, via os comandos e os deveres como correlativos. O sujeito de um comando estava a ele vinculado ou obrigado a segui-lo em virtude da ameaça de um mal, se não o cumprisse, e exatamente por ser obrigado a obedecer nesse sentido é que o sujeito de um comando tinha o dever de cumpri-lo. "Sendo responsável por um mal vindo de você, se eu não cumprir um desejo seu, estou *vinculado* ou *obrigado* pelo seu comando, ou terei o *dever* de obedecer a ele."[39] A natureza vinculativa do comando, e também a obrigação ou o dever de segui-lo, eram, para Austin, inteiramente uma função da habilidade do comandante de ameaçar a imposição de um mal ou sofrimento em caso de desobediência.

Claramente, esse entendimento sobre um comando é muito amplo para explicar a ideia de direito tal como Austin o entendia. O assaltante armado que diz "Seu dinheiro ou sua vida" ou o pai que ameaça o filho desobediente de ir para a cama sem sobremesa estão ambos emitindo comandos no mesmo sentido que Austin entendia. Mas, diferentemente do pai ou do assaltante armado, o direito, para Austin, consistia em comandos do *soberano*, a entidade que, em virtude de sua *posição* (daí o termo *direito positivo*), emitia os comandos do Estado, que deveriam ser distinguidos dos comandos dos pais, dos assaltantes armados e de todas as demais pessoas. Desse modo, o direito, para Austin, era um agregado apenas dos comandos de um superior político dirigidos a um inferior político, em que a ameaça de punição foi construída na própria ideia de comando. A noção de soberania serviu, então, para distinguir a província específica dos comandos jurídicos do domínio dos comandos em geral.

Existe muito mais no pensamento de Austin do que isso. Sua concepção de "superior político", por exemplo, exigiu que desenvolvesse uma elaborada teoria da soberania, incluindo uma definição de soberano como a pessoa ou a entidade cujos comandos são habitualmente obedecidos, mas que não deve obediência habitual a ninguém[40]. E Austin também distinguia comandos ocasionais ou particulares – o policial que ordena que eu abandone a cena do crime ou o juiz que profere uma sentença num caso particular, por exemplo – dos comandos gerais que constituem o direito. Leis, para Austin, eram comandos *gerais* e, assim, não alcançavam atos particulares em momentos de tempo específicos. A generalidade de um comando jurídico permite que ele seja aplicável a múltiplas pessoas, em múltiplos momentos, em múltiplos contextos. A regra registrada numa placa que determina: "Limite de velocidade: 60" seria, para ele, uma lei propriamente dita, mas o aviso do policial para que eu "reduza a velocidade" não seria.

Essas e outras complexidades na descrição do direito por Austin são importantes, mas é o papel da coerção que nos interessa aqui. Assim, devemos nos perguntar por que ele considerava a coerção tão crucial para o entendimento da natureza do direito. Apesar das alegações de alguns de seus críticos[41], Austin entendia que as instituições jurídicas poderiam oferecer recompensas, bem como impor punições[42], e também estava bem ciente de que muitos tipos de leis, como discutiremos adiante, não se adequavam propriamente ao modelo de comando apoiado na ameaça de sofrimento ou outra punição[43]. De todo modo, mesmo compreendendo tais questões e suas nuances, Austin insistia numa definição do direito "propriamente dito"[44] e nas definições de obrigação jurídica e dever jurídico, que eram inegavelmente dependentes e restritas ao aspecto do direito mais cruamente coercivo. Por que, podemos perguntar, ele fazia isso?

Tal como ocorre com qualquer tentativa de entender textos de épocas passadas, é importante avaliar a posição contra a qual o autor argumentava. E, nesse caso, a espada de Austin, assim como a de Bentham, estava voltada em grande parte contra William Blackstone, em especial, e contra a tradição do direito natural em geral. Sabemos isso por meio do registro histórico e de outros escritos de Austin e Bentham, mas isso se torna especialmente claro quando consideramos uma das mais memoráveis afirmações de Austin:

> Suponha que um ato inócuo ou positivamente benéfico seja proibido pelo soberano, sob pena de morte; se eu praticar esse ato, serei julgado e condenado, e se eu objetar que minha sentença é contrária às leis de Deus, que teria comandado que os legisladores humanos não poderiam proibir atos com tais consequências maléficas, a Corte de Justiça demonstrará a inconclusividade do meu raciocínio, enforcando-me com base na lei cuja validade eu impugnei.[45]

Lida com olhos modernos, pode-se entender que a última frase sugere que o crime estava em impugnar a validade da lei, mas não era isso o que Austin tinha em mente. Em vez disso, ele estava insistindo que a visão de um defensor da moralidade ou da justiça do direito era em grande parte irrelevante. O carrasco teria a última palavra. Mais especificamente, Austin estava argumentando contra a versão da teoria do direito natural de Blackstone, pela qual uma lei injusta não é uma lei[46]. Muitos teóricos modernos do direito natural (John Finnis, mais proeminentemente) e outros não tão modernos (São Tomás de Aquino, em especial) rejeitam essa versão da teoria do direito natural, insistindo ambos na distinção entre lei positiva (ou humana) e lei suprema e na distinção entre o que pode tornar uma lei defeituosa em termos de lei e o que simplesmente a faz não ser uma lei[47]. Mas Blackstone, como Cícero antes dele[48] e Lon Fuller depois[49], sustentava que a moralidade era simplesmente um critério para a lei propriamente dita. Para Blackstone, ou ao menos o Blackstone que Bentham e Austin tomaram como alvo, qualquer lei que contradissesse as leis de Deus não era lei.

Com tal visão, amplamente aceita na época, o foco do pequeno cenário de Austin consiste em enfatizar de que forma o argumento da imoralidade do direito seria fútil numa corte – uma corte com a sua própria visão da moralidade e a sua própria concepção da moralidade das leis que está aplicando. Note que Austin não está escolhendo um lado, se o ato do réu nesse cenário é de fato inócuo ou benéfico, nem se a lei que proíbe tal ato é realmente contrária às leis de Deus. Ele está simplesmente sustentando que, num importante domínio da vida humana – as cortes e seus aparatos de aplicação –, é o ponto de vista do direito que importa, e é o poder do direito de punir que prevalece. Austin não está insistindo que seja errado o argumento de Blackstone sobre o *status* não jurídico de uma lei injusta, tanto quanto afirma que, para um tribunal real e para um carrasco real, o mais importante é a opinião do próprio tribunal, independentemente de ser certa ou errada num sentido mais profundo.

A concisa história de Austin faz parte da sua insistência de que "a existência do direito é uma coisa, e seu mérito ou demérito, outra". E assim, embora Austin, assim como Bentham antes dele, reconhecesse totalmente a possibilidade de criticar o direito – avaliando seu mérito ou demérito –, ele reconhecia também que a habilidade do sujeito de criticar a substância do direito era amplamente irrelevante para a operação do direito tal como de fato existia. Para Austin, o sistema jurídico não era uma sociedade em debate. Não era o lugar em que o mérito ou o demérito do direito pudessem ser discutidos, e isto era exatamente assim e apenas porque o direito possuía os meios para aplicar a sua visão do mérito e da validade.

Dessa maneira, o poder coercitivo do direito era, para Austin, a chave para entender a importância da distinção entre o que o direito é e o que ele deve ser. Além disso, devemos ter em mente que Blackstone era um juiz – e um juiz num sistema do *common law*, em que os juízes possuem o poder de fazer o direito e de alterá-lo, mesmo se mascaram (ou simplesmente negam) esse poder numa linguagem de descoberta, em vez de criação. De fato, Austin, mesmo mais do que Bentham, estava entre os primeiros a reconhecerem os poderes de criação jurídica dos juízes do *common law*[50]. E para um juiz – Blackstone, por exemplo – associar o que o direito é ao que o direito deveria ser pode não ter sido tão surpreendente. Afinal, se você tem o poder de fazer e refazer o direito, então a sua visão do que o direito deve ser pode e de fato vai se dissolver naquilo que o direito é.

Ao descrever a ideia do *common law*, A. W. B. Simpson observou que "no sistema do *common law* não há distinção clara entre dizer que uma solução particular para um problema está de acordo com o direito e dizer que a solução é racional, equânime ou justa"[51]. Mas se você, como Austin e Bentham, tem a sua própria métrica preferida do que é racional, equânime e justo, e se você acredita que juízes, na busca pelo racional, equânime e justo, provavelmente estarão errados, então você certamente não gostaria de ver o direito pelos olhos dos juízes.

Por isso é importante que o réu, na história de Austin, não seja o juiz. Ele é um réu, sem o poder de fazer o direito e sem o poder de mudá-lo. Para *ele*, a distinção entre o que o direito é e o que deve ser é crucial, e para *ele* a distinção está baseada no poder do direito de punir. É precisamente a força do direito que faz a distinção entre a existência do direito e seu mérito essencial, porque sem essa força não haveria razão para reconhecer a importância da própria visão do direito sobre seu mérito. Porém, por possuir essa força, a visão do direito sobre o seu mérito conquista o terreno alto. Se entendermos o direito do ponto de vista do sistema jurídico e se entendermos a importância de todos os pontos de vista do sistema jurídico, então devemos entender, como Austin parece insistir, que a força é o que faz o ponto de vista do sistema jurídico, não simplesmente um ponto de vista qualquer, mas aquele que ocupa uma posição distinta e um espaço conceitual distinto dentro do sistema jurídico.

2.3. A sabedoria convencional, *circa* 1960

Bentham e especialmente Austin criaram um elaborado aparato teórico para explicar como a ameaça de sanções indesejáveis era central para a ideia do direito e para a distinção entre o direito e outros domínios normativos, como aqueles da moralidade, dos costumes, da honra e da religião. Ademais, para Bentham e provavelmente (ao menos até a parte final de sua vida[52]) para Austin, suas visões sobre a importância da coercitividade para o direito eram uma extensão de seus programas reformistas[53]. Por serem críticos, e não entusiastas do direito inglês que conheciam, eles acharam mais fácil explicar a dominância do direito pela referência à sua força, e não por sua intrínseca integridade.

Ainda, embora Bentham e Austin tenham chegado à importância da coerção no direito por uma via teórica intricada e normativa, suas destinações dificilmente foram surpreendentes. Não é só o cidadão comum que vê o direito no seu modo inicial e predominantemente coercivo, mas também aqueles com uma inclinação mais teórica. É verdade que o mais proeminente predecessor positivista de Bentham, Thomas Hobbes, traçou uma clara distinção entre o direito e os imperativos suportados pela força, e ele o fez na expectativa de que a população tomaria como obrigatórios os comandos do soberano como sua parte na barganha que é o contrato social. Hobbes obviamente reconhecia que essa expectativa poderia não ser satisfeita nas condições da atual existência social, mas para fins teóricos ele estava relativamente despreocupado com o cidadão que falhou em entender as obrigações de obediência que o contrato social impôs[54].

Mais à frente no tempo, no entanto, o foco de Bentham no lado coercivo do direito pode ser visto como cada vez menos notável e, até mesmo, banal. T. E. Holland, o autor do que era então o texto inglês de referência em teoria do direito, no final do século XIX e começo do século XX, aceitava com pouco questionamento o esquema básico de Austin e, quaisquer que fossem suas críticas, elas eram claramente secundárias[55]. Outros seguiram o mesmo caminho[56]. Henry Maine, por exemplo, achava que pouco mais de importante ainda havia a ser dito sobre o óbvio "irresistível poder coercivo"[57] do direito, acreditando que os temas interessantes envolviam quando, onde e como esse poder coercivo era ou deveria ser exercido. Um pouco depois, W. W. Buckland, numa indigesta pesquisa sobre o estado da teoria jurídica inglesa, lamentava os esforços filosóficos para explicar o fato da obediência ao direito e desejava que os teóricos percebessem o cumprimento do direito de uma "maneira mais pedestre", com o que ele se referia a seguir Bentham e Austin em seu entendimento mais direto da obrigação jurídica, de uma maneira menos filosófica e mais dependente de sanções[58].

Ao mesmo tempo que os teóricos jurídicos ingleses seguiam o modelo de direito do comando-coerção, basicamente o mesmo estava acontecendo nos Estados Unidos, apesar de partir de uma direção e para um fim diferentes. Quando Oliver Wendell Holmes fez sua famosa ponderação de que devemos olhar para o direito da perspectiva do "homem mau"[59], ele estava seguindo Austin, que sabemos que leu, entendendo o "direito como a coerção regulada"[60]. Para Holmes, e então para os realistas jurídicos, como Joseph Hutcheson, Jerome Frank, Leon Green, Herman Oliphant, Karl Llewellyn e muitos outros, de 1920 até 1940 (e, em alguma medida, depois)[61], havia uma grande diferença entre o direito nos livros – as "regras de papel", como Llewellyn dizia[62] – e o direito aplicado de fato. E o que tornava relevante essa diferença era que a pessoa afetada pelo direito, o "homem mau", estava em algum lugar entre principal ou exclusivamente interessada no que lhe aconteceria caso adotasse esta ou aquela conduta. Os realistas não se mostravam nem um pouco preocupados com o modo como Austin definia o "direito", em sentido estrito da definição, mas, para eles, a parte importante do direito era sua capacidade de impor sanções. Os realistas insistiam, frequentemente de forma correta, que o sistema jurídico, por vezes, impunha suas sanções de maneira que não poderiam ser explicadas pelas regras de papel do direito escrito, embora restassem poucas dúvidas de que eles aceitavam o ponto austiniano básico de que a linha que separava o momento em que o sistema jurídico impunha suas sanções e em que não impunha era central para o entendimento da própria ideia de direito.

Nem era amplamente aceita a importância da coerção, limitando-se aos teóricos nos ambientes da *common law* e da língua inglesa. No continente, a muito influente teoria de Hans Kelsen focava na natureza sistêmica das normas e via a coerção e o monopólio do Estado da coerção legítima como chaves para a diferenciação do sistema jurídico em relação a outros sistemas de normas[63]. Com efeito, embora a teoria do direito de Kelsen divergisse bastante daquela de Austin, ele era igualmente claro no que diz respeito ao papel da coerção, insistindo que "sanções externas... são a essência do direito"⁶⁴ e que "todas as normas de uma ordem jurídica são normas coercivas, i. e., normas que preveem sanções"⁶⁵. Do mesmo modo, o grande sociólogo do direito Max Weber, que focou na criação e na função de várias instituições sociais, sustentava que o direito simplesmente não existe onde não há instituições que apliquem as normas da sociedade, sendo esse, em primeiro lugar, o grande objetivo de se estabelecer um sistema jurídico⁶⁶. E várias outras figuras da filosofia jurídica alemã e francesa tomaram o núcleo coercivo do direito como tão evidente que isso sequer mereceria uma análise extensa⁶⁷.

Mais importante, todavia, o lugar central da coerção na compreensão do fenômeno do direito permaneceu e permanece até hoje como uma proposição óbvia para aquela proporção esmagadora do mundo que não é composta de teóricos do direito. Os mafiosos, nos filmes, referem-se à polícia como "o direito", e embora o poeta Robert Frost tenha pensado que estava sendo engraçado ao dizer, em tom de brincadeira, que "um processo judicial bem-sucedido é aquele usado por um policial", o humor dessa observação remete à facilidade com que as pessoas comuns veem o direito, em termos de sua capacidade de compelir obediência. Blaise Pascal observou, séculos atrás, que o "direito, sem força, é impotente"⁶⁸ e, muito depois, Albert Einstein declarou que "nada é mais restritivo do respeito ao governo e ao direito de um país do que aprovar uma lei que não pode ser aplicada". Mais recentemente, Martin Luther King Jr. enalteceu o direito exatamente pelo seu poder de compulsão. "Pode ser verdadeiro que o direito não pode fazer um homem me amar, mas ele pode impedi-lo de me agredir, e acho que isso é muito importante."⁶⁹

Entre as facetas mais visíveis da vida contemporânea está a tendência do grupo social, quando o direito é mais claramente violado, em insistir que os perpetradores não sejam apenas criticados, mas que eles sejam punidos. Para o público, parece – como parecia para Bentham, para Austin e para James A. Garfield, um dos presidentes norte-americanos mais bem instruídos – que "uma lei não é uma lei sem a coerção por detrás dela"[70]. Mas se parece tão óbvio para as pessoas comuns, para presidentes, para professores, para ativistas, para cientistas e poetas que o direito tem tudo a ver com a força, então como alguém poderia negar isso, e por que alguém gostaria de negar? O Capítulo 3 está voltado exatamente para essa questão.

CAPÍTULO 3

A POSSIBILIDADE E A PROBABILIDADE DO DIREITO NÃO COERCITIVO

3.1. As partes faltantes da sabedoria convencional

Por um longo tempo pareceu evidente – ao menos para as pessoas comuns – que a coerção, as sanções, as ameaças, as punições e a força bruta se encontravam no coração da ideia de direito. E para a maioria dos cidadãos, bem como para os teóricos dentro da tradição de Bentham e Austin, a capacidade do direito de compelir à obediência com suas diretivas parece ser, precisamente, o que torna uma diretiva jurídica diferente de um mero pedido ou de uma sugestão[1]. Ademais, a ameaça da força é o que parece distinguir o direito de outras incontáveis prescrições de que somos alvo. No final das contas, vivemos num mundo normativo, e somos constantemente bombardeados por pessoas que nos dizem o que fazer. Elas nos oferecem conselhos, elas nos dão instruções e, frequentemente, ordens e comandos. Às vezes, são amigos ou professores. Mesmo pessoas totalmente estranhas e outras com quem nos relacionamos casualmente nos dizem o que fazer. E agentes públicos e colunistas fazem isso a todo momento. Além disso, vivemos nossa vida numa rede de normas sociais, as quais, embora menos explícitas, pretendem ditar muitos aspectos do nosso comportamento.

No entanto, dentro desse contexto do que é frequentemente percebido como um ambiente prescritivo generalizado, o direito ainda se destaca. E isso acontece em grande medida porque, quando *ele* nos diz o que fazer, ele tem uma maneira de suportar suas prescrições com o poder coercitivo do Estado. Ou assim parece há muito tempo. E é exatamente essa distinção entre ordens impostas pelo Estado e todas as outras prescrições, sejam ou não estatais, que atraiu o foco de Bentham e Austin, e que impressionou a tantos, antes e depois deles, como a chave para explicar o caráter e a distinção do direito e do sistema jurídico.

Embora a aparentemente singular habilidade do direito de compelir ao cumprimento de suas diretivas pareça, à primeira vista, especialmente importante para entender o que torna o direito especial, um grupo de teóricos do direito tem observado, há tempos, que a descrição do direito centrada na sua força deixa muito sem explicação. Por exemplo, escrevendo em 1945, Roscoe Pound, que foi diretor da Harvard Law School, refletia em que medida o quadro austiniano omitia aspectos cuja importância e cujo *status* como direito dificilmente poderiam ser questionados. "Não poderia alguém perguntar se os cânones da interpretação jurídica são direito?", ele sugeria, e então perguntava, retoricamente, mas "se eles impõem obrigações aos juízes (a quem mais?), que punição prescrevem?"[2].

Para Pound, os cânones da interpretação das leis – regras de segunda-ordem[3], ao prescrever os métodos para interpretá-las – eram, evidentemente, parte do direito. Assim também, por implicação, eram todas as outras regras (e princípios, cânones, máximas, *standards* e outras prescrições similares[4]) que não diziam diretamente aos indivíduos como se comportar, mas, em vez disso, eram direcionadas aos juízes e especificavam a maneira como *eles* deveriam executar suas tarefas. Contudo, essas regras, claramente regras *jurídicas*, parecem não contemplar sanções que as suportem. De acordo com a chamada regra de ouro da interpretação estatutária*, por exemplo, juízes devem interpretar as leis de acordo com o sentido ordinário de sua linguagem, a menos que a interpretação produza um resultado absurdo, claramente indesejado pela legislatura[5]. Mas nenhuma penalidade formal espera o juiz que ignora tal regra ou qualquer outra regra desse tipo. Para Pound, era importante ter ciência de que essas regras eram claramente parte do direito, mesmo não possuindo sanções. Ele sabia que Austin e seus seguidores as tinham excluído da definição de direito, estipulando que a coerção era um componente necessário de qualquer regra jurídica propriamente dita, mas Pound acreditava que era perverso omitir tais aspectos óbvios do direito de uma definição de direito. De fato, embora a linha de pesquisa e os esforços reformadores de Pound focassem o direito penal, ele pensava que o uso implícito, feito por Austin, do paradigma do direito penal parecia deixar de lado muito da importância do direito privado. Em particular, Pound se preocupava com que transações juridicamente construídas – contratos, testamentos, sociedades e muito mais – poderiam não ser capturadas pelo modelo do comando sem alguma distorção. Algumas leis, ele observava, "reconheciam ou conferiam poder", enquanto outras "reconheciam e conferiam liberdades e privilégios", e outras, ainda, "delimitavam interesses reconhecidos". "Reduzir tudo isso a comandos", Pound reclamava, "é uma excessiva simplificação que violenta mais de uma dessas leis e não conduz a um melhor entendimento delas"[6].

Pound ainda não havia terminado. Como rejeitava conceber todo o direito "nos termos do direito penal"[7] e não estava con-

---

* Na teoria do *common law*, a interpretação estatutária (*statutory interpretation*) é o que, no sistema do *civil law*, é chamado de "interpretação das leis". Nos Estados Unidos, o que se chama de "lei" (lei ordinária, lei complementar etc.) são os "estatutos". [N. do T.]

vencido das maquinações austinianas que limitavam "tudo o que pode ser feito pelo direito ou mesmo pela legislação" ao modelo penal, ele pensava "quem é 'posto para sofrer' quando uma corte elabora um testamento? Não podemos dizer que [aqueles] que têm suas expectativas frustradas são punidos por alguma coisa que fizeram. Eles não são bem-sucedidos em obter o que esperavam não porque algo foi dito ou considerado um erro da sua parte, mas porque não lhes foi dado". E, ademais, "se uma corte nega validade a um testamento porque ao ser celebrado não foram seguidos os requisitos legais, isso dá prazer aos virtuosos colaterais mais próximos, que o testador considerou indignos de sua herança, e inflige dor ao malicioso amigo do testador a quem ele pretendia dar um sinal de gratidão pelos benefícios recebidos?" Ademais, "quando um tribunal interpreta um testamento, ou um contrato, ou uma escritura, ou instrui um agente fiduciário, ele está praticando uma ação contra uma pessoa a fim de torná-la um infrator comparável a um criminoso ou agente causador de um dano?"[8].

Pound foi mais duro do que a maioria ao sustentar que um quadro do direito "dependente-de-sanções" deixava muito do direito sem explicação, mas ele não foi o primeiro. Antes dele, em 1878, quando a influência de Austin estava no auge, Frederic Harrison, prenunciando Pound, catalogou um conjunto de leis sobre propriedade, franquias públicas, cargos públicos e muito mais, que certamente eram direito, mas não poderiam plausivelmente ser entendidas como comandos fundados na ameaça do uso da força[9]. Outros teóricos do final do século XIX e início do século XX também tinham começado a questionar se o quadro de Austin fundado na coerção era um retrato completo do direito como ele e Bentham imaginavam[10]. Em 1931, por exemplo, Carleton Kemp Allen observou, em clara oposição a Austin, que "uma grande parte do direito não consiste em... compulsão"[11].

Allen, então, foi ainda mais específico:

> Tem sido frequentemente apontado, em oposição a Austin, que muitas leis não são primariamente imperativas; elas apenas prescrevem os meios e os métodos pelos quais uma pessoa pode, se desejar, efetuar um ato jurídico – fazer um testamento, vamos dizer, ou uma escritura, ou buscar um remédio nas cortes.[12]

Tais críticas foram antecipadas por Austin[13], e sem dúvida por Bentham[14]. Na época, Austin respondeu a essas objeções reconhecendo que tais exemplos de direito simplesmente não eram o principal foco de sua atenção. Indo mais ao ponto, Austin, que assim como Bentham[15], oferecia de forma clara uma descrição da natureza do direito dependente-da-sanção, baseava-se numa concepção de sanção mais ampla do que aquela limitada a multas, prisão e pena de morte. Austin observava, por exemplo, que mesmo a legalmente imposta nulidade de uma transação poderia funcionar como sanção[16]. É verdade que para o soberano é indiferente eu celebrar um contrato, vender minha casa ou deixar meu dinheiro para meu primo quando eu morrer. Mas se tento realizar tais transações sem respeitar o que está prescrito pelas formas jurídicas, o Estado não admitirá que sejam feitas. A nulidade de uma transação que eu desejava realizar frustrará minhas intenções, impedindo-me de fazer o que eu queria, e talvez mesmo produza um resultado positivamente desastroso para mim – por exemplo, se for outro o beneficiário legal da minha propriedade, talvez outro primo que eu odeie. Para Austin, esse tipo de nulidade jurídica poderia funcionar como uma genuína sanção, mesmo se o efeito da nulidade fosse apenas tornar um ato opcional ineficaz, em oposição às sanções decorrentes do descumprimento de uma obrigação de que eu deva fazer algo (como pagar impostos) ou me abster de fazer algo (como roubar). Os atos nulos podem ser originalmente opcionais, Austin acreditava, mas quando um resultado esperado é anulado, a anulação, em virtude da frustração das expectativas daqueles que desejavam a consumação da transação, parece para ele se enquadrar dentro da ideia de sanção[17].

Retomaremos o conceito de ameaça de nulidade como uma forma de coerção. Ao final, a ideia deve ser levada a sério. Exigir que eu faça algo da forma determinada pelo Estado, e não da minha maneira, não é totalmente sem relação com a ideia de comando, e receber uma penalidade por não ser capaz de fazer algo do modo determinado pelo Estado é uma forma plausível de sanção. Mas a sanção de nulidade também é coercitiva apenas de forma atenuada, como Pound e Allen primeiramente observaram. E então elas, com outras, nos levam a concluir que muito do que costumamos considerar como sendo parte do direito não é explicado de maneira satisfatória pela coerção, mesmo em sentido amplo. E, se é assim, então a coerção e as sanções podem não chegar perto do trabalho de descrever a ideia do direito, como Bentham e Austin acreditavam. O que devemos fazer diante disso, mesmo se verdadeiro, é objeto de boa parte do Capítulo 4, mas antes devemos nos voltar para a mais influente versão da crítica que acabamos de esboçar.

3.2. H. L. A. Hart e os furos no quadro de Austin

Allen, Pound e outros têm por muito tempo exposto os furos no quadro de Austin, mas o que se tornou a crítica padrão a Austin por enfatizar excessivamente a coerção e menosprezar as dimensões não coercitivas do direito foi a parte inicial de *O conceito de direito*, de H. L. A. Hart[18]. Ao preparar as bases para o que descreveu como um "novo começo" ao pensar sobre a natureza do direito, Hart dedicou grande parte dos primeiros capítulos de seu livro profundamente influente a uma crítica a Austin. De fato, o trabalho de Hart se tornou tão importante para a filosofia jurídica na tradição anglo-americana, que as críticas anteriores a Austin, não muito diferentes daquelas que Hart fez mais tarde, foram essencialmente esquecidas[19].

A crítica de Hart ao modelo austiniano contemplava dois temas principais. O primeiro seguia na linha das objeções anteriores de Pound e outros: que grande parte do que é amplamente entendido como direito é ignorado ou insatisfatoriamente explicado por uma descrição fundada em sanções. Mas Hart levou essas críticas adiante. Ele não apenas enfatizou que a coerção parece não explicar o *status* jurídico dos contratos, testamentos, fundos e outras características opcionais do direito, mas também explorou um tópico tratado apenas brevemente por Pound e Allen: o papel do direito na constituição de tais arranjos. De fato, na palestra inaugural de Hart, em 1953, como professor de Jurisprudência em Oxford[20], ele desenvolveu um tema que, posteriormente, tornou-se proeminente na distinção que John Searle fez entre regras constitutivas e regulativas[21]. Regras regulativas, o tipo mais familiar de regra, preveem a conduta cuja existência conceitual é logicamente anterior às regras. Minha capacidade de dirigir um carro a 90 milhas por hora pode ser uma função do carro, da estrada e de minhas preferências, mas não depende do direito[22]. Isso também se aplica à capacidade de uma pessoa de provocar a morte de outra. Os seres humanos matam outros seres humanos há muito tempo, antes mesmo de existirem leis contra homicídios ou regras jurídicas que distinguissem o homicídio de um homicídio justificado. Assim, regras ou leis que proíbem dirigir a 90 milhas por hora ou matar outras pessoas determinam uma conduta que poderia ser praticada independentemente do direito e que têm existência conceitual logicamente anterior ao direito. Não preciso da lei – nenhuma lei – para dirigir a 90 milhas por hora ou para matar meu vizinho.

Pense agora naquelas regras ou naqueles sistemas de regras que *criam* possibilidades que, sem essas regras ou esses sistemas, não existiriam. Retomando um exemplo anterior, simplesmente não seria possível fazer um roque se não existissem as regras que constituem o jogo de xadrez. O roque somente existe *dentro* do xadrez (embora seja possível movimentar peças de madeira de certo formato, de determinada maneira, num tabuleiro de xadrez, embora isso não tenha sentido), tal como *home runs** existem apenas dentro do beisebol.

Assim também acontece com o direito. O direito penal pode regular o homicídio, e o direito da responsabilidade civil pode disciplinar alguns tipos de atividades conceitualmente antecedentes[23], mas uma corporação, ou um *trust*** ou um testamento são como o roque, e não como o homicídio. Um grupo de pessoas pode, em conjunto e sem o direito, dirigir um negócio, mas eles apenas podem criar uma corporação em virtude das regras jurí-

---

* *Home run* é a jogada do beisebol em que, ao rebater a bola, o jogador rebatedor pode correr por todas as bases sem nenhuma interrupção e marcar um ponto. É o que acontece quando a bola rebatida vai para a torcida e não cai dentro do campo de beisebol. [N. do T.]

** O *trust* consiste na transferência de propriedade do instituidor (*settlor*) para um *trustee*, que ficará responsável por administrar os bens em vista do interesse do beneficiário do *trust*, que pode ser o próprio instituidor ou terceiro. Trata-se de instituto inexistente no Brasil. A XV Convenção de Haia sobre a Lei Aplicável ao *Trust* e a seu Reconhecimento indica as seguintes características do *trust*, em seu art. 2º: *(a)* os bens constituem um fundo separado e não são parte do patrimônio do *trustee*; *(b)* títulos relativos aos bens do *trust* ficam em nome do *trustee* ou em nome de alguma outra pessoa em benefício do curador; *(c)* o curador tem poderes e deveres, em respeito aos quais ele deve gerenciar, empregar ou dispor de bens em consonância com os termos do *trust* e os deveres especiais impostos a ele pela lei. Sobre o tema, vide: Judith Martins-Costa. O *trust* e o direito brasileiro. *Revista de Direito Civil Contemporâneo*, jul./set. 2017, v. 12, pp. 165-209. [N. do T.]

dicas que estabelecem a própria ideia de corporação. Isso também vale para *trusts*, testamentos, pedidos judiciais e muitas outras instituições e práticas constituídas e dependentes do direito.

Como devemos entender o que o direito está fazendo na constituição de tais instituições e práticas? O direito dificilmente está coagindo algo ou alguém, pelo menos no sentido de exigir que as pessoas se envolvam ou não em alguma dessas atividades constituídas pelo direito. O direito constitui corporações, mas não exige que alguém crie uma corporação. Isso é o que argumentaram Pound e, mais tarde, Hart, e para ambos a negligência da dimensão constitutiva do direito foi em grande parte resultado de sua ampla objeção ao excesso de dependência da coerção na explicação do fenômeno do direito.

O argumento da capacidade constitutiva do direito não deve ser levado muito longe. Se o objetivo é mostrar a importância do direito, inclusive quando não está sendo coercitivo ao apoiar suas prescrições com sanções, devemos considerar a possibilidade de que o direito, mesmo no seu modo constitutivo, seja mais coercitivo do que geralmente é considerado. Às vezes, para ter certeza, a coerção consiste simplesmente em dizer às pessoas o que fazer, mas outras vezes há coerção quando se diz às pessoas que aquilo que querem fazer deve ser feito de uma maneira, e não de outra. Quando o direito cria a própria possibilidade de se realizar uma atividade, geralmente isso suplanta uma possibilidade similar e independente do direito. E se a atividade que independe do direito fizer parte do comportamento normal das pessoas e das suas expectativas, eliminar essa possibilidade e obrigá-las a usar a alternativa do direito funciona como uma forma de coerção.

Considere a ideia jurídica de um contrato. Os contratos existem em virtude do direito e, portanto, o conceito de contrato é constituído pelo direito exatamente no sentido que estamos discutindo. Mesmo que não houvesse contratos, ainda poderia haver promessas[24], e a obrigação moral de cumprir as promessas poderia muito bem ser imposta com as sanções de vergonha, culpa e danos à reputação, entre outras. No entanto, uma vez que o direito criou a instituição do contrato, ocorre que as promessas, pelo menos nos mesmos tópicos abrangidos pelo direito dos contratos, parecem ter sido empurradas para o lado psicológico, mesmo que não conceitualmente. Posso prometer a você que vou vender minha casa por certo valor, mas, num mundo com contratos, surge um entendimento de fundo no sentido de que um contrato de compra e venda é a *única* maneira de prometer vender uma casa. Essa é uma afirmação psicológica, e não lógica, embora isso não a torne menos adequada. Ao entrar em algum domínio do comportamento, o direito geralmente ocupa o campo, excluindo alternativas não jurídicas preexistentes. Considere o direito dos testamentos. O testamento é uma criação do direito, mas deixar a propriedade de uma pessoa, após a morte dela, para indivíduos designados, não é. Afinal, uma pessoa poderia dizer a seus irmãos, suas irmãs e seus filhos que, após sua morte, sua casa e seu carro devem ser dados a uma criança, e suas contas bancárias, a outra. Em teoria, isso poderia acontecer, e esses desejos poderiam muito bem ser realizados. Mas não é assim que se faz no nosso mundo. No nosso mundo, um mundo que usa testamentos, outras maneiras de alcançar o mesmo fim foram suplantadas. Dizer a alguém que ele receberá todo o meu dinheiro quando eu morrer, mas fazer isso fora dos processos jurídicos estabelecidos, é menos eficaz num mundo que usa testamentos do que num mundo que não os usa[25].

Quando formas de conduta juridicamente constituídas substituem formas similares de conduta que não dependem do direito, ou quando o direito regula uma conduta opcional, mas independente do direito, a sanção de nulidade se torna uma sanção real. Se eu quiser fazer um contrato, mas não o fizer de acordo com as formas prescritas pelo direito, o contrato não será de forma alguma um contrato. Minhas expectativas e meus desejos serão frustrados e minha decepção será palpável. Se eu quiser evitar esse desapontamento e alcançar um objetivo específico ao celebrar um contrato, a capacidade do direito de frustrar esses desejos lhe confere um poder de coerção não muito diferente de uma coerção mais direta. O fim de uma transação complexa, por não estar em conformidade com as prescrições jurídicas, por exemplo, pode ser uma penalidade muito maior para as partes envolvidas nessa transação do que uma multa de $100 por exceder o limite de velocidade. Como Leslie Green colocou, "a nulidade pode ser tão inconveniente, angustiante e cara quanto algumas sanções"[26].

É claro que, às vezes, a nulidade pode não ser decepcionante, e, assim, a ameaça de nulidade perde força coercitiva. Como observa Hart, um contrato inválido porque uma das partes contratantes não possui a idade mínima exigida pode não parecer uma sanção para o menor que não está mais vinculado pelos termos do contrato[27]. E, embora Hart exagere no caso, dizendo que é "absurdo" pensar na nulidade de um contrato ou de uma legislação como uma forma de punição[28], a acusação de que falar em punição está fora de lugar no contexto de violar regras constitutivas é adequada quando é direcionada à ideia de que a tentativa do jogador de xadrez de mover uma torre na diagonal é punida por uma regra de xadrez – a regra que especifica que as torres não podem se mover na diagonal. É inadmissível mover uma torre na diagonal, mas é estranho descrever o jogador que tenta fazê-lo como tendo sido "punido".

Algumas violações das regras constitutivas são, portanto, tão diferentes das sanções que o quadro austiniano ressurge incompleto. Mas apenas porque algumas conclusões sobre a nulidade jurídica não são plausivelmente consideradas como sanções ou punições, isso não significa que nenhuma delas seja. Certamente, a invalidade de um contrato às vezes não é sentida como desagradável, mas para a maioria das pessoas que celebra muitos dos contratos, a capacidade do direito de dizer que tal ajuste deva ser feito de maneira específica, sob pena de não ser obrigatório, será percebida como coercitiva. E embora alguns juízes, como observa Hart, sejam indiferentes à validade de suas ordens[29], eles geralmente sentem a ferroada da reversão e procuram evitá-la, o que torna o poder do tribunal um poder experimentado como coercitivo. De muitas maneiras, portanto, o poder de impor a invalidade será o poder de coagir aqueles para quem ela é desagradável ou inconveniente, provavelmente um número maior em muitos contextos do que aqueles para os quais ela é uma questão indiferente. De fato, mesmo o caso que Hart vê como *reductio ad absurdum* pode não ser tão absurdo. É verdade que a nulidade é, em certo sentido, um componente essencial de qualquer regra constitutiva e, portanto, "se a falha em colocar a bola entre as traves não significasse a 'nulidade' de não pontuar, não se poderia dizer que existem regras de pontuação"[30]. E, portanto, a nulidade pode ser mais bem entendida como parte de uma regra constitutiva, em vez da aplicação conceitualmente distinta de um requisito independente. Contudo, uma vez que se esteja dentro do jogo, seja ele o de julgar, seja de contrato, ou de futebol, as regras perdem parte de seu poder constitutivo e parecem reguladoras e coercitivas. O aspecto coercitivo das regras constitutivas torna-se, assim, uma questão fenomenológica, e o poder daqueles que fazem, alteram e aplicam as regras constitutivas pode parecer coercitivo para os que estão dentro das instituições que as regras constitutivas constituem.

Devemos admitir que a capacidade do direito de criar o poder de fazer testamentos, *trusts* e contratos, assim como sua capacidade de criar o poder de promulgar leis e emitir decisões judiciais, não é completamente capturada por uma descrição do direito baseada na coerção. Mas, mesmo com essa concessão, também podemos reconhecer que a tentativa de explicar o funcionamento das regras constitutivas sem reconhecer as dimensões coercitivas da nulidade também é incompleta. Ainda assim, parece um erro entender *todas* as regras jurídicas como coercitivas. O que considerar da presença generalizada, mas não essencial, de reações ao direito baseadas na coerção, mesmo em seu modo constitutivo, permanece uma questão difícil e à qual retornaremos. Mas, por enquanto, pode ser suficiente notar que a alegação de que a coerção está presente em todo o direito propriamente dito parece falsa, e nesse sentido a pura descrição austiniana é incompleta[31]. Quão incompleta ela é e por qual razão essa incompletude é importante, é o que veremos a seguir.

3.3. A internalização das regras jurídicas

Quando Hart começou a escrever sobre direito, a visão de que grandes partes dele só poderiam ser explicadas com dificuldade pelo modelo de comando se tornou, pelo menos em círculos jurisprudenciais, comum. Hart juntou sua voz a esses críticos, mas sua crítica mais influente ao modelo de comando é mais profunda. O problema não é apenas que as sanções no sentido tradicional estejam ausentes em muito do que o direito faz, mas também que, mesmo quando o direito está no seu modo mais abertamente regulador e de comando, a existência de obrigação jurídica é logicamente distinta das sanções e ameaças que o direito emprega para fazer cumprir seus comandos e as obrigações que cria. Como Arthur Goodhart, antecessor de Hart como professor de Jurisprudência em Oxford, declarou em 1953: "é porque uma regra é considerada obrigatória que uma medida de coerção pode ser anexada a ela: não é obrigatória porque existe coerção"[32].

A ideia de Goodhart, posteriormente aprofundada por Hart, exige atenção. Para Bentham, e em especial para Austin, as sanções eram essenciais à ideia de obrigação jurídica. As leis criaram obrigações apoiando seus comandos com ameaças. Estar sujeito a uma obrigação jurídica – estar sujeito a um dever jurídico – era, portanto, ser objeto de um comando oficial apoiado na ameaça de um "mal" se não fosse cumprida. A força não era apenas um componente essencial de um comando jurídico, mas também uma parte igualmente essencial da obrigação e do dever jurídicos.

Como Goodhart, Hart e outros já apontaram, no entanto, tratar a ameaça de sanções desagradáveis por não conformidade como essencial à obrigação exclui a possibilidade de obrigação sem ameaça. Para Hart, a distinção entre estar sob uma obrigação e ser ameaçado pela força, como acontece com o ladrão que ameaça minha vida se eu não entregar meu dinheiro, é identificada e refletida na distinção linguística entre ser obrigado, como na situação do ladrão armado, e estar sujeito a uma obrigação, como estando sujeito a uma lei. Como questão linguística, Hart estava enganado. Não é um erro em inglês* dizer que alguém é moralmente obrigado a cuidar de um parente doente ou dizer que as pessoas têm obrigações sancionadas de pagar seus impostos ou de obedecer aos limites de velocidade. De fato, pode não ser um erro linguístico dizer que o ladrão armado me impôs a obrigação de lhe entregar meu dinheiro. É muito mais comum do que Hart supunha simplesmente entender "obrigação" como a forma nominal do verbo *obrigar*, como quando a Suprema Corte

---

* Também não é em português. [N. do T.]

dos Estados Unidos disse que "o herdeiro, em virtude de sua responsabilidade como herdeiro da obrigação de seu ancestral, seria obrigado a responder por todos os frutos e receitas como herdeiro, se não como possuidor"[33], ou quando outro tribunal federal americano anunciou que "como a Ordem não tornou delegável a obrigação independente, o CDSS* foi obrigado a cumpri-la"[34].

Que a distinção linguística entre ser obrigado e ter uma obrigação não atinge aquele objetivo que Hart pretendia ao marcar a distinção não torna a distinção em si sem importância. Mesmo se a distinção puder ser extraída da linguagem comum, a diferença que Hart pretendia descrever permanece crucial, precisamente porque podemos entender que estamos sob uma obrigação, mesmo sem uma ameaça em caso de descumprimento.

A existência de obrigações sem sanções é mais clara com relação às obrigações morais. A maioria das pessoas acredita que tem a obrigação moral de cuidar de seus pais idosos, por exemplo, mas essa é uma obrigação que normalmente não é suportada pela ameaça de sanções. Sim, a sanção de receber críticas, especialmente a crítica pública, será ao mesmo tempo eficaz e necessária para que algumas pessoas reconheçam ou ajam com base na obrigação, mas é um entendimento muito pobre de sensibilidade e motivação moral acreditar que todos os que cuidam de um dos pais idosos assim o fazem apenas para evitar a ferroada das críticas públicas[35]. Considere, como outro exemplo, o do vegetariano ético que se abstém de comer carne não por motivos de saúde, mas por considerar moralmente errado matar seres sencientes para ter comida. Hoje em dia existem muitas pessoas assim;

---

* O caso diz respeito a uma determinação judicial (a "Ordem" citada na decisão) para que o California Department of Social Services (o "CDSS") revisse os casos de concessão de assistência social por ele abertos, a partir de certa data. O caso dizia respeito ao cumprimento ou não dessa "Ordem".

porém, não tantas a ponto de se correr o risco de sofrer condenações por parte de vegetarianos caso se coma carne, pelo menos na maioria dos ambientes sociais. No entanto, o vegetariano ético acredita que tem a obrigação de se abster de comer carne e acredita que violaria essa obrigação – ou dever – se comesse um bife, uma costeleta de porco ou frango frito. E, assim, a própria noção de obrigação moral, uma noção familiar para a maioria de nós, mostra que reduzir a ideia de uma obrigação à ameaça de sanção é simplesmente confuso.

Tais obrigações morais podem ser descritas como tendo sido *internalizadas*. A obrigação de se abster de comer carne é uma razão e orienta a conduta de nossos vegetarianos. Em algumas circunstâncias, o vegetariano pode até criticar outras pessoas por comerem carne, uma crítica que deriva da internalização por parte dos vegetarianos da regra "não coma carne". A crítica do vegetariano pressupõe – Hart diz "aceita" – a regra, e a crítica é feita do ponto de vista da regra pressuposta ou aceita.

No entanto, se as obrigações morais podem ser internalizadas sem sanções, isso também acontece com as obrigações jurídicas. E foi esse o ponto que Hart, alguns de seus antecessores e quase todos os seus sucessores buscaram enfatizar. Não precisamos confrontar questões metaéticas complexas sobre exatamente de onde vêm as obrigações morais para reconhecer que, para todos os subjetivistas irresolutos, elas vêm de algum lugar. Na mente de algumas pessoas, elas vêm de Deus; para outras, de normas sociais cultural e temporalmente contingentes; para outras, de suas próprias intuições; e para outras ainda, de uma realidade objetiva do certo e do errado. Elas vêm de algum lugar, uma noção que explica a diferença entre preferências naturais e restrições morais. O vegetariano moralmente comprometido pode muito bem amar bife *wellington* e churrasco de carne de porco e até acreditar que uma dieta que inclua carne e peixe é mais saudável do que outra que não inclua, mas a obrigação moral que ele internalizou exige que substitua algumas de suas preferências, algumas das quais são seus desejos e, possivelmente, até algumas de suas necessidades, a serviço de suas obrigações morais. Suas obrigações morais internalizadas são restrições de segunda ordem às suas preferências de primeira ordem. A mesma ideia se aplica ao direito, pelo menos como uma possibilidade teórica. Se as pessoas puderem entender e agir de acordo com uma obrigação moral que não preveja sanções advindas, digamos, de Deus[36], ou de uma noção moral objetiva de certo e errado, não há razão para que o direito não possa ter *status* semelhante. Como uma questão lógica e conceitual, as pessoas que fazem coisas porque a moralidade diz que assim deveriam (a locução é intencional, para sugerir a fenomenologia externa comum, ainda que não necessária, da obrigação moral), poderiam fazer coisas porque o direito diz que deveriam fazê-las. As pessoas poderiam perceber o direito como uma fonte independente de obrigação e entender o direito como impondo obrigações, mesmo que ele não ameaçasse sanções. Se há sentido em dizer que faço algo porque a moralidade me diz para fazê-lo, vai ter sentido, quanto uma questão lógica e fenomenológica, dizer que faço algo porque o direito me diz para fazê-lo. Na linguagem de Hart, as pessoas podem ter um ponto de vista interno em relação às obrigações jurídicas. Quando elas têm um ponto de vista interno – quando internalizam a obrigação – reconhecem o fato de um "comando" jurídico como criador de uma obrigação e, portanto, uma razão para agir de maneira lógica, fenomenológica e empiricamente distinta da possibilidade de sanções por violar essa obrigação.

    Os filósofos do direito, desde Hart, tendem a aceitar essa explicação sobre como o direito pode criar obrigações, mas por vezes fazem isso de modo que a tornam mais misteriosa do que o necessário, geralmente descrevendo a questão em termos de um verdadeiro quebra-cabeça sobre a fonte da "normatividade" do direito[37]. A questão não é tão intrigante quanto esses teóricos nos fazem acreditar. Sempre que estamos dentro de um sistema de regras, temos obrigações criadas por esse sistema. Se entendermos a moralidade como um sistema de regras (o que, certamente, nem todo mundo entende), a obrigação moral é constituída pelo conjunto de obrigações criadas por um sistema de regras que se aceita. E, quando se está jogando xadrez – quando se internaliza e, portanto, está dentro do sistema de regras que constitui o jogo de xadrez –, podemos dizer, de forma infeliz, mas que capta a ideia, que estamos sob a obrigação "xadrezística" de seguir as regras do xadrez. Não é uma obrigação incondicional, e sim uma obrigação condicionada a estar dentro do jogo de xadrez e de suas regras. Da mesma forma, quando alguém está dentro do sistema de regras, digamos, da etiqueta vitoriana, poderíamos dizer que as pessoas têm a obrigação de etiqueta de seguir as regras que a prática estabelece. E se alguém internaliza as regras da moda, então está sob a obrigação da moda de seguir os ditames em constante mudança das regras e normas da moda. Estar sob uma obrigação é estar dentro – e, portanto, aceitar ou pressupor – das regras ou dos comandos de algum sistema. A aceitação depende de se estar dentro do sistema. Por uma questão lógica, obrigação moral, obrigação religiosa, obrigação do xadrez, obrigação da etiqueta e obrigação da moda são todas espécies do mesmo gênero lógico.

A obrigação jurídica é outra espécie desse mesmo gênero e pode ser como a obrigação do xadrez. Se alguém aceita – internaliza ou toma como um guia para agir – o sistema, então esse sistema pode criar obrigações para quem o aceita. E o sistema pode criar tais obrigações para aqueles que estão dentro dele, como uma questão conceitual ou lógica, sem nenhuma referência à força, às sanções ou à coerção[38]. Isso é o que Joseph Raz chamou de "ponto de vista jurídico"[39] e, como expresso, não é mais misterioso ou intrigante do que o ponto de vista do xadrez ou o ponto de vista moral[40]. Estar dentro de um sistema de normas é ter a capacidade de agir, ter razões, fazer declarações, críticas e julgamentos *a partir* das normas do sistema, e não acerca dessas normas. E, portanto, a normatividade do direito pressupõe (ou está condicionada a) estar dentro do sistema normativo do direito. Mas, uma vez que a condição contingente seja satisfeita ou que o pressuposto seja aceito, a normatividade do direito permanece no mesmo pé de igualdade com qualquer outra forma de fundamentação do ponto de vista de um pressuposto sistema de regras ou normas[41]. Reconhecer o que é fazer julgamentos (sobre o próprio comportamento, assim como críticas ou elogios a outros) de dentro de um sistema de regras era o ponto básico e profundamente influente de Hart. *Contra* Bentham e *contra* Austin, pode haver obrigação jurídica independente-de-sanções. Tomar as sanções, ou a plausível ameaça delas, como parte lógica ou definicional da própria ideia de uma obrigação ou dever é, como pela primeira vez Goodhart colocou, confundir a própria ideia de uma obrigação com os instrumentos comumente usados para aplicá-la.

Certamente, alguns dos teóricos que continuam a questionar a normatividade acreditam que o relato anterior da obrigação jurídica é insuficiente. A obrigação jurídica não é meramente relativa à aceitação ou a estar dentro do sistema, dizem eles, mas, como a moralidade, é incondicional. Assim como não tenho que aceitar um sistema moral para estar moralmente errado, o argumento continua, também posso estar juridicamente errado mesmo que não aceite a estrutura do sistema jurídico. Isso é verdade, mas não há mistério em estar *juridicamente* errado do ponto de vista do direito. Talvez, como se diz, o mistério resida na razão pela qual estar juridicamente errado é simplesmente errado, além da possibilidade (ver Capítulo 4) de haver uma obrigação *moral* de obedecer ao direito. Mas por que pensaríamos que há algo mais em estar juridicamente errado do que apenas estar juridicamente errado, a menos que estar juridicamente errado também signifique estar moralmente errado somente em virtude de estar juridicamente errado? O enigma da normatividade jurídica não é o enigma de tentar explicar por que há uma violação não moral e não jurídica em estar juridicamente errado. É o enigma de por qual razão, em primeiro lugar, alguém pensaria que ela existiria.

3.4. Internalização e a natureza do direito

Portanto, está claro que a internalização da obrigação jurídica "independente-de-sanções" é lógica e conceitualmente possível. Assim como o vegetariano moral num ambiente de não vegetarianos segue seu chamado moral na ausência de sanções, as pessoas podem seguir o direito apenas porque é o direito (tema sobre o qual ainda há mais a ser dito, e será dito no Capítulo 4), e não por medo de sanções. Mas isso é mais do que apenas uma possibilidade lógica? O que a existência dessa possibilidade lógica nos diz sobre o fenômeno do próprio direito?

Em grande parte da tradição jurisprudencial contemporânea, a mera possibilidade de obrigação jurídica independente de sanção é suficiente para estabelecer que as sanções – a coerção – não fazem parte da *natureza* do direito. E aqueles que chegam a essa conclusão o fazem entendendo que a natureza de algo – de qualquer coisa – é constituída pelas condições essenciais ou necessárias de sua existência. Entender a natureza de algo, ou, como alguns diriam, entender o *conceito* de algo, é ser capaz de identificar suas propriedades essenciais ou necessárias. Pode ser que a maioria das aves voe, por exemplo, mas como algumas criaturas claramente são aves e claramente não conseguem voar – pinguins e avestruzes, por exemplo –, é um erro entender o voo como uma propriedade essencial das aves. E como a maioria das pessoas percebe o vinho de abacaxi como vinho, mesmo que seja muito pobre[42], também é um erro incluir as uvas no conceito de vinho.

Assim como uma compreensão essencialista do conceito de vinho exclui a produção de uvas como parte da natureza do vinho, também existe uma perspectiva semelhante, sobretudo nas últimas décadas, sobre o conceito de direito. Repetindo uma citação feita no Capítulo 1, Joseph Raz observou que a propriedade que distingue a filosofia jurídica da sociologia jurídica é que "a última se preocupa com o contingente e o particular, a primeira com o necessário e o universal. A sociologia do direito fornece uma riqueza de informações detalhadas e análises das funções do direito em algumas sociedades particulares. A filosofia jurídica deve se contentar com os poucos recursos que todos os sistemas jurídicos possuem necessariamente"[43]. Da mesma forma, Scott Shapiro considera a análise conceitual em geral e a análise conceitual sobre direito uma busca por "truísmos", que não são verdades empíricas contingentes, mas verdades necessárias sobre a entidade que está sendo investigada[44]. Assim, ele enfatiza que os truísmos identificados sobre o direito devem ser aqueles "de fato presentes em todos os sistemas jurídicos"[45]. E Julie Dickson sustenta que a natureza do direito é explicada (e definida) por "aquelas propriedades essenciais que determinado conjunto de fenômenos deve exibir para ser direito"[46].

É esse entendimento essencialista da natureza do direito, ou do conceito de direito[47], ou da natureza do conceito de direito, que leva alguns teóricos a ver a possibilidade de obrigação jurídica livre de sanções e direito livre de sanções como profundamente importante. Se, como vimos, e como Hart e outros argumentaram, existe a possibilidade lógica do direito e da obrigação jurídica sem força e coerção, essa mesma possibilidade, além do tamanho de sua presença empírica, faz com que a coerção desapareça da natureza do direito, pelo menos para aqueles que acreditam que a natureza de algo consiste em, e somente em, suas propriedades necessárias ou essenciais. Embora todos os sistemas jurídicos reais empreguem grande número de dispositivos coercitivos para fazer cumprir as obrigações que criam, o fato de que o direito não coercitivo é possível e o fato de que algumas partes dos sistemas jurídicos reais parecem operar sem coerção são razões suficientes, sob uma visão essencialista, para excluir a coerção da natureza do direito. A coerção surge como contingente e não necessária, útil, mas não essencial, onipresente, mas não universal e, portanto, não faz parte da natureza própria do direito[48].

Vimos que é possível, para aqueles inseridos dentro do sistema de regras do direito, internalizarem seus comandos sem sanções, assim como é possível, para aqueles inseridos dentro das regras do jogo de xadrez, internalizarem-nas sem sanções. Mas qual é a importância dessa possibilidade? Suponha, por um momento, o que ninguém nega: que as sanções são uma grande parte de como todos os sistemas jurídicos reais impõem muitas das obrigações que criam. Mas se esse fato contingente e não necessário não faz parte da natureza do direito precisamente por causa de sua não necessidade, devemos considerar em que consiste a natureza de algo e se a necessidade deve ser a pedra de toque de uma investigação sobre a natureza de qualquer fenômeno.

3.5. Genéricos, conceitos e o conceito de direito

Então, o que devemos fazer diante do fato de que a coerção não é uma propriedade necessária do direito, no sentido de que pode haver, e às vezes há, direito sem coerção? As pessoas podem internalizar normas jurídicas independentemente de seus métodos de aplicação, e as pessoas, especialmente as autoridades jurídicas, como Pound observou pela primeira vez, às vezes internalizam, seguem e usam normas jurídicas, mesmo quando as sanções estão ausentes. Isso realmente significa que a coerção não deve ser considerada numa investigação sobre a natureza do direito, como muitos teóricos acreditam?[49] Talvez sim, mas pode ser que essa visão esteja baseada num entendimento particular do que é conceito ou natureza, e talvez esse entendimento esteja errado.

Considere, novamente, as aves. A maioria delas consegue voar, algumas não. No entanto, se pedirmos a alguém que pense numa ave, dificilmente ela pensará num pinguim, num avestruz ou numa águia com a asa quebrada. E essa observação não se aplica apenas às aves. Cientistas cognitivos que estudam a formação de conceitos concluíram, quase universalmente, que as pessoas não usam conceitos da maneira que pressupõe a visão de uma "característica essencial". Em vez disso, entendem que seus conceitos têm casos centrais – aves que podem voar, vinho feito de uvas e matemáticos inteligentes –, assim como casos periféricos – aves que não podem voar, vinhos feitos de abacaxi e matemáticos estúpidos. Entendem que as casas flutuantes permanentemente ancoradas, mas flutuantes, são como barcos, mas não são casos centrais de barcos e que casas flutuantes também são como casas, porém não são casos centrais de casas[50]. Tanto no pensamento como na fala, as pessoas têm em mente um protótipo, ou um paradigma, ou casos centrais dos conceitos e das palavras que usam, e outros casos que são mais discutíveis, menos centrais e mais periféricos. Além disso, as pessoas pensam em conceitos e categorias em termos de propriedades – como voar para pássaros e uvas para vinho – que podem não ser válidas para todos os casos centrais da categoria[51]. E embora os cientistas cognitivos debatam sobre muitas coisas, essa não é uma delas, pois é amplamente reconhecido que uma imagem da formação de conceitos que enfatiza condições ou propriedades necessárias (e suficientes) é uma imagem imprecisa de como as pessoas realmente pensam. A mesma ideia foi reconhecida por várias e diferentes tradições filosóficas. A mais famosa e também a mais controversa defesa dessa ideia é de Ludwig Wittgenstein, que sugere uma semelhança familiar para explicar pelo menos parte, provavelmente a maior parte e possivelmente toda a linguagem[52]. Usando o exemplo dos jogos, ele sugeriu que todas as coisas que chamamos de jogos não compartilham características comuns. Os jogos não possuem propriedades necessárias ou essenciais, e não existem propriedades necessárias ou essenciais de todos os jogos que consideramos casos centrais de jogos. Não se trata, ou pelo menos não se tratava para Wittgenstein e seus seguidores, de afirmar casos centrais ou prototípicos ou paradigmáticos de jogos, de modo que poderíamos identificar as características essenciais dos casos paradigmáticos – as coisas que os tornaram paradigmas –, enquanto reconheceríamos que há casos marginais ou discutíveis que possuem algumas, mas não todas as propriedades do paradigma. Em vez disso, as coisas que chamamos de jogos, e até as inúmeras coisas que são casos centrais ou paradigmáticos de jogos, relacionam-se como uma semelhança familiar, como os fios de uma corda, e não como os elos de uma corrente. Tudo o que entendemos como jogo – como uma instância do conceito de jogo – compartilha certo número de propriedades com outros jogos, mas não há propriedades comuns a todos os jogos, nem mesmo a todos os jogos que são casos evidentes de jogos.

Nem todo mundo concorda com a ideia de que a semelhança familiar explica até mesmo jogos. Mais notavelmente, Bernard Suits argumentou que *todos* os jogos podem ser caracterizados como atividades baseadas em regras que são "tentativas voluntárias de superar obstáculos desnecessários"[53]. E, portanto, ele pretendia oferecer, explicitamente contra Wittgenstein, uma definição de jogos em termos de condições necessárias e suficientes. A definição de Suits pode não estar, em verdade, correta. Por exemplo, ela se aplica a quem pratica esportes por dinheiro? Mesmo que a definição de Suits seja sólida, ela pode não nos dizer muito sobre jogos, e pode ser uma definição oferecida num nível tão alto de abstração que seja essencialmente pouco informativa.

Embora as visões de Wittgenstein dificilmente estejam sem dissidentes, a sua e outras formas de antiessencialismo têm exercido bastante influência. Os filósofos Max Black e John Searle discutiram "conceitos de grupo" – conceitos definidos por um conjunto ponderado de critérios, de modo que nenhum critério seja necessário ou suficiente para a adequada aplicação do conceito, e de modo que nenhum deles seja necessário ou faça parte de um conjunto de critérios conjuntamente suficientes para a sua aplicação, mesmo nos casos centrais do conceito[54]. Ainda, outros filósofos adotaram uma teoria do significado do protótipo que se aproxima ainda mais do que os cientistas cognitivos aprenderam sobre a formação de conceitos[55]. E, mais recentemente, surgiu grande interesse pelos *genéricos* – caracterizações que são usual ou geralmente verdadeiras, mas que toleram exceções[56]. Não é universalmente verdadeiro que os Volvos são confiáveis, que o queijo suíço tem buracos ou que as aves voam, todavia não é incorreto dizer que os Volvos são confiáveis, que o queijo suíço tem buracos ou que as aves voam. Parece, portanto, que uma característica importante da cognição e da comunicação humanas é o uso de caracterizações probabilísticas, mas não universalmente verdadeiras, como parte vital de nossa existência cognitiva e comunicativa. Este não é um livro sobre ciência cognitiva ou filosofia da linguagem. Que nossa linguagem e nossos conceitos, sobretudo aqueles que *não* descrevem tipos naturais como ouro e água, sejam mais bem caracterizados em termos de protótipos, casos centrais, propriedades genéricas, grupos e semelhanças familiares, é um terreno contestado[57]. Mas pelo menos não é evidente por si mesmo nem universalmente aceito que apreender e usar um conceito requer o conhecimento das condições necessárias e suficientes para seu uso adequado[58]. Supor que entender a natureza ou o conceito de direito significa entender suas propriedades essenciais ou mesmo as propriedades essenciais de seus casos centrais é, portanto, basear-se em uma premissa cuja base empírica é instável e cuja proveniência filosófica é bastante contestada.

Vale a pena repetir que as versões mais importantes do antiessencialismo não se referem apenas a casos periféricos. A questão não é se existem casos centrais e marginais de direito, do mesmo modo como existem casos básicos e marginais de praticamente tudo. Em vez disso, a questão é se mesmo os casos nucleares, os casos-padrão ou centrais podem ser entendidos em termos de características necessárias[59]. Muitos teóricos afirmam que sim, mas outros argumentam que não pode, e a última visão – que mesmo casos-padrão ou centrais não possuem propriedades essenciais – tem sua própria proveniência filosófica substancial e suporte empírico ainda mais substancial. Nem essa proveniência nem o apoio empírico tornam a afirmação antiessencialista necessariamente correta. E raramente é uma boa ideia confiar na autoridade de opiniões acadêmicas em massa, anônimas ou não tão anônimas. "Ninguém mais acredita nisso" é um argumento ruim, embora às vezes represente uma descrição empírica precisa. Mas a existência de vivas disputas filosóficas e de algum consenso empírico deve precaver contra a rápida aceitação da ideia de que procurar a natureza do fenômeno do direito deve ser um exercício de busca, mesmo nos casos-padrão ou centrais, das suas propriedades essenciais[60].

Mesmo Hart, que serviu de inspiração para grande parte da filosofia jurídica moderna na tradição essencialista, pode ter ele próprio sustentado visões não essencialistas sobre a natureza do direito. Assim como Hart memoravelmente nos instou a reconhecer exemplos centrais e penumbrais de "veículos" para fins de aplicação da regra "não há veículos no parque"[61] – que caminhões e outros veículos a motor eram casos essenciais, mas que patins, bicicletas e carros de brinquedo estavam à margem do uso do conceito –, ele parecia sugerir, sobretudo nas primeiras páginas de *O conceito de direito*, que não apenas o "direito" poderia ser como "veículo" no sentido de ter casos centrais e periféricos, mas também que o próprio "direito" poderia ser um conceito de semelhança familiar sem condições necessárias nem suficientes para sua aplicação adequada[62]. Se é isso que Hart realmente quis dizer, ou se essa visão levada ao restante do seu livro é uma questão exegética interessante, essa não é nossa principal preocupação aqui. Todavia pelo menos podemos reconhecer que há muito apoio à visão de que o conceito de direito, talvez como todos os conceitos ou apenas alguns, seja mais bem caracterizado em termos de casos centrais, eles próprios não identificáveis em termos de propriedades necessárias, e cujas propriedades podem não estar presentes em outras aplicações indiscutivelmente adequadas do conceito. Assim, o direito, como quase tudo – ou talvez tudo –, pode muito bem ser um genérico, um conceito de grupo ou uma semelhança familiar.

Se o conceito de direito, ou a aplicação adequada da palavra *direito*, é mais bem caracterizado de maneira antiessencialista, ou se o fenômeno do direito simplesmente não possui essência, então a ausência de coerção nas coisas propriamente, ou pelo menos plausivelmente, entendidas como direito não é mais fatal para a coerção, constituindo uma característica importante do caso central de direito. Se, como os genéricos em geral, uma asserção não quantificada sobre o direito resiste a contraexemplos, afirmar que "o direito é coercitivo" pode ser semelhante a afirmações como "os mosquitos carregam malária" e "as aves voam". A coerção pode ser para o direito o que voar é para as aves: não estritamente necessária, mas tão onipresente que uma compreensão completa do fenômeno exige que a consideremos[63]. Por outro lado, o direito não coercitivo pode ser como a ave que não voa: útil para nos dizer algo sobre todos as aves, mas dificilmente merece atenção exclusiva ou mesmo dominante. E, assim, se o direito coercitivo é a instância dominante do direito tal como ele é experimentado, o fato de que certo direito, mesmo um direito importante, não é coercitivo deve ser reconhecido, mas isso não deve distorcer uma investigação sobre a natureza do fenômeno social que é o direito. Que Bentham e Austin possam ter exagerado no argumento da coerção, isto não é desculpa para facilitar um grande mal-entendido e imprecisão ao subestimá-lo.

3.6. Em busca do homem perplexo

Os defensores de uma imagem essencialista da natureza do direito negariam pelo menos algumas e talvez todas as defesas anteriores sobre a falta de importância empírica e prática do direito livre de coerção. Primeiro, apontariam que os sistemas jurídicos precisam "começar" de algum lugar e que os agentes públicos que impõem sanções a terceiros não internalizam as regras jurídicas por causa da ameaça de sanções. Mesmo isso, no entanto, pode não ser assim. Os juízes podem internalizar os cânones da interpretação das leis para evitar as penalidades derivadas dos danos à reputação e obter as recompensas de prestígio e evolução profissional[64]. E muitos agentes públicos podem internalizar e aplicar regras jurídicas simplesmente por medo de prisão ou morte. Conhecemos sociedades que possuem sistemas elaborados de regras, incluindo as regras sobre regras, que Hart chamou de "regras secundárias", nas quais os agentes públicos fazem e aplicam as regras por medo do déspota e de seu exército, e nas quais o déspota e seu exército são motivados simplesmente pelo desejo de riqueza ou poder[65]. Talvez alguns neguem que tais sistemas sejam direito, mas uma descrição do direito que diga que não havia direito no Zaire sob Mobutu, ou nas Filipinas sob Marcos[66], ou em alguns outros Estados, pode se afastar demais do entendimento comum do direito para ser muito útil[67].

Não desejo cair na armadilha que acabei de acusar outros de ter deixado de evitar. Sistemas jurídicos em que ninguém, nem mesmo os agentes públicos, internaliza o direito, exceto por medo de sanção, são possíveis e, às vezes, existem, mas são raros. Muito mais comuns são os sistemas jurídicos nos quais pelo menos alguns agentes públicos estão comprometidos com o sistema por razões "independentes-de-sanções"[68]. Portanto, é um erro ignorar completamente a internalização livre de coerção. A aceitação de um regime jurídico "independente-de-sanções" pelos agentes públicos que se encontram no topo desse sistema é parte importante da maioria dos sistemas jurídicos e, portanto, merece o tipo de análise que grande parte da tradição jurisprudencial moderna realizou.

Embora seja errado negligenciar completamente a internalização "independente-de-sanções", há uma defesa mais profunda feita por aqueles que conseguiram relegar a coerção à margem da jurisprudência. Hart fez referência à imagem do "homem mau" de Holmes, cujo comportamento, no que diz respeito ao direito, seria inteiramente uma função do que o direito faria ou não caso ele tivesse esta ou aquela conduta⁶⁹. Mas isso ignora o "homem perplexo"*, disse Hart, a pessoa que quer saber o que o direito exige não para saber como pode se safar, mas para fazer o que é exigido pelo direito – sanções, punições e coerção à parte⁷⁰. O homem perplexo está disposto a obedecer ao direito *apenas porque é o direito*, e uma descrição do direito que falha em levar em conta o homem perplexo simplesmente, diz Hart, não "se encaixa nos fatos"⁷¹.

Mais recentemente, Scott Shapiro desenvolveu a mesma ideia. Ao construir o que chama de "teoria do planejamento" do direito, uma teoria cujos detalhes não são pertinentes aqui⁷², Shapiro demonstra como todo um sistema jurídico poderia ser construído e seria necessário sem qualquer coerção. E ele explica a importância desse sistema admitidamente hipotético em termos de nos dizer algo sobre as "muitas pessoas" que são de fato como o homem perplexo de Hart – isto é, que tendem a seguir os mandamentos do direito porque são direito, e não por receio do que pessoas com uniformes, armas e becas poderão fazer se não obedecerem a eles⁷³.

Hart, Shapiro e muitos outros justificam seu foco no direito livre de coerção e sua diferença em relação a Bentham e Austin não apenas pelos fundamentos conceituais que discutimos, mas também por acreditarem que, ao enfatizar a coerção, Bentham e Austin estavam empiricamente equivocados, subestimando a

---

* Nas versões em português da obra de Hart, "*puzzled man*" é traduzido por "homem confuso". Veja: HART, H. L. A. *O conceito de direito* (trad. Antônio de Oliveira Sette-Câmara. São Paulo: Martins Fontes, 2012) e *O conceito de direito* (trad. A. Ribeiro Mendes. 3. ed. Lisboa: Fundação Calouste Gulbenkian, 2001, p. 48). A expressão não é fácil de traduzir, mas aqui foi feita a opção por "homem perplexo", que parece captar melhor o sentido dado por Hart da pessoa que deseja saber o que o direito prescreve para poder obedecê-lo. [N. do T.]

importância das pessoas perplexas na maioria das sociedades, pessoas cuja tendência a seguir o direito é robusta e que obedeceriam aos mandamentos do direito sem a necessidade de ameaças de força. Acontece, portanto, que o caso contra Bentham e Austin não é apenas conceitual e filosófico, mas também empírico. Chegou, então, a hora de voltarmos à questão empírica, examinar o que se esconde por trás da imagem do homem perplexo e verificar quantos deles realmente existem.

CAPÍTULO 4

EM BUSCA DO HOMEM PERPLEXO

4.1. Fazendo um balanço – e avançando

Então, onde estamos? É hora de recapitular o argumento até agora.

Uma parte do Capítulo 3 focou questões relativas à metodologia, importantes não porque as respostas revelem novas maneiras de procurar os aspectos necessários do direito, mas porque a importância da investigação metodológica reside em como rejeitar uma compreensão essencialista da natureza do direito, removendo uma barreira à cuidadosa consideração teórica do papel da coerção no direito. Tendo descartado a crença de que propriedades não conceitualmente necessárias atraem pouco interesse filosófico ou jurisprudencial, estamos mais bem posicionados para pensar nos aspectos do direito que são onipresentes e típicos, mas não conceitualmente essenciais. A coerção é certamente um desses aspectos e, livres da necessidade de limitar nosso exame a essências conceituais, podemos retomar o exame teórico e filosófico da coerção no direito a partir do exílio a que um essencialismo dúbio a lançou. Ou, para reformular o mesmo argumento, de maneira menos tendenciosa, no entanto mais direta, as questões metodológicas sobre o significado filosófico do direito não coercitivo não devem desviar nossa atenção do reconhecimento da verdade e da importância do fato empírico contingente de que o direito, tal como o experimentamos, é bastante coercitivo.

O significado da coerção do direito é destacado pela onipresença do direito no moderno Estado Regulatório. Hart, alguns de seus antecessores e a maioria de seus seguidores criticaram Bentham e Austin por tentarem apresentar muito do direito com base no paradigma do direito penal e do direito da responsabilidade civil[1], mas, se tem algo que o moderno Estado Regulatório fez, foi tornar esse paradigma ainda mais importante agora do que era no tempo de Bentham e Austin. Hoje, indivíduos, empresas e associações operam dentro das restrições do Estado Administrativo, muito mais extensamente do que Bentham e Austin jamais poderiam ter imaginado no século XIX. E, o mais importante, o Estado Administrativo moderno é um ambiente de ampla regulação, com imensa quantidade de regulações detalhadas sendo impostas pela ameaça de multas criminais, indenizações patrimoniais, perda de privilégios e várias outras sanções. Além disso, grande parte do ambiente regulatório contemporâneo, embora por vezes eficaz na implementação de valores ambientais, de saúde, segurança, proteção ao consumidor, estabilidade financeira e outros objetivos políticos, raramente inspira a conformidade voluntária. O proprietário ou o gerente de uma empresa pode não precisar ser coagido a se abster de matar ou de praticar uma grande fraude, mas apenas raramente verá a intrincada regulação de transações com valores mobiliários, acordos de leniência e até segurança do trabalhador com o mesmo espírito de conformidade voluntária. E o fabricante francês de queijos, que usa tradicionalmente leite cru, o que foi declarado inadequado por aqueles que ele vê como os intrometidos burocratas de Bruxelas, é pouco mais inclinado a cumprir essas regulações sem coerção do que seu colega norte-americano, cujo local de trabalho é regularmente examinado por inspetores da Occupational Safety and Health Administration*. Para um número muito maior de atividades humanas e comerciais do que era o caso até meio século atrás, o poder do Estado de regular e punir é a característica predominantemente destacada do direito, mesmo que esse poder tenha tornado a vida de milhões e até bilhões de pessoas muito melhor do que era no passado[2].

O direito público moderno não apenas torna o lado regulador do sistema jurídico muito mais importante no esquema completo da vida social do que era nas gerações anteriores, mas agora assistimos também a uma invasão regulatória muito maior nas transações aparentemente voluntárias sob a alçada do direito privado. As implicações jurídicas de contratos, testamentos e fundos, por exemplo, são muito mais abrangentes do que no passado, e as consequências tributárias de efetuar essas transações de uma maneira e não de outra adicionam um novo elemento de coerção aos sistemas jurídicos dos Estados modernos. E, portanto, não apenas o homem no ônibus de Clapham, mas quase todos nós, em diferentes situações da nossa vida, deparamos com o direito substancialmente em termos da força que ele pode exercer se for descumprido. Hoje, devemos considerar, mais do que na época de Austin, que um exame da natureza do direito não pode ignorar o fato óbvio da sua coerção generalizada. Negar a importância da força do direito parece ser cada vez mais perverso, mesmo se aceitamos que a coerção não é uma característica necessária de todos os sistemas jurídicos possíveis ou de

---

* Trata-se da agência norte-americana que fiscaliza as relações de segurança no trabalho. [N. do T.]

todos os aspectos dos sistemas jurídicos reais com os quais estamos mais familiarizados.

Embora seja óbvio que a coerção do direito é importante, não é tão óbvia sua importância. E assim somos levados a considerar a própria questão da importância, pois uma maneira de entender o debate metodológico é em termos de como devemos tratar os aspectos importantes do direito tal como o conhecemos. De fato, mesmo os que acreditam que examinar a natureza do direito deve envolver uma busca das suas propriedades essenciais aceitam amplamente que estamos apenas procurando aquelas propriedades que, além de essenciais, também são importantes[3]. Afinal, entre as propriedades essenciais do direito, inclui-se que ele não toca clarinete nem explode diante de nossos olhos, mas não aprendemos nada de interessante ao incluir essas propriedades numa descrição do direito. E assim, mesmo para aqueles que sustentam uma visão essencialista dos conceitos e da atividade jurisprudencial, os aspectos que identificamos como parte da natureza do direito devem ser os que parecem importantes para o fenômeno sob análise e para nossa compreensão mais profunda de tal fenômeno. Mas, se não faz sentido examinar as propriedades essenciais, embora não importantes do direito, uma maneira de entender o argumento talvez seja enfatizando que está longe de ser inútil examinar, mesmo que em termos filosóficos, essas propriedades importantes, mas não essenciais[4].

Apreciar o papel da importância no foco da investigação nos permite situar a preocupação do que Hart chamou de "homem perplexo"[5]. Mesmo ao aceitarmos que o direito não coercitivo é importante na apreciação de múltiplas dimensões do que o direito faz, grande parte do argumento para tratar a coerção como decididamente secundária na compreensão do fenômeno do direito considera que, numa típica sociedade avançada, a obrigatoriedade não imposta do direito – sua normatividade, como se costuma dizer[6] – é uma determinante substancial do comportamento humano. Afinal, o direito tem valor como um fenômeno distinto, uma instituição distinta e uma categoria distinta, em grande parte, na medida em que afeta o comportamento humano. Talvez o direito possa ser interessante, mesmo que causalmente inerte, porque examinar as leis de uma sociedade pode revelar alguma característica de interesse da qual o direito foi a consequência. Dessa perspectiva, podemos (e talvez devemos) nos interessar pelo direito como indicador, e não como causa. Realisticamente, no entanto, e sem dúvida neste livro, nosso principal interesse no direito e nos sistemas jurídicos reside na sua capacidade de moldar e influenciar o que as pessoas fazem. O homem perplexo de Hart, que procura saber o que é o direito para informar seu comportamento[7], é a personificação dessa visão.

É possível pensar no homem perplexo e, portanto, na normatividade do direito sob uma perspectiva totalmente não empírica. Podemos desejar explorar de modo puramente conceitual a maneira como o direito – na qualidade de direito, e não como um lembrete do que deveríamos fazer mesmo se não existisse[8] – pode fornecer a seus sujeitos razões para agir de acordo com o direito apenas porque é o direito e podemos fazer isso sem levar em consideração as possíveis sanções. As sanções seriam entendidas como uma maneira de impor a normatividade do direito, mas não, contra Bentham e Austin, como um componente necessário da própria normatividade do direito.

Contudo, diante de uma investigação puramente conceitual em que o homem perplexo seja uma construção potencialmente hipotética, e não uma descrição empírica, algumas pessoas podem simplesmente dizer: "E daí?". Se o direito sem sanções não influencia realmente o comportamento humano, por que devemos nos preocupar com isso? E, exatamente nesse ponto da dialética, o homem perplexo de Hart (já não é 1961, então falaremos sobre a pessoa perplexa) surge sob uma luz diferente. A imagem da pessoa perplexa é a réplica de Hart ao argumento: "E daí?" A pessoa perplexa é aquela que realmente considera a obrigação jurídica sem sanção como motivo para agir e como motivo que pode influenciar, e com frequência influencia, seu comportamento e suas decisões.

Mesmo que as obrigações *jurídicas* existam, em teoria, e orientem a conduta, sem o exército do Estado para apoiá-las, a extensão em que as pessoas realmente internalizam essas obrigações permanece como uma séria questão empírica. Mais especificamente, nosso objetor (não tão) imaginário pode responder: é tão pequeno o número real de pessoas que adotam as normas do direito como motivo de ação, se ausente alguma forma de coerção ou incentivo, que dificilmente vale a pena se preocupar[9]. A coerção é generalizada, o objetor continua, precisamente porque a pessoa que segue o direito apenas porque é o direito pode ser uma construção teoricamente instrutiva, mas não representativa de muitas pessoas que encontramos na nossa vida cotidiana.

Mas agora Hart tem mais uma resposta. A pessoa perplexa não é apenas uma possibilidade teórica, ele argumenta, mas a representação de pessoas que existem em número suficiente, de modo que ignorá-las fornece uma imagem falsa do que é o direito e como ele realmente funciona[10]. Hart, afinal, usou o homem perplexo em conjunto com sua acusação de que o quadro de Austin, dependente da coerção, não "se encaixava nos fatos" ou não reconhecia a "complexidade dos fatos" da nossa existência real sob o direito[11]. Além disso, e mais reconhecidamente, o homem perplexo é a característica central da resposta de Hart ao que ele entende como a importação da imagem do "homem mau", de Oliver Wendell

EM BUSCA DO HOMEM PERPLEXO · 73

Holmes[12]. Mas não devemos dar muita importância à linguagem de Holmes. É claro que, de fato, existem pessoas realmente más e, para elas, o direito constitui uma ameaça iminente para as suas tendências exclusivamente egoísticas e amorais ou imorais. Mas há também muitas pessoas que não são "más", no sentido que essa palavra costuma ser entendida, mas que planejam grande parte da vida delas e muitas de suas atividades no que foi chamado de "a sombra do direito"[13]. O editor de um jornal que toma decisões editoriais influenciadas pela probabilidade de uma condenação por difamação não é geralmente uma pessoa má nem os indivíduos que usam maconha, ou os que ultrapassam o limite de velocidade ao dirigir em condições favoráveis, ou os que se envolvem em práticas sexuais consideradas tecnicamente ilegais, mas inofensivas, importam-se com a probabilidade de aplicação efetiva das leis.

Assim, deixarmos de lado as conotações desfavoráveis da imagem do "homem mau", veremos um contraste entre o indivíduo com inclinações a obedecer ao direito determinadas substancialmente pela probabilidade de punição e aquele com inclinações a obedecer ao direito apenas porque é o direito, sem considerar a possibilidade de punição. A primeira linha é a que Bentham, Austin e Holmes, entre muitos outros, tinham em mente, e a segunda é a pessoa perplexa de Hart. E se Hart e seus seguidores estão certos em acreditar que existem pessoas perplexas em número significativo, então os mandamentos do direito como direito são importantes, mesmo se e quando não respaldados por nenhuma sanção. No entanto, se Bentham, Austin e Holmes estão corretos ao supor que essas pessoas perplexas podem existir na teoria, mas raramente na realidade, então uma explicação do fenômeno do direito que enfatiza a coerção não se mostra tão incompleta como muitos acreditam. Bentham, em particular, reconhecia que as pessoas poderiam se comportar por outras razões que não os seus interesses próprios, mas ele também acreditava que as demandas da prudência, com base no interesse próprio, dominariam tão frequentemente as demandas do altruísmo e da comunidade que o direito precisaria usar a força para fornecer a motivação para se fazer o que o direito exigia[14].

A questão é, assim, revelada como empírica. Hart apresentou o homem perplexo como uma argumentação empírica, mas não forneceu nenhum suporte empírico para essa alegação, além de meras afirmações[15]. Podemos entender e concordar que um foco muito insistente na coerção pode deixar partes do direito sem explicação, e também podemos entender que seguir Austin na *definição* da obrigação jurídica em termos de coerção parece confuso. Porém, mesmo admitindo essas objeções, ainda podemos nos perguntar quão importante é o direito sem a coerção. E, quando fazemos isso, a resposta a essa pergunta depende em grande parte da medida em que as pessoas realmente tomam os comandos do direito como razões para a ação, "independente-de-sanções". Se muitas pessoas agem assim, como Hart e outros achavam, é realmente um erro colocar muito foco na coerção como importante elemento do fenômeno jurídico. Mas se os seguidores do direito sem sanção são raros, e se as pessoas perplexas são poucas e distantes, então não é a descrição que enfatiza a coerção, mas sim a que a ignora que apresenta uma imagem distorcida do direito tal como é experimentado[16]. Desse modo, embora Hart tenha acusado o relato austiniano de não "fazer justiça à complexidade dos fatos"[17], a solidez dessa acusação repousa numa alegação empírica que agora será examinada com cuidado.

4.2. O que é obedecer ao direito?

A imagem da pessoa perplexa é a de alguém que deseja saber o que é o direito, para que possa lhe obedecer e, em consequência, inclina-se a obedecer ao direito apenas porque é o direito, sem precisar ser coagida. Embora seja possível entender com relativa facilidade o que é estar livre da ameaça de sanções, pelo menos em casos normais, a questão sobre o que é obedecer ao direito mostra-se um pouco mais complexa.

Considere as leis contra roubo. Vamos supor que eu queira um carro muito melhor do que aquele que tenho atualmente e que seu valor seja muito maior do que posso pagar. Vamos imaginar que, um dia, andando pela rua, eu veja estacionado exatamente o carro que desejo, com as janelas abertas e as chaves convidativamente pousadas no banco do motorista. É bem provável que o proprietário do veículo esteja numa loja nas proximidades, mas não se vê ninguém na rua nem nas proximidades. Com pouco esforço, eu conseguiria abrir a porta, colocar a chave na ignição e ter o carro dos meus sonhos.

Como muitas outras pessoas, gosto de pensar que eu não roubaria o carro. E eu não roubaria o carro, mesmo que, contra os fatos, num mundo lotado de números de identificação de veículos, registros e placas de automóveis, não houvesse a possibilidade de apreensão e, mesmo que, ainda mais contra os fatos, não houvesse leis contra roubo. Para mim, e acredito (e espero) que para muitas outras pessoas, a vilania do ato me impediria de praticá-lo, ainda que, num nível mais raso, roubar o carro satisfizesse meus desejos imediatos.

É claro que existem leis contra roubo, e essas leis tornam ilegal dirigir o carro de outra pessoa sem permissão, mesmo que o descuido do proprietário facilite essa ação. E, assim, quando deixo de roubar um carro, meu comportamento é consistente com o direito. Não violei o direito, mas, ainda assim, não me comportei daquele modo *por causa* do direito. Mesmo que roubar um carro não fosse ilegal, eu não faria isso e, portanto, não realizei a ação de roubar o carro por causa do direito. Poderíamos dizer que agi de forma *consistente* com o direito, mas não o *cumpri*. Mas não quero que isso se reduza a uma simples distinção linguística, caso exista, entre consistência e conformidade. É a distinção subjacente que é importante, e não se o idioma a reconhece. Da mesma forma, poderíamos dizer, e eu diria, que apenas agir de forma consistente com o direito por ser o direito, e não agir de forma consistente com o direito por outras razões diferentes do direito, é o que conta como obedecer ao direito, porém, mais uma vez, nada nesse argumento gira em torno do significado da palavra "obedecer"[18]. O argumento é apenas que existe uma diferença crucial entre fazer algo por causa do direito e fazer algo por razões "independentes-do-direito" que são consistentes com ele.

Então, agora considere meu cachorro. Quando coloco comida na frente dele e ordeno: "coma!", ele come. Sempre. É claro que ele não está obedecendo ao meu comando. Ele comeria a comida diante dele mesmo que eu nada ordenasse[19]. Isso também acontece com os comandos do direito. Quando o direito me diz que eu faça o que teria feito de qualquer maneira, os comandos do direito não são mais causalmente consequentes do que ordenar que meu cachorro, bastante motivado por comida, coma.

Nosso interesse pelo direito é amplamente um interesse pelo direito enquanto se revela causalmente consequente e, para esse propósito, a distinção entre direito que faz diferença no comportamento e direito que não faz diferença é de importância central. Se nosso interesse for a obediência ao direito, devemos nos concentrar no efeito que o direito produz nas pessoas que, sem o direito, teriam feito algo diferente do que o direito ordena. Ou, em outras palavras, estamos interessados nos casos em que aquilo que o direito ordena difere do que um sujeito a ele submetido faria por razões independentes do direito.

Existem muitos tipos de razões que independem do direito, mas duas são particularmente importantes aqui. Primeiro, estão no domínio das razões independentes do direito as preferências, os desejos, os valores ou os gostos pessoais. Na maioria dos regimes jurídicos, é ilegal praticar canibalismo – comer a carne de uma pessoa falecida, mesmo que quem faz isso não tenha causado a morte dela. E é ilegal em muitos regimes – embora talvez não em tantos – fazer sexo com animais. Mas a maioria das pessoas não ingere a carne de seres humanos nem faz sexo com animais por razões que não guardam nenhuma relação com o direito, mesmo que não praticar esses atos coloque-as em conformidade com o direito. Se as leis que proíbem esses atos fossem revogadas, as práticas culinárias e sexuais da maioria das pessoas não mudariam. Essas ações podem ser ilegais, mas a maioria das pessoas não as evita por causa do direito. Elas as evitam simplesmente porque não desejam realizá-las.

Em segundo lugar, às vezes as pessoas desejam se envolver no que é um comportamento proibido, mas se abstêm de satisfazer essas preferências de primeira ordem ou apenas de interesse próprio, porque a moralidade, no sentido mais amplo, restringe seu comportamento. Não roubo nem mesmo os objetos que cobiço, por exemplo, porque acredito que roubar é, usualmente, errado. Não atiro objetos pesados nos colegas que não param de falar nas reuniões de professores não porque eu não queira, mas porque, além da prudência de me preocupar com a retaliação, acredito que essa reação seria moralmente errada, por mais que possa satisfazer a um desejo imediato. E deixo de realizar negociações provavelmente lucrativas, detendo informações privilegiadas, não por serem ilegais, mas porque acredito que usualmente é errado tirar proveito de informações não reveladas sobre disparidades em transações comerciais. É claro que roubo, agressão e abuso de informação privilegiada são todos atos ilegais, mas a sua ilegalidade não é determinante para o meu comportamento. Mesmo quando tenho desejos egoístas que gostaria de satisfazer, muitas vezes evito fazer isso por razões (ou desejos) de moralidade. É interessante o fato de que algo moralmente errado a fazer também seja ilegal e pode ser importante para os outros, mas para mim, pelo menos nesse e em muitos outros aspectos, a ilegalidade não faz parte da equação[20].

Não estou afirmando que sou mais moral do que a maioria das pessoas. Eu posso até ser menos. O argumento é apenas que a maioria das pessoas decide o que fazer e o que não fazer com base em uma complexa mistura de razões que envolvem preferência, prudência e moralidade, mas é uma mistura que não precisa incluir o direito. Para a maioria das pessoas, na maioria das vezes, muito do que elas fazem é consistente com o direito, mas não o fazem por causa do direito. De fato, uma vez reconhecido que as pessoas podem ter motivos altruístas, solidários, cooperativos e de espírito público[21], que tais motivos geralmente produzem um comportamento consistente com esses motivos e que esses motivos não são egoísticos, nem causados pelo direito, podemos reconhecer a falsa dicotomia entre a pessoa perplexa de Hart motivada pelo direito e o homem mau autointeressado de Holmes, pois, além de pessoas motivadas pelo direito e pessoas motivadas por si mesmas, há pessoas motivadas por outras razões e moralmente motivadas. Essas pessoas motivadas por outras razões e moralmente motivadas não estão interessadas apenas em atender aos próprios interesses, mas também podem e costumam levar em consideração os interesses de outras pessoas, mesmo sem a orientação do direito.

Vale ressaltar o argumento do parágrafo anterior, pois a falsa dicotomia entre ações motivadas pelo direito e ações motivadas por interesse próprio é onipresente. Considere o seguinte, escrito por um sociólogo do direito:

> Por que algumas pessoas cumprem a letra da lei, mesmo quando não há ameaça de sanções se descumprirem e mesmo sabendo que seguir o direito não é do seu interesse próprio e lhes trará custos em termos materiais e outros? A resposta a essa pergunta leva-nos ao âmago da normatividade do direito.[22]

Não, não leva. O salto de algumas pessoas que tomam decisões por outros motivos que não o interesse próprio para a normatividade do *direito* pressupõe tanto a causalidade do direito quanto a falta de causalidade não interessada, de modo mais evidente, do altruísmo, simpatia, cooperação e espírito público produzidos moralmente. Porém, uma vez que reconhecemos que essas últimas motivações são reais e frequentemente causais do comportamento humano, que as pessoas podem se comportar por razões de moralidade, e não por interesse próprio, e que esse comportamento geralmente revela-se consistente com o direito, mesmo que não seja causado por ele, resta a questão da contribuição causal do direito, se é que ela existe, ao comportamento não egoístico das pessoas quando não há sanções jurídicas ou outras formas de coerção no futuro. A contribuição pode ser substancial ou insignificante, mas colocar uma dicotomia exclusiva entre o interesse próprio, de um lado, e a normatividade do direito, de outro, faz que se ignore até a possibilidade da normatividade da moralidade e, portanto, torna praticamente impossível vislumbrar uma resposta para a questão de quanto o direito, na qualidade de direito, contribui para os processos de tomada de decisão das pessoas.

Agora que adicionamos motivações morais, altruístas, cooperativas e solidárias à motivação autointeressada, a questão do efeito do direito se torna mais complexa. Considere, portanto, a pessoa que decidiu realizar dada ação com base em toda uma série de razões independentes do direito, uma série que inclui tanto o interesse próprio quanto a moral. No entanto, ela descobre que o direito proíbe o que decidiu fazer, ou exige o que ela decidiu evitar. Nessas circunstâncias, a questão é se ela fará o que o direito exige, mesmo que toda a gama de razões independentes do direito – o que Joseph Raz chama de "equilíbrio das razões"[23] – diga o contrário. E tenha em mente que estipulamos que essa é uma pessoa – a pessoa perplexa – para quem a força coercitiva do direito não é relevante. Ou seja, estamos nos colocando no lugar de alguém que pensa que deve ɸ, que descobre que o direito exige não ɸ, e que, então, *por causa do direito*, passa a fazer não ɸ, e continua a fazê-lo sem levar em consideração a possibilidade de punição ou qualquer outra forma de coerção jurídica. Essa é a pessoa perplexa, de acordo com a formulação de Hart. A questão, no entanto, é se ela existe.

4.3. Refinando a questão

A questão que temos agora diante de nós é se existem pessoas e, em caso afirmativo, quantas são, que seguem o direito *qua* direito, e sem as razões prudenciais que as ameaças de sanções por violação possam oferecer como motivo de ação. Se essas pessoas existem, e se o seu número é significativo, então, como argumentou Hart, explicar o direito sobretudo em termos de sua força coercitiva é uma fraca representação do papel que o direito desempenha nos processos de tomada de decisão da maioria das pessoas. Mas se aquelas pessoas que tomam o próprio fato do direito como motivo de ação ou de decisão são poucas e distantes, então a coerção ressurge como a provável fonte mais significativa de eficácia generalizada do direito e de seu apelo duradouro na consecução de vários objetivos sociais.

É válido enfatizar que estamos considerando o que frequentemente é mencionado como a autoridade do *conteúdo independente* do direito[24]. A questão não é se devemos seguir o direito por causa do conteúdo substantivo do direito. Sim, devemos seguir as leis que proíbem homicídio, estupro e formação de cartéis, mas porque é errado cometer homicídio, estupro e formar cartéis. Leis contra essas ações devem ser seguidas por causa da correção de seus conteúdos. Consequentemente, deveríamos evitar tais condutas mesmo que não sejam consideradas ilegais, e, assim, sem levar em consideração o direito. Por outro lado, aceitar o direito como obrigatório, mesmo numa linha independente do seu conteúdo, é aceitar o fato de que o direito – sua própria existência, independentemente de seu conteúdo, ou seu próprio *status* como direito em vez de outra coisa – constitui uma razão para ser obedecido. Nossa questão é se o direito realmente é entendido dessa forma pelos seus sujeitos – se as pessoas seguem o direito não por causa do seu conteúdo, mas por causa da sua existência.

Dois importantes refinamentos precisam ser acrescentados à forma crua como a questão tem sido discutida. Em primeiro lugar, a efetividade putativa do direito em dar razões para agir deve ser distinguida da sua possível conclusividade. Tal como uma antiga literatura sobre deveres, obrigações, razões e regras tem enfatizado, existe diferença entre uma razão e uma razão dispositiva[25]. Se prometo almoçar com você, tenho uma razão – uma obrigação – de me encontrar com você para almoçarmos, mas se um familiar próximo fica doente nesse ínterim, a razão que eu tinha para me encontrar com você será superada por uma razão ainda mais forte, decorrente da minha obrigação de assistir familiares doentes. Às vezes, essa ideia de uma razão não necessariamente conclusiva é descrita em termos de uma razão *prima facie*, outras vezes, como uma razão *pro tanto*, mas a ideia é a mesma. Ter uma razão para fazer algo é diferente do que se deve fazer, considerando todos os aspectos. E, portanto, se o simples fato de o direito constituir uma razão para se comportar em conformidade com suas diretivas, nem sempre (ou até mesmo geralmente) ocorre que as pessoas realmente seguem o direito. Pode-se acreditar na obrigação de obedecer ao direito, embora acreditando que as obrigações de moralidade e prudência são frequentemente mais fortes.

Essa qualificação não deve ser levada longe demais. Como uma questão empírica e não conceitual, esperaríamos que um motivo real efetivamente fizesse diferença em alguns casos. Se descobríssemos que, em grande número de casos, o direito, como direito, nunca determinou o resultado, teríamos motivos para suspeitar que não funcionou, mesmo como uma razão fraca. Somente se, pelo menos em alguns casos, a presença do direito produzisse um resultado ou uma decisão diferente da que teria prevalecido, poderíamos concluir plausivelmente que o direito estava realmente funcionando como uma razão.

Em segundo lugar, e relacionada ao tema anterior, a distinção entre o direito e a variedade de razões "independentes-do-direito" não deve ser tomada como sugestão para que os tomadores de decisão necessariamente bifurquem ou sequenciem seus processos de tomada de decisão dessa maneira. Às vezes isso ocorre, e um bom exemplo é a sugestão que o presidente Franklin Roosevelt fez ao Congresso dos Estados Unidos, em 1937, para que fossem considerados os méritos de uma proposta de regulamentação da indústria do carvão inteiramente como uma questão de política pública, deixando de lado até mesmo objeções legais e constitucionais potencialmente "razoáveis"[26]. Mas, às vezes, o direito existe como uma das inúmeras razões ordenadas de modo não sequencial que afetam as decisões num assunto menos serial e menos bifurcado. Nesse caso, o direito está entre os vários fatores considerados, mais ou menos simultaneamente, em vez de constituir uma razão consultada somente depois que uma razão independente do direito é obtida. Mas, mesmo assim, seria de novo altamente improvável, mesmo que não fosse logicamente impossível, que o direito tenha o *status* de uma razão para agir realmente internalizada, a menos que isso faça diferença pelo menos em alguns casos. Se o direito nunca fez diferença – se nunca produziu um resultado diferente daquele produzido por uma série de razões que não incluem o direito –, podemos concluir, como uma questão empírica, que ele realmente nunca funcionou como uma razão para a ação.

A distinção entre razões jurídicas e todas as outras razões é, portanto, uma construção projetada para isolar a questão de saber se o direito figura nas decisões e ações dos sujeitos jurídicos. Sem essa construção, não poderíamos questionar se o direito realmente importa. É claro que poderíamos simplesmente considerar que o direito é importante, mas, nesse momento, a simples suposição de que o direito é importante começa a se assemelhar à suposição de que existem unicórnios. Sabemos o que são (ou seriam) os unicórnios, mas o simples fato de podermos descrever um unicórnio pouco nos diz sobre a existência de unicórnios reais no mundo. Da mesma forma, podemos descrever e entender a normatividade do direito – a capacidade do direito de fazer uma diferença prática[27] –, mas também devemos querer saber se o direito, sem levar em conta as sanções que podem apoiá-lo contingentemente, realmente desempenha um papel na determinação das ações e decisões de seus sujeitos. E, para os propósitos dessa investigação, permanece importante a distinção entre decisões "independentes-do-direito" e aquelas em que o direito faz parte do conjunto de razões internalizadas por um tomador de decisão.

Entretanto, não devemos assumir de maneira tão rápida que a distinção entre tomada de decisão livre do direito e influenciada pelo direito é apenas uma ficção analítica, por mais útil que seja essa ficção. De fato, exatamente esse tipo de bifurcação direito *versus* todo o resto parece tão frequente na realidade quanto na ficção. Os empresários costumam fazer barganhas de maneira informada comercialmente, e não informada pelo direito, e somente depois de concordar com os fundamentos da transação é que os advogados são chamados para legalizá-la ou dizer como não podem ocorrer. E, do mesmo modo, os formuladores de políticas públicas geralmente tomam decisões políticas sem levar em conta a legalidade, apenas depois assegurando o conselho de advogados do governo para determinar se podem adotar essas políticas, se estão de acordo com o direito.

A questão está, portanto, refinada: se distinguirmos as razões fornecidas pelo direito das razões fornecidas pela moralidade, pela política, pela prudência e tudo o mais, e se distinguirmos as razões oferecidas pelo direito das várias formas de aplicação que o direito normalmente emprega para garantir a decisão final de acordo com essas razões, em que medida essas razões jurídicas "independentes-de-sanções" realmente influenciam as decisões? A pessoa perplexa de Hart é a resposta implícita a essa pergunta. Todavia não sabemos se a resposta de Hart está correta.

4.4. O ser e o dever ser

A obediência ao direito *qua* direito – a consideração da própria existência do direito como pelo menos uma razão *prima facie* para segui-lo – é um tópico que tem uma história relevante. Mas quase toda essa história é normativa, e não descritiva. Desde Sócrates e sua insistência em reconhecer sua obrigação perante o direito, mesmo considerando que tinha sido condenado injustamente por ele[28], filósofos e pessoas comuns argumentam que existe uma obrigação moral, independente do conteúdo, de obedecer ao direito. Thomas Hobbes e John Locke, entre outros, encontraram a base dessa obrigação no contrato social[29]. John Rawls e outros, ainda mais recentemente, localizaram a fonte da obrigação em princípios de justiça e reciprocidade[30]. Ainda outros viram a obrigação de obedecer ao direito como decorrência de uma noção de consentimento[31], da capacidade do direito de coordenar a ação coletiva diante de diversos e subotimizados incentivos à satisfação da preferência individual[32], ou de nossas obrigações de respeitar nossos concidadãos no processo de fazer o direito[33]. Mas todas essas teorias compartilham o objetivo de justificar a obrigação das pessoas de obedecerem ao direito apenas porque é o direito e, assim, obedecer – ou pelo menos ter um motivo para obedecer – mesmo àquelas leis de que discordam.

Junto com essa tradição de procurar justificar uma obrigação moral de obedecer ao direito, há uma tradição conflitante e mais recente que nega a existência de uma obrigação moral de obedecer ao direito[34]. Muitas vezes chamada atualmente de "anarquismo filosófico", essa tradição mais recente rejeita todas as razões existentes para reconhecer uma obrigação independente de conteúdo de obedecer ao direito. O anarquismo filosófico conclui que, embora o cidadão moral tenha o dever moral de fazer a coisa certa, ele não tem o dever moral de seguir o direito apenas porque é o direito e, portanto, não tem o dever moral, e nenhuma razão para seguir aquelas leis (ou outras manifestações de afirmação da autoridade normativa do Estado) que conflitem com seu melhor cálculo moral, considerando tudo sobre o que fazer[35].

Os debates sobre a existência (ou não) de uma obrigação moral de obedecer ao direito são interessantes e profundamente importantes. Mas nossa preocupação aqui é outra. Para os presentes fins, a questão não é se os cidadãos *devem* seguir o direito porque é o direito, mas se, e até que ponto, eles realmente fazem isso. Se os cidadãos (ou agentes públicos, como veremos no Capítulo 6) raramente obedecem ao direito apenas porque é o direito, e se as pessoas perplexas, no sentido de Hart, são poucas e distantes, então o fenômeno da coerção ressurge empiricamente, mesmo que não logicamente, como necessário para que o direito faça o que se espera dele. A relevância de observar a obediência ao direito *qua* direito, descritiva e empiricamente, mas não normativamente, é que a importância – embora não a possibilidade – de um direito livre de sanções pressupõe uma massa crítica de sujeitos obedientes. Se uma proporção significativa da população não precisa ser coagida a seguir o direito, mesmo quando as exigências do direito estão em desacordo com o seu melhor julgamento "independente-do-direito", então a coerção pode ser um apoio útil ao direito, mas dificilmente será central para tanto. No entanto, se essa proporção significativa não existir – se não houver massa crítica de pessoas dispostas a sujeitar seu próprio julgamento ao do direito, a menos que sejam forçadas a fazê-lo –, então o direito "independente-de-sanções" será mais uma possibilidade teórica do que uma realidade empírica. E se o direito livre de sanções é empiricamente raro, então a coerção, que até Hart reconhece ser uma "necessidade natural"[36], é revelada, como o foi para Austin e Bentham, como uma característica central dos sistemas jurídicos que realmente existem.

O palco agora está montado para examinar essa questão empírica, informada e esclarecida pela compreensão da obediência ao direito que gerações de teoria jurídica nos ajudaram a enxergar. Sabemos que a mera coerência com o direito não é suficiente. Queremos saber se as pessoas tomam decisões ou agem *por causa* do direito. E queremos saber se as pessoas que tomam decisões ou agem por causa do direito o fazem sem levar em consideração as ameaças da força ou de outras sanções jurídicas. E esse é precisamente o foco do Capítulo 5.

CAPÍTULO 5

AS PESSOAS OBEDECEM AO DIREITO?

5.1. Cumprindo as leis de que gostamos

Num livro influente, o psicólogo social Tom Tyler pergunta: *Por que as pessoas obedecem ao direito?*[1] O título do livro é revelador. Espera-se que um livro com o título *Por que os humanos são onívoros* busque a explicação causal do que já claramente sabemos ser o caso, mas um livro com o título *Por que os seres humanos têm chifres* provavelmente nos deixaria intrigados, porque o título pressupõe um fato que, na realidade, é falso. Seres humanos não têm chifres, então explicar por que eles os têm não faz sentido.

O título do livro de Tyler não causa estranheza ao pressupor que as pessoas *efetivamente* obedecem ao direito. Mas trata-se de um pressuposto razoável? As pessoas *obedecem* ao direito? A resposta não é óbvia e demanda não apenas esclarecer o que é obedecer ao direito, mas também uma resposta empírica à questão, conforme já observado. Portanto, precisamos examinar atentamente a pergunta cuja resposta Tyler considera ser evidente. As pessoas realmente *obedecem* ao direito?

Ao concluir que as pessoas obedecem ao direito, e ao usar essa conclusão para perguntar por que fazem isso, o argumento principal de Tyler é que as pessoas obedecem ao direito não por medo da punição ou de outras sanções, mas por outras razões. Ele está interessado, assim como nós, no papel causal do direito em influenciar o comportamento. E Tyler está especialmente interessado, como estava H. L. A. Hart ao se referir ao "homem perplexo"[2], em quanto o direito influencia o comportamento, mesmo quando as diretivas jurídicas não estão suportadas pela ameaça de sanções coercitivas no caso de não serem cumpridas. No entanto, embora Hart e outros[3] tenham simplesmente afirmado ou assumido que existem pessoas perplexas em grandes quantidades para apoiar uma descrição do direito "independente-de-sanções", Tyler acredita que praticamente a mesma conclusão é suportada por uma investigação empírica sistemática. De maneira mais particular, ele e seus colegas consideraram ter estabelecido, em grande parte por meio de questionários, que as sanções têm importância decididamente secundária na explicação da conformidade jurídica, concluindo que "a moralidade [é] o fator primário na formação do comportamento relacionado ao direito"[4].

Deixe de lado, por enquanto, a ambiguidade desta parte da frase: "comportamento relacionado ao direito". Voltaremos a ela e à distinção entre comportamento correlacionado com o direito e comportamento causado pelo direito. Mas primeiro devemos atender a uma questão preliminar essencial. E tal questão é que Tyler tira sua conclusão de que a moralidade é o principal determinante do comportamento relacionado ao direito ao estabelecer um contraste com seu papel principal: a crença de que as pessoas normalmente se comportam por razões total ou principalmente de interesse próprio. Que esse é o objetivo de Tyler fica claro por seus argumentos explicitamente voltados para o "modelo de interesse próprio"[5] e por sua afirmação de que "o estudo do comportamento relacionado ao direito [foi] dominado pela análise [econômica]"[6].

Se os economistas realmente acreditam que o interesse próprio e o medo de sanções desagradáveis (ou a esperança de recompensas pessoais) são as únicas ou dominantes motivações humanas, é melhor deixar essa questão para os economistas. Tyler, no entanto, postula uma dicotomia entre comportamento por interesse próprio e comportamento relativo ao direito, como se o interesse próprio e o direito esgotassem o universo da motivação humana. Porém, se existem motivações que não são nem egoísticas nem relacionadas ao direito, então o movimento de ausência de motivação por interesse próprio para a presença de motivação pelo direito é um erro. Mais particularmente, se motivos relacionados à moralidade, independentes do direito (como altruísmo, cooperação e trabalho para o interesse público), também impelem a ação humana, a conclusão de Tyler sobre o efeito do direito a partir da premissa de "interesse-não-próprio" é falaciosa. Se as pessoas com frequência adotam comportamentos moral ou socialmente motivados, e não puramente egoístas, e se o fazem sem referência ao direito, a conclusão de que a moralidade é o principal fator na formação de comportamentos relacionados ao direito nos diz pouco sobre o direito e menos ainda sobre o efeito do direito no comportamento[7].

Que as pessoas possam ser altruístas, cooperativas, morais, sociais, solidárias e outras condutas relacionadas, não apenas em suas atitudes, mas em seu comportamento, há muito foi estabelecido por uma extensa pesquisa empírica[8]. É verdade que o interesse próprio é uma importante e muitas vezes a dominante motivação para muitas pessoas em muitos contextos e, de fato, pode até ser um impulso humano natural[9]. No entanto, sabemos que, quando as pessoas percebem que uma forma de comportamento tem substanciais implicações morais (ou religiosas) ou "pró-sociais", muitas vezes relegam seus interesses pessoais à importância secundária em relação ao que acreditam ser a coisa certa a fazer[10]. Mas se as motivações morais e as normas morais internalizadas levarem as pessoas a se abster de atividades que sejam de interesse próprio e ilegais – se elas impedirem que as pessoas roubem, mesmo quando fosse lucrativo, e que cometam assaltos, mesmo quando fosse agradável –, não sabemos se a causa das ações não interessadas das pessoas é a ilegalidade ou a imoralidade. E, sem distinguir os dois, não sabemos quanto de uma contribuição causal, se houver, a ilegalidade está fazendo nas decisões das pessoas.

A pesquisa até aqui realizada sobre a motivação humana, assim, sustenta algo que dificilmente nos surpreenderia (exceto aos que acreditam que o interesse próprio é a única motivação humana): as pessoas frequentemente fazem aquilo que consideram certo, independentemente de questões jurídicas. Mas, se é assim, a contribuição do direito pode ser entendida amplamente em termos de restringir desvios morais, em vez de afetar o comportamento da maioria. A maioria pode muito bem ter um comportamento moralmente motivado que seja consistente com o direito, mas não está claro por qual razão gostaríamos de chamar esse comportamento de "relacionado ao direito". Talvez devêssemos chamar isso de "moral". E, se o fizéssemos, seria mais fácil focar na distinção, como uma questão empírica, entre consistência com o direito e obediência real ao direito. Se as pessoas morais não furtam em lojas, o fato de seu não furto ser consistente com o direito é compatível com o fato de o direito ser causalmente inerte para elas. Vale a pena saber que as pessoas se comportarão de maneira consistente com as leis seguindo suas próprias preferências morais[11], mas essa conclusão não nos diz coisa alguma se estivermos interessados em examinar o efeito do direito "independente-de-sanções" no comportamento humano e na tomada de decisões.

Se, assim, procurarmos distinguir a consistência moralmente motivada com o direito e o comportamento motivado pelo direito, outro aspecto da pesquisa de Tyler parece inicialmente mais profícuo. É a sua conclusão de que a percepção de legitimidade, embora não tenha tanta importância como a moralidade na determinação da conformidade de um comportamento relacionado ao direito, é um fator importante. Mais especificamente, Tyler conclui que, quando é pequena a probabilidade de sanções[12], as crenças dos sujeitos na legitimidade do direito são mais importantes do que a ameaça de sanções na obtenção de um comportamento consistente com o direito[13]. Assim, uma das conclusões secundárias de Tyler é que, quando as pessoas acreditam que as leis são produto de um sistema que consideram legítimo, elas tendem a obedecer ao direito não pelo medo de punição, mas por outros motivos. E a legitimidade, afirma Tyler, é em grande parte uma questão de regularidade processual, oportunidade de contribuição do cidadão e tratamento respeitoso dele por quem tem autoridade. Quando as pessoas têm voz nas leis que as vinculam, quando essas leis são feitas através de métodos justos e abertos e quando as pessoas se sentem respeitadas pelos agentes públicos, conclui Tyler, elas tendem a obedecer ao direito apenas porque é o direito.

Mas agora considere as leis que são o foco predominante de Tyler: principalmente as proibições menores do direito penal, como furtar lojas, jogar lixo na rua, fazer barulho excessivo e as leis que regulam a direção no trânsito e o estacionamento em locais públicos[14]. Em quase todos os casos em que Tyler descobre que as pessoas afirmam que seguiriam o direito por outras razões que não o medo de sanções, as leis são aquelas que as pessoas provavelmente acham que são boas leis, mesmo que a aplicação dessas leis as prejudique pessoalmente. Poucas pessoas que furtam em lojas pensam que proibir o furto não é uma boa ideia, e isso também vale para leis contra barulho em excesso, contra jogar lixo na rua, contra excesso de velocidade e até mesmo com relação a horas extras. As pessoas que violam essas regras muitas vezes não acreditam que as sociedades não devam ter essas leis, mas apenas que é vantajoso para elas, em algum momento específico, violar o que, em abstrato, acreditam ser uma lei boa ou necessária. Assim, as pessoas que afirmam seguir leis que acreditam ter sido decretadas legitimamente também estão seguindo leis que acreditam ser boas leis. E, novamente, não está claro que o direito *qua* direito esteja desempenhando um papel causal. Se uma percepção de legitimidade aumenta a probabilidade de as pessoas obedecerem às leis que consideram boas, mas que são "custosas" para elas pessoalmente, aprendemos algo sobre a conformidade, mas pouco sobre até que ponto o fato da legalidade leva as pessoas a obedecer às leis que consideram erradas, e não apenas custosas, frustrantes ou inconvenientes. Ou, em outras palavras, nada aprendemos sobre a disposição das pessoas para deferir ao direito os julgamentos sobre cursos de ação corretos e incorretos, quando o nosso campo de visão é limitado a pessoas que concordam com o julgamento do direito, mas que ainda preferem fazer o que reconhecem ser errado, porém que as beneficiará particularmente[15].

Mais promissora é a pergunta que aparece na pesquisa de Tyler[16] e que objetiva saber se entrevistados concordam ou não com a afirmação "As pessoas devem obedecer ao direito, mesmo que ele vá contra o que elas acham certo"[17]. Nisso, 33% dos entrevistados concordaram plenamente, 52% concordaram, e os 15% restantes discordaram ou discordaram fortemente[18]. Se acreditarmos nessas respostas, parece que muitas pessoas estão dispostas a obedecer ao direito apenas porque é o direito, mesmo quando pensam que as leis não são boas[19].

No entanto, embora a pergunta tenha como objetivo descobrir se as pessoas estão dispostas a obedecer a leis com as quais não concordam, permanece uma questão, porque a pergunta não exclui a possibilidade de reação às sanções. A pesquisa de Tyler indica que, pelo menos em baixos níveis de aplicação, o medo de sanções não é uma motivação tão forte para o cumprimento do direito quanto a crença no erro da conduta ou na legitimidade de uma lei. Todavia, sem excluir as sanções das afirmações abstratas sobre a nossa disposição de cumprir leis que consideramos erradas, não podemos chegar a conclusões fortes sobre até que ponto o direito livre de sanções, *qua* direito, está fornecendo às pessoas uma razão para evitar o comportamento que elas, independentemente do direito, considerariam desejável[20].

Isso não quer dizer que tal pesquisa não tenha valor. Muitas leis rastreiam as decisões das pessoas sobre o que fazer independentemente do direito, e a imposição dessas leis contra as pessoas que delas se desviam é importante. Isso também ocorre com a aplicação dessas leis contra os interesses pessoais no seu descumprimento. Se um senso de legitimidade aumentar as taxas de conformidade nessas circunstâncias, essa é uma ferramenta valiosa para fins de formulação de políticas públicas. Mas nosso interesse aqui é se, não havendo sanções, o próprio fato do direito faz diferença nos processos de raciocínio e tomada de decisão das pessoas comuns. Para esse fim, a pesquisa de Tyler fornece algum suporte para a conclusão de que a legitimidade faz a diferença, mas também apoia a conclusão de que o nível de conformidade às leis com as quais as pessoas discordam, independentemente das sanções, permanece muito baixo. A pesquisa fornece, na melhor das hipóteses, evidências fracas da alegação empírica que Hart e outros consideraram tão importante: que um número significativo de pessoas perplexas considera simplesmente o fato de uma norma ser jurídica como razão para agir ou uma razão para decidir – ou seja, que segue o direito apenas porque é o direito.

5.2. Isolando o efeito do direito

Como mencionado acima[21], um conjunto de pesquisas de longa data identificou que as pessoas geralmente agem por outros motivos que não os interesses próprios[22]. Frequentemente elas dizem a verdade, mesmo quando seria benéfico mentir. Ajudam pessoas necessitadas, que nem conhecem, mesmo com custo pessoal. Não levam os pertences dos outros, mesmo quando não há a possibilidade de serem descobertas. E, de muitas outras maneiras, tomando emprestadas as palavras do cineasta Spike Lee, essas pessoas "fazem a coisa certa"[23]. Além disso, mesmo quando predomina o interesse próprio no sentido amplo, sabemos pelas pesquisas sobre ação coletiva e sobre cooperação e coordenação de comportamentos que os indivíduos frequentemente praticam atos de renúncia individual a curto prazo, a fim de colher os benefícios de uma ação coordenada no longo prazo[24].

Existem inúmeras explicações, que concorrem umas com as outras ou se sobrepõem, sobre as razões pelas quais as pessoas, com frequência, embora dificilmente sempre, deixam de lado seus próprios interesses por causa dos seus valores morais ou por outras razões. De acordo com algumas concepções, certas intuições morais explicam muito do comportamento moral[25]. Outras concepções enfatizam o comportamento moral em função da internalização de normas e expectativas sociais[26]. Outros ainda associam o comportamento moral que deixa de lado interesses próprios ao fato de a moralidade e o altruísmo nos fazerem sentir melhor com nós mesmos e, assim, sermos egoístas em um sentido mais profundo[27]. E ainda outros são atraídos por explicações freudianas[28], evolucionárias[29], ou neurocientíficas sobre o comportamento moral, altruísta e genuinamente cooperativo[30]. Mas seja qual for a causa mais profunda, parece claro que um comportamento diferente do egoísta costuma ser uma significativa motivação da ação humana.

A importância dessa conclusão reside em que é um erro ver a motivação humana como baseada no interesse próprio ou no direito. A criação dessa falsa dicotomia entre direito e interesse próprio foi um erro de Tyler. E, anteriormente, também foi um erro de Hart. Ao enquadrar a questão da obediência como uma oposição entre o homem mau – que se importa apenas com o interesse próprio – e o homem perplexo – que quer saber qual é o direito para poder segui-lo –, Hart ignorou a pessoa moral: a pessoa que age por outros motivos que não o interesse próprio, mas que não precisa das motivações, prescrições ou instruções do direito para fazê-lo.

Se as pessoas geralmente agem por razões que não são de interesse próprio, investigar o efeito do direito exige, assim, distinguir as razões de agir produzidas pelo direito não apenas das razões de interesse próprio, mas também das razões morais independentes do direito. Como as pessoas às vezes agem moralmente por outras razões que não o interesse próprio e o direito, precisamos saber o que o direito acrescenta à equação, se é que acrescenta algo. Mais exatamente, precisamos saber não apenas o que as pessoas fazem quando o direito entra em conflito com seus próprios interesses, mas também, e muitas vezes mais importante, o que as pessoas fazem quando o direito entra em conflito com o seu melhor julgamento, "tudo-considerado-exceto-o-direito". A questão agora é se as pessoas, quando tiverem chegado a esse julgamento de "tudo-considerado-exceto-o-direito", vão, sanções à parte, sujeitar *esse* julgamento às prescrições do direito. As pessoas farão o que acreditam ser errado (ou bobo, inútil, doentio, imoral, imprudente, insensato etc.) apenas por causa do direito e sem considerar a ameaça de sanções?[31]

A pessoa perplexa de Hart é, portanto, alguém que segue o direito apenas porque é o direito, mesmo quando o que o direito exige parece não ser o melhor para seu interesse, mas também contrário ao seu melhor julgamento. Há uma razão pela qual os filósofos que lidam com a questão gostam de imaginar sinais de "Pare" no meio do deserto[32], e isso ocorre porque o exemplo cria uma situação em que a probabilidade de apreensão e punição é próxima de zero e na qual agir de acordo com o direito parece inútil. O exemplo é artificial, mas apresenta claramente a questão e captura, como veremos, uma gama bastante ampla de circunstâncias do mundo real nas quais o que o direito ordena diverge do que os sujeitos fariam de forma diferente e nas quais a probabilidade de sanção é insignificante. É nessas circunstâncias que Hart supunha que sua pessoa perplexa provavelmente fosse seguir o direito ou, pelo menos, o considerasse como uma razão determinante para agir. E é com relação a tais circunstâncias que surge a questão da obediência "independente-de--sanções", ao direito *qua* direito.

Formular uma pergunta não é respondê-la. Mas a formulação adequada nos leva na direção certa e nos impede de errar. Mais especificamente, a pergunta formulada corretamente sobre obediência ao direito nos leva a pesquisas focadas precisamente em como as pessoas se comportam e decidem quando sua melhor análise tudo-considerado indica um curso de ação ou decisão, e o direito indica outro. Às vezes, essa divergência reflete a crença de alguém de que o direito é moralmente ou de outro modo errado, como acontece com as crenças agora comuns sobre leis que restringem o uso de maconha e outras chamadas drogas leves, ou leis que proíbem várias práticas sexuais que conflitam com as noções morais contemporâneas da maioria. E outras vezes as pessoas acreditam que os mandamentos do direito são equivocados, não porque o direito inteiro seja, a seu ver, errado, mas porque uma boa lei parece, em virtude de sua generalidade, ter produzido um resultado ruim em uma ocasião específica[33]. A maioria das pessoas que viola as leis de trânsito, por exemplo, não se opõe às leis de trânsito em si nem mesmo às leis de trânsito específicas que violam. Por vezes, elas acreditam que as leis de trânsito indicaram, em alguma ocasião específica, um resultado ruim ou tolo, como o limite de velocidade que parece muito baixo em uma manhã de domingo clara, seca e sem tráfego, ou uma placa "Não ande" que diz aos pedestres que esperem na calçada, mesmo quando não houver carro se aproximando até onde os olhos possam ver.

Seja por acreditarem que uma lei inteira está errada, seja apenas porque uma boa lei pode produzir um resultado ruim sob circunstâncias específicas, as pessoas geralmente enfrentam situações nas quais seu melhor julgamento, "tudo-considerado--exceto-o-direito", indica um curso de ação a seguir e o direito indica outra. É nesses casos que Hart e Tyler, entre outros, acreditam que muitas pessoas seguirão as indicações do direito, mesmo ausentes as sanções. Mas a pesquisa existente e a observação comum parecem não fornecer virtualmente suporte algum para suas conclusões.

Para ser específico, pouca pesquisa empírica enfoca diretamente a questão de saber se as pessoas obedecem ao direito, sanções e seus melhores julgamentos à parte, apenas porque é o direito. E a pesquisa existente parece mais consistente com a conclusão de que o direito faz pouca diferença nessas condições do que com a conclusão oposta: de que a adição do direito ao processo de tomada de decisão faz uma diferença substancial quando se deixam de lado as sanções que o direito tem à sua disposição. É claro, existe uma diferença entre falta de apoio a uma conclusão e a existência de apoio à conclusão oposta. Aqui, no entanto, parece haver pouco apoio à conclusão da influência do direito sem sanções e algum apoio, ainda que fraco, à conclusão da não influência do direito sem sanção.

Assim, num estudo, os pesquisadores perguntaram aos sujeitos se eles, como professores, violariam uma regra (que nesse contexto pode ser considerada equivalente ao direito), exigindo a chamada atribuição cega de notas aos trabalhos, quando seguir a regra produzisse injustiça. E, embora os sujeitos sustentassem ter atitudes gerais favorecendo a adesão às regras, em detrimento de bons resultados independentes de regras, essas atitudes gerais enfraqueceram diante de um exemplo concreto. Quando dado um exemplo específico, em vez de pedir sua opinião abstrata, os sujeitos preferiram o bom resultado em vez daquele orientado por regras. E isso não se aplicava apenas a sujeitos leigos, mas também a estudantes de direito e advogados[34]. Os estudantes de direito e advogados estavam um pouco mais inclinados a seguir a regra, mesmo quando ela produzia o que consideravam um resultado injusto, mas os sujeitos pesquisados de todas as demais categorias tomaram o seu próprio senso de resultado justo como mais importante do que seguir o que eles consideravam o direito em vigor. Assim, este estudo em particular – apenas um estudo, com certeza – não apenas sugeriu que pode haver menos seguidores do direito como direito do que outros supunham, mas também que atitudes abstratas sobre a importância de seguir o direito podem ser menos confiáveis como preditores do comportamento de seguir o direito do que algumas das pesquisas anteriores – Tyler, em particular – assumiram.

Outras pesquisas produziram resultados semelhantes. Em alguns estudos, estudantes de direito mostraram-se mais dispostos a tomar decisões mais de acordo com suas preferências políticas do que de acordo com a lei, mesmo quando esta era clara, mesmo quando eram incentivados a segui-la, mesmo quando acreditavam que suas preferências políticas não deveriam ter e não tiveram efeito sobre suas decisões jurídicas[35]. Novamente, esses estudos indicam não apenas que ser guiado pelo direito *qua* direito é menos predominante do que se costuma presumir, mas também que a importância da orientação do direito é sistematicamente superestimada, mesmo pelos próprios tomadores de decisão. *Pensamos* que o direito deve importar e, portanto, achamos que o direito *realmente* importa, mas, na verdade, ele pode ser menos importante do que pensamos, pelo menos quando nossos julgamentos "independentes-do-direito" são inconsistentes com os julgamentos do direito e quando força, coerção e sanções são removidas da equação.

Essas conclusões não devem surpreender. Sabemos que as preferências influenciam os julgamentos, fenômeno que os psicólogos às vezes chamam de "raciocínio motivado"[36], outras vezes de "viés de confirmação"[37]. E a aplicação mais específica desse fenômeno é a tendência dos tomadores de decisão jurídica, incluindo pessoas comuns que decidem se o direito restringe suas ações, de entender e interpretar o direito à luz de suas preferências de resultado[38]. De fato, essa era a reivindicação principal dos realistas jurídicos norte-americanos, que argumentavam que os juízes frequentemente ou mesmo na maior parte das vezes entendiam e interpretavam o direito à luz do resultado que prefeririam, o qual não era determinado juridicamente[39]. E, embora as conclusões empíricas dos realistas fossem, muitas vezes, pouco pesquisadas e supervalorizadas, pesquisas subsequentes confirmaram pelo menos parte das afirmações realistas de que os juízes frequentemente percebem e localizam o direito à luz dos seus resultados preferidos[40]. E, portanto, na medida em que até mesmo advogados e juízes frequentemente encontram ou interpretam o direito de maneira a produzir os resultados desejados, não deve ser uma surpresa que as pessoas comuns façam a mesma coisa[41]. Sabemos, por exemplo, que os jurados leigos geralmente preferem o que consideram ser a decisão correta em vez do que seria a decisão cabível, quando as duas entram em conflito[42]. E, portanto, na medida em que pessoas leigas e pessoas juridicamente treinadas tratam o direito como menos importante do que seus julgamentos "independentes-do-direito", são minados ainda mais os fundamentos empíricos da noção do direito, coerções ausentes, operando como uma restrição externa aos cursos de ação preferidos das pessoas.

De fato, quando passamos da pesquisa experimental para dados sobre a conformidade jurídica real, encontramos um apoio substancial à hipótese de que o direito sem a força e que não seja compatível com as preferências e julgamentos pessoais "independentes-do-direito" (incluindo julgamentos morais) geralmente é ineficaz. Antes que os computadores facilitassem o processo de rastrear pessoas que não compareciam ao tribunal em resposta a citações por violações de trânsito, por exemplo, a taxa de não comparecimento era de 60 por cento, embora, nesses casos, o "comando" legal fosse direcionado a pessoas específicas para realizarem o ato específico de comparecer no tribunal[43]. Isso também vale para as pessoas convocadas individualmente para atuar como juradas; as taxas de atendimento, ausentes de sanções severas, são tão baixas quanto 20 por cento, e geralmente estão na faixa de 30 a 50 por cento[44]. Da mesma forma, a taxa pelo não uso de parquímetros em São Francisco foi de 40 por cento em 2007[45], e relatórios oficiais revelam que as taxas de obtenção de licenças obrigatórias para animais de estimação em Nova York, Nova Jersey e Pensilvânia estão abaixo de 20 por cento, no caso de cães, e, pelo menos em Nova York, em cerca de 3 por cento, no caso de gatos[46]. Na Austrália, o não cumprimento das leis relativas a faixas exclusivas para veículos com alta ocupação* foi de 90 por cento, sem previsão de sanções, e foi estimado em mais de 50 por cento nos Estados Unidos[47]. Do mesmo modo, a evasão tarifária em cidades e países em que existem os chamados sistemas de honra** de cobrança de tarifas no transporte público teve taxas equivalentemente altas[48]. O cumprimento das leis que exigiam capacetes de motoqueiros na Jamaica foi estimado em 6 por cento[49], e um estudo identificou que, em circunstâncias de baixa aplicação da lei, o grau de cumprimento da lei de Hong Kong que proíbe a venda de tabaco a menores de idade era inferior a 19 por cento[50]. Mais recentemente***, vem sendo desconsiderada de modo amplo a lei da Califórnia que restringe a venda de maconha e seu uso apenas a razões médicas, e o *New York Times*, de maneira contundente, considera que o desrespeito generalizado à lei cria "poucos problemas", presumivelmente supondo que o desrespeito à lei em si não é problemático[51].

Muitos dados interessantes vêm de estudos referentes ao cumprimento de leis tributárias. Uma tendência infeliz na literatura de adimplemento de impostos está em se referir às informações e pagamentos fornecidos pelo contribuinte como "voluntários",

---

* O autor refere-se à *"high-occupancy vehicle lane"* (HOV), que são faixas pintadas em algumas rodovias destinadas exclusivamente a veículos com ocupação mínima, a fim de incentivar o seu uso compartilhado. Sobre a definição de HOV, ver: https://www.transportation.gov/mission/health/High-Occupancy-Vehicle-Lanes. [N. do T.]

** Os "sistemas de honra" a que faz referência o autor são sistemas de cobrança de tarifa de transporte em que os passageiros podem embarcar no veículo (por exemplo, no trem) usando um passe ou certificado de passagem. Durante a viagem, ele pode ser solicitado a mostrar o seu comprovante de passagem. Ver: https://www.transit.dot.gov/research-innovation/fare-collection. [N. do T.]

*** A publicação original do livro ocorreu em 2015. [N. do T.]

para distingui-los das informações e pagamentos dos contribuintes no momento da entrada da receita, como na prática comum (e exigida) de retenção de impostos do pagamento de salários[52]. Mas não declarar renda é um crime, como é intencionalmente deixar de pagar os impostos devidos. E mesmo quando o nível de culpabilidade não configura o fato criminoso, o pagamento insuficiente de impostos geralmente traz penalidades civis substanciais. Como resultado, o chamado adimplemento voluntário dos impostos é voluntário apenas da mesma maneira que alguém que dirige abaixo do limite de velocidade, para não ser parado pela polícia e obrigado a pagar uma multa, age voluntariamente, e apenas da mesma maneira que pode ser dito que o potencial ladrão que se abstém de roubar, para evitar a prisão, agiu voluntariamente. Pode ser verdade que alguém que escolhe o cumprimento em vez da punição tenha feito uma escolha voluntária em algum sentido, mas descrever um ato de cumprimento jurídico sob ameaça de punição como voluntário é inconsistente com nosso entendimento comum de voluntariedade e incompatível com nosso esforço aqui de focar nas dimensões coercitivas do direito.

Quando deixamos de lado as conotações confusas da palavra "voluntário", descobrimos que o cumprimento genuinamente não coagido das leis tributárias dificilmente é comum[53]. Nos Estados Unidos, muitas formas de renda são relatadas diretamente pelo pagador (como um empregador) às autoridades fiscais federais, diminuindo as oportunidades de evasão não detectada. Porém, para as receitas que não são retidas nem relatadas diretamente dessa maneira – receitas não sujeitas ao relatório de informações, como se diz – e, portanto, para as receitas cuja existência é conhecida principalmente pelo contribuinte, as estimativas das taxas de não adimplemento variam de 50 por cento para cima (o Internal Revenue Service estimava 54 por cento em 2007) – e isso em circunstâncias nas quais os contribuintes sabem que não informá-las é um crime que envolve penalidades graves. Embora as taxas de adimplemento tributário variem bastante entre os países, esses números dificilmente são atípicos internacionalmente[54]. De fato, os dados referentes aos Estados Unidos, onde o adimplemento é considerado mais alto do que em muitos outros países, sugerem que uma obediência às leis tributárias realmente não coagida e sem ameaças é muito mais rara do que a imagem da pessoa perplexa poderia sugerir.

Essa coleção de estudos e relatórios fornece um apoio considerável à conclusão de que, quando as sanções são removidas da equação e quando as leis em questão não são aquelas que indicam o sentido claro e "independente-do-direito" do que as pessoas entendam que devem fazer, o cumprimento do direito só porque é direito é muito menos difundido do que supõem Hart, com sua referência à pessoa perplexa, e Tyler, ao pressupor que as pessoas *realmente* obedecem ao direito. De fato, observar com atenção a referência de Tyler ao "comportamento relacionado ao direito" é particularmente instrutivo. O comportamento relacionado ao direito pode ser correlato ao direito mesmo que não seja causado pelo direito, e pode ser relacionado ao direito mesmo se for causado pelas sanções que acompanham o direito (ou pela percepção dessas sanções), e não pela internalização de uma norma jurídica "independente-de-sanções" como norma de comportamento. Todavia quando removemos os casos em que vemos correlação, mas provavelmente não causalidade, e quando removemos as sanções, o que nos resta é uma afirmação empírica sobre a prevalência da obediência ao direito *qua* direito que parece não ser amplamente suportada pelas evidências disponíveis.

5.3. Sobre obediência à autoridade

Mas, e o Milgram? De 1963 a 1974, o psicólogo Stanley Milgram, de Yale, conduziu uma série de experimentos agora notórios, nos quais os indivíduos eram instruídos a infligir quantidades crescentes de dor (através de choques elétricos) a várias vítimas, supostamente como parte de um experimento de punição por aprendizado[55]. Na realidade, as vítimas não receberam choque elétrico algum, e o experimento não foi sobre o efeito da punição no aprendizado, mas sobre obediência à autoridade. Os sujeitos, no entanto, cuja maioria seguiu as instruções para infligir dor, não sabiam disso na época. Assim, os experimentos de Milgram foram amplamente citados como suporte à conclusão de que as pessoas obedecerão à autoridade até o ponto de fazerem coisas que de outra forma não fariam e que, de outra forma, achariam inaceitáveis por razões morais ou outras. E, não surpreendentemente, muitas delas acreditam que os experimentos de Milgram explicam por que tantas pessoas seguiram cegamente as ordens da autoridade para se envolverem em atos terríveis que agora chamamos de Holocausto[56].

Para nossos presentes propósitos, parece que a lição que podemos tirar dos experimentos de Milgram é que as pessoas farão coisas que uma figura de autoridade lhes disser para fazer, mesmo que seu julgamento "independente-da-autoridade" diga-lhes para não fazer. E como o direito é uma prática de autoridade que reivindica para si o direito de dizer a seus súditos que deixem de lado seu próprio julgamento em favor do julgamento do direito[57], então as experiências de Milgram não sugerem que as pessoas possam, cega ou pelo menos presumivelmente, submeter-se ao direito da mesma maneira que se submeteram à figura da autoridade no laboratório? Como nossa investigação neste momento é empírica, os experimentos de Milgram parecem apoiar a conclusão de que as pessoas podem e vão obedecer, no sentido estrito de "obedecer", a uma autoridade. Assim como os sujeitos pareciam deixar de lado seus próprios julgamentos e bússola moral em favor das instruções do pesquisador, isso também poderia se aplicar à vontade das pessoas de deixar de lado os próprios julgamentos em favor dos comandos do direito.

Como várias décadas de comentários sobre os experimentos de Milgram sugerem[58], no entanto, dificilmente fica claro que os sujeitos entenderam que estavam seguindo uma autoridade, ou se estavam tentando agradar alguém com quem estavam em contato próximo, ou se estavam apenas participando de uma atividade coletiva num grupo pequeno. De fato, quando experimentos subsequentes tentaram isolar a obediência como tal e, assim, excluir várias formas de cooperação interpessoal, tornou-se menos aparente que seguir uma figura de autoridade apenas porque ela exibia os adornos da autoridade ou possuía autoridade formal era um fenômeno muito identificável[59]. No mínimo, a pesquisa subsequente orienta a ter cautela em extrair muito dos experimentos de Milgram e considerar que estabeleceram a disposição das pessoas de obedecer à autoridade simplesmente por ser autoridade.

Assim como não devemos levar a lição dos experimentos de Milgram longe demais, também não devemos colocar muita ênfase no ceticismo que se seguiu em relação aos seus experimentos. As pessoas frequentemente seguem as autoridades e geralmente consideram suas instruções e comandos como razões válidas para a ação. Às vezes, é claro, essa obediência surge do medo de sanções, e dificilmente é incomum que as pessoas deixem de lado seu próprio julgamento em favor do julgamento de sargentos, pais, professores, diretores de faculdades, policiais e outros apenas por causa do que essas figuras de autoridade podem lhes fazer se não obedecerem. E às vezes a obediência é, de fato, "independente-de-sanções". Não é plausível afirmar que as diretrizes de pais, professores e líderes religiosos e políticos, mesmo quando não apoiadas por sanções, nunca ou raramente tenham um efeito sobre o comportamento[60].

A premissa de que as pessoas muitas vezes obedecem às autoridades, no entanto, não implica a conclusão de que elas obedeçam às autoridades *jurídicas* com a mesma frequência. Posso confiar no julgamento do sargento, mas duvido que o direito tenha sistematicamente o mesmo grau de experiência ou *expertise*. Posso obedecer a meus pais por respeito a eles, mas não ter o mesmo respeito pelo direito. E posso entender que inúmeras tarefas sociais exigem que alguém esteja no comando sem acreditar que o direito seja muitas vezes o melhor candidato para esse papel. De fato, a distância do direito em relação a seus sujeitos pode tornar a obediência jurídica menos provável do que em alguns desses outros exemplos, e a distância do direito em relação a seus sujeitos pode tornar mais necessário para o direito ter sanções à sua disposição do que para sargentos, pais, professores e comandantes de botes salva-vidas. Oferecer essa hipótese é se antecipar um pouco, mas pelo menos nesse ponto do argumento é sensato não extrair muitas inferências sobre a obediência jurídica sem sanções a partir de exemplos de obediência em contextos muito diferentes.

5.4. O direito causa a moralidade?

Uma potencial objeção à análise empírica das seções anteriores é que ela pressupõe uma falsa dicotomia entre direito e moralidade, ou entre direito e o melhor julgamento de alguém tudo-considerado-que-não-seja-o-direito. Se a própria ideia de "direito" incluísse uma ampla gama de considerações políticas, morais, empíricas e de políticas públicas, fazer qualquer tentativa de isolar os efeitos de uma concepção mais restrita do direito positivo seria uma tarefa fundamentalmente equivocada. Se a própria categoria do direito englobasse os fatores que suponho serem os componentes de uma decisão "independente-do-direito", a distinção entre direito e não direito se tornaria incoerente.

Essa objeção tem implicações sobre a perspectiva de Ronald Dworkin sobre o direito e seu amplo entendimento sobre a categoria do direito[61]. Para Dworkin, o direito é, em si, o melhor entendimento interpretativo de uma ampla gama de informações jurídicas, morais e políticas, e, portanto, ele rejeita o que descreve como a inclinação "positivista" para separar um domínio distinto do jurídico desse amplo conjunto de considerações normativas. Consequentemente, Dworkin teria dificuldade para entender uma investigação baseada no isolamento do efeito de uma concepção mais restrita do direito.

Tal entendimento do direito, no entanto, exclui, por definição, o que de outra forma seria uma série de questões importantes. De maneira mais significativa, uma concepção do direito muito abrangente torna praticamente impossível determinar o efeito, nas decisões dos juízes, dos formuladores de políticas e do grupo social, do que a pessoa comum e o agente público comum consideram ser o direito: a categoria de materiais amplamente dominada por leis, regulamentos, decisões judiciais, constituições escritas e os dispositivos convencionais de análise jurídica. Seguindo Ruth Gavison, poderíamos rotular essa categoria esquelética de materiais de "direito de primeira etapa"[62]. Se o direito de primeira etapa é toda ou apenas parte do direito, essa é uma questão interessante e importante, mas não é a única questão interessante e importante. Afinal, quando praticantes famosos da desobediência civil, como Henry David Thoreau, Mahatma Gandhi, Bertrand Russell, as Sufragistas e Martin Luther King, envolveram-se no que consideravam atos de violação ao direito existente, *eles* entendiam seus atos como violações ao direito, entendido este de maneira mais estrita e concreta. A pergunta *deles* era se e quando o direito de primeiro estágio deveria ser violado a serviço do que eles consideravam um chamado moral superior. Mas somente com o entendimento de uma categoria como o direito de primeiro estágio é que o entendimento deles (e o nosso) sobre os seus atos faz sentido, porque o próprio conflito que eles perceberam e articularam se dissolve se o direito incluir as questões morais que eles acreditavam conflitar com o direito[63]. Assim, somente com algo como a categoria de direito de primeiro estágio em mãos é que podemos entender a perspectiva do direito não apenas da maioria das pessoas comuns, mas também do próprio sistema jurídico. Quando estamos interessados em saber se as pessoas obedecem ao direito, exigimos um entendimento relativamente restrito do direito para entender a questão. Se "direito" é simplesmente um rótulo que atribuímos a um julgamento com um conjunto de informações muito mais amplo – se a obediência ao direito acaba por consistir em fazer a coisa certa –, então a indagação sobre o efeito do direito nas decisões se torna inútil, afastando uma questão que persiste pelo menos desde a morte de Sócrates[64]. Portanto, se chamamos a categoria direito de primeiro estágio de direito positivo, direitos humanos ou outra coisa, uma questão que persiste é se as pessoas devem agir e agem de acordo com os mandamentos dos componentes dessa categoria. Pelo menos aqui estamos perguntando se essa categoria, como categoria, tem um efeito no comportamento delas e, se sim, quando, como e por quê.

A objeção mais séria à falsa dicotomia, no entanto, aceita que existam diferenças importantes entre o direito e o conjunto não jurídico de normas morais e sociais, mas alega que o direito, mesmo no sentido restrito do "primeiro estágio", tem um efeito causal no que as pessoas acreditam que a moralidade exige. Mesmo deixando de lado a questão metaética do que realmente é a moralidade, ainda resta a questão sobre a origem das crenças morais delas. E se o direito tem um efeito causal sobre o que elas acreditam que a moralidade exige, então o direito está potencialmente fazendo mais trabalho do que reconheceria uma conclusão cética sobre o efeito persuasivo do direito.

A pesquisa sobre os efeitos do direito nas percepções da moralidade é, novamente – e não surpreendentemente –, variada. Nas décadas de 1930 e 1940, um grupo de teóricos do direito chamado de realistas escandinavos partiu da premissa, derivada do positivismo lógico que estava em voga na época, de que a própria moralidade era um fenômeno inerentemente subjetivo e inteiramente psicológico[65]. Os positivistas lógicos acreditavam que o próprio conceito de moralidade não tinha sentido, exceto como consequência das crenças contingentes que as pessoas possuíam, e os realistas escandinavos acreditavam que o direito contribuía significativamente para essas crenças. Em resumo, os realistas escandinavos acreditavam que os pronunciamentos dos agentes públicos na forma de direito tinham um efeito causal no que as pessoas acreditavam ser o certo e no que acreditavam ser o errado.

Os realistas escandinavos não eram cientistas sociais sofisticados, e suas conclusões sobre o efeito causal do direito nas crenças sobre a moralidade eram em grande parte especulações, hipóteses, premissas e, talvez, apenas suposições esperançosas. Nos anos seguintes, no entanto, os cientistas sociais se interessaram pela questão, mas a pesquisa sobre o efeito do direito na formação da opinião permanece inconclusiva[66]. Embora alguns estudos tenham constatado que tornar ilegal uma atividade (tentativa de suicídio e jogar lixo nas ruas, por exemplo) pareceu não ter efeito sobre a porcentagem de pessoas que consideravam a atividade imoral[67], outros encontraram algum efeito do direito nas crenças morais, nos contextos de atos como embriaguez pública e falha na prevenção do suicídio, embora os últimos estudos não tenham distinguido entre o efeito do direito e a opinião dos pares[68]. Um exemplo contemporâneo ilustra a questão. Há poucas dúvidas de que muitos países viram uma rápida mudança de opinião sobre a homossexualidade em geral, e o casamento entre pessoas do mesmo sexo em particular. E grande parte dessa mudança ocorreu paralelamente ou após uma mudança jurídica, incluindo a proliferação de leis e decisões judiciais que proíbem a discriminação com base na orientação sexual e incluindo o crescente número de jurisdições que reconhecem legalmente o casamento entre pessoas do mesmo sexo. Mas essas mudanças também ocorreram paralelamente e após um aumento dramático no retrato favorável de *gays* e lésbicas nos meios de comunicação de massa, particularmente no cinema e na televisão. E também houve um aumento, igualmente dramático, no número de *gays* e lésbicas que estão dispostos a ser abertos e explícitos sobre sua orientação sexual e, portanto, um aumento no número de heterossexuais que têm contato regular na escola, no trabalho e em interações sociais com pessoas que eles sabiam ser *gays* ou lésbicas. Como resultado, não é de surpreender que a tarefa da pesquisa de indicar a direção da causa entre esses múltiplos fatores tenha sido assustadora e que os resultados tenham sido amplamente inconclusivos sobre a questão precisa que nos interessa aqui. Acreditar que o direito é o fator predominante na mudança de atitude parece atribuir ao direito mais importância na formação de atitudes do que as conclusões da pesquisa justificam, mas atribuir ao direito nenhum ou apenas um pequeno efeito parece igualmente injustificado[69]. No momento, simplesmente não sabemos a resposta, mas isso não torna a pergunta menos importante.

Isso também pode ser dito sobre vários outros tópicos que combinam alta relevância pública e jurídica. Os constitucionalistas norte-americanos, em particular, gostam de atribuir à decisão da Suprema Corte para o caso *Brown v. Board of Education*[70], em 1954, um efeito causal substancial na mudança de atitudes raciais, mas o advogado e cientista político Gerald Rosenberg ofereceu evidências de que o efeito da decisão de *Brown* sobre as crenças das pessoas pode ser menor do que as mudanças na cultura popular, os relatos da mídia sobre eventos públicos importantes e vários atos e pronunciamentos oficiais menos obviamente associados ao sistema jurídico como tal[71]. No entanto, existem evidências de que as decisões da Suprema Corte podem ter produzido uma mudança de atitude em relação ao ato de rezar em escolas públicas[72]. E podemos sugerir o mesmo sobre as leis relacionadas ao meio ambiente. Agora, muito mais pessoas acreditam que a preservação ambiental é de fundamental importância moral do que se pensava há cinquenta anos, e há muito mais leis protegendo o meio ambiente do que há quinze anos, mas indicar as vias causais é extraordinariamente difícil e talvez impossível de ser rastreado.

Para nossos propósitos, a questão é ainda mais complexa. Mesmo que o próprio direito seja um contribuinte para o que parecem ser julgamentos morais e políticos independentes do direito, não sabemos muito quanto do efeito do direito sobre as atitudes morais e políticas é uma função do conteúdo do direito "independente-de-sanções" e quanto é uma função da ênfase dada pela sanção. Teria o direito o poder de formar ou influir na opinião que ele tem, qualquer que seja esse poder, sem contar com a sanção para enfatizar a importância da própria norma jurídica? Simplesmente não sabemos, e não está claro como podemos descobrir, pois o terreno causal é bastante complexo. Mas, embora fosse um erro, como muitos deste capítulo argumentaram, equiparar consistência comportamental a cumprimento, também é um erro supor que os fatores que produzem a motivação comportamental aparentemente "independente-do-direito" estão totalmente divorciados do poder simbólico e persuasivo do direito. Advogados e acadêmicos do direito são, não surpreendentemente, propensos a exagerar esse poder, mas parece difícil afirmar que isso seja totalmente inconsequente.

5.5. A contingência cultural da obediência ao direito

Os europeus – em especial alemães, austríacos, suíços, finlandeses e escandinavos – que viajam para os Estados Unidos costumam se surpreender com a frequência com que motoristas e pedestres norte-americanos ignoram placas dizendo-lhes como dirigir, onde e como atravessar a rua. E os norte-americanos que viajam para a Alemanha, Áustria, Suíça, Finlândia, Noruega, Suécia e Dinamarca ficam igualmente surpresos ao ver um finlandês, por exemplo, de pé obedientemente na calçada ao ver um sinal de "Não atravesse" quando não há um carro ou policial por perto.

Não há razão para acreditar que os finlandeses estejam certos e que os norte-americanos estejam errados, ou vice-versa. Mas a variabilidade cultural em uma questão tão trivial ilustra como a questão empírica da obediência ao direito é, ela própria, culturalmente variável de maneira mais ampla. Sabemos, por exemplo, que reproduções subsequentes dos experimentos de Milgram mostram que as pessoas da Rússia e do Japão são mais respeitadoras de figuras de autoridade numa estrutura hierárquica do que os norte-americanos[73]. Sabemos que a obtenção de licenças de cães é muito maior em Calgary, Alberta, do que em Nova York[74]. E sabemos que as taxas de cumprimento das leis tributárias e de trânsito variam amplamente entre os países, embora, novamente, as muitas variáveis jurídicas e não jurídicas transculturais tornem difícil tirar conclusões fortes desse fato. Ainda assim, o fato de diplomatas das Nações Unidas de alguns países serem muito mais propensos do que os de outros a estacionar ilegalmente em Nova York confirma a tolice de tentar assumir que a obediência ao direito é semelhante em diferentes épocas e culturas[75].

Se a pessoa perplexa é apenas uma construção analítica útil, nada disso faz diferença. Se estivermos interessados em como o direito *poderia* fazer a diferença, o fato de fazer mais diferença como direito em alguns países do que em outros é quase inteiramente irrelevante. Mas se a pessoa perplexa não é apenas uma construção analítica, e sim o fundamento empírico da alegação de que temos boas razões práticas para levar a sério o direito não coercitivo, a presença real dessas pessoas e em qual grau se torna importante. O que podemos concluir sobre a existência de variação cultural é que há pessoas claramente mais perplexas em alguns países do que em outros, e a prevalência dos cumpridores do direito "independente-de-sanções", de Tyler, embora provavelmente muito menor do que ele supõe, variará com o tempo e o local, bem como com uma série de variáveis culturais mais refinadas.

Essa variação pode condenar o próprio processo de tentar descobrir muito sobre o próprio direito que não seja específico de cada cultura. Se cortarmos todas as vias de investigação que variam de formas interessantes entre os sistemas jurídicos, podemos descobrir que os sistemas jurídicos dos Estados Unidos, Alemanha, Zimbábue, Coreia do Norte, Fiji e Arábia Saudita não compartilham muito em comum. E chegar a essa conclusão pode não ser algo ruim. Não há razão para que o direito deva ter uma essência transcultural, e o "direito" pode ser meramente o rótulo associado a uma coleção diversificada de fenômenos sociogovernamentais, não unidos por propriedades compartilhadas nem interessantemente conectados a diferentes sistemas. Mas a força coercitiva do direito, mesmo que não seja necessária para a sua existência, pode ser mais persistente entre as culturas do que o poder normativo do direito "independente-da-coerção". E, se é assim, então podemos aprender tanto, senão mais, sobre direito, sempre e quando ele realmente existir, ao nos focarmos na coerção do que ao olhar exclusivamente para um fenômeno que não apenas varia amplamente entre as culturas, mas que pode ser relativamente sem importância empírica, mesmo quando e onde é mais prevalente.

CAPÍTULO 6

OS AGENTES PÚBLICOS ESTÃO ACIMA DO DIREITO?

6.1. Tartarugas até o final

Em uma história bastante conhecida, mas apócrifa, um eminente cientista ou filósofo (William James em algumas versões, Bertrand Russell em outras, e vários ocidentais sem nome que viajam para o supostamente inescrutável Oriente, em outras ainda) embarca em uma jornada por diferentes países para realizar uma série de palestras sobre as origens do planeta Terra e seu lugar no universo. Em uma das palestras, uma pessoa da plateia (a onipresente velhinha, em algumas versões, e uma misteriosa pessoa do Extremo Oriente, em outras) se levanta e diz ao palestrante que ele está enganado. Todo mundo sabe, ela observa, que a Terra repousa sobre as costas de uma tartaruga gigante. "Mas o que sustenta a tartaruga?", o cientista pergunta. A pessoa da plateia responde que é claro que a tartaruga está sentada em cima de outra tartaruga. E quando o cientista, pensando ser esperto, pergunta o que segura *aquela* tartaruga, a pessoa, espantada com a ignorância do cientista, diz triunfante: "São tartarugas, tartarugas, tartarugas, até o final"[1].

A lenda da tartaruga é surpreendentemente relevante para questões sobre direito. Vimos no Capítulo 5 a importância de distinguir obediência ao direito e consistência com o direito. E, tendo traçado essa distinção, podemos perceber que a obediência ao direito genuína e "independente-de-sanções" é muito menos comum do que se costuma supor. No entanto, como muitas vezes é necessário garantir tal obediência genuína, a fim de proteger normas sociais ou morais contra os que delas se desviam, e aplicar leis socialmente valiosas contra julgamentos individuais equivocados ou com excesso de interesse próprio, as sanções entram em cena. E, portanto, num ambiente em que a obediência genuína e "independente-de-sanções" é rara, a coerção pela ameaça de sanções surge como o principal mecanismo para garantir a obediência, que acaba se tornando necessária com muita frequência[2]. Mesmo que, contra Austin, as sanções não sejam um componente essencial da própria ideia de obrigação jurídica, elas parecem, no entanto, ser cruciais na promoção de uma motivação para obedecer e, assim, na promoção do cumprimento do direito. Resolvida a própria ideia de obedecer ao direito *qua* direito, agora podemos ver a importância das sanções para motivar as pessoas a fazer algo diferente do que elas teriam feito se o direito estivesse ausente.

Ainda assim, as sanções que motivam a obediência ao direito não emergem apenas do éter. Elas devem ser impostas por alguém. Mas somos levados a investigar por que aqueles que impõem as sanções realmente as impõem, e o que leva os agentes públicos que impõem ou ameaçam sanções a impor ou ameaçar essas sanções, e não outras. Por que a polícia e os tribunais impõem as sanções que aplicam, especialmente quando preferem impor sanções maiores ou menores ou diferentes, ou simplesmente impor quaisquer sanções que sejam mais consistentes com seu melhor julgamento, sem levar em consideração o direito?

A resposta imediata a essa pergunta seria que os aplicadores do direito, por sua vez, ainda são obrigados por outras leis a aplicá-las – e aplicá-las de maneira específica. Todavia essa seria uma resposta muito rápida. Afinal, poderíamos fazer a mesma pergunta em um nível acima e perguntar por que os que criam e aplicam as regras que restringem a polícia e os tribunais fazem *aquelas* regras, e não outras. E assim por diante na escada. Em qualquer nível da hierarquia oficial, poderíamos dizer, e Austin certamente teria dito, que mesmo os que fazem e aplicam as regras estão sujeitos à força coercitiva dos que estão acima deles na hierarquia da criação e da aplicação do direito. E, consequentemente, uma motivação importante tanto para os agentes públicos como para os cidadãos pode ser a recompensa (um assunto que retomaremos no Capítulo 8) e as punições, ou os incentivos, no sentido mais amplo, que se aplicam a esses agentes públicos no desempenho de seus papéis públicos.

Depois que entendermos que os aplicadores do direito estão, ao mesmo tempo, sujeitos ainda a outras leis, podemos recorrer aos recursos que Bentham, Austin e outros forneceram para entender muito do cumprimento oficial em termos de sanções e incentivos. No entanto, como H. L. A. Hart e outros apontaram[3], em algum momento essa explicação se esgota, e nos vemos perdidos em tentar explicar, em termos dependentes de sanções, a existência de um comportamento limitado pelo direito no topo da hierarquia jurídica. A imagem que Hobbes, Bentham e Austin desenhavam era essencialmente vertical. Para eles, um soberano com poder irrestrito pairava no topo da hierarquia[4], mas sua descrição parece incapaz de explicar o fato de que certamente agora, e até certo ponto quando estavam escrevendo, esses agentes públicos que estavam no topo da hierarquia estavam limitados pelo direito. Hobbes negou isso[5], mas o comportamento oficial moderno parece desmentir a conclusão dele. Hoje em dia, mesmo os mais altos agentes públicos falam e agem como se fossem limitados pelo direito. Mas se a restrição jurídica é apenas uma questão de obedecer às ordens dos que estão acima, o fato da obediência ao direito quando não há ninguém acima para impor sanções parece ser um quebra-cabeça que Hobbes, Bentham e Austin não conseguiram resolver.

De fato, o mesmo quebra-cabeça se aplica aos juízes, sobretudo em seus modos de identificar o direito, aplicá-lo e resolver disputas, e não quando eles simplesmente fazem parte do aparato punitivo para julgar e impor uma sentença. Por que os juízes seguem o direito? Por que os juízes tomam decisões de acordo com o direito, assumindo que o fazem, quando essas decisões podem divergir do resultado "independente-do-direito" preferido por um juiz? Novamente, em alguns sistemas, uma descrição baseada em incentivos pode explicar por que os juízes fazem o que fazem, pois mesmo os juízes podem decidir de uma maneira e de outra por causa do medo de sanções a serem aplicadas por aqueles com poder sobre eles[6]. Mas, neste ponto, que mais uma vez começa a se assemelhar a uma regressão infinita, somos pressionados a perguntar por que os que aplicam os incentivos fazem isso com base no direito, e não em outros fatos ou no *seu* próprio melhor julgamento "tudo-considerado-exceto-o-direito", e assim por diante. A metáfora espacial do topo da hierarquia pode colidir com a da tartaruga da base, mas a ideia é a mesma: se tentarmos explicar a restrição do direito em termos de incentivos impostos de cima, então, em algum momento, não será mais possível explicar o fato de que mesmo os que não têm ninguém acima deles parecem ser constrangidos pelo direito.

6.2. Os fundamentos não jurídicos do direito

O objetivo da história das tartarugas é demonstrar que a explicação das "tartarugas até o fim" é, em última análise, uma descrição insatisfatória da natureza do universo[7]. E também é uma descrição não satisfatória da natureza do direito[8]. Aqueles que sancionam podem fazê-lo sob ameaça de sanções por aqueles que estão acima deles, que, por sua vez, podem responder amplamente à ameaça de sanções por aqueles que estão acima *deles*, e assim por diante. Mas quem pode ameaçar o supremo sancionador? Precisamos nos preocupar não apenas com o *Quis custodiet ipsos custodes?* – Quem guarda os guardiões? –, mas também com o *Quis coercebit ipsos coercentes?* – Quem coage o coator? Mesmo que, como parece plausível, um foco nas sanções e na coerção possa explicar muito do porquê as pessoas e até os agentes públicos de todos os níveis da hierarquia oficial cumprem o direito *qua* direito, ainda que, em algum momento, a descrição baseada em sanções inerentemente hierárquicas se esgote, nos encontramos perdidos para explicar em termos dependentes de sanções por que o soberano, para usar o termo de Austin, internaliza o direito. E, como resultado, também nos encontramos perdidos para localizar os fundamentos últimos de um sistema jurídico.

De fato, o problema dos fundamentos últimos do direito não precisa ser entendido apenas em termos de uma hierarquia de coerções. Mesmo se (temporariamente) deixarmos de lado a força, a coerção, as sanções e as várias motivações externas ao cumprimento do direito, a mesma regressão aparecerá se considerarmos a questão da *validade* jurídica. Sabemos que as leis são validadas por outras leis, e essas outras leis por outras leis, e assim por diante, até ficarmos sem leis. Todavia o que determina a validade da lei mais alta? O que mantém toda a estrutura sem entrar em colapso? Em que se baseia a validade de todo um sistema jurídico?

Quando nossa investigação sobre os fundamentos de um sistema jurídico é enquadrada dessa maneira, como uma série de perguntas sobre validade jurídica, deparamo-nos com outro aspecto dos argumentos de Hart contra Austin e contra uma explicação da natureza do direito dependente-da-sanção. Uma vez que Hart deixou de lado (talvez equivocadamente, como vimos) a importância das sanções e da coerção na explicação do fenômeno cotidiano do direito, ele introduziu a ideia de uma regra de reconhecimento, uma regra secundária, em sua terminologia, que permitiria aos cidadãos e aos agentes públicos determinar se alguma regra primária que regula a conduta seria ou não uma regra jurídica válida[9]. A proibição de jogar lixo na rua é uma regra jurídica, mas a proibição de ser rude com sua mãe não é, e isso ocorre porque outra regra jurídica, uma regra secundária de reconhecimento, assim estabelece[10]. A regra de reconhecimento *reconhece* a regra primária proibindo jogar lixo na rua como regra jurídica, e não reconhece a regra contra ser rude com sua mãe como regra jurídica, mesmo que possa muito bem ser uma regra social. Além disso, a regra de reconhecimento que distingue o jurídico do não jurídico é ela própria uma regra jurídica. E o que torna a regra secundária de reconhecimento uma regra *jurídica* de reconhecimento é que outra regra jurídica de reconhecimento, tipicamente uma constituição, assim o estabelece. Para dar um exemplo concreto, as fábricas norte-americanas são obrigadas a fornecer proteção auditiva a seus trabalhadores se o nível de ruído da fábrica estiver acima de um patamar específico de decibéis[11]. A obrigação é imposta por uma agência administrativa federal chamada Occupational Safety and Health Administration, e essa obrigação é válida porque a regra que a continha foi emitida em conformidade com a Lei de Processo Administrativo[12], um ato do Congresso, e porque a Occupational Safety and Health Administration foi criada por outra lei do Congresso[13]. E esses atos são válidos por serem todos produzidos em conformidade com o disposto no Artigo I da Constituição dos Estados

Unidos, que habilita o Congresso a fazer leis e estabelece o procedimento para fazê-lo. As tartarugas ainda estão conosco. A Constituição dos Estados Unidos autoriza o Congresso a fazer leis que pretendem vincular cidadãos e agentes públicos, mas o que torna a Constituição válida? Em uma palavra: nada. Ou, para ser mais preciso, a Constituição é a fonte última de validade *jurídica*, porém sua validade é simplesmente uma questão, como Hart explicou, de fato social[14]. A Constituição deriva *sua* validade do que Hart chamou de regra última de reconhecimento, mas a validade da regra última de reconhecimento não é uma questão jurídica. Ela é válida, se é que essa palavra seja a certa, simplesmente em virtude de sua aceitação, e é esse fato da aceitação que faz da Constituição a fonte final de validade jurídica[15]. É a tartaruga da base, e repousa sobre o fato bruto de que é simplesmente aceito como tal. Hoje eu poderia elaborar uma constituição, designá-la como a Constituição dos Estados Unidos e redigi-la de tal maneira que sua validade dependesse apenas da minha assinatura. Quando eu, então, a assinei, ela se tornou válida pelos seus próprios termos, assim como a Constituição que fica atrás das três polegadas de vidro na National Archives* é válida por *seus* próprios termos. Tanto ela quanto a minha constituição pretendem ser a Constituição dos Estados Unidos, e ambas são válidas por seus próprios termos. Mais importante ainda, nenhuma outra regra jurídica estabelece que aquela situada na National Archives é a real, enquanto a minha seria uma farsa. Afinal, ambas são igualmente válidas internamente[16].

---

* A National Archives and Records Administration é a agência norte-americana que guarda os arquivos de importância histórica e jurídica dos Estados Unidos, como a Constituição de 1787. [N. do T.]

No entanto, embora a Constituição real e a elaborada e ratificada por mim sejam igualmente válidas por seus próprios termos, a da National Archives é claramente a Constituição real e a minha claramente não é. Isso é óbvio, mas o argumento básico e profundamente importante de Hart é que essa conclusão não é, ela mesma, jurídica. O direito, em última análise, repousa sobre fundamentos não jurídicos, e o fato não jurídico de aceitação da Constituição da National Archives e o fato igualmente não jurídico da não aceitação da minha constituição é o que dá suporte à tartaruga da base do sistema jurídico[17]. A força do argumento de Hart é que a regra última de reconhecimento não é juridicamente válida, nem juridicamente inválida. É apenas uma questão de fato social[18].

Questões sobre os fundamentos últimos e não jurídicos de um sistema jurídico vão além do puro interesse teórico. Considere, por exemplo, a situação na Rodésia do Sul, assim chamada até 1964, depois Rodésia, de 1965 em diante. No ano de 1965, a Rodésia era uma colônia britânica com autonomia, na qual os direitos de voto e o poder político eram detidos exclusivamente pela minoria branca. Quando os britânicos se opuseram a que a Rodésia se tornasse totalmente independente até que envolvesse os rodesianos negros e tomasse medidas para adotar o sistema eleitoral majoritário, o governo rodesiano, liderado pelo primeiro-ministro Ian Smith, emitiu o que foi chamado de Declaração Unilateral de Independência (DUI), declarando a independência da Rodésia em relação à Grã-Bretanha, mas procurando preservar o domínio dos brancos. A Grã-Bretanha e a maioria das outras nações se recusaram a reconhecer o novo governo, criando um impasse que era tanto jurídico quanto político[19]. A partir de 11 de novembro de 1965, data da DUI, o governo Smith e os britânicos reivindicaram soberania jurídica sobre a mesma área geográfica e, portanto, existiam dois supostos sistemas jurídicos na mesma porção do planeta. A questão, então, era exatamente qual dos dois sistemas era realmente o sistema jurídico da Rodésia. A DUI era, é claro, ilegal sob o direito britânico, mas isso não é relevante aqui. Afinal, a Declaração de Independência Americana de 1776, na qual a DUI foi baseada, também era ilegal de acordo com o direito britânico. A legalidade final da DUI não poderia ser conclusivamente uma questão de direito britânico, porque o foco da questão era exatamente se o direito relevante era o britânico ou o rodesiano pós-DUI. Como resultado, a situação na Rodésia era análoga ao conflito entre a Constituição dos Estados Unidos e minha constituição autorratificada que pretendia vigorar no mesmo território. E é exatamente nesse ponto que confrontamos os fundamentos não jurídicos de um sistema jurídico. Quando sistemas jurídicos concorrentes alegam representar o direito de determinado território físico, as perguntas sobre qual é o sistema jurídico real têm uma importância real e premente, mas as respostas a essas perguntas não podem se fundar somente no direito sozinhas.

Muitas das perguntas sobre a identidade do sistema jurídico, como o rodesiano após a DUI, surgiram alguns anos antes, no contexto do que hoje é o Paquistão. De 1956 a 1958, uma série de golpes de Estado produziu em várias ocasiões uma situação em que forças políticas concorrentes reivindicavam ser o governo do Paquistão, e cada um dos governos concorrentes alegava ter seu próprio sistema jurídico. E assim, na Rodésia e no Paquistão, a questão era exatamente o que constituía um sistema jurídico. Qual era o *verdadeiro* sistema jurídico?

O que aprendemos com Hart e Hans Kelsen[20], de maneiras bastante diferentes, é que determinar as condições para a existência de um sistema jurídico não pode ser considerado uma determinação jurídica. Algo fora do sistema jurídico determina a identidade de um sistema jurídico e, portanto, algo fora do sistema jurídico colonial britânico e do sistema jurídico rodesiano pós-DUI determinou qual constituía o sistema jurídico da Rodésia. Mas o que é isso? O que sustenta a ordem jurídica? E por que a Constituição na National Archives é a Constituição dos Estados Unidos e a minha constituição tola e por mim escrita não é?

Uma resposta importante para tais perguntas, ao que parece, não reside no domínio do direito ou da teoria jurídica, mas na economia, na economia política, na sociologia e em todos os outros domínios de investigação que exploram a natureza e as origens do comportamento cooperativo. Sabemos que as pessoas se envolvem em comportamento cooperativo e o fazem de maneiras que aparecem fora ou antes do direito. Quando os grupos desenvolvem as normas do comportamento cooperativo, essas normas, uma vez desenvolvidas, podem ser impostas por sanções como ostracismo ou ataque à reputação, mas o desenvolvimento das próprias normas é lógica e temporalmente anterior ao efeito dessas normas. Assim, se perguntarmos o que leva as pessoas a desenvolver essas normas em primeiro lugar, e muitas vezes continuarem a aderir a elas, não podemos confiar em sanções, mas na dinâmica mais complexa da interação humana que leva a um comportamento cooperativo e coordenado. O economista Thomas Schelling[21] e a cientista política Elinor Ostrom[22] ganharam prêmios Nobel por teorizar sobre essa dinâmica, e outros teóricos do direito (Robert Ellickson, mais notavelmente[23]), da ciência política (Robert Axelrod, especialmente[24]) e da filosofia (David Lewis, por exemplo, no contexto da linguagem[25], e Edna Ullman-Margalit, com referência a normas prescritivas de comportamento[26]) contribuem de forma influente. E, de fato, pode-se encontrar muitas das origens dessa perspectiva com relação ao direito nos escritos de Thomas Hobbes, que entendia por que pessoas num estado de natureza buscavam arranjos cooperativos para o bem comum, mas também reconhecia que a punição de desertores seria necessária para o arranjo funcionar. "Acordos sem a espada são apenas palavras", escreveu Hobbes, mas ele também reconheceu que o ato original de fazer o pacto, incluindo a parte do pacto que sancionava os desertores, era um ato que emergia das pessoas no estado de natureza, em vez de ser imposto por alguma autoridade superior[27]. Mas a ideia básica é que elas geralmente se envolvem em comportamentos cooperativos para o bem comum, e o fazem mesmo sob circunstâncias nas quais pode parecer irracional a participação de qualquer colaborador individual. E, quando o fazem, podem criar um sistema jurídico, suportado não pela força, mas com um compromisso compartilhado de avançar com as atividades jurídicas comuns e com os bens coletivos que o sistema pode produzir[28]. A identidade de um sistema jurídico pode, portanto, ser atribuída a tal acordo cooperativo, um pacto implícito para tratar determinado sistema como direito. Assim, pelo menos parte da resposta ao problema do duelo de constituições e do duelo de sistemas jurídicos reside nessa noção de aceitação e no fato de que uma organização pode optar por aceitar um sistema em vez de outro, por razões que tratam mais de cooperação e coordenação do que sobre a força. Essa entidade política pode usar a força para manter o sistema em ordem, mas a escolha inicial do sistema não precisa ser, e geralmente não é, determinada pela coerção de maneira direta.

6.3. A força e os fundamentos do direito

Embora os sistemas jurídicos possam surgir em virtude da coordenação e da cooperação, e não da compulsão, não é estritamente necessário que os fundamentos do direito repousem em algum desses arranjos inicialmente cooperativos. Um déspota suficientemente poderoso pode muito bem criar, sozinho, um sistema jurídico apenas com seu próprio poder coercitivo. Ronald Dworkin observou, por exemplo, que "muitos agentes públicos da Alemanha nazista obedeceram aos comandos de Hitler como direito, mas apenas por medo"[29]. E, assim, como acontece com os capitães de navios na era da vela – líderes que possuíam apenas armas de fogo a bordo –, os déspotas podem ter recursos de compulsão[30] suficientes para garantir a cooperação dos subordinados e a obediência dos súditos somente pela ameaça de sanções desagradáveis. E o déspota também pode, a serviço da eficiência, impor a ordem pública e objetivos comuns, não por ordens individuais, mas por um sistema de regras primárias de comportamento e de regras secundárias sobre as regras primárias. Haveria, assim, um sistema de regras gerais, tanto regras primárias de conduta quanto regras secundárias sobre as regras primárias, parecendo em aspectos importantes, e talvez até em todos os aspectos, como um sistema jurídico. Mas, no final, toda a estrutura repousa sobre o poder bruto de um único indivíduo ou, mais plausivelmente, de um pequeno grupo que chega ao poder e continua a se apegar a esse poder, apenas pela força. Nesses casos, assumindo a conjunção de regras primárias e secundárias que Hart considerava centrais para "a ideia" de direito[31] e como o "coração de um sistema jurídico"[32], teríamos o que parece ser um sistema jurídico no qual a força bruta explicava o comportamento de todos, exceto o do déspota, e em que, talvez, a satisfação por deter do poder, a acumulação de riqueza ou outros motivos egoístas forneceriam a única explicação para as próprias decisões do déspota. Visto dessa forma, parece ser um erro supor que um sistema jurídico que depende exclusivamente da força seja uma impossibilidade conceitual.

Se olharmos a força de maneira mais ampla, não limitada ao poder bruto de armas e exércitos, seu papel na sustentação de um sistema jurídico parece ainda mais difundido. Considere novamente a questão das reivindicações concorrentes de um sistema ser o autêntico sistema jurídico, como nos exemplos rodesiano e paquistanês. Às vezes, nesses casos, as determinantes finais são as realidades e as dinâmicas da aceitação popular. Quando uma população aceita um sistema jurídico como autêntico ou legítimo, no sentido muito restrito de reconhecer seu direito ou simplesmente seu poder de fazer e cumprir as leis, então o sistema jurídico aceito é simplesmente o sistema jurídico. Mas a aceitação é uma noção escorregadia. Austin descreveu um "hábito de obediência", mas o hábito deve ser contrastado com um ambiente de desobediência generalizada ou, no extremo, com a rebelião. Talvez em certos momentos a população aceite um sistema jurídico por causa de uma crença normativa em sua legitimidade, em outros momentos simplesmente por causa da força do hábito e em outros momentos por causa das vantagens da coordenação implícita com outras pessoas que têm o mesmo hábito. Todavia o hábito repousa na relutância da população em se envolver em desobediência concertada. Quando ocorre essa desobediência concertada, um sistema jurídico geralmente entra em colapso e, nesse sentido, possivelmente atenuado, podemos ver uma aceitação ainda generalizada de um sistema jurídico como o exercício do poder bruto de uma população que, em virtude de seu número, rejeita à força um sistema jurídico que desaprova.

Embora a aceitação interna por uma população seja muitas vezes necessária e suficiente para a existência de um sistema jurídico, às vezes a existência desse sistema, especialmente em casos de sistemas jurídicos concorrentes, como na Rodésia e no Paquistão, será determinada pela dinâmica do reconhecimento internacional. Na medida em que os regimes, especialmente no mundo moderno, precisam se engajar em várias transações e acordos com outras nações, a determinação da comunidade internacional de qual regime é o regime real geralmente será, como na verdade foi no caso da Rodésia, decisiva para estabelecer qual regime prevalecerá e, portanto, qual sistema jurídico será o sistema jurídico real.

No entanto, geralmente é o caso de um sistema jurídico repousar simplesmente no exercício, na ameaça ou na concentração da força bruta. Considere, por exemplo, o caso do Egito em 2011 e 2013. Como no Paquistão em 1958 e na Rodésia do Sul em 1965, durante os primeiros meses da revolução no Egito, tanto o movimento revolucionário quanto o governo existente do presidente Mubarak alegaram ser o governo legítimo do país, e ambos reivindicaram a definitiva autoridade política e jurídica. A questão foi temporariamente resolvida, com a palavra certa, não pelos juízes, nem mesmo pelo povo, mas pelo exército, porque, uma vez que o exército escolheu o seu lado na revolução, ficou claro qual dos governos e sistemas jurídicos concorrentes era o preponderante. Mas o fato de ser o exército e não os correios, os professores ou os fiscais de impostos é o mais importante. Em última análise, foi a decisão do repositório último de força bruta que determinou qual era o sistema jurídico do Egito e qual não era. E, assim, quando em 2013 houve outra transformação, que alguns chamaram de revolução e outros chamaram de golpe, a determinação final, ainda no fluxo deste texto, ficou nas mãos do exército.

O Egito dificilmente será o único quanto a essa questão. Às vezes, tem sido afirmado, por exemplo, que a Décima Terceira, a Décima Quarta e a Décima Quinta Emendas à Constituição dos Estados Unidos são inconstitucionais, na medida em que sua ratificação não foi garantida – alcançada pela ratificação de três quartos dos Estados – por um número suficiente de legislaturas eleitas livremente, mas por um número total de legislaturas estaduais que incluíam, nos Estados do que fora a Confederação, legislaturas instaladas pela União[33]. Mas se pensarmos que a Constituição foi refeita na conclusão da Guerra Civil[34], então podemos reconhecer também que a determinação final do que era o verdadeiro sistema jurídico dos Estados Unidos, e dos Estados que o compunham em 1865 e depois, não foi determinada por um documento escrito em 1787, mas sim pelo campo de batalha. Havia dois sistemas jurídicos concorrentes nos Estados confederados de 1861 a 1865, e foi a rendição de Lee a Grant no Tribunal de Appomattox, em 1865, que resolveu a questão[35], assim como a rendição de Cornwallis a George Washington em Yorktown, em 1781, que resolveu a questão de qual sistema jurídico governaria as treze colônias britânicas na América do Norte, assim como a decisão do exército egípcio resolveu a questão de qual governo e, portanto, de qual era o legítimo sistema jurídico do Egito em 2011, e talvez novamente em 2013. É um erro supor que o *status* jurídico de um sistema repousa necessariamente no uso ou na ameaça de força, mas também é um erro supor que nunca ou raramente isso ocorra.

Todavia, é claro que não queremos cair na mesma armadilha contra a qual advertimos no Capítulo 3. Não queremos equiparar o possível com o provável, ou o concebível com o real. Quando fazemos isso, podemos ignorar o que é importante no universo típico, mas não universal, e, portanto, o que pode ser mais importante no fenômeno investigado. Assim, precisamos reconhecer que, na realidade, atividades cooperativas complexas, sejam elas as realizadas por botes salva-vidas no mar, sejam realizadas por famílias do crime organizado ou as de sistemas jurídicos municipais*, geralmente se baseiam nas decisões de vários indivíduos para criar um empreendimento comum para o que consideram ser seu

---

* Em textos de teoria do direito do *common law*, a expressão "sistemas jurídicos municipais" (*municipal legal systems*) faz referência a sistemas jurídicos nacionais, de cada Estado soberano, e não do que, no Brasil, consideramos ser o de um município, como Curitiba ou Porto Alegre. [N. do T.]

próprio bem coletivo, ou talvez até um bem comum maior. Aqueles que estão no ápice de tais empreendimentos cooperativos podem, então, depender muito, e até exclusivamente, da força para fazer o empreendimento funcionar e garantir sua continuidade e eficácia, mas, na base, é mais provável que encontremos um grupo envolvido num empreendimento cooperativo por outras razões que não a força ou o medo. É concebível que a tartaruga da base repouse apenas sobre uma arma, mas, na realidade, ela tipicamente repousa em algo que não pode ser explicado apenas pela coerção.

Embora seja verdade que muitos sistemas jurídicos se apoiem num pacto cooperativo original não coagido entre um grupo de fundadores ou elites, tanto é um erro subestimar o papel da coerção quanto o é superestimá-lo. Mesmo que o fundamento último seja mais bem explicado pelo acordo do que pela coerção, esses acordos, uma vez que atingem um tamanho não muito grande, quase sempre empregam sanções de algum tipo para impedir que desertores em potencial desertem[36]. Isso foi reconhecidamente teorizado, novamente, por Hobbes, que observou que "deve haver algum poder coercitivo para igualmente obrigar os homens à execução de seus acordos pelo terror de alguma punição maior que o benefício que eles esperam pela quebra de seu pacto"[37]. Três ou talvez trinta pessoas podem sustentar seu acordo mutuamente benéfico sem coerção, mas esperar que trezentas ou 3 mil possam fazer a mesma coisa, pelo menos quando houver benefício em desertar, é fantasia. E assim, como Hobbes previu, a força é necessária para manter o contrato social, uma vez que atinja certo tamanho. Alguns podem descrever a força coercitiva organizada necessária para manter o contrato como "governança"[38], mas outros podem simplesmente chamá-la de "direito". Além disso, não apenas as coerções são tipicamente necessárias para

OS AGENTES PÚBLICOS ESTÃO ACIMA DO DIREITO? · 133

manter o acordo essencialmente horizontal na base (ou topo, dependendo de como se concebe a metáfora espacial apropriada do direito e da governança) de qualquer sistema jurídico, porém a coerção é uma característica difundida dos arranjos verticais e hierárquicos que caracterizam estruturas jurídicas e governamentais mais complexas. Uma vez que descemos abaixo do topo da hierarquia governamental, vemos agentes públicos cujas responsabilidades jurídicas são impostas não pelo acordo geral de obedecer ao direito *qua* direito, mas por poderes coercitivos projetados para garantir, como costuma ser dito, que nenhuma pessoa esteja acima do direito.

6.4. A questão da obediência oficial

Embora uma das críticas persistentes à descrição do direito focada em sanções oferecida por Bentham e Austin tenha sido o fato de não reconhecer que as pessoas poderiam, em teoria, internalizar, aplicar e seguir regras jurídicas, mesmo que não houvesse sanções ligadas à desobediência, outra crítica realizada foi que o modelo de direito de cima para baixo implícito nas descrições de Bentham e Austin não poderia explicar o fato de que, nos sistemas jurídicos modernos, espera-se que os próprios agentes públicos obedeçam ao direito e, ainda mais importante, o fato de que geralmente eles lhe obedecem[39].

Vimos que é possível, embora dificilmente universal, que os sistemas jurídicos repousem, em última instância, em acordos de cooperação independentes da força. Porém, quando observamos os agentes públicos, e especialmente os níveis mais baixos de agentes públicos, parece um erro supor que recompensas e punições não desempenhem papel algum ou desempenhem apenas um pequeno papel em garantir a obediência oficial ao direito. Policiais, na maioria das democracias constitucionais, estão sujeitos a inúmeras regras e regulamentos, sendo algumas, mas apenas algumas, de origem constitucional. E a maioria dessas regras e regulamentos é respaldada por sanções[40]. Os policiais que violam as regras jurídicas que restringem suas ações podem ser e são punidos, e também o são fiscais de tributos, agentes aduaneiros, fiscais de segurança de trabalho e a maioria dos outros servidores públicos. Uma vez que vimos até que ponto mesmo os agentes públicos operam num ambiente restrito pelo direito e com aplicação de sanções, somos capazes de compreender que pode haver pouco para distinguir as questões sobre a conformidade do cidadão das questões sobre a conformidade dos agentes públicos, pelo menos em níveis comparativamente baixos de autoridade. Espera-se que os cidadãos obedeçam ao direito, e, embora possam fazê-lo por outras razões que não o medo de sanções ou a esperança de recompensas, vimos que a conformidade do cidadão normalmente depende e, no mínimo, é reforçada por sanções coercitivas. E assim é para policiais e inúmeros outros burocratas. Portanto, a queixa contra o quadro austiniano não é que ele não possa acomodar as leis que restringem a polícia e outros agentes públicos, mas que ele não acomoda restrições jurídicas às pessoas que fazem as leis que obrigam os agentes públicos ou que, no final, ele não pode restringir as pessoas que fazem as leis que restringem as pessoas que fazem as leis que restringem a polícia.

A aceitação e a obediência ao direito, mesmo na ausência de sanções no topo da hierarquia jurídica, são de fato um quebra-cabeça ao qual a descrição austiniana não tem resposta, mas também permanecem questões importantes sobre a obediência oficial, mesmo em níveis inferiores da hierarquia dos agentes públicos. Os juízes que desobedecem às leis que supostamente restringem seu comportamento, por exemplo, geralmente não estão sujeitos a sanções. O juiz que ignora uma lei aplicável pode ter sua decisão revertida por um tribunal superior[41], mas quando o tribunal mais alto ignora uma lei aplicável, os juízes, em sua maioria, geralmente não estão sujeitos a sanção alguma⁴². E, embora se espere que os legislativos obedeçam à constituição, é frequente o fato de a execução formal dessa obrigação estar amplamente ausente. Com frequência, e sem dúvida nos Estados Unidos, por exemplo, um policial que realiza uma busca ou prisão inconstitucional ou ilegal está sujeito a punição administrativa e possivelmente até a uma sanção de responsabilidade civil⁴³, mas um membro do legislativo que vota a favor de uma lei que autoriza os policiais a conduzir uma busca inconstitucional não está sujeito a sanções formais. Consequentemente, as questões difíceis sobre o papel da coerção no apoio a uma ordem jurídica surgem em grande parte no contexto dos tribunais e legislativos cuja responsabilidade é apenas fundada na constituição e cujas obrigações constitucionais parecem normalmente não ser apoiadas por sanções no sentido comum.

    Portanto, podemos fazer a pergunta diretamente: os agentes públicos obedecem ao direito? Examinamos o cumprimento por parte do cidadão no Capítulo 5, concluindo que a conformidade do cidadão com o direito, se entendida como obediência genuína ao direito apenas porque é direito, pode muito bem, por toda a sua óbvia variação temporal e geográfica, ser menor do que o conhecimento convencional supõe. Mas e os agentes públicos? Eles seguem o direito por causa da aceitação, e não por causa da força? As sanções são menos importantes para os agentes públicos do que para os cidadãos? E poderia a porcentagem de agentes públicos perplexos, precisamente no sentido que estamos explorando, ser maior que a porcentagem de cidadãos perplexos?

    Essas perguntas são interessantes e relevantes, não apenas por elas mesmas, mas também como um indicador importante sobre o cumprimento em geral. Como acabamos de observar, em muitos sistemas jurídicos desenvolvidos, agentes públicos de nível inferior e intermediário que violam as normas legais e constitucionais projetadas para restringir suas ações oficiais estão sujeitos a sanções relativamente comuns. Eles podem ser punidos internamente por seus superiores, podem estar sujeitos a ações judiciais e ser obrigados a pagar indenizações pecuniárias se forem considerados infratores do direito, e podem, ainda, estar vulneráveis a penalidades criminais, incluindo prisão e multas. Mas, por vezes, nenhuma dessas sanções está disponível contra os agentes públicos administrativos, legislativos e judiciais de nível relativamente alto. Nos Estados Unidos, por exemplo, os membros do Congresso não estão sujeitos a sanções (exceto nas urnas, conforme examinaremos mais detalhadamente) por votar em leis flagrantemente inconstitucionais, e juízes, promotores e muitos executivos de alto escalão estão imunes ao tipo de responsabilidade civil que normalmente está disponível contra policiais, agentes públicos municipais e outros de categoria semelhante que possam violar a Constituição ou várias leis estaduais e federais que limitam suas ações[44]. Como resultado, esses agentes públicos operam num mundo em que sanções formais por ações ilegais estão ausentes, dando-nos um cenário interessante para avaliar até que ponto os sujeitos do direito, independentemente de *status* ou posição oficial, obedecerão ao direito apenas porque é o direito, quando as sanções não estão sobre a mesa. E, na medida em que as sanções disponíveis para tal ilegalidade oficial são impostas pelo processo político – no tribunal da opinião pública, por assim dizer[45] –, a imposição ou não imposição de tais sanções políticas também pode nos dizer algo sobre até que ponto o grupo social valoriza o cumprimento do direito, quando o que o direito exige varia de acordo com o que seriam suas preferências morais e políticas "independentes-do-direito".

Embora a questão da obediência oficial no ambiente comum livre de sanções seja uma janela útil para a obediência jurídica, ela geralmente não deve nos cegar para a importância da questão da própria obediência oficial. Considere o "Estado de Direito", por exemplo. É claro que existem quase tantas opiniões sobre o Estado de Direito quanto os observadores[46], mas existe um amplo consenso de que pelo menos um de seus múltiplos componentes é o requisito de que os agentes públicos obedeçam ao direito[47]. Se os próprios agentes públicos não estiverem sujeitos a restrições, e se elas não forem, em geral, vinculadas pelas mesmas regras que se aplicam aos cidadãos comuns, então a regra final não é posta pelo direito, mas pelas pessoas que controlam os recursos do poder bruto.

Embora a ideia do Estado de Direito pareça exigir obediência oficial como uma questão normativa, a pergunta descritiva é se isto de fato ocorre. De maneira importante, a resposta a essa pergunta é claramente "sim", pelo menos na maioria das sociedades democráticas. Os agentes públicos ocupam seus cargos públicos – eles se tornam agentes públicos, e não apenas pessoas – em virtude do direito, e o direito em seu papel constitutivo desempenha um papel importante no estabelecimento do próprio governo. Certamente, existem países nos quais as restrições implícitas do direito constitutivo são facilmente deixadas de lado a serviço da vantagem política e do poder bruto. Mas, na maioria das vezes, na maioria das democracias – ou o tempo todo em todas as democracias, dependendo da definição de "democracia" –, os agentes eleitos que deixam o cargo após perderem as eleições o fazem por causa do poder constitutivo do direito, e também pela disposição dos agentes de não implementar leis que não tenham sido promulgadas pelo procedimento exigido. Nessas e em muitas outras formas, o direito é muito importante para estabelecer a própria estrutura do governo. Como vimos no Capítulo 3, quando exploramos a distinção entre regras constitutivas e regulativas e, portanto, entre direito constitutivo e regulativo, o direito, em teoria e na prática, desempenha um papel importante na regulação e restrição do comportamento de agentes públicos, estabelecendo a própria natureza de seus poderes.

Mas o direito tem seu lado regulador e constitutivo, e a resposta para a questão de saber se o lado regulador do direito realmente restringe o comportamento oficial juridicamente constituído é um pouco mais difícil. Frequentemente, como observado acima, as autoridades seguirão as leis que os restringem, mas o farão precisamente por causa da força coercitiva das sanções associadas à desobediência. Mas quando as restrições impostas aos agentes públicos não são, como acabamos de observar, suportadas por sanções, os agentes realmente deixam de lado seus melhores julgamentos morais, políticos e de políticas públicas em favor do direito? Essa é a pergunta cuja resposta abordaremos agora.

6.5. Quando e como o direito obriga (se é que obriga) as políticas públicas oficiais?

Considere a questão jurídica, amplamente discutida, sobre os ataques aéreos norte-americanos tripulados e por *drones* na Líbia, em 2012. Quando as forças revolucionárias da Líbia tentaram derrubar o governo do presidente Muammar al-Gaddafi, o governo norte-americano, por uma complexa gama de razões humanitárias, estratégicas e políticas, ofereceu apoio às forças revolucionárias, e o fez usando ataques aéreos e bombardeios feitos por *drones* não tripulados contra as forças do governo. O que tornou esses ataques uma questão jurídica debatida nos Estados Unidos foi uma lei de 1973 chamada Resolução de Poderes de Guerra[48], que exigia que o presidente, como comandante em chefe das forças armadas, garantisse a aprovação do Congresso para qualquer envolvimento em "hostilidades" estrangeiras com duração superior a sessenta dias. Não havia dúvida de que os ataques aéreos e por meio de *drones* duraram mais de sessenta dias e não havia dúvida de que o Congresso não tinha dado a sua aprovação.

Diante do que parecia ser um caso claro de ilegalidade, o governo Obama inicialmente sustentou que o uso de *drones*, que envolvia pouco risco para os norte-americanos, não constituía "hostilidades" para os fins da lei[49]. Esse argumento foi amplamente ridicularizado, mesmo pelos aliados políticos do presidente[50], e, portanto, foi reconhecido que as ações do presidente eram ilegais. Mas nenhuma vida norte-americana foi perdida, e o resultado da intervenção inegavelmente incluiu a remoção do poder de um homem considerado, sem dúvida, um déspota sádico. E, diante do que parecia ser uma política e um resultado político favoráveis, o fato da ilegalidade, que atraiu um ou dois dias de mídia e de atenção e crítica política, logo foi esquecido. Na ausência de qualquer mecanismo plausível de aplicação da lei e com a presença de um resultado político positivo, o fato da ilegalidade acabou não fazendo praticamente diferença alguma.

Pelo menos nos Estados Unidos, esse resultado não é algo incomum. Por vezes, os agentes públicos que, por um motivo ou outro, são imunes a sanções legais formais violam a lei com alguma frequência e sofrem pouca ou nenhuma consequência política ou pessoal por fazê-lo. Para ser mais preciso, quando as autoridades tomam medidas que resultam bem-sucedidas em termos políticos e de política pública, o fato de serem ilegais parece fazer pouca ou nenhuma diferença. Quando, antecipando corretamente a maré de mudança da opinião pública, os prefeitos de São Francisco, Estado da Califórnia, e New Paltz, Estado de Nova York, realizaram casamentos entre pessoas do mesmo sexo, em clara contradição com a lei estadual existente na época, eles não sofreram penalidades formais ou políticas[51]. Da mesma forma, nos últimos anos, alguns membros do Congresso propuseram suspensões salariais dos parlamentares como uma maneira de criar uma motivação real e simbólica para lidar de modo responsável com os déficits orçamentários. No entanto, embora essas aparentemente abnegadas suspensões salariais sem uma eleição intermediária violassem claramente as palavras exatas da Vigésima Sétima Emenda à Constituição, as objeções constitucionais às propostas foram rejeitadas como extremamente irrelevantes. E quando uma lei federal chamada Lei de Posse Comitatus[52] proibiu o uso de tropas federais para socorrer as vítimas do furacão Katrina, sem que fosse realizada uma solicitação formal do governador, sem que um pedido houvesse sido feito, o prefeito de Nova Orleans Ray Nagin, numa parca objeção, anunciou explicitamente que ele não se importava com a lei e que exigia que as tropas fossem enviadas imediatamente[53]. E, portanto, nesses e em muitos outros casos, a ilegalidade das políticas e das decisões públicas que foram boas como política pública foi amplamente ignorada[54]. Quando as ações acabam por ser malsucedidas como política, a ilegalidade parece aumentar a penalidade política e, portanto, é um erro pensar que a lei reguladora faz pouca diferença[55]. Mas quando há um conflito claro entre o que o direito exige e o que um agente político acredita ser, "tudo-considerado-exceto-o-direito", a melhor decisão política, numerosos exemplos sugerem que o poder da obrigação jurídica não aplicada é mínimo. De fato, David Hume identificou o fenômeno séculos atrás:

> Em 1662, [o Rei] Carlos, invocando ambos os direitos da sua supremacia e seu poder de suspensão, havia concedido uma indulgência ou tolerância geral; e, em 1672, ele renovou o mesmo edito: pensava que os protestos de seu parlamento o obrigavam, em

ambas as ocasiões, a se retratar; e, em última instância, o triunfo da lei sobre a prerrogativa foi considerado muito grande e memorável. Em geral, podemos observar que, quando o exercício do poder de suspensão era aceitável e útil, o poder em si era pouco questionado; quando o exercício era considerado passível de exceções, os homens não apenas se opunham a ele, mas continuavam negando completamente a legalidade da prerrogativa sobre a qual era fundada.[56]

Assim, a alegação, aqui, acompanhando a observação de Hume em 1778, não é que não possa haver sanções políticas ou por parte da opinião pública à ilegalidade. Pode, mas a questão é se as sanções políticas tendem a ser impostas pela própria ilegalidade, ou se as sanções políticas tendem a rastrear a substância de primeira ordem das decisões, com a legalidade e a ilegalidade por si sós fazendo pouca diferença. E uma conclusão plausível é que esse último quadro geralmente é o correto, com os processos da política e da formação da opinião pública raramente tomando o direito em si como um determinante importante das recompensas e das punições políticas[57].

Embora Hume estivesse falando da Inglaterra, a maioria das observações anteriores é restrita aos Estados Unidos, e, portanto, elas podem ser menos adequadas em outros lugares. Pode ser que os eleitores, a imprensa e os outros elementos constitutivos da opinião pública e do poder político tenham maior peso na legalidade *per se* em outros países do que nos Estados Unidos[58]. E, por causa dessa possibilidade, o exemplo norte-americano aqui não pretende fazer uma afirmação global ou mesmo definitiva sobre os Estados Unidos. Em vez disso, ele é apresentado para sugerir que, assim como no caso dos cidadãos, a obediência oficial ao direito, sem a ameaça de sanções jurídicas formais, pode muito bem ser menor do que se costuma supor.

De fato, a questão pode ser ainda mais importante para os agentes públicos do que para os cidadãos. Inúmeras dinâmicas pessoais e políticas levarão os agentes públicos, mesmo os bem-intencionados, a ter grande confiança na sabedoria e até na moralidade de suas conclusões políticas. Todavia o direito existe, em parte, porque nem a boa-fé nem a confiança são indicadores particularmente confiáveis da sabedoria dos agentes públicos. As políticas públicas promulgadas com os melhores motivos e com poucas dúvidas por parte dos seus formuladores podem ser, e frequentemente são, equivocadas. E se mesmo aqueles agentes públicos que agem de boa-fé e com muita confiança na sabedoria de suas ações estão frequentemente errados, um papel importante do direito é restringir não apenas aqueles cujos motivos são suspeitos, mas também as inclinações bem-intencionadas dos agentes públicos.

Esse papel do direito é especialmente aparente no contexto das constituições. Acredita-se comumente que o principal objetivo de uma constituição é impedir que agentes públicos interessados ou mal-intencionados operem em detrimento do bem público. E, embora esse seja certamente um dos propósitos de uma constituição, sem dúvida o mais importante é impedir que agentes públicos bem-intencionados tomem decisões errôneas. Em outras palavras, uma constituição existe em parte para impedir que os maus agentes públicos façam coisas ruins, mas também, e mais importante, existe para impedir que os bons agentes públicos façam o que pensam ser boas coisas, ou até podem ser boas no curto prazo em detrimento do interesse público de longo prazo. E se são importantes esses tipos de restrições de segunda ordem sobre decisões políticas de primeira ordem, mesmo que aparentemente boas, podemos começar a entender por que as sanções podem ser ainda mais importantes no contexto do direito público do que no privado.

CAPÍTULO 7

COAGINDO A OBEDIÊNCIA

7.1. O argumento até agora

Estivéssemos procurando as propriedades essenciais do direito, examinar o lado empírico-descritivo da obrigação de obedecer ao direito seria uma tarefa tola. Afinal, algo que se parecesse muito com um sistema jurídico poderia existir sem coerção ou sem qualquer outra forma de incentivo à obediência imposta externamente[1]. E, enquanto houvesse a possibilidade de um sistema jurídico livre de coerção, esta não seria mais uma propriedade conceitualmente necessária do direito. Portanto, se nossa investigação fosse sobre as propriedades necessárias ou essenciais do direito, a mera possibilidade de um sistema jurídico sem coerção ou sem sanção tornaria inútil investigar até que ponto as pessoas realmente obedecem ao direito apenas porque é o direito.

No entanto, embora saibamos que um sistema jurídico poderia existir, em teoria, sem sanções e sem coerção, sabemos também que, em algum lugar entre pouca e nenhuma exceção, realmente não existe tal sistema jurídico[2]. Até H. L. A. Hart, cujo argumento contra Austin é usualmente visto como tendo estabelecido definitivamente que a coerção não é uma propriedade essencial do conceito de direito, reconhecia que a coerção é uma "necessidade natural" em todos os sistemas jurídicos atuais e que todo o sistema jurídico existente parece reconhecer a necessidade de alguma maneira coagir o cumprimento do direito[3]. Tudo, portanto, gira em torno da natureza da investigação. Se nossa tarefa fosse a busca das propriedades essenciais do direito, em todos os sistemas jurídicos possíveis e em todos os mundos possíveis, haveria pouco sentido em se preocupar muito com força, sanções, coerção e vários incentivos ao interesse próprio. Numa comunidade de anjos[4], uma sociedade de indivíduos comprometidos universalmente com a cooperação para benefício coletivo, o direito seria necessário para gerenciar a coordenação e a cooperação, mas a obediência ao direito *qua* direito seria tão suficiente e amplamente aceita que a coerção seria desnecessária. E, desde que possamos imaginar uma comunidade de anjos universalmente comprometida com o uso do direito livre de coerção para promover um objetivo ou plano comum, a coerção surge não mais como não contingentemente *necessária* para que haja direito. O próprio fato de que a comunidade de anjos – hipotética, mas concebível – não precisaria de coerção, faria com que a coerção perdesse seu lugar numa descrição das propriedades conceitualmente necessárias do direito[5].

Mas e se a nossa investigação fosse sobre o que é típico do direito, e não sobre o que é necessário? Ou, e se fosse para o que é universal, mas apenas empírica e contingentemente? Nesse caso, como concluímos no Capítulo 3, o que Hart chamou de necessidade natural volta à cena. No entanto, mesmo para Hart, e mesmo reconhecendo a ambiguidade de seu próprio compromisso com o essencialismo metodológico[6], a necessidade natural de coerção ainda não estava muito presente. E isso ocorre em grande parte porque Hart via a pessoa perplexa – a pessoa inclinada a obedecer ao direito apenas porque é o direito e, portanto, curiosa sobre o que o direito exige – como uma característica importante do cenário jurídico nas sociedades avançadas mais modernas[7]. Se essas sociedades são amplamente povoadas por pessoas que tendem a obedecer ao direito sem a necessidade de coerção, uma ênfase na coerção, mesmo que seja necessária para restringir os infratores, é empiricamente distorcida. A relutância de Hart e de alguns outros em se concentrar na coerção com relação à explicação do fenômeno do direito parece, portanto, basear-se não apenas numa preocupação com as propriedades conceitualmente necessárias do direito, mas também numa suposta existência de pessoas perplexas em quantidades substanciais[8]. A resistência em ver a coerção como tão central à juridicidade tal qual é experimentada pode assim indicar, como indicou para Hart, uma crença na proposição de que a própria existência do direito é frequentemente uma razão significativa de ação para a maioria dos cidadãos e para a maioria dos agentes públicos.

Como vimos nos Capítulos 5 e 6, entretanto, é provavelmente errada a crença na internalização generalizada do direito *qua* direito "independente-de-sanções". O assunto é empírico, com certeza, e varia com o tempo e o local, mas parece haver muita afirmação e pouco apoio empírico à proposição geral de que as pessoas perplexas existem em número significativo nos sistemas jurídicos modernos.

Mesmo deixando de lado sua provável imprecisão empírica, aceitar a proposição de que muitos cidadãos internalizaram o valor de seguir o direito apenas porque é direito também é problemático porque pode nos levar a ignorar características empíricas importantes, embora contingentes, do fenômeno da juridicidade. Uma diz respeito ao escopo dos fenômenos que estamos tentando explicar. Em muitas sociedades – chame-as de não democráticas, totalitárias ou despóticas –, o direito parece existir mesmo em um clima generalizado de medo. Os déspotas estabelecem regras, seus subordinados as aplicam e as pessoas as cumprem por razões quase inteiramente relacionadas ao medo. Na maioria das tiranias, a proporção entre as pessoas com medo e as que impõem o medo é tipicamente muito grande. De fato, esse domínio do medo pode ser, em primeiro lugar, uma definição do que constitui uma tirania. Mas, embora as tiranias não sejam claramente boas sociedades, elas parecem ter o que parece direito. Suas leis podem ser substancial e processualmente defeituosas, mas seus sujeitos as compreendem como direito. E está longe de ficar claro que esses sujeitos estão enganados ao fazê-lo. Os sistemas jurídicos tirânicos estão, afinal, conectados a Estados políticos reconhecidos internacionalmente. Além disso, seus líderes e talvez pequeno grupo de aliados tipicamente internalizaram uma regra última de reconhecimento. E em tais sistemas normalmente existem não apenas regras primárias de aplicação geral, mas também regras secundárias que permitem que cidadãos e agentes públicos identifiquem as regras primárias e julguem disputas com base nelas[9]. Apesar de que, em tiranias típicas, quase todas as regras primárias e a maioria das secundárias sejam efetivadas pela ameaça da força, ainda mantemos a união de regras primárias e secundárias que, para Hart, eram a chave para entender a natureza de um sistema jurídico e a transformação de uma sociedade pré-jurídica numa sociedade jurídica[10]. Assim, se procurarmos entender o direito nas sociedades tirânicas e não democráticas, bem como em países agradáveis como a Nova Zelândia e a Noruega, parece um erro ignorar o papel da força no apoio e na introdução do grande número de sistemas jurídicos cujo regime de leis gerais primárias e secundárias se torna efetivo, em grande parte, no cano de uma arma.

Certamente, existem alguns teóricos do direito que discordariam da conclusão de que um regime que reivindica (ou exige) nada mais do que obediência baseada na força seja considerado um sistema jurídico. Joseph Raz, mais proeminentemente, argumenta que é uma característica essencial do direito que ele reivindique (mas não necessariamente tenha) autoridade legítima[11]. De forma relacionada, Scott Shapiro sustenta que ter objetivos morais é necessário para um suposto sistema de regras jurídicas ser tido como genuinamente jurídico[12]. Mas adotar qualquer uma dessas restrições à definição do jurídico parece excluir demais. Afinal, muitos supostos sistemas jurídicos de muitos supostos países reivindicam nada ou pouco mais do que o poder de fazer coisas ruins a seus súditos em caso de desobediência. Considere, por exemplo, aqueles Estados interessados apenas em acumular riqueza e poder para os líderes, como Filipinas sob Marcos, Zaire sob Mobutu, Indonésia sob Suharto, Sérvia sob Milošević e Haiti sob "Papa Doc" Duvalier. Essas nações, às vezes chamadas meio jocosamente de "cleptocracias", raramente afirmam ter objetivos morais[13], por isso não são iguais aos países que têm objetivos que afirmam ser morais, mas que decididamente não são, como a Alemanha nazista e a Rússia sob Stalin. E raramente as cleptocracias reivindicam legitimidade, além da legitimidade que vem do poder bruto, das armas e da imposição do medo. Todavia esses regimes afirmam ter direito, e o direito que afirmam não é tipicamente apenas uma coleção dos comandos particulares não sistemáticos do déspota[14]. Eles escreveram regras de conduta primárias que seus súditos são punidos por violar, e há regras secundárias internalizadas, mesmo que a respectiva sistemática jurídica esteja apenas a serviço da eficiência, e mesmo que a eficiência seja apenas para o benefício dos déspotas ou de uma elite dominante. De fato, em muitos desses Estados não existe nem a alegação ou a pretensão de legitimidade. Mas, se nosso objetivo é explicar e entender o fenômeno do direito, não está claro que desejemos concluir que grande número de sistemas de controle social organizados e baseados no Estado e em regras não são direito[15], e também não está claro que membros atuais e anteriores das Nações Unidas, por exemplo, não têm direito. Se desejamos, portanto, para fins de explicação e entendimento, incluir os sistemas jurídicos de tiranias e cleptocracias no domínio do que estamos tentando explicar, torna-se difícil negar o papel central da coerção na sustentação de tais sistemas. Expandir o domínio do fenômeno que procuramos explicar, portanto, nos dá uma nova janela através da qual podemos ver a importância jurídica da coerção, pois é a coerção no sentido mais básico que nos permite entender o direito como ele existe nas sociedades más, bem como nas boas.

Mesmo além das questões sobre quais sistemas jurídicos queremos conhecer, assumir erroneamente a existência generalizada de pessoas perplexas levará a conclusões equivocadas sobre a natureza e a experiência da juridicidade, mesmo em sistemas jurídicos modernos não tirânicos. Uma vez que esclarecemos com cuidado exatamente o que é obedecer ao direito apenas porque é o direito, e uma vez que entendemos o erro de assumir que todas as ações moralmente motivadas e sem interesse próprio que sejam consistentes com o direito são, de fato, baseadas no direito, podemos ver que a existência – ou não – de pessoas perplexas, mesmo nas democracias liberais avançadas, surge como uma questão importante. Pode ser valioso, para alguns propósitos, desenvolver uma teoria que tente entender as obrigações jurídicas da perspectiva da pessoa perplexa, mas se a maioria dos sistemas jurídicos reais for preenchida por muitos que são "maus"[16] e por poucos que são perplexos, uma teoria da pessoa perplexa não fornecerá uma descrição satisfatória do fenômeno do direito, tal como ele é realmente experimentado por juízes e cidadãos. Se, como vimos, está longe de ficar claro que existem pessoas perplexas na proporção que Hart, Tyler[17] e outros supõem, seja para os cidadãos, seja para os agentes públicos, então percorremos um longo caminho para entender a necessidade natural de coerção em todos, ou potencialmente todos, os sistemas jurídicos que conhecemos. Se as pessoas geralmente não gostam de obedecer ao direito *qua* direito, a coerção ressurge como a maneira óbvia pela qual mesmo os sistemas jurídicos avançados em democracias maduras podem garantir o seu cumprimento. Como James Madison notoriamente observou: "Se os homens fossem anjos, nenhum governo seria necessário";[18] ele poderia facilmente estar falando sobre o direito.

A escassez de pessoas perplexas, seja entre cidadãos, seja entre agentes públicos, não deve surpreender. Uma vez que entendamos que as pessoas realmente se comportam moral e altruisticamente[19], o direito surge não a um, mas a dois passos além do interesse próprio. Existe um interesse próprio e, em seguida, há a disposição documentada de pessoas e agentes públicos de fazerem a coisa certa como eles a enxergam (incluindo o envolvimento num comportamento cooperativo e a obediência a normas sociais relevantes) e, até mesmo, com algum sacrifício pessoal. Mas, então, há o direito, que obtém sua força e muito de sua importância precisamente quando diz às pessoas que, mesmo aquilo que acham ser a coisa certa a fazer e mesmo quando a coisa certa a fazer não é necessariamente do seu interesse pessoal, não é o que eles deveriam fazer. E, quando visto dessa maneira – quando entendemos que o valor do direito muitas vezes repousa em sua capacidade de levar as pessoas a deixar de lado não apenas seu interesse próprio, mas também seu melhor julgamento não necessariamente interessado –, o desafio de garantir a obediência ao direito apenas porque é o direito se torna muito mais compreensível. Como Christopher Morris colocou, "Coerção e força são necessárias quando a reivindicada autoridade [jurídica] do Estado é desvalorizada, defeituosa ou ausente"[20], e pode muito bem ser que os teóricos, em particular, geralmente sejam os que não apreciam quão frequente a autoridade do Estado não é apreciada.

Tendo assim nos libertado das amarras intelectuais de acreditar que a "jurisprudência" ou a teoria jurídica é necessária e exclusivamente uma busca pelos critérios essenciais do direito ou, pior ainda, uma busca por propriedades individualmente necessárias e suficientes, somos livres para procurar as características ordinárias, típicas ou contingentemente universais do direito[21]. A coerção dificilmente é a única dessas características, mas parece estar entre as mais importantes. E a importância não necessária da coerção é uma função da relativa escassez de pessoas perplexas e agentes públicos perplexos, por razões que agora estamos bem situados para entender. Como os comandos do direito, quando fazem a diferença, estão tipicamente duas etapas além do interesse próprio individual e até uma etapa além do melhor julgamento individual, a coerção parece necessária para motivar cidadãos e agentes públicos a tomar medidas tão afastadas de seus interesses e julgamentos. É por isso que a coerção no direito é tão onipresente, e é por isso que a coerção pode ser a peça que, probabilisticamente, mesmo que não de forma lógica, distingue o direito de outros sistemas normativos e de vários outros mecanismos de organização social.

7.2. Os incentivos ao cumprimento

A ideia empírica básica apresentada aqui é que, embora as pessoas possam estar dispostas a sacrificar o interesse próprio a serviço da moralidade ou na busca de boas políticas para o bem comum, há escasso apoio empírico para a visão de que elas desejam voluntariamente subjugar seu melhor julgamento do que a moralidade e a política exigem ao que consideram um julgamento moral ou político equivocado do direito. Consequentemente, se o direito deve fazer o que precisa – que muitas vezes é impor um senso coletivo de boas políticas ou boas ações ao senso individual muitas vezes equivocado das pessoas sobre o que sejam boas políticas e ações sábias –, ele deve encontrar uma maneira de motivá-las a fazer julgamentos ou a se comportar de modo que não apenas seja contrária a seus interesses, mas também mesmo quando elas acreditem que estejam aí envolvidos erros morais ou políticos.

Obviamente, uma maneira de fazer as pessoas realizarem coisas que elas consideram sacrificar seu interesse próprio ou que consideram ser imprudentes é forçá-las a fazê-las. Bentham achava que a ameaça da força era a maneira mais eficaz de motivá-las a seguir o direito, e Austin pode ter acreditado que era a única maneira, mas essa visão é muito imprecisa. As pessoas desejam evitar o carrasco e formas menos finais de punição ou de consequências desagradáveis, mas a motivação humana é mais complexa do que isso. Bentham e Austin podem ter excluído recompensas e outros incentivos não punitivos de sua definição de direito, mas mesmo eles entenderam que os incentivos ao cumprimento e à ação em geral eram complexos, e não se tratava apenas de evitar consequências desagradáveis, assunto ao qual retornaremos no Capítulo 8. Eles e nós entendemos que as pessoas respondem a recompensas, bem como a punições, e assim como elas geralmente estão dispostas a subjugar seu interesse próprio ou seu melhor julgamento para evitar sanções negativas, também estão frequentemente dispostas a fazer o mesmo na esperança de uma recompensa ou de algum outro ganho. De fato, a complexidade dos fatores externos que podem motivar a conformidade com o direito é muito mais rica do que o modelo bruto oferecido por Bentham e Austin, e dedicaremos todo o Capítulo 8, e muito do Capítulo 9, à exploração desse tema.

A título de antecipação, podemos observar agora que é muito restrito equiparar sanções negativas às consequências particularmente desagradáveis da maioria das formas de punição. Punição criminal, multas monetárias civis e criminais, várias formas de incapacidade (perda da carteira de motorista ou de licença comercial, por exemplo) e danos à reputação, entre outras, são condições que a maioria das pessoas procura evitar, e cada uma delas tem, em contrapartida, as condições consideradas boas. As pessoas desejam evitar más reputações, por exemplo, mas também buscam boas, talvez até melhores do que merecem.

Tudo o que precede pode talvez ser encapsulado pelo foco do economista em *incentivos*, um conceito que procura capturar uma gama muito maior de estímulos positivos e negativos do que a mera recompensa monetária e a punição física (e dolorosa). Alguns economistas cometem o erro de pensar que os incentivos ao interesse próprio esgotam o leque de incentivos e o domínio da motivação humana, mas os incentivos podem, pelas razões exploradas na seção anterior, ter um papel particularmente importante a desempenhar na indução do cumprimento do direito. Exploramos essa questão ainda mais nos capítulos seguintes, mas vale a pena notar, mesmo aqui, que é melhor entender as ideias relacionadas de coerção, força e sanções mais metafórica do que literalmente, e que todos esses termos abrangem uma gama de incentivos externos mais ampla do que Bentham e Austin tinham em mente. Chegamos ao ponto do argumento em que devemos aceitar que alguma forma de assistência motivacional será comumente necessária para produzir um grau socialmente desejável de cumprimento jurídico, embora devamos ter cuidado para não entender também muito estritamente a variedade de formas possíveis dessa assistência motivacional.

7.3. As ocasiões do direito

Em um passado não tão distante, as placas na Rodovia de Massachusetts, uma rodovia de alta velocidade de acesso limitado, alertavam os motoristas que eles não deviam dar marcha à ré pela pista se perdessem a saída. Na Universidade de Oxford, os anúncios publicados pelos inspetores no momento dos exames lembravam os alunos que era proibido jogar farinha, ovos e chantili na sala de exames[22]. E, no Aeroporto de Heathrow, em Londres, as placas são apresentadas de forma destacada, lembrando os passageiros que é ilegal atacar funcionários de companhias aéreas.

Esses sinais compartilham a característica de produzir um elemento de surpresa. A maioria de nós, assim espero, nunca consideraria dar marcha à ré numa estrada, jogar comida na sala durante um exame ou agredir um agente de companhia aérea. Mas obviamente algumas pessoas o fariam, caso contrário esses sinais não estariam lá. De fato, os sinais nos dizem muito sobre os tipos de comportamento que existiriam, se fossem ausentes os avisos ou as proibições jurídicas[23]. O próprio fato de os sinais existirem fornece informações úteis sobre as tendências comportamentais "independentes-do-direito" dos motoristas de Massachusetts, dos estudantes de graduação de Oxford e de passageiros aéreos de Londres, informações que, como nesses exemplos, geralmente são tão surpreendentes quanto esclarecedoras.

Todos esses exemplos envolvem sinais dizendo às pessoas o que é o direito, em vez de serem eles próprios o direito, mas a mesma coisa acontece com o direito subjacente. A Terceira Emenda à Constituição dos Estados Unidos, por exemplo, proíbe o governo de forçar os cidadãos a alojar tropas em casas particulares, uma proibição constitucional que não existe em nenhum outro lugar do mundo[24]. A proibição existe, no entanto, porque se tenta proteger contra o que foi, em 1791, percebido como uma possibilidade genuína, informada pela prática britânica pré-revolucionária de apenas alguns anos antes. E o fato de que, em algumas jurisdições, existam proibições específicas ao canibalismo[25] sugere que algumas pessoas possam estar inclinadas a se envolver numa prática que eu e a maioria das outras pessoas consideram impensáveis.

Ao comentar a linguagem, e não o direito, o filósofo John Searle, há alguns anos, argumentou que não há observação sem observabilidade[26]. O argumento é profundo. O próprio fato de dizer algo pressupõe a genuína possibilidade empírica de sua negação. Se essa possibilidade não existisse, não haveria, em primeiro lugar, motivo para a afirmação. A implicação conversacional, para usar o termo técnico correto[27], de uma afirmação é um contexto em que o oposto do que é afirmado é suficientemente plausível para algumas pessoas a tal ponto que isso fornece uma boa razão para a afirmação. E, assim, se observo, com toda a razão, que um colega está sóbrio hoje, essa observação implica que ele não esteja sóbrio em outros dias, ou pelo menos que algumas pessoas acreditam que ele não esteja sóbrio em outros dias, uma possibilidade que talvez não ocorreria aos meus ouvintes se eu não tivesse comentado com precisão sobre sua sobriedade.

Isso também acontece com o direito. Como ilustram os exemplos no início desta seção, as proibições jurídicas usualmente pressupõem uma inclinação de ao menos algumas pessoas se envolverem em atividades proibidas. Se não houvesse tal inclinação, ou ao menos não houvesse suspeitas de tais inclinações, não haveria necessidade de leis. É por isso que a Constituição francesa não proíbe o aquartelamento de tropas em residências particulares, por isso os regulamentos de exame para universidades suecas não proíbem o lançamento de alimentos e por isso os passageiros de jatos executivos por eles contratados não são advertidos contra agressão ao piloto. Assim como não há observação sem observabilidade, raramente há direito sem a possibilidade real e antecedente do comportamento que o direito considera necessário proibir.

Contudo, embora as proibições jurídicas pressuponham a possibilidade genuína e não trivial da conduta que o direito procura controlar, há importantes diferenças conceituais e empíricas entre os tipos de inclinações comportamentais que inspiram restrições jurídicas. De acordo com as leis dos Estados Unidos e da Commonwealth of Virginia, sou obrigado a pagar impostos, a me abster de usar maconha e a evitar o canibalismo. Todavia, essas leis são diferentes umas das outras na maneira como elas se cruzam com meu próprio julgamento e meu próprio interesse, e é um erro supor que todas as leis operem da mesma maneira em relação à motivação individual ou coletiva. Até que possamos entender as diferentes maneiras pelas quais o direito se cruza com as preferências independentes do direito de seus sujeitos, não podemos começar a entender o papel dos incentivos e da coerção na motivação do cumprimento do direito.

Considere, primeiro, as leis contra o canibalismo. Como observado (talvez desnecessariamente), a maioria das pessoas não se envolve em canibalismo. Além disso, a maioria das pessoas nunca consideraria a possibilidade, mesmo que não houvesse proibições jurídicas. E poderíamos dizer o mesmo, talvez de forma um pouco mais otimista, sobre as proibições jurídicas sobre homicídio, estupro e abuso sexual de crianças. Numa sociedade sem direito algum, esses comportamentos ainda seriam, pensamos e esperamos, bastante raros. Porém eles não seriam inexistentes. Assim, podemos identificar uma das ocasiões do direito – uma das razões para ter proibições jurídicas – como o esforço para impor contra infratores normas sociais e morais generalizadas e tipicamente autoaplicáveis. Em uma ampla gama de tópicos, a maioria das pessoas não precisa do direito para lhes dizer o que fazer, e as pessoas fazem a coisa certa na maioria das vezes. Mas há uma diferença entre "maioria" e "todos". E é precisamente por causa dessa diferença que vemos uma das principais modalidades do direito como a salvaguarda das normas sociais e morais predominantes contra um número relativamente pequeno de infratores. Em tais circunstâncias, podemos entender facilmente a necessidade da coerção, porque há poucas razões para acreditar que alguém que rejeitou a norma social ou a exigência moral subjacente aceitaria uma obrigação "independente-de-coerção" de obedecer ao direito. Fazer isso não é logicamente impossível, é claro. Em teoria, as pessoas poderiam rejeitar a obrigação de evitar homicídios, estupros e roubos enquanto aceitassem a obrigação de obedecer ao direito. Porém, como essas pessoas são, na realidade, raras ou inexistentes, a coerção se torna necessária quando o direito procura proteger normas e práticas sociais e morais "independentes-do-direito" contra o ocasional infrator.

Em outros casos, no entanto, a face do direito parece muito diferente. Muitas das pessoas que não têm inclinação para estuprar ou se envolver em canibalismo têm desejos "independentes--do-direito" de dirigir em alta velocidade ou evitar o pagamento de impostos e, portanto, têm pouca aversão a deixar que outras pessoas arquem com os custos da governança coletiva e os riscos de existência coletiva. Da mesma forma, muitas empresas que, mesmo sem proibições jurídicas, não se envolveriam em fraudes ou declarações flagrantemente falsas parecem frequentemente dispostas a reduzir os custos de segurança do trabalhador ou a fazer afirmações exageradas, se não falsas, sobre a qualidade de seus produtos. Nesses casos, a simples observação de que pessoas e empresas costumam fazer a coisa certa por razões "independentes-do-direito" parece insuficiente, e aqui o direito se preocupa não apenas com desvios ocasionais, como no caso do canibalismo, mas com uma série de questões em geral, cujo interesse próprio parece dominar a moral de cooperação para o bem comum. Nesses casos, a coerção novamente parece necessária, mas de maneira mais difundida. Nas crenças morais muito fortes, e entre as pessoas que não considerariam seriamente se envolverem em roubo ou agressão para sua satisfação pessoal, até mesmo ausente a possibilidade de prisão e punição, geralmente há um sentimento diferente quanto à evasão fiscal ou à perigosa (para outras e para elas mesmas) direção sob o efeito de tóxicos. Não é que elas não reconheçam ou não internalizem os efeitos morais negativos da prática. É apenas porque a moralidade altruísta e o interesse próprio variam em força. Assim, quando se espera que as demandas da moralidade sejam percebidas (mesmo que incorretamente) como fracas, e a atração do interesse próprio seja percebida (mesmo que de novo incorretamente) como forte, a coerção, como Bentham nos lembrou, é frequentemente necessária para colocar um polegar pesado no lado direito da balança.

A coerção pode ser mais necessária, no entanto, quando um número significativo de sujeitos jurídicos simplesmente discorda dos objetivos do direito. E esse não é um fenômeno incomum. Não apenas temos casos em que grandes segmentos de uma população simplesmente tenham opiniões erradas, como com relação à aplicação da desagregação escolar no sul dos Estados

Unidos nas décadas de 1950 e 1960, mas o direito também desempenha um papel substancial na imposição do que começa como uma minoria das normas e, só mais tarde, torna-se amplamente aceito. As leis que protegem o meio ambiente e as espécies ameaçadas de extinção, por exemplo, eram inicialmente apoiadas apenas por pequena minoria, embora comprometida, da população, e seria tolice (e sem apoio probatório) supor que a simples mudança do direito induzisse a um grau substancial de cumprimento sem a assistência de coerção e de sanções de vários tipos. Todavia a dinâmica psicológica e sociológica é complexa. Uma possibilidade é que a mera promulgação de determinada proibição jurídica, apenas por ser uma declaração do direito, induza mudanças de atitude e de comportamento. Isso é certamente possível, embora pareça mais provável num assunto sobre o qual as pessoas não tinham opiniões antes da mudança jurídica do que quando tinham opiniões contrárias ao que se tornou o direito. Que o simples fato da mudança jurídica, sem coerção, tenha feito com que número significativo de pessoas anteriormente hostis à integração racial se tornasse mais simpático parece altamente improvável. Porém, quando o direito proibiu certas ações prejudiciais a espécies ameaçadas, um assunto a respeito do qual a maioria das pessoas poderia não ter opinião alguma, o poder da mudança jurídica sem a ajuda de uma sanção pode ter sido consideravelmente maior.

Mas o assunto é ainda mais complexo do que isso. Enquanto a coerção é onipresente, mesmo que não necessariamente conjugada com o direito, ela pode ser percebida como um indicador necessário da seriedade do direito. Quando uma proibição jurídica é simplesmente exortativa, tendo como pano de fundo o direito sendo (e percebido como) geralmente apoiado por sanções, os alvos da proibição exortativa podem acreditar que o direito não leva a sério suas prescrições e, portanto, que essas prescrições não precisam ser levadas a sério por seus sujeitos. A Constituição da República da Irlanda, por exemplo, contém uma série de direitos explicitamente inexequíveis relativos a vários aspectos do bem-estar social, mas está longe de ser óbvio que a existência de tais disposições inexequíveis tenha produzido uma ação governamental diferente da que ocorreria se elas não existissem. A coerção pode, portanto, operar indiretamente para incentivar o cumprimento do direito, reforçando a seriedade da própria prescrição. E a coerção também pode incentivar o cumprimento por algumas pessoas, o que mudará o terreno sociológico de maneira que a conformidade não coagida por outros se torne mais provável. Na medida em que a mudança jurídica produziu uma mudança de atitudes em relação à segregação racial, por exemplo, pode ser que a mudança jurídica coagida tenha colocado as pessoas em maior contato com as de outras raças que não as suas, o que, por sua vez, mudou as atitudes de maneira mais difundida. Da mesma forma, proibições ao ato de fumar em estabelecimentos públicos podem ter forçado pelo menos algumas pessoas a reconhecer a possibilidade de desfrutar de um restaurante ou bar sem um cigarro. Como resultado, suas preferências e atitudes podem ter mudado como resultado do direito, mas apenas de menos direta.

Algumas dessas vias causais entre coerção jurídica e mudança de atitude serão exploradas mais adiante, no Capítulo 10, quando trataremos da relação entre direito e normas sociais. Mas vale pelo menos mencioná-las aqui, somente para sinalizar que a relação entre coerção jurídica e mudança de comportamento é complexa. A coerção pode muito bem ser mais necessária para a eficácia jurídica do que a imagem enganosa da pessoa perplexa sugere, mas a conexão entre coerção e efetividade jurídica pode ser bem mais complexa do que Bentham, Austin e seus seguidores acharam necessário considerar.

7.4. A função de resolução do direito

Além do papel do direito no controle de possíveis pessoas que contrariem as normas sociais e morais amplamente aceitas, e além da maneira pela qual a coerção jurídica ajusta as motivações delas quando o interesse próprio é forte e a sensibilidade moral é fraca, também existem, como acabamos de notar, exemplos em que o direito é o instrumento de genuína mudança de atitude e de comportamento. O direito pode ter desempenhado esse papel, por exemplo, com relação a questões de discriminação racial e de gênero e a questões de proteção ambiental. Nesses casos, o direito pode ter ajudado a mudar os pontos de vista da maioria, em vez de simplesmente proteger os preexistentes de vista da maioria. E, na medida em que o direito cumpre esse papel de mudar o que poderíamos chamar de peso da opinião pública moral ou política, a coerção tem um papel importante a desempenhar, precisamente porque o direito está tentando mudar as visões das pessoas que possuem essas visões acreditam (por engano, na opinião do direito) serem as certas. No entanto, embora o direito opere ocasionalmente dessa forma, é muito mais comum que o direito funcione menos na mudança da visão moral ou política das pessoas do que na solução de uma questão prática diante de discordâncias morais e políticas[28]. Podemos chamar isso de a "função de resolução" do direito.

Na sua forma mais óbvia, a função do direito de resolução opera quando um amplo acordo sobre a necessidade de resolução é combinado com poucas consequências sobre a substância da resolução. O exemplo claro é o do requisito de que as pessoas dirijam apenas à esquerda ou à direita da estrada. Quase todo o mundo concorda que determinada regra que exige uma ou outra solução é necessária, e quase ninguém se importa muito se a regra escolhida exige dirigir à esquerda ou à direita. Sob tais circunstâncias, o direito pode desempenhar uma função valiosa de resolução ao escolher uma ou outra, e é altamente improvável que a coerção seja necessária para apoiar a escolha do direito. Enquanto as pessoas concordam que uma ou outra deva ser escolhida, e enquanto poucas sejam prejudicadas, mesmo com uma escolha diferente da que elas mesmas teriam feito, é improvável que elas precisem da ameaça de punição para cumprir com a escolha do direito. O direito seria necessário para ajudar a localizar o ponto focal – o local da coordenação ou do acordo[29] –, mas enquanto houver um amplo consenso de que precisa haver algum ponto focal, não serão necessárias sanções para que o direito cumpra seu objetivo. Afinal, a maioria das pessoas que dirige do lado errado da estrada está bêbada ou é imprudente e, portanto, geralmente é culpada de outra coisa. Existem muito poucos casos – talvez nenhum – em que as pessoas sancionadas por dirigir no lado errado da estrada são pessoas que acreditam que é certo, ou mesmo de seu interesse, dirigir do lado diferente do que o direito escolheu. Assim, nesses casos, o direito pode servir à sua função de coordenação sem a necessidade de coerção.

Em outros casos, no entanto, o direito pode resolver, mesmo que apenas temporariamente, e ainda que seja apenas para os propósitos das ações necessárias, sérias divergências sobre a substância da moralidade e da política. Muitas pessoas na França, por exemplo, acreditam que exibições religiosas públicas, incluindo muitas formas de vestuário religioso, devem ser proibidas. Mas outros, inclusive muitos franceses, acreditam que essas práticas devem ser permitidas. E algumas das pessoas que acreditam que essas práticas devem ser permitidas acreditam também que elas, pessoalmente, devem usar roupas religiosas adequadas o tempo todo, mesmo em público. O direito francês, embora temporariamente e com dificuldade, resolveu a disputa em favor da primeira posição, mas há poucas razões para acreditar que as pessoas da segunda posição e principalmente do último grupo cumpram o direito, exceto pela ameaça jurídica de punição. Assim, aqui, e num grande número de questões moralmente controversas, o direito fornece uma importante função de resolução.

Em um mundo de discordância moral e política, o direito geralmente pode fornecer uma resolução para esses desacordos, um acordo nem final nem conclusivo, mas, no entanto, autoritativo e, portanto, proporcionando, aos que possuem divergências de primeira ordem, uma resolução de segunda ordem que tornará possível a tomada de decisões, a coordenação de ações e a continuidade da vida. É precisamente por causa de um profundo desacordo subjacente que o acordo é frequentemente necessário, mas, ao mesmo tempo, o desacordo subjacente é o que torna praticamente impossível a efetivação do acordo sem que haja coerção. Mesmo se houvesse pessoas em países que dirigem à direita que acreditavam que dirigir à esquerda seria preferível, é improvável que, sem coerção, insistissem em dirigir à esquerda. Não é esse o caso em muitas outras situações, entretanto, e há poucos motivos para crer que aqueles que acreditam que usar roupas religiosas em público é desejável ou (religiosamente) obrigatório suprimiriam suas crenças apenas porque o direito francês resolveu ou pacificou a questão contra eles. Nestes e em inúmeros outros casos, o direito tem uma função de resolução, mas a resolução será efetiva apenas se aqueles cujas opiniões estão em desacordo com a solução acordada forem obrigados a cumprir a solução adotada. O direito permite que as sociedades funcionem resolvendo profundas divergências morais e políticas para os fins de ação, mas o faz exigindo, com a ameaça de força, que os que discordam, no entanto, ajam em conformidade com o acordo imposto.

7.5. Anjos equivocados

James Madison observou que, se os homens fossem anjos, nenhum governo seria necessário. Mas a observação, por mais perceptiva que tenha sido e por mais memorável que tenha se tornado, pode ter fracassado em fazer uma distinção importante entre aqueles que são maus e os que estão simplesmente enganados. Sim, existem os não anjos – chamá-los de "demônios" parece um pouco duro, mas "amoral" está mais próximo do objetivo –, que constantemente buscam sua própria vantagem, mesmo à custa de outros. Essas pessoas raramente são altruístas, quase nunca são motivadas pela moral e evitam com firmeza trabalhar pelo bem comum em oposição a seu próprio benefício. Mas mesmo os que são altruístas e que, de fato, reconhecem os interesses de outros e estão dispostos a contribuir para o bem comum não são necessariamente tão sábios quanto bem-intencionados. De fato, a história do mundo parece ser tanto uma história de erros bem-intencionados quanto de mal genuíno, ou mesmo de fracassos morais mais benéficos. Sabemos, por exemplo, que muitos motoristas acham que sua habilidade de dirigir está acima da média[30], e esse é apenas um exemplo da tendência generalizada das pessoas comuns não apenas em superestimar suas próprias habilidades de tomada de decisão, mas também em assumir que o grau de confiança que elas têm em suas decisões é um indicador seguro da solidez dessas decisões[31]. O mesmo vale para os agentes públicos. As sociedades raramente – talvez nunca – selecionam agentes públicos por sua modéstia e insegurança, e, portanto, deve ser uma surpresa que as pessoas que se encontram em cargos públicos eleitos ou nomeados tenham a mesma probabilidade que as pessoas comuns de superestimarem suas habilidades de tomada de decisão e, portanto, sua capacidade de tomar decisões sólidas em benefício de outras pessoas ou em benefício da sociedade.

Considere, por exemplo, o caso do leigo Bom Samaritano. Sabemos que as pessoas muitas vezes adoecem ou se machucam quando não há médico por perto. E sabemos que os espectadores ou acompanhantes, para seu crédito moral, geralmente ajudam os aflitos em tais situações, às vezes até com risco ou custo pessoal. Mas também sabemos que, embora muitas dessas intervenções bem-intencionadas sejam eficazes e salvem vidas, muitas outras ameaçam a vida e produzem resultados piores do que os que seriam produzidos em caso de não intervenção. Os efeitos da picada de cobra são frequentemente agravados, por exemplo, por intervenientes bem-intencionados que cortam as marcas de presas e tentam eliminar o veneno. Da mesma forma, o espectador bem-intencionado, mas clinicamente ignorante, num acidente de moto, por exemplo, às vezes aumenta uma lesão na medula óssea ou na medula espinhal, tentando altruisticamente afastar a vítima do perigo ou removendo o capacete do motoqueiro acidentado. E a maioria de nós sabe que o vizinho que generosa e genuinamente se oferece para consertar nosso carro ou nosso cortador de grama tem pelo menos a mesma probabilidade de torná-lo pior do que de consertá-lo.

Obviamente, as causas de tais intervenções bem-intencionadas, mas equivocadas, são psicológica e sociologicamente complexas. Algumas são causadas por simples ignorância ou pela falta de treinamento e conhecimento suficientes para tomar certos tipos de decisões. Muitas são o produto das inúmeras deficiências no raciocínio que a pesquisa psicológica contemporânea mostrou atormentar até os mais inteligentes e cuidadosos entre nós³². Grande parte dessa pesquisa se concentrou em erros de fato e erros aparentemente irracionais básicos, mas muitas das mesmas fontes de erro cognitivo também costumam ser fontes de erro moral³³. E a simples arrogância também desempenha claramente um papel importante em alguns casos, assim como a inclinação mais geral de muitas pessoas quererem ser heróis, assumir o controle e superestimar drasticamente suas próprias habilidades de várias outras maneiras. Mas, sejam quais forem as causas, a intervenção equivocada é um fenômeno suficientemente difundido, o que deve nos levar a desconfiar de que mesmo aqueles com motivos aparentemente bem-intencionados terão um grau de habilidade ou julgamento que seja quase compatível com as suas boas intenções.

O fenômeno do erro bem-intencionado e admiravelmente motivado é ainda mais patente com relação aos agentes públicos³⁴. Diariamente, observamos grande número de políticas ruins ou de aplicações infelizes de boas políticas que são menos o produto da má vontade e mais consequências de um julgamento ruim, de irracionalidades cognitivas previsíveis, de erro moral, ou de conhecimento ou experiência insuficiente. E, na medida em que é assim, então uma das funções do direito é criar a motivação para que as pessoas, em geral, e os agentes públicos, em particular, abandonem seu melhor julgamento em favor de um julgamento que (erroneamente) pensam ser errado. O agente público que cegamente segue o direito ou que segue as regras para obter um resultado infeliz é alimento regular para o desprezo popular e jornalístico³⁵, mas os que zombam do direito em tais circunstâncias provavelmente recuam diante da perspectiva de dar poder a policiais, a agentes aduaneiros ou a fiscais de tributos simplesmente para que eles usem seu melhor julgamento ao decidir quem prender, quem fiscalizar e quem tributar. Não apenas nos preocupamos frequente e adequadamente com os erros que esses agentes públicos podem cometer no exercício bem-intencionado de seus deveres, mas também podemos estar preocupados com o fato de que os incentivos de várias funções públicas possam levar os que os detêm a ignorar outros fins sociais valiosos. Os fiscais de tributos podem, muitas vezes, e não é uma surpresa, entender seu papel em termos de maximização de receita, e policiais e promotores, em termos de número de prisões e taxas de condenação. Todavia o direito, de uma perspectiva mais ampla, muitas vezes reconhece outros objetivos que são, frequentemente, conflitantes.

Entretanto, quando entendemos que nesses casos a sociedade está pedindo aos agentes públicos que suprimam seu melhor julgamento sobre políticas públicas ou rejeitem suas próprias decisões sobre quais ações tomar numa ocasião específica, podemos compreender que as sanções têm um papel especialmente importante. Sim, os agentes públicos podem, em teoria, reconhecer que o julgamento do direito geralmente é melhor que o seu julgamento pessoal. No entanto, o pouco que sabemos sobre a avaliação das pessoas acerca de suas próprias habilidades daria pouco fundamento para otimismo sobre a probabilidade de os agentes públicos renunciarem a seus próprios julgamentos nesses casos. Afinal, o excesso de confiança é um fenômeno generalizado e amplamente documentado[36]. Além disso, dificilmente é uma revelação que, aqueles cujo cargo oficial os coloca em uma posição de serem tratados obsequiosamente por subordinados e requerentes – altos agentes públicos eleitos, juízes, reitores e oficiais militares parece que muitas vezes se encaixam nessa caracterização – estejam especialmente propensos a, com alguma frequência, serem vítimas do vício de superestima de suas habilidades de tomada de decisão. E, uma vez que essas patologias de tomada de decisão sejam sistemáticas e previsíveis, alguma forma de coerção – algum sistema de recompensas positivas e sanções negativas – será frequentemente necessária como forma de motivar os agentes públicos a seguir o direito e não o que eles, individualmente nesta ocasião, pensem ser o melhor. De fato, a importância da supressão do julgamento individual aumenta na medida em que o melhor julgamento de um agente público pode realmente ser o melhor julgamento para determinado grupo de pessoas, mas não para a comunidade em geral. Considere as proibições ao protecionismo econômico, seja em países individuais como os Estados Unidos[37], seja em grupos de países, como a União Europeia. Quando um agente público italiano promove o protecionismo para a indústria italiana de massas, ele não está apenas se comportando responsavelmente sob uma perspectiva moral ou política, mas também está atendendo às necessidades genuínas de seu círculo eleitoral principal. O mesmo ocorre quando os agentes públicos do Estado do Havaí decidem ajudar a indústria indígena de vinho de abacaxi, concedendo-lhe preferências fiscais sobre os produtores não havaianos de outros tipos de vinho[38]. Mas sabemos que, quando vários agentes públicos em vários países, estados ou províncias se comportam dessa maneira, a economia em geral sofre. E, portanto, o direito geralmente proíbe esse tipo de protecionismo justamente porque ele pode ser bom para algumas partes de uma economia maior, mas ruim para a economia como um todo. No entanto, a probabilidade de um agente público seguir o direito para um bem maior, mesmo que à custa dos seus eleitores primários, é pequena, e não devemos nos surpreender que os tribunais e os mecanismos coercitivos de execução a eles associados surjam como mecanismos necessários precisamente para permitir que o direito sirva ao bem maior. Certamente, o direito existe, em parte, para impedir que os maus líderes tomem decisões ruins.

Mas também existe para evitar que bons líderes tomem boas decisões de primeira ordem que acabem prejudicando vários interesses de segunda ordem ou o bem-estar geral a longo prazo[39].

Portanto, é um erro pensar que agentes públicos que não obedeçam de forma voluntária ao direito são necessariamente venais, egoístas ou loucos por poder. Eles podem simplesmente estar servindo a seus eleitores ou confiando, de boa-fé, em seu melhor, e não autointeressado, julgamento. Mas, como esses julgamentos podem ser equivocados ou desatentos a certos interesses maiores, o direito tem um papel a ser cumprido, e é difícil imaginar o direito servindo sem a assistência de várias instituições e técnicas de compulsão. O que essas instituições e técnicas são e podem ser, no contexto de cidadãos e agentes públicos, é o assunto dos Capítulos 8 e 9.

CAPÍTULO 8

CENOURA E PORRETE

8.1. O aparente erro de Austin

É simplesmente errado supor que as pessoas se comportam inteiramente de acordo com seus próprios interesses. Para repetir o que foi discutido no Capítulo 5, há mais do que ampla evidência de que a conduta altruísta e a motivação moral existem, assim como uma série de comportamentos cooperativos (ou o que os psicólogos chamam de comportamentos pró-sociais) que podem até não chegar ao nível de puro altruísmo. Certamente, foram feitos esforços para explicar todo comportamento moral altruísta, pró-social e outros em termos de uma profunda felicidade ou outras formas de interesse próprio, mas a maioria desses esforços parece forçada e reducionista[1]. Até Jeremy Bentham, frequente e erroneamente caricaturado como tendo uma visão totalmente egoísta ou de interesse próprio sobre a natureza humana, entendeu que as pessoas em geral reconhecem seus deveres para com os outros[2] e, pelo menos, às vezes agem por razões de simpatia, benevolência e amizade[3]. No entanto, embora muitas anedotas e até mesmo pesquisas sérias revelem que é equivocado supor que todo comportamento humano seja dirigido pelo interesse próprio[4], é igualmente equivocado supor que nenhum comportamento seja dirigido pelo interesse próprio. Numa extensão significativa, as pessoas tentam maximizar seu próprio bem-estar ou, como Bentham disse, maximizar seu próprio prazer e minimizar sua própria dor[5]. Para a maioria de nós, nossas decisões são conduzidas, como Bentham reconheceu, por alguma mistura de motivação moral e outra motivação específica, de um lado, e interesse próprio prudencial, de outro. Contudo, mesmo na medida em que o comportamento seja determinado em grande parte ou inteiramente pelo interesse próprio, os indivíduos parecem frequentemente motivados não apenas pelo medo de sanções desagradáveis, mas também pela esperança de recompensas. Embora muitas pessoas prefiram evitar o serviço militar, por exemplo, a mudança, em muitos países, do recrutamento militar para um exército de voluntários foi facilitada pela promessa de educação, de treinamento especializado e relevante para civis, de aposentadoria precoce e generosa e, em muitos casos, de um salário mais alto e melhor comida e residência do que estava disponível para aqueles que se voluntariavam[6]. Obviamente existem preocupações de distribuição e equidade nessa mudança, pois o valor marginal das recompensas financeiras que acompanham o serviço militar é muito maior para aqueles que começam com muito menos do que para os que começam com mais. Embora essas questões de equidade sejam dimensões importantes das políticas públicas, elas não são diretamente relevantes para a presente investigação. Para nossos propósitos, o exército voluntário, tal como existe em grande parte do mundo desenvolvido, é um bom exemplo do uso de recompensas e não de formas mais diretas e negativas de coerção como meio de levar as pessoas a fazer o que elas prefeririam evitar. E, como é conhecido por muitos pais e professores, apoiados por legiões de psicólogos populares e por algumas pesquisas sérias, as crianças costumam responder melhor à promessa de recompensas do que à ameaça de punições[7]. De fato, de maneira importante, tudo começou com os ratos. Psicólogos comportamentais, seguindo o caminho estabelecido por B. F. Skinner e por sua teoria do condicionamento operante[8], estudaram o comportamento de ratos (e de pombos, e às vezes até de pessoas) e concluíram, simplificando aqui demais esta conclusão, que ratos e outros sujeitos experimentais frequentemente respondem de forma igual ou melhor à esperança de recompensa (ou reforço) do que à ameaça de punição[9]. Se você deseja que um rato aperte uma alavanca, pode fazer isso recompensando o rato com comida sempre que a alavanca for pressionada, ou pode punir o rato administrando um choque elétrico sempre que ele não pressioná-la. Ambas as técnicas parecem funcionar, mas as recompensas geralmente parecem funcionar melhor[10]. O behaviorismo skinneriano é menos badalado agora do que foi no passado, mas ainda devemos a Skinner e seus seguidores o mais sustentável programa de pesquisa sobre as maneiras pelas quais as sanções positivas bem como as sanções negativas podem influenciar o comportamento.

Bentham, a quem creditamos a criação inicial de uma descrição da natureza do direito dependente-de-sanções e que estava mais interessado em seres humanos do que em ratos[11], também reconheceu que a motivação humana pode ser positiva ou negativa. E assim ele entendeu bem a maneira pela qual recompensas e punições podem influenciar o comportamento. Todavia, embora Bentham reconhecesse o poder de indução do positivo, muitas vezes (mas nem sempre[12]) ele resistia à inclusão de induções governamentais positivas no domínio do direito e da legislação. Parte dessa resistência era simplesmente um curioso decreto definicional: "Não digo nada neste lugar de recompensa; porque é apenas em alguns casos extraordinários que ela pode ser aplicada, e porque mesmo quando é aplicada, pode haver dúvidas, talvez, se a sua aplicação pode, propriamente falando, ser chamada de ato legislativo".¹³ Mas, como a referência a "apenas em alguns casos extraordinários" sugere, Bentham subestimou a importância do que mais tarde chamou de "motivos sedutores"¹⁴, em parte porque ele acreditava que "qualquer homem pode, a qualquer momento, ter mais certeza de administrar a dor do que o prazer"¹⁵, e ainda mais porque o papel do Estado como fornecedor de benefícios era muito menos importante no final do século XVIII do que ele é no início do século XXI. Assim, ele disse: "Tão grande, de fato, é o uso que dela [da punição] é feito, e, em comparação, tão pouco é feito da recompensa que os únicos nomes atualmente em uso para expressar os diferentes aspectos dos quais uma vontade é suscetível são tais que suponham que a punição seja o motivo. Comando, proibição e permissão [todos] apontam para a punição".¹⁶ E ele continuou, com a característica hipérbole benthaminiana: "Pela recompensa sozinha, é certo que nenhuma parte material dos negócios [do governo] poderia ser realizada por meia hora".¹⁷ Para Bentham, essas conclusões eram empiricamente sólidas. O Estado que ele conhecia melhor era um Estado que possuía e usava frequentemente o poder de punir, e que raramente fornecia benefícios. Bem-estar, aposentadorias, previdência social, educação e assistência médica fornecidas pelo Estado, e até extensos empregos no governo, ainda estavam longe no futuro, e é difícil culpar Bentham por enfatizar o poder do Estado de punir e por não acreditar que havia grande importância no poder do Estado de prestar serviços¹⁸. A exclusão das recompensas, feita por Bentham, do rol de incentivos ao cumprimento do direito e, consequentemente, de uma descrição do direito baseada em incentivos era, portanto, em parte definicional, mas a exclusão definicional parece ter sido motivada substancialmente pela raridade empírica dos benefícios fornecidos pelo governo, cujo potencial uso transformador de comportamentos Bentham excluiu da ideia de legislação e, portanto, (para ele) de direito.

Quando John Austin desenvolveu ainda mais a estrutura e os detalhes da teoria jurídica do comando de Bentham, o papel das recompensas acabou sendo empurrado ainda mais para a margem. Austin rejeitou explicitamente a aplicação do termo *sanção* "tanto ao bem condicional quanto ao mal condicional: recompensar assim como punir"[19]. Ele acreditava que tal extensão seria um desvio excessivo do significado estabelecido de termos como *sanção*, *dever*, *obrigação* e *obediência*, e, certamente, do que ele entendeu ser o significado de *comando*[20]. Assim,

> Se *você* expressasse o desejo de que *eu* prestasse um serviço e se oferecesse uma recompensa como motivo ou incentivo para prestá-lo, dificilmente seria dito que *você comandaria* o serviço, nem *eu*, em linguagem comum, seria *obrigado* a prestá-lo. Em uma linguagem comum, *você* me *prometeria* uma recompensa, na condição de prestar um serviço, embora *eu* pudesse ser *incitado* ou *persuadido* a prestá-lo com a esperança de obter uma recompensa [...]. Se nós [assim] colocarmos a *recompensa* na importação do termo *sanção*, devemos nos empenhar numa luta árdua com a corrente do discurso comum.[21]

Se Austin estava correto em sua compreensão da linguagem comum de 1832, quando essas palavras foram escritas pela primeira vez, é uma questão que deve ser deixada para os linguistas históricos. Mas ele, infelizmente, oferece pouco mais como argumento sobre por qual razão as recompensas, ao contrário das punições, devem ser excluídas do domínio das sanções e, portanto, do âmbito de uma investigação sobre como o Estado pode motivar o cumprimento de suas diretrizes jurídicas. O biógrafo moderno de Austin, W. L. Morison, atribui a exclusão feita por

Austin das recompensas ao seu desejo de "ordem"[22], e, portanto, a coloca como parte do que era essencialmente um exercício de definição ou nomeação. Mas mesmo se formos (como deveríamos ser) simpáticos aos exercícios definitórios, pelo menos quando eles são perseguidos a serviço do pensamento claro e da precisão analítica, essa específica manobra de definição parece estranha. Pode haver diferenças psicológicas, mesmo que não econômicas, entre o Estado me dizendo que serei multado em $10.000 se eu não fizer algo, e me dizendo que me dará $10.000 se eu fizer[23], mas importar aquelas questões psicológicas contingentes e variáveis para uma definição de direito ou de coerção jurídica deve nos parecer um erro. Afinal, se o que o Estado chama de recompensa é realmente uma necessidade para uma vida bem-sucedida, perder a recompensa parecerá um castigo. E se o que ele classifica como punição é visto apenas como um custo para fazer negócios, como costuma ser em muitos contextos, então muitas pessoas consideram o Estado que deixa de castigar quase como a mesma coisa que oferecer uma recompensa para que sejam cumpridos seus desejos, uma recompensa condicional, que o sujeito pode estar livre para aceitar ou rejeitar.

Neste ponto, está claro que essas questões não podem ser determinadas por um edito definitório. Pode haver circunstâncias em que a coerção, pelo que Austin chamou de ameaça do "mal", seja diferente da indução por recompensa, mas não podemos identificar essas circunstâncias no nível definitivo do *ipse dixit*. Antes, devemos explorar com mais cuidado a natureza dos incentivos positivos e negativos. Ao fazê-lo, podemos concordar com o trabalho substancial feito pelos economistas sobre a questão[24], bem como com a quantidade considerável de pesquisas psicológicas sobre o tema[25], mas o objetivo aqui será menos descrever ou avaliar essa pesquisa do que conectar a questão geral de recompensas *versus* punições – incentivos positivos ou negativos – com os temas que permeiam este livro.

8.2. Dois tipos de benefícios

Muito mais agora do que nos dias de Bentham, o Estado é o provedor de benefícios de inúmeras variedades. E, na qualidade de provedor (e, portanto, potencial detentor) de benefícios, ele tem a capacidade de influenciar o comportamento de maneiras que um Estado menos positivamente ativo poderia[26]. Quanto mais o cidadão depende do Estado para muitas das necessidades da vida, ou mesmo para luxos, mais o poder de conceder ou reter tais benefícios pode servir como um incentivo ao cumprimento jurídico. A maioria dos modernos países desenvolvidos, por exemplo, oferece pensões, assistência médica, moradia, educação, emprego, bem-estar para cidadãos de baixa renda e benefícios para veteranos militares e outros que serviram ao Estado. Muitos desses benefícios, no entanto, não são oferecidos com a finalidade de induzir a uma forma desejada de comportamento. Sim, o Estado preferiria que aqueles a quem ele oferece benefícios médicos não fumassem, em parte porque não fumar reduz os custos médicos[27]. Mas, como o Estado não condiciona benefícios médicos ao fato de os pacientes se engajarem em certas formas de comportamentos benéficos para a saúde, o benefício não pode ser plausivelmente entendido como destinado a controlar o comportamento do cidadão. E isso também pode ser dito sobre muitos dos outros benefícios que o Estado industrial moderno oferece. Pelo menos em seus casos centrais, a maioria dos planos de pensão do governo, moradia pública, benefícios sociais, educação pública e emprego governamental não são condicionais, no sentido de que o recebimento de tais benefícios não depende de os beneficiários realizarem ou se absterem de formas específicas de comportamento que o Estado deseja incentivar ou desencorajar.

Há, no entanto, outros benefícios governamentais que são fornecidos sob a condição de o destinatário se envolver em certa forma de comportamento desejado. E, como os benefícios são condicionais exatamente dessa maneira, eles se encaixam mais na categoria que Bentham e Austin descreveram como recompensas. Esses benefícios são recompensas pela prática do comportamento desejado – em alguns casos, envolver-se em determinadas atividades e, em outros, abster-se de algumas delas. Se o Estado, com a intenção de limitar o fumo, oferecer benefícios em dinheiro aos não fumantes, em vez de ou além de penalizar o ato de fumar, poderíamos considerar isso uma recompensa. De fato, embora os Estados modernos não ofereçam esses benefícios aos não fumantes, as companhias de seguros fazem exatamente isso, oferecendo valores mais baixos para quem se abstém de fumar. Mesmo sendo mais comumente praticada por empresas de seguros do que pelo governo, portanto, a ideia de induzir um comportamento desejado para a obtenção de benefícios financeiros dificilmente é estranha à cultura moderna. E entre as recompensas mais comuns à modificação de comportamento está, em muitos países, a dedução fiscal. Nos Estados Unidos, por exemplo, as pessoas são recompensadas por comprar casas, na medida em que os juros de uma hipoteca são dedutíveis dos impostos, enquanto os juros de um empréstimo para automóveis não são. E os contribuintes são recompensados por doar para caridade, porque essas doações são dedutíveis de impostos, mesmo que as doações para familiares e partidos políticos em geral não sejam.

As recompensas por se envolver em comportamentos desejados pelo governo são ainda mais comuns em contextos intergovernamentais. O governo federal dos Estados Unidos, por exemplo, geralmente procura fazer com que os Estados, que têm o controle primário sobre estradas e rodovias, imponham várias restrições ao tráfego relacionadas à segurança ou à conservação, como limites de velocidade e requisitos de cinto de segurança[28]. Por várias razões, algumas das quais se relacionam com limites constitucionais ao poder federal, que não são pertinentes aqui[29], o método típico das preferências do governo federal nessa área não é exigir que os Estados imponham essas restrições desejadas pelo governo federal, mas sim condicionar o recebimento de fundos federais em rodovias a um Estado disposto a impor as restrições. Os Estados poderiam recusar os fundos federais e, portanto, legalmente se recusar a impor as restrições, mas, na prática, os valores são tão substanciais que a elaboração de políticas por recompensa condicional acaba sendo tão eficaz, ou talvez até mais, do que um mandamento direto associado a uma punição por desobediência.

Há, contudo, uma distinção importante entre dois tipos de recompensas condicionais. Um tipo é mais bem entendido como subsídio direto para o comportamento desejado pelo Estado e, nesse contexto, *subsídio* pode ser uma palavra melhor do que *recompensa*. Se o Estado deseja reduzir a poluição, pode simplesmente punir os poluidores. Mas também pode, em vez disso, dar um subsídio às empresas com o objetivo de adquirir equipamentos de controle de poluição. De fato, em vez de fornecer fundos para a compra do equipamento, o Estado pode apenas dar o equipamento a uma empresa. Da mesma forma, em vez de dar recompensas monetárias aos não fumantes, o Estado pode fornecer medicamentos ou tratamento para que as pessoas parem de fumar (ou dar cigarros eletrônicos), gratuitamente ou a taxas subsidiadas. Tais programas são, em certo sentido, recompensas, mas são diferentes da situação, para usar os mesmos exemplos, em que o Estado oferece uma recompensa em dinheiro para a empresa que usa determinado tipo de dispositivo de controle de poluição, dá uma recompensa monetária para qualquer empresa que reduza sua taxa de poluição abaixo de certo nível, ou faz um pagamento em dinheiro aos não fumantes. É verdade que, sob determinadas condições, esses subsídios são economicamente equivalentes a recompensas diretas (e, também, a multas ou penalidades por se envolver em comportamentos não desejados), mas existe, no entanto, uma diferença entre um subsídio direto para um objetivo específico e uma recompensa simplesmente por se envolver no comportamento preferido. No mínimo, é provável que a última dê mais opções aos sujeitos do esquema de recompensa e, portanto, sob algumas condições, seja mais eficaz. Um Estado (ou, mais realisticamente, uma escola ou uma equipe esportiva profissional) poderia lidar com usuários habituais de drogas subsidiando sua entrada num centro de reabilitação ou, em vez disso, dando uma recompensa em dinheiro a quem foi diagnosticado pelos testes como livre de drogas por certo período de tempo. Uma ou outra dessas abordagens pode ser mais eficaz sob algumas condições, mas é pelo menos útil reconhecer a distinção entre as duas, e a distinção ocasionalmente importante entre uma recompensa geral e um subsídio muito mais específico.

8.3. A política das recompensas

Embora as recompensas condicionais sejam, portanto, uma alternativa plausível à punição governamental, Bentham não estava muito longe ao observar que, de fato, os governos fazem pouco uso das recompensas como um dispositivo para controlar o comportamento dos cidadãos errantes. Não apenas nos dias de Bentham, mas mesmo agora, e apesar do escopo muito mais amplo de pagamentos governamentais e outros benefícios em geral, o uso de recompensas como método para induzir a conduta desejada e desencorajar atos indesejados permanece bastante raro, pelo menos no contexto do comportamento individual. As companhias de seguros recompensam bons motoristas e não fumantes, mas os governos, não. E, embora os pais e os professores de educação infantil geralmente recompensem crianças obedientes com prêmios e vários benefícios mais tangíveis, poucos governos se preocupam em recompensar bons cidadãos. De fato, embora as prisões norte-americanas geralmente concedam aos prisioneiros uma diminuição do tempo de condenação por bom comportamento, elas também, e ainda mais frequentemente, acrescentam tempo pelo mau comportamento.

A explicação mais óbvia para a relativa escassez de controle comportamental baseado em recompensa, mesmo num mundo de crescentes benefícios governamentais, é que muitas vezes as recompensas simplesmente não funcionam. Existem inúmeros incentivos positivos para não fumar, por exemplo, incluindo melhores taxas de seguro e várias outras formas de reforço positivo para os não fumantes, mas a taxa de fumantes ainda permanece perigosamente alta[30]. As prisões aumentam o tempo para o mau comportamento ou para as tentativas de fuga, porque o atrativo de uma condenação reduzida por conduta exemplar parece fornecer incentivos insuficientes para impedir tais atos[31]. E implícita na relutância da estadual Division of Motor Vehicles* de recompensar bons motoristas com filas mais curtas no registro, procedimentos de renovação mais fáceis ou faixas especiais em pedágios está a suposição de que nenhuma dessas práticas teria muito efeito sobre a incidência de hábitos de direção perigosa ou ilegal.

---

* Trata-se do equivalente, nos estados norte-americanos, ao nosso Departamento Estadual de Trânsito (Detran). [N. do T.]

Parte dessa preferência pela punição em detrimento das recompensas pode ser explicada pela pesquisa que confirma a suposição não científica, mas aparentemente adequada, de Bentham de que os negativos costumam ser mais poderosos do que os positivos ao afetar o comportamento[32]. Mas talvez uma explicação melhor e mais difundida para o uso generalizado de incentivos negativos em vez dos positivos – para o fato de que as recompensas são mais aplicadas por pais e professores do que pelos governos – esteja no domínio da economia política. Portanto, considere um exemplo de Bentham com relação à possibilidade – que ele apoiava, embora não fosse o direito da Inglaterra no momento em que escreveu, ou mesmo agora – de que os cidadãos tivessem uma obrigação afirmativa de denunciar crimes dos quais estivessem cientes, mesmo que não estivessem envolvidos na prática, ajuda, favorecimento ou ocultação ativa do crime. No que diz respeito a esta obrigação jurídica proposta, Bentham diz, como exemplo, "todo aquele que souber que um roubo foi cometido, deixe que o declare ao juiz: se o declarar adequadamente, receberá tal e tal recompensa; se ele não a declarar, sofrerá tal ou qual punição"[33].

Considere agora os custos das duas sanções que Bentham propõe. Supondo, de maneira bastante plausível, que haja um número considerável de roubos, podemos esperar, se o valor da recompensa for alto o suficiente, que também haverá um número considerável de cidadãos que denunciarão roubos e receberão a recompensa. Isso exigirá gastos substanciais dos fundos estatais, além de uma burocracia adicional para administrar o sistema da recompensa. Mas a punição por não denunciar um roubo – e presumivelmente Bentham está imaginando relatos sobre a identidade do agressor – parecerá, especialmente a curto prazo, sem custo. Se a ameaça de punição for grande o suficiente, raramente precisará ser administrada de forma efetiva e, portanto, os custos adicionais de execução do direito e de prisão serão mínimos. E mesmo que a obrigação exija despesas com a execução do direito, essas despesas, provavelmente escondidas nos orçamentos existentes para a execução do direito e nos orçamentos prisionais, serão amplamente invisíveis.

A lição do exemplo deve ser clara. A punição por se envolver em atos ilícitos ou a falta de execução dos atos obrigatórios com frequência parecerão relativamente baratas para os legisladores e seus constituintes e, no limite, podem realmente ser assim, enquanto as recompensas por realizar comportamentos obrigatórios parecerão, em geral, para esses mesmos legisladores, despesas novas e incrementais. Então, considere, como outro exemplo, as proibições ou sérias restrições relativamente recentes, na Europa e em outros lugares, à fabricação de queijo de leite cru, sob o argumento de que o uso de leite cru (não pasteurizado) nessa fabricação pode causar listeriose e outras doenças graves[34]. Uma maneira de atingir os objetivos por trás desses regulamentos seria simplesmente proibir a fabricação de queijo com leite cru e aplicar uma penalidade por violação. Essa abordagem provavelmente não envolveria gastos governamentais adicionais de curto prazo, especialmente se uma burocracia extensiva de inspeção de alimentos já existisse. Mas se fosse prometido aos fabricantes de queijos um prêmio ou recompensa pelo desenvolvimento e uso de métodos de produção alternativos, isso exigiria um desembolso imediato de recursos públicos e poderia ser questionado apenas por esse motivo. Isso não significa negar que possa haver custos ocultos na abordagem da punição. Com o tempo, espera-se que as despesas com a execução do direito aumentem à medida que aumente o número de possíveis violadores e violações. E, em certos casos, entre os quais o queijo pode ser um bom exemplo, alguns dos custos de novas proibições serão suportados pelos que são regulamentados, e não pelos cofres públicos, o que não significa que esses custos não sejam sociais. Se os produtores de queijo tiverem de gastar dinheiro com métodos alternativos de produção, ou se perderem clientes que desejam queijo com leite cru, há realmente um custo. A questão é que esses custos podem ser de longo e não de curto prazo e podem ser suportados inicialmente pelo setor privado, e não pelo governo. Como consequência, as proibições costumam parecer menos caras para o governo, mesmo quando seus custos para a sociedade como um todo sejam grandes. Portanto, se pensarmos nisso como uma questão de economia política, e não meramente econômica – ou seja, relativa aos incentivos que impulsionam os atores políticos, e não à economia subjacente –, podemos entender por que é tão frequente que se resista às recompensas sob o fundamento de que elas exigem gastos incrementais, mas que a punição, que parecerá relativamente não custosa, embora não seja assim, acabará como a opção preferida no processo legislativo.

Além de questões de economia política, existem preocupações econômicas reais que podem explicar a preferência histórica e contínua pela punição. Especificamente, em muitos contextos, os custos de implementação de sistemas de recompensa podem ser realmente maiores dos que os para implementar sistemas de punição. Como uma questão estritamente lógica, exigir que as pessoas usem cintos de segurança e proibi-las de não usá-los pode ser idêntico, mas a lógica pode não fazer todo o trabalho aqui. Afinal, seria muito mais fácil apreender e punir os infratores de uma proibição, especialmente porque as violações são facilmente visíveis pelas autoridades, do que estabelecer um sistema pelo qual aqueles que usam o cinto de segurança fossem recompensados por seu bom comportamento. Aqui e em outros casos, as instituições necessárias para relatar e monitorar comportamentos conformes parecem mais complicadas, caras e ineficientes do que um simples sistema de apreensão e punição de infratores. E isso é especialmente verdade para um sistema de proibição no qual as penalidades são suficientemente grandes para gerar uma dissuasão séria e, portanto, exigem pouco em termos de imposição real e de custos reais da imposição. É difícil até imaginar um sistema em que as pessoas que não cometeram um roubo, ou que não tivessem locais de trabalho inseguros, ou que não discriminassem no emprego recebessem recompensas por seu comportamento cumpridor do direito. Assim, embora isenções fiscais e vários outros sistemas de recompensa sejam alternativas plausíveis à punição ou outras sanções negativas em alguns contextos restritos, é compreensível que se espere que o direito continue a usar muito mais porretes do que cenouras.

8.4. Recompensas e a natureza do direito – No final das contas, talvez Austin estivesse certo

Quando consideramos a dificuldade e os custos de administrar um sistema de recompensas em razão da realização de comportamentos vantajosos e do não engajamento em comportamentos desvantajosos, podemos avaliar melhor a exclusão das recompensas do domínio do direito feita por Bentham e, especialmente, por Austin. É verdade que o governo tem a capacidade de usar cenouras e porretes para criar incentivos a um comportamento socialmente desejável, independentemente de esse comportamento envolver ação ou omissão. Também é verdade que o uso de cenouras – recompensas – está se tornando cada vez mais comum no mundo moderno, mesmo que, como acabamos de ver, continue sendo menos comum como método de governança do que como método de instrução em sala de aula ou de educação efetiva de filhos. Contudo, mesmo na medida em que as recompensas sejam empregadas, permanece a questão – a pergunta é mais de Austin do que de Bentham – sobre se devemos entender mecanismos de recompensa como sendo direito. Considere duas abordagens alternativas para aplicar o requisito legal proposto nos Estados Unidos de que as empresas madeireiras usem um tipo específico de serra de mesa, uma que possua um dispositivo notável que interrompa a lâmina em cinco milésimos de segundo após o contato com a carne humana, convertendo, assim, em pequenos cortes o que antes seria a perda de um ou mais dedos[35]. Uma possibilidade de aplicação, pelo menos no contexto de transações comerciais, seria consistente com os procedimentos existentes de aplicação das regras de segurança do trabalho, segundo as quais os fiscais da Occupational Safety and Health Administration fazem verificações aleatórias e sem aviso prévio em empresas, com o poder de aplicar multas por violações. Consequentemente, o uso de uma serra sem o dispositivo num estabelecimento comercial seria uma violação, reconhecida pelas inspeções aleatórias que acabamos de observar. Mas outra maneira de implementar o requisito seria por meio de um sistema no qual todos os que comprassem e instalassem o dispositivo receberiam uma recompensa em dinheiro, algo semelhante a um desconto na loja, e com um sistema mais ou menos semelhante para verificar a realização das compras.

Mesmo se assumirmos (talvez contrafactualmente) um custo governamental equivalente, e mesmo se assumirmos (de novo, provavelmente contrafactualmente) a eficácia de equivalente imposição, não seria implausível imaginar que o sistema de punição usaria de forma mais frequente os dispositivos e pessoal tradicionais do sistema jurídico, incluindo regulamentos elaborados por advogados, tribunais, recursos e processos adversativos dominados por advogados. Por outro lado, podemos supor que o sistema de recompensa possa ser gerenciado em grande parte, mesmo que não completamente, fora do sistema jurídico formal, e que faria menos uso de advogados, de procedimentos formais e de tribunais. E, na medida em que esse uso diferencial de instituições jurídicas formais existisse, poderíamos nos encontrar com uma nova perspectiva sobre a relação das recompensas com o direito. Ou seja, a questão sobre recompensas e punições pode não apenas ser sobre qual abordagem é mais eficiente e em qual contexto, ou sobre qual abordagem produziria maiores níveis de conformidade com as obrigações jurídicas, mas sobre qual abordagem existiria dentro ou mais perto dos vários procedimentos e instituições que tradicionalmente permeiam e caracterizam o sistema jurídico. Assim, quando Austin excluiu as recompensas de sua definição de direito, e Bentham às vezes parecia quase fazer a mesma coisa, eles poderiam estar implicitamente adotando o que poderíamos chamar de definição sociológica ou processual do direito, uma questão à qual retornaremos no Capítulo 11.

Em vez de definir o direito em termos da natureza de suas normas ou de suas fontes, poderíamos pensar nele simplesmente como a atividade exercida por tribunais, advogados e o conjunto de instituições sociologicamente definidas que os cercam. Assim, como pelo menos uma definição de arte é simplesmente o que os artistas, a cultura e os negócios da arte fazem[36], e assim como a definição de *direito* de Ronald Dworkin às vezes parecia perto de definir direito como exatamente o que tribunais e advogados fazem[37], uma definição de direito pode ser parasitária das atividades de tribunais, juízes, advogados e respectivas instituições. Ver a questão dessa maneira provavelmente não é o que Bentham nem Austin tinha em mente. Ainda assim, essa maneira de perceber a conexão diferencial entre recompensas e direito, e punição e direito, forneceria algum suporte para um entendimento do direito (para alguns propósitos, melhor que uma definição) que distinguisse recompensas das punições, não com base em algum atributo intrínseco destas ou daquelas, mas em grande parte com base na forma pela qual as punições, muito mais que as recompensas, usariam o aparato e as instituições tradicionais que conhecemos (sociologicamente) como o sistema jurídico.

Uma abordagem sociológica ou institucional mais simpática à exclusão das recompensas, feita por Austin e Bentham, de *suas* definições de direito está sujeita à acusação de que isso gera questionamentos. Afinal, por que devemos entender os tribunais, os juízes e os advogados como essenciais para o direito, mas vários procedimentos e instituições burocráticas e administrativas como algo diferente? Fazer a pergunta dessa maneira, por sua vez, leva a uma pergunta ainda maior e à qual retornaremos no Capítulo 11. Quais são as características do direito que desejamos explicar? Ou quais são as características do direito que qualquer descrição bem-sucedida do direito *deve* explicar? Se desejamos apenas explicar um sistema de normas ou uma instituição da organização social cujo objetivo é alcançar objetivos desejáveis e usar recursos governamentais a serviço desses objetivos, então o sistema de recompensa descrito acima certamente se qualificaria como tal. Mas teríamos, sem dúvida, arrastado sob o guarda-chuva do direito todo o sistema de formulação e de aplicação de políticas públicas. Essa compreensão da amplitude do direito pode ou não ser uma coisa boa a ser feita, e pode ou não ser útil para alguns propósitos práticos ou teóricos, mas falha em explicar o que parece ser, no mínimo, uma diferença sociológica entre tribunais e outras instituições públicas, entre advogados e outros profissionais de políticas públicas, e entre o aparato jurídico e vários outros dispositivos de políticas públicas[38].

Ao falhar na explicação de um fato óbvio e aparentemente importante sobre como o direito e os sistemas jurídicos existem nas sociedades modernas, qualquer abordagem que afaste o extremamente importante fato sociológico da diferenciação do direito em relação a outros sistemas normativos e a outras instituições governamentais e políticas falha exatamente por esse motivo. E, inversamente, uma abordagem que reconheça a diferença entre direito e administração, entre direito e políticas públicas e entre direito e política, mesmo que reconheça que esses sistemas são sobrepostos com limites difusos e demarcações vagas, será uma abordagem que não assumirá que toda a implementação da política pública é mais bem entendida como direito. E, se é assim, talvez possamos vislumbrar o que Bentham e Austin estavam tentando alcançar e o que poderia tê-los levado, não necessariamente de forma correta, mas tampouco de forma incorreta, a pensar num sistema de recompensas como, geralmente, menos uma parte do direito e do sistema jurídico do que outras abordagens possam supor. Não ofereço isso como uma interpretação definitiva ou até provisória do trabalho deles, mas talvez mais como uma reconstrução útil e parcial. Embora Bentham tenha escrito *The Limits of Penal Branch of Jurisprudence* como uma continuação do menos específico em relação ao sistema jurídico, *Introduction to the Principles of Morals and Legislation*, ele também, como discutido no Capítulo 2, manteve um desprezo permanente por quase todos os aspectos do sistema jurídico que ele conhecia melhor. Às vezes, esse desprezo se concentrava nos métodos do *common law*, mas era ainda mais comum e veemente aplicado a juízes, advogados e funcionários dos tribunais. Assim, o desprezo de Bentham pelo direito era um desprezo focado muito mais sociológica do que filosoficamente. Ele viu um grupo de pessoas – ou, talvez mais precisamente, uma conspiração – que estava trabalhando junto para minar o bem comum, a fim de maximizar sua própria riqueza e poder. Não é necessário concordar com Bentham sobre os aspectos conspiratórios dessa aglomeração de indivíduos e instituições, ou mesmo sobre suas tendências perniciosas, para reconhecer o alvo de sua ira – advogados e juízes – como substancialmente demarcada por caminhos sociológicos, e não filosóficos. Olhar para a distinção entre recompensa e punição pode, portanto, ter fornecido uma janela para o que estamos fazendo quando procuramos entender o fenômeno do direito, o qual apresenta inúmeras dimensões normativas, filosóficas e políticas, entre outras, mas também, principalmente no mundo moderno, dimensões sociológicas. E assim, se estamos tentando entender o que diferencia o direito de outros sistemas sociais, podemos ser auxiliados pelo reconhecimento da diferenciação sociológica parcial do direito, uma diferenciação que não é menos real nem menos importante do que várias outras formas de diferenciação. Ao dizer isso, porém, ficamos agora bem distantes da questão mais restrita das recompensas e punições. No entanto, há muito mais a ser dito sobre a diferenciação do direito, incluindo a sociológica, e pelo menos parte disso será mencionado no Capítulo 11.

CAPÍTULO 9

O ARSENAL COERCITIVO

9.1. Além (ou talvez antes) das ameaças

A ameaça está no centro da imagem convencional da coerção no direito. O assaltante que diz "O dinheiro ou a vida" está dando à vítima uma escolha, mas uma escolha ilusória. Afinal, a vida, ninguém sacrificaria a vida por causa de dinheiro (o que, de qualquer modo, provavelmente não aconteceria nesse cenário). Como um assaltante, o direito às vezes também ameaça as pessoas com a perda da vida – a pena de morte – se não cumprirem suas demandas. Normalmente, entretanto, as ameaças do direito são ao menos um pouco mais brandas: prisão, multas, perda de algum tipo de benefício, açoitamento em épocas anteriores e atualmente, em alguns países, e perda de vários privilégios específicos da cidadania, como o direito ao voto. Mas, embora haja diferenças entre as ameaças do direito e as do assaltante, a ameaça de consequências desagradáveis se o sujeito não se comportar de maneira específica ainda é a principal arma no arsenal coercitivo do direito. A placa "Limite de Velocidade: 65" é coercitiva apenas porque e na medida em que as pessoas preferem dirigir mais devagar a comparecer em juízo, a pagar uma multa e possivelmente a ter reduzidos seus privilégios para dirigir. O aspecto dissuasor das punições criminais graves opera de maneira semelhante, pressupondo que a ameaça de sanções após o ato impeça, em primeiro lugar, as pessoas de se envolverem em atos proibidos[1]. E muito disso se aplica às dimensões dissuasórias do direito privado, de forma mais comum no direito da responsabilidade civil, mas também em várias outras formas não criminais de responsabilidade após a prática do ato.

Contudo, por mais onipresente que seja a ameaça de sanções após a prática do ato, é importante reconhecer que a coerção pode ser aplicada ainda mais diretamente do que a ameaça e pode dar ainda menos opções ao potencial infrator do direito. Considere, por exemplo, o uso de imobilizadores de motor como um método para impedir o roubo de carros[2]. A abordagem tradicional para minimizar o roubo de carros é ameaçar os ladrões com punição substancial em caso de apreensão e condenação. A teoria, trivialmente óbvia, é que as perspectivas de prisão impedirão as pessoas, de certa forma inclinadas a roubar carros, de fazê-lo.

Todavia, sabemos, é claro, que a ameaça de sanções desagradáveis não é perfeitamente eficaz. Muitas pessoas roubam carros. E é por isso que os carros possuem travas ou alarmes. Um imobilizador de motor é, na verdade, uma trava mais sofisticada. Ele bloqueia o motor do carro, a menos que um sistema reconheça o proprietário, seja por uma chave física ou por um acesso em código secreto, ou, ainda, em versões mais sofisticadas, a menos que haja o reconhecimento das impressões digitais, do padrão da retina, das características faciais, da voz ou algo assim. Sem o reconhecimento do proprietário por esse sistema, o carro não se moverá.

A imobilização é uma forma de incapacitação, e a incapacitação é uma forma de coerção. Posso mantê-lo fora da minha casa ameaçando atirar em você se entrar, mas também posso mantê-lo fora da minha casa trancando a porta da frente. Posso confiar no efeito dissuasor do direito penal para impedir que as pessoas roubem meus objetos de valor, mas também posso enterrá-los ou colocá-los num cofre. A polícia pode ameaçar pessoas desordeiras com prisão quando interferem no trabalho dos policiais, ou os policiais podem simplesmente deter os que são desordeiros ou obstrutivos. Da mesma forma, um juiz pode coagir as pessoas a se comportarem adequadamente no tribunal, ameaçando considerá-las em desacato e, assim, impor multas ou prisão, ou, alternativamente, ele pode simplesmente pedir à polícia que remova à força os que causem desordem. E, embora uma maneira de impor uma ordem de despejo seja o tribunal e a polícia ameaçarem a aplicação de multas ou de prisão se seus alvos não deixarem as instalações, outra forma bastante comum é que os oficiais de justiça entrem no local e removam todos os pertences de um inquilino a ser despejado. Imobilização, incapacitação e remoção, entre outras abordagens, são de fato as aplicações mais diretamente coercitivas disponíveis para o Estado. Assim, um modo de entender a ameaça de sanções desagradáveis após a prática do ato consiste em vê-la como a maneira potencialmente mais eficiente de atingir os objetivos do uso da coerção mais direta. É caro pagar um policial para arrastar alguém para fora da sala do tribunal, e podemos conceber a ameaça de penalidades por desacato como uma forma de transferir o custo da execução do Estado para o potencial violador.

Tais formas diretas de coerção são mais comuns do que poderíamos pensar. Lombadas (que na Jamaica e em alguns outros lugares do mundo são chamadas de "policiais adormecidos") obrigam as pessoas a dirigir mais devagar, tornando mais ou menos impossível fazer o contrário, apesar das inclinações do motorista. As fechaduras protegem casas, carros e empresas, e os *firewalls* fazem a mesma coisa no mundo do ciberespaço e da tecnologia da informação. Embora existam frequentemente nesse mundo multas por acesso não autorizado e por invasão de privacidade, o uso de meios eletrônicos para afastar as pessoas de ver o que *elas* querem é uma forma de coerção. E, na medida em que a incapacitação é, na prática e muitas vezes na teoria, um dos objetivos da punição criminal, podemos ver o preso não apenas como alguém que foi punido no sentido retributivo, mas também como alguém que é diretamente impedido por muros, guardas, barras e arame farpado de fazer o que ele gostaria de fazer, incluindo, e assim sustenta a teoria da incapacidade, a prática de crimes que ele ainda estaria disposto a cometer.

Tais maneiras diretas de prevenir ilícitos são frequentemente ignoradas na literatura teórica sobre a coerção. Ou, às vezes, são reconhecidas, mas erroneamente distinguidas da coerção. Todavia, é importante reconhecer a onipresença de tais abordagens diretamente preventivas e apreciar que, ao alterar as preferências e motivações das pessoas, elas são mais bem entendidas como coercitivas[3]. Por vezes, essas abordagens não são aplicadas pelas autoridades públicas por causa do seu custo, mas com mais frequência elas são evitadas por causa de sua sobreinclusividade. O portão que impede o ladrão também impede o visitante inocente, as pesadas travas e correntes de bicicleta que frustram o ladrão também incomodam o proprietário, e o *firewall* do computador que dificulta as ações para o *hacker* também dificulta o aproveitamento máximo por nós das capacidades legítimas de busca do ciberespaço. E, às vezes, a prevenção física direta é simplesmente insuficiente para frustrar o criminoso determinado e engenhoso. De fato, com base nas suposições plausíveis de que ladrões criativos e experientes podem invadir e dirigir quase qualquer carro com quase qualquer tipo de trava, e que *hackers* inteligentes geralmente estão um passo à frente até das tentativas mais sofisticadas de bloquear suas atividades, a ameaça de punição após a prática do ato pode conseguir dissuadir atos que estão além das capacidades dissuasórias de barreiras físicas ou eletrônicas. Portanto, é importante não ignorar a opção da aplicação física direta do direito para evitar sua violação, mas é igualmente importante entender por que essas medidas nem sempre, e talvez nem mesmo geralmente, são a primeira forma de abordagem.

9.2. As sanções são sempre coercitivas? A coerção sempre envolve sanções?

Até agora, usamos os termos *força*, *coerção* e *sanções*, entre outros (incluindo *compulsão*), mais ou menos de forma intercambiável, com a promessa feita no Capítulo 1 de posteriores e necessários esclarecimentos e distinções. Agora é hora de cumprir essa promessa.

A literatura sobre coerção é vasta, mas ocorre que grande parte dela não é diretamente relevante para as questões que dominam este livro – questões sobre a relação entre coerção e juridicidade e sobre o papel da coerção na facilitação do cumprimento do direito. Mais especificamente, grande parte da literatura existente sobre a coerção está situada em uma série de doutrinas jurídicas e questões morais, nas quais o julgamento ou a conclusão moral decorre da presença ou da ausência da coerção. Alguns exemplos deixarão isso claro. Considere primeiro o direito dos contratos. Normalmente, uma condição necessária da validade jurídica de um contrato é a presença de um acordo entre as partes contratantes. Porém, se uma das partes for forçada a celebrar o contrato – se houver coação –, não haverá um acordo genuíno e o contrato será anulado. Assim como na exceção geral da coação[4] no direito penal, a coerção ou a compulsão é normalmente uma defesa na responsabilidade contratual[5]. Da mesma forma, o crime de estupro exige força e, em algumas circunstâncias, a coerção pode contar como força para os propósitos da lei do estupro[6]. E embora a confissão de um suspeito por ter cometido um crime possa ser usada como evidência contra ele se for voluntária, ela é, pelo menos na maioria das democracias constitucionais, inadmissível se obtida por coação – ou seja, se for coagida[7]. Na maioria dessas questões jurídicas, existem análogos morais. Assim como contratos feitos sob coação não são juridicamente vinculativos, por exemplo, o mesmo ocorre com a ausência de qualquer obrigação moral de manter uma promessa garantida por coerção. E assim como a conduta sexual coagida costuma ser um crime, também é sempre um ilícito moral.

Enquanto advogados e filósofos consideraram essas questões, surgiram duas posições principais[8]. É claro que cada uma tem muitas variações, mas para nossos propósitos precisamos apenas esboçar o básico dos dois entendimentos opostos sobre a ideia de coerção. Um entendimento é amplamente factual, sustentando que a existência ou não de coerção é uma questão de fato conceitualmente independente da questão normativa de que tipo de coerção, ou quanta coerção, é necessária para que certo julgamento moral ou resultado jurídico seja alcançado[9]. E o entendimento oposto insiste que coerção é um conceito moralizado, de modo que não podemos determinar se houve coerção sem incorporar à própria ideia de coerção certas conclusões normativas moralmente geradas[10].

Se, com Austin, deveríamos acreditar que a ameaça do "mal" estava entre os critérios necessários para que uma norma individual tivesse o *status* de direito, muitas das questões levantadas nesses debates sobre o que é necessário para que um ato se qualifique como coercitivo seria altamente relevante. Como Austin acreditava que a coerção, ou a ameaça de sanções, era uma condição necessária para uma norma ser jurídica, ele precisava de (embora talvez não tenha fornecido[11]) uma definição de coerção e de sanção para que sua análise fosse bem-sucedida. Mas, como já deve estar claro, a preocupação deste livro não é mais com as propriedades essenciais do direito, e certamente não com as propriedades necessárias para que uma lei individual seja uma lei propriamente dita. A ideia de que coerção é uma condição necessária para que uma prescrição conte como direito ou regra jurídica está entre as ideias de Austin que sabiamente descartamos, por mais que seu foco na coerção em geral forneça um guia valioso, ainda que não muito apreciado, para compreender o fenômeno do direito em geral. Que a coerção é uma característica generalizada dos sistemas jurídicos e que também é um componente importante do direito como o conhecemos, ainda que não logicamente essencial, no entanto, não implica a conclusão de que uma ameaça de coerção seja um componente essencial de toda a prescrição individual que devemos designar como direito ou reconhecer como um componente do sistema jurídico.

Consequentemente, a defesa corrente neste livro de que a coerção tem uma importância não apreciada no entendimento e na explicação do fenômeno do direito não exige que tenhamos uma definição de coerção que distinga instâncias de coerção daquelas de voluntariedade. Precisamos apenas ter em mente a ideia básica de que o direito, e não apenas esse ou aquele direito, geralmente nos obriga a fazer coisas que não queremos fazer, ou a não fazer o que queremos. Como e por que o direito faz isso é seguramente de grande importância, mas identificar a dimensão coercitiva de cada direito individual não é.

Embora para nossos propósitos aqui não seja importante distinguir o coercitivo do voluntário em relação a leis individuais, é útil reconhecer que a coerção é mais bem entendida como um atributo do efeito do direito nas decisões de agentes específicos e, portanto, é valiosamente distinta da ideia menos relacional de uma *sanção*. Ou seja, sanções são os dispositivos que o direito usa ou ameaça, mas se as sanções aplicadas ou ameaçadas são coercitivas depende da maneira pela qual essas sanções afetam as capacidades de tomada de decisão dos alvos das leis. O direito pode muito bem conter uma sanção para os que violam as leis contra roubo, por exemplo, e pode autorizar agentes públicos específicos a aplicá-las em caso de desobediência, mas porque essas leis não alteram as preferências ou motivações daqueles sem razões ou desejos de roubar, elas não podem ser consideradas coercitivas para tais indivíduos.

Mesmo dentro da categoria de sanções, também é útil distinguir a ameaça ou a aplicação real da força física de várias outras sanções. A perda da carteira de motorista, por exemplo, é uma sanção, mas não é a aplicação direta de força física bruta. É verdade que a maioria das sanções do direito, e talvez até todas, dependem, em última análise, de pessoas armadas e, portanto, há algo importante na observação comum de que o direito depende do monopólio último do Estado do uso legítimo da força física[12]. Afinal, a sanção de perder minha carteira de motorista depende do fato de que dirigir sem carteira é crime e de que, se eu cometer esse crime, estarei sujeito a uma multa ou prisão. A eficácia de ambas as sanções depende, em última análise, da capacidade do Estado de direcionar as pessoas com armas e uniformes para me colocarem na cadeia, onde serei impedido de escapar por outras pessoas com armas e uniformes. Todavia, embora o poder do Estado de fazer cumprir o direito possa depender, em última instância, do uso da força física bruta, o conjunto de sanções disponíveis ao Estado é muito mais amplo em circunstâncias normais e não finais do que apenas o uso da força física e, portanto, pode ser útil, deixando de lado questões terminológicas, distinguir força como força física da ampla gama de sanções não físicas que o Estado moderno tem à sua disposição, uma faixa cuja exploração ocupará o restante deste capítulo.

Assim, se estivéssemos procurando uma distinção preliminar entre os vários termos que foram usados até agora neste livro, poderíamos dizer que sanções são o que o direito impõe no caso de descumprimento dos mandamentos jurídicos; que a aplicação da força – ou seja, força física – é uma das sanções disponíveis ao direito; que o direito é coercitivo na medida em que suas sanções fornecem motivações para que as pessoas, por causa do direito, façam algo diferente do que teriam feito sem ele; e pode-se dizer que o direito exerce compulsão quando sua força coercitiva realmente induz a mudança de comportamento acima mencionada. Todas essas definições são estipulativas, é claro, mas pelo menos elas destacam a maneira pela qual a coerção do direito é de fato uma inter-relação entre um grupo de diferentes fenômenos conectados.

9.3. Multas, tributos e o custo de fazer negócios

A maioria dos vagões de trem, de bonde e de metrô tem um cabo ou uma alça projetado para, ao ser acionado, fazer com que o trem pare imediatamente em caso de emergência. E é típico que exista um aviso próximo do cabo ou da alça advertindo os passageiros para não usarem o dispositivo, exceto em casos de emergência genuína, e, ainda, que o uso do dispositivo na ausência de uma emergência sujeitará o usuário a uma multa. As implicações desse processo não foram perdidas em P. G. Wodehouse, cujo Sr. Mulliner fez a seguinte observação:

> É curioso que, apesar da disposição esportiva de as empresas ferroviárias em deixarem seus clientes darem um puxão ao preço extremamente moderado de cinco libras por vez, pouquíssimas pessoas puxaram um cabo ou viram um ser puxado.[13]

Obviamente, as empresas ferroviárias às quais Wodehouse se referia consideravam uma multa de £5 (em 1927) uma punição séria e, portanto, um impedimento substancial. Igualmente óbvio, os personagens tipicamente despreocupados e ricos de Wodehouse viam a quantia não como uma penalidade, mas como um preço, e bastante razoável, pela emoção de realizar uma parada imediata de um trem enorme.

O Sr. Mulliner de Wodehouse nos coloca diante da questão de saber se existe uma diferença entre preço e penalidade e, portanto, se os aspectos coercitivos de qualquer ameaça de penalidade são inteiramente uma função dos recursos e preferências do sujeito de uma lei. Quando o Estado diz que você deve pagar uma multa de tal quantia por se envolver em tal e tal comportamento, está dizendo para você não fazer algo ou está apenas definindo o preço para isso? E, se for o último caso, será a mesma situação se a pena for de prisão? Afinal, muitas pessoas podem estar dispostas a trocar prisões relativamente curtas por grande riqueza. E caso seja o primeiro caso, se a penalidade for meramente um complemento ao comando do direito, e se o direito não for, portanto, indiferente entre o cumprimento e o não cumprimento penalizado, isso também se aplica ao direito privado? Quando o direito prevê uma indenização por violar um contrato ou por cometer um delito, o direito está dizendo que não se deve violar contratos ou cometer delitos, ou está simplesmente estabelecendo o preço pelo envolvimento em tais atividades?

Para Oliver Wendell Holmes, a distinção entre preço (ou tributo) e penalidade era amplamente ilusória, pelo menos no contexto do direito privado em geral e do direito contratual em particular. Muitas penalidades são mais bem vistas simplesmente como tributos, ele insistiu, e uma indenização por quebra de contrato, ele também acreditava, era simplesmente o preço de se envolver em certa forma de comportamento, um preço que a existência do contrato havia aumentado[14]. Mas, uma vez estabelecido o preço, o direito seria indiferente entre cumprimento e não cumprimento.

Holmes não estava disposto a aplicar essa perspectiva ao direito penal ou ao direito regulatório, mas outros têm sido menos relutantes[15]. Existem, é claro, aquelas penalidades que são tão pequenas que parecem para a maioria de nós em grande parte taxas ou preços. A multa por excesso de tempo de estacionamento é um bom exemplo e, se a multa não for alta o suficiente, a maioria das pessoas pensará nela simplesmente como o preço do estacionamento. Mas, mesmo deixando de lado essas pequenas penalidades, ainda podemos perguntar se uma multa substancial por se envolver em, digamos, divulgação de informações privilegiadas, é mais bem entendida como uma maneira de coagir as pessoas de outra forma inclinadas ao uso de informações privilegiadas para se absterem da prática, ou simplesmente como um preço por realizar o que costuma ser uma atividade extremamente lucrativa[16]. Do ponto de vista do direito, é claro, seria um erro dizer que ele é indiferente entre nenhum homicídio e mil homicídios, com mil homicidas atrás das grades. O direito tem um ponto de vista e, desse ponto de vista, preferiria que não houvesse homicídios. Ou divulgação de informações privilegiadas. Ou quase todas as outras coisas que são objeto do direito penal[17].

Todavia por que deveríamos nos preocupar com o ponto de vista do direito? Do ponto de vista do cidadão, o ponto de vista do direito sobre isso ou qualquer outra coisa só é importante se o cidadão considerar a existência do direito *qua* direito como uma razão para a ação, e uma das coisas que vimos é que dificilmente está claro que muitos cidadãos comportem-se dessa maneira. Alguns ignoram a força normativa do direito porque são anarquistas filosóficos, acreditando que a existência de uma proscrição jurídica não muda o que de outra forma seria o cálculo moral e prudencial[18]. Outros ignoram as proscrições do direito por razões menos profundas, atuando como atuam apenas porque o interesse próprio é muito grande em seu raciocínio prático. E, portanto, consistentemente com as conclusões do Capítulo 5, pode muito bem ser que, da perspectiva de muitos, ou mesmo da maioria dos cidadãos, a diferença entre preço e multa possa ser apenas uma questão de grau.

Muitos acham essa conclusão profundamente perturbadora ou simplesmente equivocada, mas suas preocupações podem estar mal colocadas. Primeiro, o fato de que as penalidades do direito podem ser consideradas como preços não altera (ou não deve alterar) o cálculo moral do cidadão ou o cálculo político do agente público. Só porque o direito atribui um preço alto ao homicídio não torna o homicídio moralmente correto para a pessoa disposta a pagar o preço. Pensar na penalidade do direito como um preço apenas torna o homicídio juridicamente correto, ou pelo menos não juridicamente errado, mas o homicídio permanece moralmente errado – muito moralmente errado. Da mesma forma, o agente público norte-americano que pode ver a proibição constitucional de "punições cruéis e incomuns" como moralmente inerte – o *status* constitucional nada acrescenta ao cálculo moral – não deve ver o erro de punições cruéis e incomuns da mesma maneira. Ele poderia acreditar, corretamente, que punições cruéis e incomuns são moralmente erradas, e o fato de a Constituição repetir e reforçar a mensagem pode não fazer diferença para a pessoa que já a internalizou.

Além disso, o direito, do seu ponto de vista, é livre para fixar o preço de uma maneira que desencoraje fortemente os atos que deseja desencorajar[19]. É verdade que o direito está dizendo aos cidadãos que, do ponto de vista do direito, é isso que os cidadãos *devem* fazer, mas também está dizendo que isso é o que *fará* se você não fizer o que ele diz para você fazer. E, embora possa ser verdade que o primeiro sem o último ainda possa caracterizar um sistema jurídico, agora nos encontramos de volta à discussão do Capítulo 3 sobre a diferença entre as propriedades essenciais e típicas do direito. Portanto, se é verdade, seja por razões de anarquismo filosófico, seja por prudência egoística, o fato de o direito, por si só, ser menos comumente um motivo de ação para a maioria das pessoas, e até para a maioria dos agentes públicos do que muitos comentaristas acreditam, então o fato de o direito estar dizendo às pessoas o que acontecerá se elas não obedecerem é uma característica mais importante do direito do que o fato de ele estar expressando sua preferência não forçada sobre como as pessoas devam comportar-se. Dessa forma, embora seja verdade que o direito pretende criar obrigações jurídicas, é importante reconhecer que a não aceitação de obrigações jurídicas é totalmente consistente com a aceitação robusta de obrigações morais, e que a existência conceitual de obrigações jurídicas *qua* obrigações jurídicas é totalmente consistente com um pequeno papel de tais obrigações nas deliberações práticas da maioria dos cidadãos e dos agentes públicos. E, se é assim, então a distinção entre preço e penalidade, mantendo-se igual a quantidade do preço e o tamanho da penalidade, pode se tornar ainda menos importante do que Holmes acreditava.

9.4. A reputação importa

No romance de Nathaniel Hawthorne, *A letra escarlate*, parte da sentença de Hester Prynne por cometer adultério na Boston puritana do século XVII consistia em ter que usar um "A" escarlate em suas roupas o tempo todo. Tais penalidades vergonhosas são raras nos dias de hoje, mas dificilmente são desconhecidas. As pessoas condenadas por dirigir embriagadas foram forçadas a colocar adesivos no carro, identificando-se como motoristas alcoólatras[20]. Os culpados por abuso sexual de crianças e outros crimes sexuais foram obrigados a se identificar de várias formas públicas. Um homem condenado por violência doméstica foi forçado a pedir desculpas em público à sua vítima e à comunidade[21]. E, ocasionalmente, as empresas são obrigadas a se identificar como poluidoras ou perpetradoras de várias outras infrações jurídicas e sociais.

Os usos reais e potenciais da vergonha como método de aplicação do direito têm sido muito discutidos nas últimas décadas, em parte porque muitos a consideram uma alternativa eficiente aos custos da prisão. Porém, seus detratores se opõem às maneiras pelas quais a vergonha inflige uma humilhação frequentemente inapropriada e consiste numa falta de respeito pela dignidade do infrator[22]. Esse debate tem implicações políticas importantes e implicações morais profundas, e levanta questões fundamentais sobre a natureza e a justificativa da punição. Mas, para nossos propósitos aqui, sua importância está em como a vergonha pode ser vista como apenas mais uma arma no arsenal coercitivo do direito.

Penalidades que impõem vergonha pública podem servir a diversos propósitos. Numa noite de sábado, eu literalmente gostaria de evitar alguém que fora condenado por dirigir embriagado e, portanto, o que pode ser uma vergonha para o motorista é um aviso para mim, da mesma maneira que a identificação pública de molestadores de crianças pode não apenas envergonhar o molestador, mas também colocar em alerta os membros de sua comunidade. Mas, além da função de aviso, a vergonha pública pode ter funções maiores que prejudicam a reputação. Na medida em que as pessoas valorizam boas reputações e procuram evitar as más, dificilmente uma proposição revolucionária ou controversa, a vergonha pode ser simplesmente uma forma de o Estado promover danos à reputação e, portanto, apenas outra forma de punição. Essa vergonha imposta oficialmente pode ou não ser uma boa ideia por uma questão de moralidade ou política penal, mas o erro seria assumir que as sanções por desobediência devem ser somente penais, monetárias ou envolver a perda de privilégios jurídicos. Enquanto a pena for algo que as pessoas normalmente procuram evitar, a capacidade do Estado de impô-la não é diferente de nenhum dos outros componentes do grupo de sanções disponíveis. Uma vez que entendamos as sanções como tentativas do Estado de fornecer motivações para a obediência ao direito, além daquelas motivações baseadas no conteúdo para se envolver em uma conduta consistente com o direito, e, assim, coagir as pessoas a seguir o direito apenas porque é o direito, não há necessidade de pensar, pelo menos para os nossos propósitos aqui, que a vergonha e várias outras penalidades prejudiciais à reputação sejam diferentes, em espécie, da prisão, das multas, das incapacidades civis ou, até mesmo, do açoitamento.

    As sanções de reputação não precisam ser impostas apenas pelo Estado. Na medida em que as violações jurídicas prejudicam a reputação de um indivíduo, os poderes coercitivos do direito aumentam, e o Estado pode alavancar suas próprias sanções. Mas, na medida em que as penalidades de reputação são entendidas como as únicas formas de sanções, sua eficácia depende da questão introduzida no Capítulo 4, trazendo-a de volta e a qual persiste desde então: a importância do direito *como direito*. Mais especificamente, precisamos distinguir o dano à reputação por ter praticado uma conduta de certo tipo do dano putativo à reputação por violar o direito. Quando as pessoas preferem não se associar a estupradores ou negociar com os que cometeram fraude, uma condenação (ou julgamento civil) por esses delitos terá consequências reputacionais para o infrator, independentemente de qualquer multa, julgamento civil ou período de encarceramento. E, nesses casos, podemos imaginar o Estado tomando carona na capacidade do grupo social de prejudicar a reputação, por exemplo, fazendo um julgamento sem sanções e economizando o custo da prisão. Nesses casos, todavia, o dano à reputação é uma função da baixa estima que as pessoas mantêm nos indivíduos que cometeram um ato específico. O direito realiza uma função de informar, mas o dano à reputação deriva das consequências reputacionais de ser o tipo de pessoa que se envolveu numa conduta desse tipo. Essa forma de dano à reputação com base no conteúdo é diferente, no entanto, das consequências reputacionais de ser conhecido como violador do direito *qua* violador do direito. O grupo social ou algum subconjunto relevante dele reduzirá sua estima em relação aos violadores de leis cujo conteúdo a população que cria ou prejudica reputações discorda? As pessoas que desaprovam as leis contra o uso da maconha ou do tabelamento de preços têm sua estima reduzida em relação a pessoas que violam essas leis apenas porque violaram o direito? Talvez a resposta a esta pergunta seja sim. Talvez ter uma reputação de cumpridor do direito por ser cumpridor do direito seja valioso em alguns ou muitos contextos. Mas algumas das lições dos Capítulos 5 e 6 sugerem que isso pode não ser sempre assim ou em toda parte, e que os efeitos reputacionais da violação do direito podem ser mais baseados no conteúdo do que independentes do conteúdo. E quando e onde é assim, o papel do direito *qua* direito pode ser menor do que se pensa. O Estado, afinal das contas, pode simplesmente publicar os nomes daqueles que se envolveram em atividades amplamente desprezadas sem torná-

-las ilegais e, assim, alcançaria seus objetivos substanciais sem ter que recorrer ao direito. Esse comportamento estatal pode ser raro, mas a identificação de suas possibilidades nos alerta para o risco de assumirmos muito rapidamente que as consequências reputacionais de violar o direito são atribuíveis à violação a ele, em vez de derivarem do fato de se ter realizado uma conduta sujeita a desaprovação independentemente do direito.

9.5. Fora! Expulsão e outras incapacitações

Muitos australianos têm suas raízes nos antepassados que foram enviados para lá como punição por crimes cometidos na Inglaterra. A chamada sentença de transporte*, era tipicamente vitalícia considerada uma das mais severas que o sistema jurídico inglês tinha a oferecer, pelo menos antes da forca. A dureza percebida do transporte era, em parte, uma função da própria jornada, que envolvia meses de desconforto e o perigo de doenças e naufrágios. E era, em parte, uma função das condições do final da jornada, que para todos os efeitos práticos eram equivalentes à prisão, mas com mais trabalho manual, mais açoitamento e menos possibilidades de fuga[23]. Nesse sentido, o transporte é historicamente interessante, mas talvez não filosófica ou jurisprudencialmente. Nova Gales do Sul e Tasmânia podem ser encaradas simplesmente como prisões, embora as prisões estejam mais afastadas de Londres do que a Prisão de Newgate.

O transporte também foi entendido como uma punição especialmente severa, no entanto, pelo simples fato de envolver exclusão da residência, da comunidade e do país, e esse aspecto da sanção do transporte é teoricamente mais interessante, pelo menos aqui. Mas quando olhamos para o transporte por esse ângulo,

---

* No original, "*sentence of transportation*". Trata-se do que conhecemos como "desterro". [N. do T.]

vislumbramos uma série de questões interessantes sobre exclusão como punição em geral. Parte da dor do transporte era a exclusão da comunidade, mas a Inglaterra, mesmo assim, era bastante grande. E, portanto, é difícil imaginar a exclusão da Inglaterra, além da remoção de um ambiente familiar e social menor, como extremamente significativa em si mesma.

Todavia, quando passamos da comunidade da Inglaterra do século XVIII para comunidades menores, mais unidas e mais homogêneas, podemos perceber domínios em que a exclusão, por si só, constitui uma sanção substancial. Quando a exclusão é vista como uma sanção substancial e algo a ser evitado, sua ameaça pode ter um efeito coercitivo significativo. As comunidades religiosas há muito praticam a exclusão na forma de banimento, ostracismo e excomunhão. Clubes e associações particulares usam a ameaça de expulsão como forma de impor suas regras. E, é claro, a sanção extrema típica por violar o direito no local de trabalho é a demissão do emprego.

Além disso, e conforme relatado e analisado por Oona Hathaway e Scott Shapiro[24], vários arranjos cooperativos baseados em regras e nos criadores delas usam a expulsão (Hathaway e Shapiro chamavam de "proscrição") como uma abordagem claramente coercitiva à aplicação das regras. Não existe um requisito jurídico para que uma nação seja membro da Organização Mundial do Comércio, por exemplo, mas a associação traz benefícios econômicos suficientes para todos os membros, de modo que a OMC pode usar a ameaça de expulsão como forma de aplicar suas muitas regras.

De fato, a OMC, assim como muitas organizações religiosas e clubes privados, possui muitos dos atributos dos sistemas jurídicos. Eles não têm, com certeza, tipicamente o poder coercitivo *último*, porque na maioria dos casos eles existem em ambientes jurídicos maiores e mais abrangentes, como ocorre com várias organizações dentro do Estado. Ou, como a OMC, eles existem ao lado e entre vários Estados e normalmente não têm a capacidade (como na OMC) ou têm apenas capacidade derivada (como nas Nações Unidas) de usar o poder coercitivo de exércitos e outros repositórios de força física. Porém, essas organizações têm universalmente regras primárias que regem a conduta de seus membros e regras secundárias de reconhecimento, mudança e adjudicação, bem como, frequentemente, criam instituições para interpretar as regras e julgar violações. E, portanto, na medida em que essas organizações também têm um poder efetivo de coerção por meio de sua capacidade de expulsão, pode haver mais a ganhar do que a perder ao se pensar nelas simplesmente *como* sistemas jurídicos, e não apenas como análogos aos sistemas jurídicos[25].

A conclusão anterior pode criar algum desconforto. Afinal, existem organizações não estatais que compartilham os atributos que acabamos de descrever, mas cujos objetivos e métodos são menos benéficos. Veja a Máfia, por exemplo. Por todas as descrições (cuja verificação é compreensivelmente difícil), a Máfia impõe regras primárias de conduta a seus membros e a não membros cujo comportamento deseja controlar; possui regras de reconhecimento, que identificam as regras primárias e os indivíduos ou grupos que têm o poder de emiti-las; possui outras regras secundárias que governam os processos de mudança de regra e regime; e possui regras sobre os procedimentos a serem seguidos quando houver suspeita de que elas foram violadas. E essa organização, sem dúvida, tem o poder de imposição coercitiva. Por fim, parece claro que os agentes relevantes da Máfia têm o ponto de vista interno apropriado em relação a essas regras. Fora de um único líder e de seu círculo íntimo, a maioria dos agentes pode internalizar as regras mais por medo do que por plena aceitação substantiva, mas, como vimos, isso não impede a existência de um sistema jurídico. E, embora alguns desses "agentes" possam internalizar as regras de reconhecimento por medo da morte, para muitos outros o medo real é o de expulsão. Para muitos ou para a maioria, ou talvez até para todos os participantes do crime organizado, as vantagens materiais (incluindo poder) da associação são suficientemente grandes para que a ameaça de expulsão possa ser uma forma de coerção tão potente quanto a ameaça de uma execução por gangues.

É difícil perceber que muito se perde ao se reconhecer que a Máfia e outras organizações como ela são, em muitos aspectos, sistemas jurídicos. Em algumas dimensões, é claro, elas podem diferir do sistema jurídico municipal* tradicional. Por exemplo, elas podem não representar a fonte final de poder bruto em algum território físico. Às vezes (mas apenas às vezes) suas reivindicações de controle são menos abrangentes do que as da maioria dos sistemas jurídicos[26]. Seria difícil afirmar que elas são a fonte de poder *legítimo*. E se alguém acredita, como Shapiro e Raz, por exemplo, que faz parte da definição de direito que a autoridade jurídica última pelo menos *sustenta* dar a seus sujeitos razões morais para a ação, então a Máfia não pode se qualificar. Mas a partir de uma perspectiva mais estritamente positivista, que não se preocupe tanto com os objetivos morais de um sistema quanto com seu valor moral final, então, em muitos aspectos, poderíamos dizer, sem perder muito, que essa organização é simplesmente um sistema jurídico, mesmo sendo não estatal. Especialmente, quando percebemos que sistemas obviamente mais

---

* Vide N. do T. no Capítulo 6 (p. 131), que indica o sentido de "sistema jurídico municipal". [N. do T.]

jurídicos são mais do que ocasionalmente construídos em torno dos objetivos totalmente egoístas de pequeno número de déspotas poderosos – as Filipinas sob Marcos, por exemplo, ou o Zaire sob Mobutu, ou qualquer um dos numerosos países, passados e presentes, que raramente sequer se preocuparam em reivindicar objetivos maiores relevantes, mas apenas operam em benefício da riqueza e do poder de uma elite dominante –, a compatibilidade entre a falta de pretensões morais e a existência do direito comumente assim chamado é mais aparente. Sim, é importante entender as diferenças entre o direito em Estados despóticos e direitos despóticos não estatais, mas à medida que organizações não estatais proliferam em número e poder, e à medida que essas organizações se tornam cada vez mais elaboradas em termos processuais, pode ser cada vez mais importante simplesmente vê--las não como semelhantes ou análogas a sistemas jurídicos, mas apenas como sistemas jurídicos, embora de uma variedade um pouco menos convencional historicamente.

9.6. A coerção e o papel do direito privado

Não só é útil ver a exclusão e seus análogos como um meio eficaz de aplicação do direito, mas também é importante reconhecer que o direito penal não é a única faceta abertamente coercitiva da maioria dos sistemas jurídicos. Como vimos no Capítulo 4, mesmo as formas do direito que consideramos primariamente atributivas de poderes e não coercitivas – o direito dos contratos, testamentos, corporações e até o direito de família, por exemplo – têm suas dimensões de direcionamento e, portanto, coercitivas, mesmo que reconheçamos que a nulidade de uma transação nem sempre pode ser coercitiva, e mesmo que a nulidade não consiga capturar completamente tudo o que é importante sobre os aspectos jurídicos constitutivos e atributivos de poderes. Ainda menos controversa e mais abertamente, vários aspectos do chamado direito privado ainda desempenham funções importantes na aplicação das normas coletivas de uma sociedade.

Entender o direito privado como tendo funções semelhantes àquelas que geralmente associamos ao direito penal é mais óbvio quando o próprio direito penal está incorporado em vários aspectos ao direito privado. Nos Estados Unidos, por exemplo, muitos aspectos do direito penal antitruste e de valores mobiliários têm suas contrapartes civis, muitas vezes com o objetivo expresso de, assim, capacitar os chamados procuradores-gerais para trazer ações de direito privado nas quais os objetivos do direito público serão atendidos. Quando tais ações permitem múltiplas responsabilizações, como no direito antitruste, ou honorários advocatícios generosos, como em grande parte do direito do consumidor e de antidiscriminação ou em ações coletivas, nas quais os advogados são novamente mais do que amplamente compensados, existem incentivos para que o direito privado assuma grande parte do aspecto coercitivo do direito público. De fato, uma vez que entendamos até que ponto o comportamento das empresas de tabaco, dos fabricantes de produtos de consumo perigosos e das indústrias com métodos ou subprodutos ambientalmente perigosos é influenciado mais pela ameaça de processos judiciais do que pela ameaça do direito penal ou regulatório, é possível apreciar os aspectos coercitivos da aplicação, pelo direito privado, de normas públicas.

O supramencionado é mais óbvio, é claro, com relação ao direito da responsabilidade civil. Embora o direito da responsabilidade civil tenha importantes funções compensatórias, o medo da responsabilidade por delitos também detém e consequentemente molda a conduta de supostos praticantes de delitos civis. Assim como os limites de velocidade obrigam muitas pessoas a

O ARSENAL COERCITIVO · 211

dirigir mais devagar do que o fariam normalmente, isso também acontece com o medo da responsabilidade civil. Assim, quando os jornais se abstêm de publicar o que em seu melhor julgamento jornalístico é publicável, mesmo levando em consideração o risco de falsidade, geralmente o fazem por causa do medo de julgamentos por difamação. De fato, a difamação pode ser um exemplo particularmente bom de direito privado em geral e de direito da responsabilidade civil, em particular, que serve à função de impor coercivamente as normas públicas. Na medida em que o direito da difamação normalmente, pelo menos na maioria dos países de *common law*, impõe normas sobre a precisão da informação que a maioria dos jornalistas consideram excessivas em um mundo de incerteza, a ideia de que jornalistas, editores e editoras, que são os principais alvos do direito antidifamação, ocupem a posição do homem perplexo de Hart parece risível. Os jornalistas adotam atitudes mais avessas ao risco em relação à verdade e à falsidade do que poderiam sem o direito, não porque pensam que essa abordagem seja sábia e não porque o direito simplesmente os instrua a fazê-lo, mas porque o direito lhes diz o que acontecerá se eles não o fizerem. Aqui, como em outros lugares, na maioria do direito da responsabilidade civil e muito do direito privado em geral, o grupo social geralmente exige padrões de comportamento que se afastam dos padrões que aqueles que se envolvem nesse comportamento teriam selecionado. Como vimos ao longo deste livro, é precisamente aqui que a força coercitiva do direito é mais importante e que a perspectiva de internalização do direito por indivíduos ou empresas apenas porque é direito é menos provável. O direito da responsabilidade civil pode talvez ter uma função causal menos direta na criação de normas sociais que serão amplamente adotadas e, portanto, precisa ser aplicado coercivamente apenas contra infratores, mas inúmeros exemplos ao nosso redor indicam que as normas do direito da responsabilidade civil são mais importantes e mais eficazes na imposição de normas desejáveis contra aqueles cujos incentivos pessoais e financeiros são contrários à mudança daquelas normas. Enquanto for esse o caso, e onde for, o direito privado, bem como o direito público em geral e o direito penal, em particular, poderão ocupar um lugar importante nas funções coercitivas do direito.

CAPÍTULO 10

INUNDADO EM UM MAR DE NORMAS

10.1. Das normas jurídicas e não jurídicas

Nós conduzimos nossa vida numa pista de obstáculos de normas. Com grande frequência, regras limitam nosso comportamento, ditando que nós façamos coisas que preferiríamos evitar e que não façamos coisas que preferiríamos fazer. Mas nem todas as regras que nos limitam são regras jurídicas. De fato, é mais provável que a maioria delas não seja. Muitas das regras que nos restringem não provêm do direito, mas de nossas comunidades, e teóricos comumente as chamam de *normas (sociais)* – limitações externas baseadas em regras que incidem sobre as preferências dos indivíduos e que não são impostas pelo direito formal, oficial, estatal[1]. Mais especificamente, na concepção contemporânea de normas, estas são as regras prescritivas (ou entendimentos, se você preferir) sobre o comportamento humano que não estão escritas na forma canônica, mas que surgem amplamente da nossa existência social. Em vez de serem impostas de cima, elas parecem frequentemente vir de baixo, emergindo da prática social e tornando-se normativas com o tempo, conforme aquelas práticas sociais sejam percebidas como apropriadas. E porque as normas, por essa definição moderna, não são parte do sistema jurídico oficial, as sanções por sua violação tipicamente envolvem censura, desaprovação, humilhação, vingança[2], exclusão e várias outras sanções interpessoais ou grupais, em especial sanções reputacionais[3], mas não sanções formais do direito estatal. Alguns exemplos tornarão mais clara a ideia de norma social, e de sua distinção do que em geral pensamos como sendo direito. Antes, contudo, é importante entender que nós não estamos nos referindo a meros hábitos ou regularidades comportamentais normativamente inertes[4]. Minhas ações de rotineiramente dormir de determinado lado da cama, de tomar café de manhã, e de pôr ambas as meias antes de calçar os sapatos[5] são hábitos – são coisas que faço regularmente –, mas não será errado se me comportar de outra forma, e dificilmente serei criticado por realizar outro comportamento que não sejam esses ou mesmo por me desviar do meu próprio hábito em alguma ocasião particular. Normas, ao contrário, são prescritivas e pretendem dizer-nos o que devemos fazer e não meramente descrever o que rotineira e regularmente fazemos. Tais normas prescritivas são socialmente disseminadas, todavia elas não emanam de nada ordinariamente ensinado como direito nem são aplicadas por nada entendido, em geral, como direito. Embora essas normas prescritivas não tenham origem jurídica nem *status* jurídico, elas são entendidas pelas pessoas, ou ao menos pela maioria, e em alguns casos somente por algum relevante subconjunto delas, de forma claramente normativa. As pessoas acreditam que violar tais normas é ilícito, ou ao menos acreditam que outras creem que tal violação é ilícita, e, então, a violação com regularidade pode ser a base para a crítica. Exemplos de tais normas incluiriam muitas das regras da gramática e da linguagem – não diga "*ain't*"*, e nunca termine uma sentença com

---

* "*Ain't*", no inglês, é uma contração de "*am not, is not, are not*". A expressão "*ain't*" é usada no discurso informal do inglês. [N. do T.]

uma preposição – e muitas das regras de etiqueta – não mastigue de boca aberta e escreva notas de agradecimento após atos de gentileza –, como também as regras de civilidade – não use certas expressões ofensivas e ofereça seu assento no metrô para os mais velhos e deficientes. E, é claro, muitas das complexas regras de fila são dessa categoria. É uma norma, na maioria dos lugares, que você fique na fila em vez de ir para o lugar da frente, e é agora uma norma em muitos lugares que a próxima pessoa na fila do caixa automático do banco não fique muito perto de quem está usando a máquina. E assim é, pelo menos para algumas pessoas, com as normas da moda. O direito não dizia às pessoas que usassem calças boca de sino na década de 1970, mas muitas o faziam precisamente por causa do que consideravam como uma norma da moda nos círculos em que andavam. Todas essas normas são prescritivas, e elas são aceitas de forma bastante ampla por uma população ou por relevante segmento dela, tanto que podemos chamá-las de normas sociais ou culturais. É verdade, é claro, que tais normas podem e de fato mudam. Antigamente, era uma norma para homens, em muitas culturas ocidentais, abrir a porta do carro para as mulheres e incluí-las na categoria das pessoas para quem alguém deveria deixar o seu assento no metrô, mas essas normas têm largamente desaparecido. E existe agora em certos círculos sociais uma norma contra fumar na casa de outra pessoa, ou mesmo na presença de outrem, mas essa norma não existia há uma geração. De modo similar, é agora norma, principalmente entre os mais sérios ciclistas, usar capacete durante a pedalada, mas a norma era justamente a oposta – se você usasse um capacete, era considerado medroso – há vinte e cinco anos. E isso apesar do fato de que, ao contrário da internacionalmente difundida (mas não universalmente) exigência de usar um capacete enquanto se dirige uma motocicleta, é raramente ilegal andar de bicicleta sem usar um capacete.

Até mais disseminada, e certamente com mais escritos a esse respeito, são aquelas normas específicas de certos ambientes profissionais especializados ou de subculturas sociais, especialmente aquelas que são relativamente pequenas, fechadas, e que envolvem participantes regulares. Um bom exemplo é o documentado por Robert Ellickson ao escrever sobre o crescimento e o uso de normas entre os baleeiros de New England no século XIX, e os fazendeiros da Califórnia no século XX[6]. Entre os baleeiros, por exemplo, era amplamente aceito que uma baleia morta pertencia ao navio cujo arpão primeiro atingiu e permaneceu na baleia, mesmo se subsequentes arpões de outros navios fossem os que finalmente subjugaram a criatura. E Lisa Bernstein tem oferecido um histórico similar e uma descrição analítica das normas do segmento das indústrias de diamantes, grãos e algodão[7]. De fato, é comum em muitas indústrias que as normas se desenvolvam de baixo para cima, por assim dizer, em vez de cima para baixo, e que elas sejam cumpridas não em função do direito formal, mas apenas em razão das sanções de censura, humilhação e exclusão, entre outras. O fenômeno tampouco é limitado a indústrias tradicionais. Em muitos locais, por exemplo, a cultura das gangues adotou a norma de não oferecer assistência à polícia, incluindo a recusa em responder a perguntas, o que outros pensariam como questões legítimas de cumprimento do direito acerca da atividade criminal[8]. De forma similar, antigamente, jogadores profissionais de tênis que se sentiam beneficiados por um erro intencional do juiz perdiam o ponto seguinte. E, em muitos domínios que são em parte negócios e em parte outra coisa, vemos normas sobre o uso de nomes e imagens. Talvez não seja surpresa que tatuadores tenham normas sobre originalidade e impropriedade do uso do desenho de outros[9], tal como comediantes têm desenvolvido e aplicado normas similares sobre piadas e métodos de comédia[10].

Livros inteiros poderiam ser escritos justamente sobre esses tipos de normas e, em verdade, têm sido escritos[11]. Mas uma das coisas que uma descrição, ou mesmo uma teoria, do direito deve explicar é o fato amplamente aceito de que sistemas de normas sociais, de um lado, e de direito, de outro, são entendidos como sendo diferentes. Talvez seja um erro pensá-los como diferentes, e talvez o entendimento comum esteja errado. Porém, ao menos de início, podemos tomar como um útil ponto de partida a difundida percepção de uma importante diferença entre o direito em sentido estrito e o sistema de normas sociais. Os dois obviamente compartilham muito em comum, especialmente por serem coleções de prescrições que frequentemente impõem limitações de segunda ordem a preferências e julgamentos de primeira ordem, e por serem prescrições cuja violação comumente ocasionará desaprovação ou formas mais evidentes de censura. Mas normas sociais, mesmo quando grande número delas são endereçadas ao mesmo domínio da vida humana, não são sistemáticas da forma que o direito é. Coleções de normas tendem a ser apenas isso – coleções – e não é surpresa que poucas dessas coleções contenham regras secundárias bem como primárias, e, mais especificamente, que poucas delas contenham regras de reconhecimento, regras de mudança e de julgamento. Como observamos no Capítulo 9, tais regras secundárias e seu associado caráter sistemático estão constantemente presentes em sistemas de regras não estatais, e, assim, nós podemos, sem muita perda, classificar tais sistemas como jurídicos, mesmo que esses sistemas não sejam parte de um Estado.

Mas mesmo coleções de normas são diferentes de genuínos *sistemas* de normas. Meras coleções de normas podem governar a conduta e suportar censura, e está bem estabelecido que várias formas de sanções, das quais a censura é apenas uma, são necessárias para assegurar que normas do comportamento cooperativo irão perdurar durante o tempo contra o desejo de seus membros de violá-las, mesmo se a emergência original da norma for "independente-de-sanções"[12]. Contudo, embora normas sociais regulem o comportamento e tipicamente precisem de sanções para persistir depois de sua interação original[13], a falta de caráter sistemático, incluindo a falta de uma formulação canônica, faz com que as normas sociais pareçam bem diferentes do direito, mesmo do não estatal. De fato, para expor o ponto de forma mais forte, pouco é perdido se falarmos sobre o direito da Igreja Católica, o da Liga Americana de Bridge, o dos negociantes de diamantes de Nova York, ou mesmo o direito da Máfia, contanto que entendamos que não estamos falando do Estado. Porém, rotular de direito as confusas e não sistemáticas regras da linguagem, da etiqueta, da moda e muitas outras parece ser grande distorção do nosso cotidiano e mesmo do entendimento profundo de direito. O que quer que uma pessoa tenha feito ao andar de bicicleta sem capacete, ao assoar seu nariz na mesa de jantar, ou (em certos círculos) ao vestir a roupa da moda do último ano, não poderíamos dizer que ele ou ela violou o direito. Em verdade, pode ser importante não dizer de tais pessoas que estão infringindo o direito, a menos que tenham violado uma norma de certo tipo e emanada de certa fonte. E isso, como o título deste livro se destina a destacar, é o grande ponto, em alguns contextos, ao se enfatizar que certa regra, norma ou prescrição tem "a força do direito". Dizer que algo tem a força do direito é contrastá-lo com algo que é similar, mas não tem a força do direito, e aquilo em relação ao qual o contraste é usualmente feito é uma norma social ou coleção de normas sociais.

Apesar de as normas serem comumente consideradas como diferentes do direito, os dois domínios se interseccionam de várias formas. Uma dessas interseções é peculiar aos sistemas do *common law* e é a forma em que as normas – costumes – vêm a ser parte do direito e são aplicadas como tal. Num dos mais famosos exemplos, em certa época, era uma norma entre os pescadores na cidade de Walmer, na costa da Inglaterra, secar suas redes na praia, em certos lugares nominalmente privados e sem objeções dos proprietários. Quando um proprietário finalmente decidiu construir estruturas onde o pescador havia secado suas redes, este o processou e ganhou, assegurando o reconhecimento oficial do seu (jurídico) direito subjetivo a continuar suas práticas anteriores, apesar das objeções do proprietário. A corte determinou que o duradouro costume normativo (normativo e não apenas uma prática, sendo que o costume veio a ser entendido como uma questão de direito subjetivo e uma interferência sobre ele seria uma infração[14]), em verdade, havia se tornado parte do *common law*[15].

Tivessem as normas (ou costumes) dos pescadores de Walmer sido suficientemente bem-aceitas pela comunidade em geral para impedir a pretensão do proprietário, o pescador claramente não teria tido razão para buscar o direito. Mas quando a aplicação informal de medidas de censura, boato, humilhação e, às vezes, exclusão é insuficiente para impor as normas contra os que dele se afastam, vemos o fenômeno comum para o qual o direito é chamado a servir. Por vezes, o mecanismo de aplicação do direito de normas não jurídicas é tal como foi para o pescador de Walmer: quando o direito é demandado a aplicar uma norma preexistente de modo não totalmente diferente daquele pelo qual ele é, em geral, chamado a aplicar promessas preexistentes a que chamamos de contratos. Mais frequentemente, no entanto, o direito surge precisamente no ponto em que uma aplicação da norma por métodos informais se torna insuficiente. Exploramos as "ocasiões do direito" resumidamente no Capítulo 7, e a imposição imperfeita de normas sociais nos dá outro exemplo. Assim, o direito é costumeiramente chamado a agir quando a norma é bem vista o suficiente, a ponto de ser pensada como importante para manter vivas as consequências comportamentais normativas, mas é suficientemente desconsiderada para que também seja tido como importante suplementar a pressão social que suporta a norma com os mais sistemáticos e, ordinariamente, mais significativos poderes coercitivos do sistema jurídico. Se, como temos frisado desde o início, a coerção é a vantagem comparativa do direito, mesmo se não for logicamente uma característica definitória, então não devemos ficar surpresos com a frequência com a qual ele é chamado a fornecer o poder coercivo que outros mecanismos sociais não possuem.

A relação entre o direito e as normas sociais, contudo, é ainda mais complexa. Podemos perguntar (e vamos perguntar) sobre o efeito causal do direito no conteúdo das normas e sobre o efeito causal das normas sobre o conteúdo do direito. Esses tópicos são importantes, mas bastante diferentes, e serão endereçados nas próximas duas seções.

10.2. O efeito do direito sobre as normas

Costuma-se dizer, especialmente pelos que estão comprometidos com a crença na importância do direito[16], que ele muitas vezes pode fazer o bem maior não coagindo diretamente seus sujeitos a um comportamento socialmente desejável, mas criando ou reforçando as normas sociais que influenciam mais diretamente o comportamento[17]. Se o direito pode sinalizar pela não aceitação de determinada prática, diz-se, normas anteriormente ausentes contra essa prática podem se desenvolver e normas anteriormente fracas podem ser fortalecidas. Dessa maneira, segundo o argumento, o direito pode afetar o comportamento à parte ou em adição ao seu poder coercitivo direto mais óbvio. Assim, vemos argumentos sobre o papel que ele pode desempenhar na promoção de normas sociais contra, por exemplo, a poluição[18] e o fumo em locais públicos[19].

A alegação de que o direito pode ter um efeito causal no desenvolvimento, na aplicação, na internalização e no reforço de normas é um componente de um conjunto maior de questões, abordadas nos capítulos anteriores, sobre o efeito dele nos valores morais em geral. Mas, para considerar essa alegação cuidadosamente, precisamos traçar duas diferentes distinções: a distinção entre o efeito do direito na internalização de certos valores pelas pessoas e o efeito do direito no desenvolvimento de normas sociais. Considere, por exemplo, o caso muitas vezes discutido de leis que exigem das pessoas que recolham as fezes de seus cães – as chamadas leis do recolhimento das fezes[20]. Vamos supor, realisticamente, que antes e na ausência de uma lei que exigisse o recolhimento das fezes, as que se recusavam a fazê-lo porque não viam nada de errado em não pegar as fezes dos cães ou porque simplesmente achavam que não podiam ser incomodadas. E, então, suponha que uma lei seja aprovada exigindo essa ação, sob pena, digamos, de uma multa de $50 por cada violação.

Uma hipótese sobre o efeito da nova lei do recolhimento das fezes seria que a própria lei transmitiu o sinal de que não limpar as fezes do seu cão é egoísta e errado. É claro que isso é uma imoralidade menor no esquema maior das coisas, mas é uma imoralidade. E, sob essa hipótese, o fato de uma proibição legal, especialmente uma nova, alertaria as pessoas que antes desconheciam a ilegalidade da prática para suas dimensões morais negativas. E assim é possível – lembre-se, ainda estamos falando apenas de hipóteses e não de conclusões – que o próprio fato de tornar ilegal a prática de não limpar as fezes dos cães alerte ou convença as pessoas da injustiça do comportamento e que elas mudem seu comportamento, pelo menos supondo que possuam algum grau de sensibilidade moral generalizada ou rudimentar[21].

Uma hipótese alternativa (ou adicional) postularia que a existência do direito teria pouco ou nenhum efeito direto na internalização de certos valores pelas pessoas, mas poderia ajudar a criar ou reforçar uma norma social, de modo que os membros da sociedade que não estivessem inclinados, mesmo após a promulgação da lei, a mudar seus pontos de vista, no entanto, responderiam a uma nova norma social. E há alguma evidência de que foi esse o mecanismo que realmente operou em alguns locais com referência às leis sobre recolher as fezes dos cachorros. Argumentou-se que a própria existência da lei autorizou reações críticas que eram menos possíveis ou menos frequentes antes da sua promulgação. Após a sua promulgação, contudo, as pessoas se sentiram mais autorizadas a repreender os não cooperadores e, ao fazê-lo, ajudaram a criar uma norma social, que teve um efeito no comportamento sem a necessidade de aplicação jurídica formal.

Assim, é importante distinguir o efeito direto do direito na internalização de valores do efeito mediado pela norma jurídica sobre o comportamento, ajudando a criar uma norma social que influenciará o comportamento de maneira "independente-do--direito". Mas, dentro de cada uma dessas vias causais, há uma distinção adicional a ser traçada entre, primeiro, o poder indicativo do direito; segundo, o poder do direito de modificar o comportamento; e terceiro, o poder do direito de dar razões. Com relação ao primeiro, que também podemos chamar de poder epistêmico do direito, o próprio fato da existência de uma lei fornece às pessoas informações que elas não possuíam anteriormente[22]. Essas informações podem ser normativas no sentido de que o direito informa ou lembra as pessoas de um argumento moral ou outro argumento normativo que elas desconheciam anteriormente e que, então, passam a adotar[23]. Provavelmente, a informação é factual. Portanto, embora seja improvável que as pessoas não tenham conhecimento do aborrecimento de ter fezes de cães nas calçadas, o fato da proibição legal pode sinalizar para os anteriormente inconscientes o fato de que a prática de alguém não pegar as fezes do seu cão tem consequências ambientais e sanitárias negativas. Da mesma forma, se descobrissem que havia uma lei proibindo a venda, para menores de idade, de cola para modelagem de avião (como já existe em muitos lugares), o fato da lei lhes forneceria informações que antes não possuíam sobre a maneira pela qual o produto pode ser usado – ou usado incorretamente. Nesses casos, o fato da proibição legal não dá às pessoas novas razões para se envolverem na prática agora proibida, mas fornece informações que lhes permitem aplicar as razões que já possuíam a uma forma específica de comportamento.

Às vezes, no entanto, o direito pode não servir apenas para lembrar ou informar as pessoas de uma norma preexistente, mas pode ter um poder mais evidente de modificação do comportamento. Ou seja, o próprio fato da aplicação do direito pode alterar o comportamento das pessoas de forma mais direta e influenciada por sanções. E, como consequência, a mudança de comportamento induzida pela ameaça de sanções pode, por sua vez, ter um efeito causal de longo prazo e "independente-de-sanções" nas inclinações comportamentais delas. Se elas estivessem inclinadas a evitar as outras apenas por causa de sua raça, por exemplo, e se o direito as obrigasse a interagir com pessoas de outras raças mais do que prefeririam, elas poderiam muito bem descobrir que o contato forçado foi mais positivo e com menos consequências negativas do que supunham anteriormente. Na verdade, há alguns indícios de que foi esse o mecanismo que teve pelo menos algum efeito no contexto de dessegregação das escolas públicas norte-americanas nas décadas de 1950 e 1960. Embora a integração em quase todas as escolas anteriormente segregadas fosse esmagadoramente imposta pelos tribunais (e, em alguns casos, militarmente[24]) e, portanto, involuntária, algumas evidências sugerem que estar numa escola com afro-americanos (ou ter os filhos numa escola com afro-americanos) teve um efeito positivo sobre a tolerância racial genuinamente internalizada, mesmo que o efeito inicial do direito fosse inteiramente coercitivo[25].

Da mesma forma, o efeito do direito sobre as atitudes pode ser uma função da conclusão psicológica bem fundamentada de que as preferências das pessoas muitas vezes mudam como consequência da escolha forçada[26]. Na medida em que o direito (ou alguma outra coisa) compele as pessoas a realizarem uma conduta inconsistente com suas preferências anteriores, uma série de mecanismos, dos quais o mais proeminente é o desejo de reduzir a dissonância cognitiva, pode levá-las a adaptar suas preferências ao que ele exige. Podemos chamar esse processo simplesmente de persuasão, mas a ideia de adaptação parece mais próxima do que acontece aqui. Independentemente do rótulo e do mecanismo, a coerção jurídica pode produzir mudança de preferências exatamente dessa maneira, tornando a coerção subsequente, pelo menos para aqueles cujas atitudes foram alteradas, um pouco menos necessária.

O elemento final dessa trilogia de caminhos causais é o mais discutido na literatura jurisprudencial: a possibilidade de o próprio fato da proibição jurídica fornecer às pessoas uma nova razão para realizar, sem coerção, uma conduta juridicamente obrigatória. Embora esse seja o caminho usualmente mais discutido e, na verdade, mais comumente assumido[27], é importante reconhecer que esse caminho, para o efeito jurídico, é parasitário para as pessoas que consideram o fato de direito em si uma razão não indicativa para a ação. Se elas não acreditam que o direito fornece uma razão para a ação em virtude de ser direito, então não há razão para acreditar que o direito terá a consequência de mudar suas razões e, assim, mudar suas inclinações comportamentais "independentes-de-sanções". Se você não acredita que tem uma razão moral ou outra para limpar as fezes do seu cachorro e, então, se a prática se tornar ilegal, seu conjunto de razões mudará se e somente se você acreditar que o próprio fato do direito fornece uma razão moral ou outra para sua ação[28]. Em outras palavras, suas razões mudarão como consequência de uma mudança no direito somente se você tiver uma crença anterior de que o fato do direito, como direito, é um motivo para a ação. Novamente, volta-se para o homem perplexo. O homem perplexo, no sentido de Hart de alguém que obedece ao direito apenas porque é o direito e sem referência a possíveis sanções[29], fará a limpeza das fezes de seu cão, ou pelo menos terá um motivo para limpar as fezes de seu cão simplesmente por ser uma exigência jurídica. Mas se, como vimos, os homens perplexos são mais escassos do que Hart e seus seguidores supuseram, então esse terceiro caminho para o efeito do direito sobre pontos de vista morais ou baseados em normas sociais terá pouca consequência prática.

Isso não significa negar que o direito possa afetar o comportamento de outra forma que não por sua força coercitiva direta. Mas, na medida em que o efeito é produzido por meio do desencadeamento da força coercitiva das normas sociais, a coerção ainda ocupa o centro do palco ao explicar como o direito afeta o comportamento, embora, neste contexto, possamos pensar no direito simplesmente transferindo seu poder coercitivo para atores privados. E, na medida em que o efeito do direito é produzido dando às pessoas novas razões para a ação ou estimulando a criação de novas normas sociais que afetarão diretamente o comportamento, tais mecanismos novamente pressupõem a capacidade de o direito *qua* direito fazer a diferença nos cálculos não prudenciais das pessoas. Que o direito possa fazer isso não é o problema – pelo menos se aceitarmos que a capacidade dele de fazer isso é uma função das pessoas internalizando uma obrigação moral de obedecer ao direito em oposição a alguma normatividade não moral mais misteriosa do direito. Mas que o direito realmente ative nelas o que elas entendem ser uma razão moral para obedecer a ele acaba sendo uma afirmação com muito menos suporte empírico do que a sabedoria convencional, tanto na jurisprudência quanto na literatura sobre normas, em geral supõe.

10.3. O efeito das normas sobre o direito

Conforme observado acima, às vezes o direito é chamado a fornecer o complemento coercitivo aos poderes coercitivos frequentemente moderados das próprias normas sociais. Que o direito é mais coercitivo do que a pressão social de uma norma social não é, claro, uma verdade universal. Algumas formas de coerção jurídica são relativamente ineficazes, em especial quando há penas baixas ou níveis baixos de execução. Por outro lado, algumas das sanções sociais que apoiam as normas sociais parecerão muito mais consequentes para seus alvos do que qualquer coisa que o direito formal puder fazer a eles, especialmente em comunidades unidas e dominadas por atores repetidos[30]. Em certos círculos, por exemplo, ser conhecido como uma pessoa que não paga suas dívidas de jogo era, e talvez continue a ser, uma pena muito pior do que uma mera multa pecuniária ou uma sentença civil. E, dependendo do cenário e do público, uma reprimenda pública por violar uma convenção social pode magoar muito mais do que uma sanção jurídica mais silenciosa.

No contexto do que chamou de liberdade de pensamento e expressão, John Stuart Mill observou esse fenômeno em meados do século XIX em seu ensaio *Sobre a liberdade*[31]. Embora o capítulo 2 de *Sobre a liberdade* seja agora mais conhecido por sua defesa da liberdade de expressão contra a censura governamental, Mill fez questão de enfatizar que a censura por ele chamada "intolerância social" poderia ser muito mais sufocante para a expressão individual e, portanto, muito mais perigosa para o que agora chamamos de "livre mercado de ideias". Na medida em que as pessoas relutam em ser criticadas, marginalizadas, envergonhadas, ridicularizadas ou condenadas ao ostracismo, por exemplo, o peso da opinião pública pode muitas vezes ser tão coercitivo quanto o controle do Estado sobre a máquina formal de compulsão.

No entanto, embora a sociedade às vezes possa fazer cumprir suas normas sem a ajuda do Estado, muitas vezes isso não acontece. E, portanto, frequentemente vemos normas prevalecentes apoiadas por sanções jurídicas, a fim de coagir aqueles para quem as sanções de desaprovação social, vergonha, exclusão e semelhantes são inadequadas. Às vezes, o fato da ilegalidade pode, em alguns lugares e para alguns assuntos, potencializar a condenação social, como parece ter acontecido no exemplo das leis de recolhimento das fezes. Mais frequentemente, entretanto, as normas *produzem* direito. Quando se acredita que a violação da norma atrairá muito pouca condenação ou outra pressão social para alinhar o nível de conformidade com o nível de compromisso da maioria da sociedade com a norma, são promulgadas leis que convertem uma mera norma social em norma com a força do direito. E, em tais casos, vemos o uso do poder direto e coercitivo do direito para fazer cumprir uma norma que atrai alguma, mas não suficiente coerção por meio de sanções não jurídicas. As sanções do direito contra a nudez pública, por exemplo, são adotadas não por causa de uma temida epidemia da prática, mas porque aqueles inclinados a se envolver na prática podem ser aqueles que estariam especialmente propensos a desprezar as sanções sociais não insubstanciais contra ela.

Embora o direito seja usado com grande frequência para proteger as normas sociais estabelecidas contra infratores – as leis contra homicídio, estupro, assalto à mão armada e outros crimes violentos podem ser assim caracterizadas, bem como as leis contra fraude e outras formas de desonestidade flagrante –, ele também é empregado quando há, no máximo, uma norma social fraca contra uma prática que de fato tem consequências socialmente prejudiciais. Ou seja, pode haver leis que são objetivamente desejáveis, mas cuja desejabilidade não é reconhecida pelo público em geral, e não é reconhecida ou é conscientemente ignorada pelo grupo mais imediato ao qual os infratores notadamente pertencem. As leis contra cartéis e divulgação de informações privilegiadas podem se encaixar nesse molde, em parte porque a subcultura profissional à qual normalmente pertencem os membros de cartéis ou os que usam informações é muitas vezes uma subcultura que tolera ou até mesmo incentiva a prática[32]. Neste caso, o constrangimento consiste em ser pego, e não o de se envolver na prática. Isso é verdade em parte porque a maioria das pessoas não sabe o que são essas atividades e, mesmo quando são informadas, não acham que há muito de errado nisso. E, assim, se realmente há algo errado nisso, há poucos motivos para acreditar que a internalização da ilicitude do ato ou a pressão das normas sociais seja provável ou efetiva. E é exatamente neste ponto que as dimensões coercitivas do direito são mais necessárias e, portanto, mais importantes.

É, portanto, útil distinguir os casos em que o direito protege amplamente as normas sociais de cumprimento automático contra perpetradores daqueles em que o direito procura alcançar objetivos substantivos de primeira ordem que são amplamente rejeitados, que são com frequência desvalorizados ou subestimados, ou que incorporam valores que podem ser aceitos em abstrato, mas cuja aceitação é tipicamente mais fraca do que a atração compensatória de ganhos potenciais. Mesmo se as pessoas acreditarem haver razões morais para pagar tributos[33], por exemplo, os ganhos de não pagá-los são grandes o suficiente para que o direito seja necessário para alinhar os incentivos privados com o bem público. A ideia de usar sanções para ajustar o conjunto de motivações dos cidadãos "independentes-de-sanções" foi o impulso básico de Bentham, pois embora ele entendesse, apesar das caricaturas comuns de suas crenças, que as pessoas podiam e tinham motivações altruístas ou referentes ao bem comum, ele entendia o peso relativamente pequeno que essas motivações normalmente carregam quando comparadas às motivações de interesse próprio. Para Bentham, portanto, as sanções do direito eram suplementos motivacionais, e há pouco na prática moderna que indique que ele estivesse errado. Afinal, a evasão fiscal é ilegal, e apenas o fato de que a Internal Revenue Service dos Estados Unidos se esforça para induzir os contribuintes a acreditar que os riscos de sanções são muito maiores do que realmente são[34] é evidência de que as sanções são normalmente necessárias para fazer cumprir até mesmo aquelas leis que as pessoas tendem a ver como fundamentalmente corretas.

10.4. Existe uma norma do direito?

Uma maneira de entender algumas das conclusões dos Capítulos 5 e 6, que tinham um tom cético sobre até que ponto o direito *qua* direito exerce grande influência sobre a motivação humana, é hipotetizar a existência do que poderíamos rotular como uma *norma do direito*, mas concluindo que, empiricamente, tal norma era fraca, pelo menos nos Estados Unidos. H. L. A. Hart observou, corretamente, que a internalização de uma regra – ou norma social, podemos agora acrescentar – pode ocorrer sem coerção. E ele também observou, novamente de maneira correta, que, quando uma regra ou norma era internalizada, sua violação poderia ser a causa de críticas, mesmo que nenhuma outra sanção estivesse em vista[35]. E agora podemos perguntar se existe realmente uma norma de obediência ao direito apenas porque é direito. Se as pessoas respeitarem as filas em parte porque não fazer isso levará à desaprovação social, e nada mais, então o respeito pelo direito tem o mesmo *status*? A violação do próprio direito, por essa razão, é motivo para crítica? Existe uma norma social de respeito ao direito independente de seu conteúdo?

Essa questão claramente nada mais é do que uma reformulação, na linguagem das normas sociais, do argumento analítico básico do Capítulo 4 sobre o que é obedecer ao direito porque é o direito. A violação ao direito *qua* violação ao direito – divorciada do mal de primeira ordem, do conteúdo ou do erro substantivo do comportamento do infrator – em si viola uma norma social da mesma forma que é uma violação comer de boca cheia, não limpar as fezes de seu cachorro, vestir um terno branco no inverno, ou dirigir-se à rainha antes que ela fale com você? Como dissemos nos Capítulos 5 e 6, a resposta a essa pergunta não é autoevidentemente afirmativa. Embora esses capítulos tivessem um enfoque norte-americano patentemente contemporâneo, o que torna impossível generalizar suas conclusões para outros países ou outras épocas, a lição a ser tirada é que, pelo menos nos Estados Unidos contemporâneo, a norma do direito pode muito bem não existir[36]. E talvez esse fato não seja totalmente surpreendente nem necessariamente lamentável. Henry David Thoreau talvez tenha colocado isso da melhor maneira. Ao escrever em justificativa da sua própria desobediência civil e em defesa da frequente sabedoria da prática, ele observou que "não é desejável cultivar o respeito pela lei, tanto quanto pelo correto"[37]. Ao dizer isso, Thoreau não estava fazendo uma afirmação sociológica descritiva, mas defendendo um ponto normativo. Mais de um século e meio depois, no entanto, é plausível suspeitar que, pelo menos em seu país, o que ele desejava que acontecesse pode ter acontecido mais do que poderia ter previsto, e mais do que as pessoas realmente acreditam.

Se Thoreau revelou ter sido tão premonitório que sua afirmação normativa agora é descritivamente precisa, e se, portanto, realmente existe no grupo social muito mais uma norma do correto do que de direito, e se, além disso, há uma norma do correto mais poderosa do que a norma de direito em muitos dos casos em que os dois se chocam, então a necessidade da força coercitiva do direito torna-se ainda mais compreensível. Quando as pessoas têm um forte gosto pelo correto, mas não muito gosto pelo direito apenas porque é o direito, então não deve ser surpresa que elas prefiram o correto ao lícito. Mas se o gosto delas pelo que é certo é frequentemente errado, e se, ao preferirem o certo, elas frequentemente preferem o errado, seja porque elas confundem o que é bom para elas com o que é simplesmente bom, seja porque estão simplesmente moral ou factualmente equivocadas, então as consequências infelizes de uma tendência a preferir o correto ao lícito são óbvias. E, se essas consequências infelizes devem ser evitadas, então as preferências das pessoas por aquilo que elas erroneamente pensam ser o certo precisarão estar mais alinhadas com o que é realmente certo. O direito é vital precisamente por causa da necessidade frequente de persuadir as pessoas a deixar de lado seus próprios julgamentos do correto, com base no fato de que esses julgamentos podem estar errados com mais frequência do que aqueles que os defendem provavelmente acreditarão. Uma norma do direito, se de fato for internalizada, desempenhará essa função de supressão do julgamento com pouca necessidade de sanções ou coerção. E pode haver lugares onde exista apenas essa internalização de uma norma de direito. De que outra forma, afinal, podemos explicar o fenômeno de Finnis ficar obedientemente parado na calçada diante de uma placa de "Não ande", mesmo que não haja veículos ou policiais à vista? Mas o obediente Finnis pode não ser representativo[38]. E assim, quando não há norma alguma do direito, ou apenas uma norma do direito fraca, como parece ser o caso, então o direito *qua* direito precisa da ajuda que apenas um sistema organizado de sanções pode fornecer.

CAPÍTULO 11

A DIFERENCIAÇÃO DO DIREITO

11.1. Um pacote de diferenças

O direito é diferente. Isso parece óbvio, pelo menos de forma superficial. Mas, embora dizer que o direito é diferente seja afirmar o óbvio, às vezes o óbvio precisa ser dito. O que é ensinado na faculdade de direito, por exemplo, é bastante diferente do que é ensinado nas escolas de medicina, nas escolas de pós-graduação em administração ou mesmo nas escolas de políticas públicas. O exame que se deve prestar para se qualificar como advogado testa habilidades diferentes das testadas nos exames necessários para exercer a profissão de contador, de assistente social, de psiquiatra ou de mecânico de automóveis. E os livros que se alinham nas prateleiras de uma biblioteca de direito dificilmente se parecem com os de qualquer outra biblioteca[1]. Além disso, o que os advogados realmente fazem também parece diferente. As pessoas envolvidas em disputas geralmente sabem que devem consultar um advogado e não um contador, e as empresas que buscam ampliar o mercado para seus produtos vão contratar uma agência de publicidade em vez de um escritório de advocacia. E, embora uma maneira de resolver uma disputa seja ir ao tribunal, outra é os disputantes sentarem-se para tomar alguns drinques e resolverem suas divergências. É necessário um advogado no primeiro caso, mas geralmente é preciso mantê-los afastados no último. Essas diferenças são parte dos dados que qualquer descrição satisfatória do fenômeno do direito e, portanto, das características típicas do direito precisa explicar. De fato, mesmo (e talvez especialmente) os que acreditam que a busca pela natureza do direito é uma busca por suas propriedades essenciais aceitam, às vezes explicitamente, mas geralmente de forma implícita, que o direito é, de alguma forma importante, diferente de outras instituições sociais[2]. O direito, ou o sistema jurídico[3], é diferente da ciência militar, da medicina e, talvez mais controversamente, das finanças, da política e das políticas públicas. Mas, independentemente do que o direito seja diferente, ele é claramente diferente de muitas coisas e de muitas instituições sociais, e explicar a fonte e a natureza dessas diferenças é uma tarefa importante da teoria jurídica.

As diferenças do direito se apresentam em muitas dimensões. Em alguns aspectos, as diferenças são sociológicas. A existência de escolas separadas, de associações separadas, de caminhos de carreira separados, de alguma maneira uma linguagem separada e certo número de outras separações fracas e sobrepostas, mas ainda assim reais, entre o direito e outras instituições sociais e agrupamentos evidenciam o que o teórico social Niklas Luhmann chamou de "diferenciação social"[4]. Observamos, assim, o que chamamos de *diferenciação sociológica* do direito. Mesmo se ele fosse muito semelhante em seus métodos (o que não é) e fontes (o que não é) de profissões e outras instituições, o próprio fato de que advogados e juízes agrupem-se uns com os outros e fiquem um tanto quanto separados dos membros de outros segmentos da sociedade não apenas exemplifica a diferenciação, mas também a reforça e a aumenta[5]. Repetindo, é teoricamente possível que tal diferenciação social possa existir ao lado de um conjunto indiferenciado de métodos, procedimentos e fontes, mas essa possibilidade teórica não está representada na realidade do mundo. Realisticamente, o próprio fato da diferenciação social do direito é tanto a causa quanto a consequência da diferenciação dele numa série de outras dimensões também.

Proeminente entre essas outras dimensões está o que podemos chamar de *diferenciação procedimental*. Os processos jurídicos parecem, pelo menos na maioria dos sistemas jurídicos, ser procedimentalmente diferentes dos procedimentos de tomada de decisão empregados em outras instituições sociais e públicas. Quer seja pela resolução definitiva de disputas, quer seja pela realização de julgamentos com decisões cujo efeito de criação do direito se estende além de disputas particulares entre partes específicas, pela exigência de fundamentação para muitas das decisões mais importantes do direito ou pela centralidade do processo adversativo, com sua exigência de notificação e organização típica em duas partes, o cenário processual de argumentação jurídica, de julgamento jurídico e de tomada de decisão jurídica é pelo menos um pouco diferente daquele usado em outros cenários sociais, políticos e de formulação de políticas públicas. Assim, embora o litígio moderno ofereça inúmeras variações e complicações em vista do modelo contraditório básico, não devemos esquecer que o litígio é o dispositivo processual arquetípico do direito e que, no litígio, o número típico de partes é dois, o veredito típico tem um vencedor e um perdedor, o juiz típico é, em teoria, desinteressado no resultado, a decisão típica requer notificação e audiência de todas as partes, e a suposição típica seria que não é apropriado para os juízes decidirem a favor dos autores com base no fato de que tenham decidido contra os mesmos autores nos últimos três processos, e a equidade exigiria que este autor ganhasse ao menos uma de vez em quando. Nenhuma dessas características da tomada de decisão é universal, e há instituições e ambientes públicos e privados legítimos de tomada de decisão que não empregam nenhuma ou empregam apenas algumas delas. E, assim, os processos do sistema jurídico, seja para encontrar os fatos, seja para aplicar o direito a eles, diferem em aspectos importantes dos procedimentos de tomada de decisão do mundo político, de grande parte da regulamentação administrativa e burocrática, do mundo científico e também da investigação policial, e de comandantes militares decidindo sobre estratégia e táticas. Se um cientista deseja determinar se o consumo de álcool aumenta a probabilidade de doença cardíaca, ele não realiza um processo adversativo no qual representantes da indústria de bebidas alcoólicas e da Liga da Temperança* apresentam cada um seu melhor argumento. Na verdade, o próprio absurdo da ideia de tal procedimento dentro da ciência, embora pareça inteiramente normal para o direito[6], ilustra a maneira freqüentemente ignorada pela qual os procedimentos do direito para a tomada de decisão diferem consideravelmente do que encontramos em outros domínios de tomada de decisão.

Mesmo se o direito não fosse tipicamente diferenciado em termos de procedimentos de outros ambientes e instituições de tomada de decisão, ele ainda poderia empregar um método diferenciado de pensamento, raciocínio e tomada de decisão. Por uma questão de paralelismo, podemos chamar isso de *diferenciação metodológica*. A reivindicação de diferenciação metodológica se baseia num conhecimento venerável e ainda convencional, segundo o qual o raciocínio jurídico difere do raciocínio empregado

---

* A chamada "Liga da Temperança" consistiu num esforço organizado, no século XIX e início do século XX, que buscava, em linhas gerais, limitar ou tornar ilegal o consumo de álcool nos Estados Unidos. [N. do T.]

em outras disciplinas e, possivelmente, até mesmo do raciocínio *simpliciter*. Assim, em 1607, o *Chief Justice** Sir Edward Coke, um dos ícones da tradição do *common law*, escreveu, em defesa da insistência de que nem mesmo o rei teria permissão para sentar como juiz num caso jurídico, que, embora "Deus tivesse dotado Sua Majestade com excelente ciência e grandes dotes da natureza", era, no entanto, verdade que "Sua Majestade não era instruída nas leis de seu reino da Inglaterra, e as causas que dizem respeito à vida, ou herança, ou bens, ou fortunas de seus súditos não devem ser decididas pela razão natural, mas pela razão artificial e pelo julgamento do direito, sendo o direito uma arte que requer longo estudo e experiência, antes que um homem possa chegar ao conhecimento dela"[7].

A celebração da "razão artificial" do direito por Coke foi seguida por Matthew Hale, William Blackstone e por muitos outros que não apenas elogiaram o raciocínio do *common law*, mas também insistiram que era uma forma de raciocínio diferente e melhor do que o empregado na maioria das outras instituições seculares de sua época[8]. Hoje em dia, a mesma alegação persiste, com as faculdades de direito, explicitamente nos Estados Unidos e muitas vezes implicitamente em outros lugares, sustentando treinar seus alunos na arte diferenciada de "pensar como um advogado"[9]. Esse pensamento pode envolver a importância das regras, ou a confiança frequente em precedentes, ou o papel especial da autoridade, ou um cuidado particular com a linguagem, por exemplo, e há outros candidatos também. Essas reivindicações de diferenciação metodológica, como as outras fontes

---

* Sir Edward Coke (1552-1634) foi um importante jurista e político britânico, destacando-se pela defesa da limitação dos poderes da Coroa pelo *common law*. Em 1606, época da citação incluída pelo autor, ele era *Chief Justice* da *Court of Common Pleas* e, em 1613, ele foi *Chief Justice of King's Bench*. [N. do T.]

possíveis de diferenciação, não precisam ser, e não são, esferas inteiramente distintas. Diferenciação não é demarcação e, portanto, ela é mais bem entendida como uma concentração diferencial e não como um limite. Decisões de acordo com regras, restrição por precedente e a presença generalizada da autoridade existem e são importantes em alguns domínios de tomada de decisão não jurídica, bem como no direito. E, da mesma forma, o direito emprega formas de raciocínio, de investigação factual e de tomada de decisões que são mais dominantes nele do que em vários ambientes não jurídicos. Todavia o direito pode, entretanto, usar mais, ou com peso maior, regras, precedentes, autoridade e outros artifícios característicos da argumentação jurídica do que é usado em outros domínios. Na medida em que é assim, isso pode explicar muito da diferenciação do direito. A visão de que há algo especial ou melhor sobre o raciocínio jurídico tem, é claro, sido fortemente contestada[10], mas, no momento, podemos simplesmente observar que a alegação de processos de raciocínio diferenciados no direito seria uma forma, se verdadeira, de ser possível distinguir o direito das inúmeras instituições públicas e de tomada de decisão.

Embora as diferenciações sociológicas, procedimentais e metodológicas do direito tenham cada qual a sua importância, grande parte da literatura sobre teoria do direito, pelo menos na tradição filosófica analítica contemporânea, concentra-se em outra forma possível de diferenciação: a *diferenciação quanto à fonte* – uma forma de diferenciação influenciada pela preocupação da jurisprudência analítica com a validade jurídica[11], e, dentro dessa tradição, a visão jurídico-positivista de que "em qualquer sistema jurídico, se determinada norma jurídica é válida... depende de suas fontes, não de seus méritos"[12]. Todas as pessoas em todos os contextos decidem com base em algumas fontes, mas

A DIFERENCIAÇÃO DO DIREITO · 239

não em outras, e assim podemos dizer que a diferenciação quanto às fontes é endêmica à diferenciação social em geral. Afinal, os mecânicos de automóveis baseiam seus diagnósticos no que sabem de fontes sobre automóveis, e não (normalmente) da Bíblia, de livros jurídicos ou de manuais de encanadores. Além disso, as fontes não precisam ser pensadas como residindo exclusivamente em livros. Algumas pessoas baseiam suas decisões, em pequena ou grande parte, no que aprenderam com seus pais, amigos, irmãos ou na barbearia. Na verdade, pode ser melhor pensar em toda a gama de fontes possíveis como *dados de entrada**, uma expressão que conota menos uma sugestão de fontes formais ou escritas. Ainda assim, o termo *fontes* é melhor.

Embora a gama de fontes possíveis de decisão seja vasta, certas fontes de informação e orientação, em alguns domínios, são permitidas e outras não. Para os cientistas, consultar ou desenvolver pesquisas desacreditadas, por exemplo, é ir além de seu universo de fontes permissíveis. Ainda assim, o direito é diferente da ciência, bem como da mecânica de automóveis, e, muito por ser uma instituição baseada na autoridade[13], em que o próprio fato de que algo é direito é, pelo menos para aqueles dentro do sistema, uma razão para segui-lo[14]. E, assim, em direito, mas certamente não em ciência, o papel da autoridade pode tornar relevantes até mesmo aquelas conclusões que o tomador de decisão tem boas razões para pensar como errôneas.

Partindo da premissa de que o direito é, especialmente, mesmo que não exclusivamente, uma empreitada em que a autoridade é relevante, segue-se que é particularmente importante para a tomada de decisão jurídica determinar quais são as autoridades jurídicas legítimas e quais não são. E, portanto, dizer que o direi-

---

* No original, o autor usa a palavra "*inputs*". [N. do T.]

to é diferenciado com base na fonte é dizer que ele é um domínio limitado[15], aquele em que as fontes de informação e orientação permitidas em outras empreitadas são inadmissíveis. A questão de quais fontes são permitidas e quais não são ocupou os teóricos jurídicos por gerações, mas uma maneira de compreender a ideia de Hart da *regra de reconhecimento* consiste em identificar o fenômeno especialmente jurídico de que apenas as fontes, em sentido amplo, que são *reconhecidas* por uma regra de reconhecimento fazem, em primeiro lugar, parte do direito[16].

A questão da diferenciação do direito com base na fonte é importante, mas está um pouco distante das preocupações centrais deste livro. No entanto, embora a ideia particular de diferenciação baseada na fonte possa não ser muito relevante aqui, a própria ideia de diferenciação é. Assim, embora a diferenciação sociológica, procedimental, metodológica e baseada em fontes sejam todas candidatas para explicar a diferenciação do direito, isso também ocorre com a ideia de coerção. Assim, há muito se sustenta, conforme observado no Capítulo 1, que é a coerção que caracteriza o direito, que o distingue e, sobretudo para Austin e outros, que o define. Podemos, então, adicionar a coerção à lista de candidatos para explicar a diferenciação do direito, com consciência do fato de que nenhuma dessas características diferenciadoras precisa ser excludente uma das outras. Se, ao deixar de lado as questões sobre conceitos, naturezas e outras entidades misteriosas, desejarmos simplesmente compreender o fenômeno do direito como o conhecemos e experimentamos, pode muito bem ser que parte ou todo o poder coercitivo do direito, sua diferenciação sociológica, sua diferenciação procedimental, diferenciação metodológica e sua diferenciação quanto às fontes tenham um papel a desempenhar na explicação de como o direito é diferente das outras instituições, públicas e privadas, que definem nossa existência social.

Assim, mesmo se colocarmos de lado a possibilidade de a coerção definir o direito ou ser um componente necessário dele, não há bom senso em recusar-se a reconhecer que ela não é onipresente no direito. A coerção pode, precisamente por causa de sua onipresença, constituir uma parte significativa do que o diferencia de outras instituições públicas, de outros ambientes de tomada de decisão e mesmo de outros empreendimentos humanos baseados na autoridade. Quando entendemos, para repetir e enfatizar, que diferenciação não é demarcação, e que a diferenciação do direito é um dos fatos que uma explicação satisfatória da natureza do direito deve explicar, o papel da coerção na explicação, mesmo que parcialmente, da diferenciação do direito volta ao quadro, e é a essa possibilidade que agora retornamos.

11.2. O assaltante armado – De novo

Ao estabelecer as bases para seu ataque à descrição da natureza do direito centrada na coerção, H. L. A. Hart evocou de forma memorável a imagem do assaltante que "ordena à vítima que lhe entregue a bolsa e ameaça dar-lhe um tiro se ela se recusar"[17]. E, então, ao procurar explicar as deficiências da ênfase de Austin e de outros na força e da negligência deles sobre a capacidade interna do direito de fornecer razões, ele argumentou que o direito não pode ser sensatamente entendido como "a situação do assaltante ampliada"[18]. Na verdade, Hart considerava tão óbvio que enfatizou o argumento anterior por duas vezes (e na mesma sentença) usando a palavra "certamente", um sinal comum de alguém que acredita, por qualquer razão, que nenhum argumento ou evidência real é necessária: "O direito certamente não é a situação do atirador ampliada, e a ordem jurídica certamente não deve ser simplesmente identificada com a compulsão"[19].

Mas, por que não? Vamos conceder a Hart, como devemos, a importância de sua ênfase no caráter sistêmico do direito. Então vamos adicionar uma dimensão sistêmica ao cenário do assaltante armado. E, ao fazer isso, não estamos mais no reino dos exemplos hipotéticos, mas sim no mundo real. Considere, por exemplo, a chamada proteção extorsiva*. Na versão padrão, um empregado (eles tendem a ser chamados de "capangas" em filmes e romances policiais, mas são basicamente empregados pagos) de uma operação do crime organizado vai até o dono de uma pequena empresa e diz que ele deve pagar certa quantia em dinheiro por semana para se proteger contra acidentes de um tipo específico. E os acidentes, como bem se sabe, são aqueles que a organização solicitante do pagamento tem uma capacidade singular de produzir. Incêndios, por exemplo ou roubos ou agressões a clientes e funcionários. A ideia básica é que o pagamento ao chefe do grupo criminoso protege o comerciante, principalmente do próprio chefe do grupo criminoso. E, em outras variações, talvez ainda mais adequadas aos nossos propósitos aqui, o chefe do grupo criminoso exige que o comerciante compre produtos dele ou de seus fornecedores, novamente com a ameaça de consequências desagradáveis para os negócios do comerciante, seu corpo ou sua família, em caso de não cumprimento.

Uma característica interessante da proteção extorsiva, e ainda mais da variação "compre de mim ou de meus fornecedores afiliados", é seu caráter sistêmico. Não estamos mais falando sobre um assaltante solitário pulando de trás dos arbustos e exigindo dinheiro, mas agora temos um líder promulgando um conjunto de regras gerais, exigindo que alguém as siga e ameaçando os supostos seguidores com o "mal", para usar o termo de Austin, no caso de não cumprimento. Além disso, os próprios empregados – os capangas – são instruídos a receber suas ordens, algumas das quais

---

* No original, *"protection racket"*. [N. do T.]

muito provavelmente gerais e não particulares, do chefe do grupo organizado e de mais ninguém. E, assim, o entendimento "tratar as ordens gerais do chefe e de ninguém mais como autoritativas", na maioria dos empreendimentos criminosos coercitivos, funciona de forma muito semelhante a, ou talvez simplesmente *seja* no sentido relevante, uma regra de reconhecimento.

Portanto, se convertermos o assaltante solitário numa organização desse tipo e operando dessa forma, ainda será uma "distorção", para usar a palavra de Hart[20], dizer que se trata de direito? Talvez a proteção extorsiva ou a "família" do crime organizado não seja direito, mas por que não? A resposta rápida é que esse sistema de regras e autoridade não existe dentro do Estado e que o direito é, por definição, uma criação do Estado. Na verdade, isso foi assumido por Austin, assim como por outros, ao conectar sua concepção de direito com o fato e a ideia de soberania. E, mais uma vez, podemos ver que o simples relato de Austin de um fato óbvio, como acontece com sua conexão entre direito e coerção, pode ter contido mais do que um germe de verdade. Afinal, em muitos aspectos, o direito da máfia, bem como as regras da National Football League, as regras do Marylebone Cricket Club[21] e as regras da Organização Mundial do Comércio contêm regras primárias e secundárias, regras de reconhecimento e internalização por membros e funcionários. Assim, a única coisa que torna o uso da palavra direito, nesses contextos, metafórico e não literal é precisamente a conexão com o Estado[22]. Há uma diferença entre o Estado e uma organização dentro do Estado, como a (britânica) Football Association, uma organização entre Estados, como a OMC, ou uma organização ilegal, como a Máfia, mas, uma vez que notemos a diferença, pode haver pouco mais a dizer. Na verdade, se dissermos muito mais, podemos acabar sendo mais enganosos do que úteis, porque, de maneira importante, o que agora é chamado de direito não estatal talvez seja mais bem entendido simplesmente como direito[23]. Ponto. Todavia talvez as coisas tenham um pouco mais de nuanças do que o que se apresenta, por isso pode ser útil abordar o tópico cada vez mais visível do direito não estatal.

11.3. Direito não estatal

Então, o que significa dizer que existe um direito "não estatal"? Significa, em grande parte, que todas as características que normalmente ou mesmo de forma universal vemos nos sistemas jurídicos dos Estados modernos são representadas em grande número de associações, organizações e instituições cujas fronteiras físicas não são aquelas do Estado e isso pode, às vezes, mas não necessariamente, reivindicar jurisdição sobre apenas um número limitado de atividades. Às vezes, como acabamos de observar, essas são associações privadas. Às vezes, são organizações religiosas, especialmente hierárquicas, como a Igreja Católica. Às vezes, são empresas que, afinal, também têm regras primárias e secundárias, regras de reconhecimento e funcionários que têm o ponto de vista interno a respeito dessas regras. Às vezes, são organizações transnacionais *de* Estados, como acontece com a OMC, as Nações Unidas e a União Europeia. Às vezes, são grupos que costumavam ser Estados, ou gostariam de ser Estados, mas agora existem dentro das fronteiras e sob o controle de Estados, como acontece com as tribos indígenas nativas nos Estados Unidos e no Canadá. E às vezes são organizações, como a Máfia e a Al--Qaeda, cujo próprio direito é ilegal segundo as leis dos Estados dentro dos quais elas existem fisicamente.

Observar que as organizações como as que acabamos de listar parecem ter sistemas jurídicos não é negar a importância da própria ideia de Estado. Liechtenstein é menor e menos poderoso, em quase todas as dimensões, do que a General Motors, o Banco Mundial e até mesmo o Comitê Olímpico Internacional, mas o próprio *status* de Liechtenstein como um Estado, e a extensão em que o mundo aceita sua jurisdição sobre um pedaço particular do planeta, é de indubitável importância. Ademais, é ampla e propriamente aceito que Estados têm sistemas jurídicos e que os limites do Estado são coextensivos com os limites de seus específicos sistemas jurídicos[24]. Independentemente do que seja ou não seja o direito de Liechtenstein, não é o direito do Uruguai, e todos os cidadãos e agentes públicos de Liechtenstein e do Uruguai reconhecem esse hoje óbvio fato sobre a forma como o mundo está dividido.

Contudo, embora todos os Estados tenham seus próprios sistemas jurídicos, e embora algumas pessoas possam acreditar que faz parte da própria definição de um Estado ter seu próprio sistema jurídico, parece um erro dar muita importância às conexões entre sistemas jurídicos e Estados. Todos os Estados que conhecemos têm sistemas jurídicos de um tipo ou de outro, mas decididamente não é um corolário lógico desse fato que apenas os Estados tenham sistemas jurídicos. O direito não estatal não é como o xadrez sem a rainha nem como o futebol com nove jogadores de cada lado ou um jantar sem sobremesa – variantes bastardas de um caso central aceito. Ou, se for, precisamos de uma explicação do porquê, e não simplesmente do *ipse dixit*, em que o governo ou a governança do Estado faz parte da definição de direito. E então talvez seja melhor simplesmente dizer que existem casos centrais e marginais de Estados e casos centrais e marginais de sistemas jurídicos, mas que não é necessariamente verdade que o que é o caso central do primeiro deva ser definido em termos do caso central deste último.

O mesmo poderia ser dito sobre reivindicações de jurisdição abrangente. Geralmente, os sistemas jurídicos dos Estados pretendem regular todas as atividades de seus cidadãos. E, normalmente, os sistemas de regras de organizações não estatais, não. Mas as reivindicações judiciais da OMC, da ONU e mesmo da UE não são universais. Na verdade, nem o são as cláusulas jurisdicionais dos governos nacionais dentro de sistemas federais fortes, como o dos Estados Unidos. Por outro lado, os sistemas de regras da maioria das organizações religiosas, da maioria das tribos indígenas e de muitas organizações ilegais fortemente unidas, como a Máfia, reivindicam um amplo grau de controle sobre a vida de seus membros. Os membros do Marylebone Cricket Club podem dizer que a vida profissional e privada deles não é da conta da MCC, mas suspeitamos que as coisas sejam diferentes para a Máfia e seus membros. E, portanto, embora possa ser verdade que a maioria dos sistemas governamentais ou quase-governamentais que normalmente chamamos de "direito" tem pretensão jurisdicional abrangente e a maioria das organizações baseadas em regras complexas das quais negamos o rótulo de "direito" não, é um erro supor que a juridicidade e a abrangência sejam congruentes. Em consequência, podemos novamente aprender mais observando quanto as organizações não estatais usam o direito, ou simplesmente *são* direito, do que fingindo que não o são.

11.4. E, assim, sobre a coerção

Uma característica óbvia de todas as organizações não estatais acima, novamente lembrando uma das lições de Austin, é que sua existência requer a aquiescência de um ou mais Estados. E como Austin falou de um soberano cujos comandos devem ser obedecidos de forma habitual, mas que tal soberano não deve obediência a ninguém[25], nenhuma dessas organizações ou sistemas teriam contado como direito para ele. Além disso, com exceção da ONU, nenhuma dessas organizações, pelo menos as lícitas, tem exército ou polícia. Um jogador de hóquei que se recusa a ir para a área do pênalti após ter sido citado por uma infração pode ser expulso do jogo, de seu time ou mesmo da liga, mas se os árbitros tentarem usar a força física para colocá-lo na penalidade da caixa*, são eles que serão culpados de agressão e talvez de cárcere privado, segundo o direito estadual**, o qual se sobrepõe ao direito da National Hockey League***.

Que o direito da National Hockey League esteja sujeito às leis de Ontário e do Canadá, entre outras, mas que as leis de Ontário e do Canadá não estejam sujeitas às leis da National Hockey League é importante no sentido austiniano. Mas pode não ser de outra forma tão importante. Afinal, a Província de Ontário também tem um departamento de polícia em razão do Canadá, assim como a cidade de Toronto tem um departamento de polícia em razão da Província de Ontário. E várias organizações privadas têm serviços de segurança ou mesmo departamentos de polícia autorizados pelo Estado a usar a força, como acontece com as forças policiais em muitos *campi* universitários norte-americanos e com os serviços de segurança privada altamente capacitados na África do Sul e em outros países. Portanto, em teoria, ou ao menos em teoria *jurídica*, não há o que impeça o Canadá de permitir que os árbitros da National Hockey League carreguem

---

* No hóquei no gelo, *"penalty box"* (expressão usada no original) é uma penalidade em que o jogador é obrigado a ficar numa área, esperando certo tempo passar para voltar ao jogo (durante o período da penalidade, seu time fica com menos um jogador). [N. do T.]

** Nos Estados Unidos, esse tipo de infração penal é criado pelos Estados-membros da Federação Norte-Americana, ao contrário do Brasil, em que a competência para dispor, por lei, sobre direito penal é da União (art. 22, I, da Constituição de 1988). [N. do T.]

*** Trata-se da instituição privada que organiza o campeonato de hóquei no gelo mais importante dos Estados Unidos e Canadá. [N. do T.]

armas e usem a compulsão física para forçar jogadores recalcitrantes a entrar na área da penalidade da caixa e que imponham restrições físicas para mantê-los lá[26].

Uma vez que reconhecemos a possibilidade até mesmo de força coercitiva legítima fora da esfera do Estado nacional, e agora que já reconhecemos que outras instituições além dos Estados ou suas subdivisões podem ser organizadas com regras primárias e secundárias e com a internalização de uma regra de reconhecimento, a busca pelas características diferenciadoras do direito torna-se mais elusiva. Poderíamos dizer – com Austin e, de fato, com nosso amigo, o homem do ônibus de Clapham – que o direito é, por definição, uma criatura do Estado nacional, e que considerar os sistemas de regras da Máfia e da American Contract Bridge League como direito é um exercício metafórico e não literal. Mas, se fizermos isso, nos encontraremos de volta a um dos tradicionais conceitos diferenciadores do direito: a instituição que organiza o que parece ser o fato claro do monopólio do Estado sobre o uso legítimo da força. O fato de ter sido Max Weber quem entendeu o direito nesses termos é notável porque ele era, afinal, um sociólogo[27]. Se atribuímos assim uma dimensão sociológica ao entendimento de Weber sobre o direito, nos encontramos com uma diferenciação entre o direito e outras instituições normativas que captura uma realidade contingente e um entendimento popular, mesmo que não seja aquele que diferencia o direito em termos de condições necessárias e suficientes, e mesmo que não forneça uma demarcação nítida entre o direito e outras instituições.

O fato de o entendimento weberiano falhar em demarcar o direito, no sentido de traçar uma fronteira nítida entre o direito e o não direito, deveria ser motivo de pouca preocupação. Novamente, diferenciação não é demarcação[28], como Edmund Burke nos lembrou ao observar que, "embora nenhum homem possa traçar uma linha entre os confins da noite e do dia, ainda assim a luz e a escuridão são, em geral, toleravelmente distinguíveis".

Os filósofos continuam a lutar contra o Paradoxo de Sorites* e procuram explicar a imprecisão de Sorites (que não é a única forma de imprecisão) e de fenômenos relacionados, mas aceitam universalmente que a incapacidade de traçar uma linha precisa não é fatal para a existência de uma distinção utilizável entre o calvo e o cabeludo[29], o alto e o baixo, o gordo e o magro, e entre os girinos e as rãs, ainda que não possamos identificar o ponto preciso de demarcação entre os membros de qualquer um desses pares. O fato de as fronteiras serem inelutavelmente confusas não as torna, como Burke notou, uma distinção sem valor.

E assim é com a diferença entre direito e não direito. O fato de não haver demarcação entre o que é direito e o que é não direito não significa que não haja diferenciação. Mas essa diferenciação não precisa ocorrer em apenas uma dimensão. Como observado acima, o direito pode ser diferenciado em termos de

---

* O Paradoxo de Sorites lida com um problema gerado por um raciocínio cujas premissas aparentemente são verdadeiras e que parece ser logicamente válido, mas que pode levar a uma conclusão falsa. Ao que parece, foi o filósofo grego Eubulides quem criou esse paradoxo, usando o exemplo de um monte de grãos de areia. O tema foi ignorado por séculos por filósofos e retomado no século XX. Usualmente, o exemplo usado é o referente a homens calvos. Se temos um homem sem qualquer fio de cabelo na cabeça, podemos dizer que ele é calvo. Se for adicionado um fio de cabelo, ele continua a ser calvo. Se for adicionado mais um fio, idem. Se alguém com n fios de cabelo é calvo, então uma pessoa com $n + 1$ é calvo. Esse tipo de argumento indutivo é um paradoxo porque pode levar a uma conclusão falsa. Afinal, aplicando a mesma ideia, podemos chegar a uma situação em que alguém com 10.000 fios de cabelo (9.999 + 1) seria considerada calva, o que não pode ser aceito. Para ampliar, vide: "Sorites", *Enciclopédia de termos lógico-filosóficos*, João Branquinho, Desidério Murcho, Nelson Gonçalves Gomes, eds. (São Paulo: Martins Fontes, 2006), pp. 713-21; e Dominic Hyde e Diana Raffman, "Sorites Paradox", *The Stanford Encyclopedia of Philosophy* (Summer 2018 Edition), Edward N. Zalta, ed., https://plato.stanford.edu/archives/sum2018/entries/sorites-paradox/. [N. do T.]

seus métodos, procedimentos, fontes e composição social. Porém também pode ser diferenciado por causa de sua dependência da força bruta e por estar sujeito à força bruta pode ser, de forma importante para a maioria das pessoas, não opcional. Podem-se evitar as dimensões coercitivas da American Contract Bridge League e da Igreja Católica de forma simples (ou, no último caso, talvez de modo não tão simples, dependendo das visões teológicas, o que é melhor deixar de lado aqui), saindo de sua jurisdição. Todavia não posso simplesmente deixar as dimensões coercitivas das leis da Commonwealth of Virginia ou dos Estados Unidos da América, e, mesmo que pudesse fazê-lo, ainda estaria dentro do alcance coercitivo de outro sistema jurídico. *Terra nullius*, ou pelo menos *terra nullius* habitável, não existe mais. Não há lugar no mundo onde se possa escapar do direito, embora sua presença seja mais sentida em alguns lugares do que em outros. E por causa da própria inescapabilidade do direito, sua capacidade coercitiva é amplamente obrigatória[30].

Com efeito, um dos fatos a que uma explicação do direito deve se adequar é o fato da falha humana. É verdade que as estruturas jurídicas que nos permitem fazer contratos, redigir testamentos, criar empresas, preservar a propriedade e muito mais exibem o direito em seu modo atributivo de poderes, um modo cuja conexão com o progresso e o desenvolvimento humanos é difícil de negar. E é verdade que mesmo uma comunidade de anjos precisaria do direito para servir a funções importantes de organização, planejamento e coordenação[31]. Mas também é verdade que o direito desempenha um importante, e talvez excepcionalmente importante, papel de restrição. Esse papel, no entanto, não se limita ao papel do direito em evitar que pessoas más façam coisas ruins, por mais importante que esse aspecto dele possa ser. Talvez mais importante, o direito impede que pessoas boas façam o que *pensam* que são coisas boas por bons motivos. O direito faz isso em parte porque vivemos num mundo complexo no qual o bem coletivo é frequentemente mal servido por indivíduos que buscam seus próprios interesses. Mas, ainda mais, vivemos num mundo em que as coisas boas que pessoas boas com bons motivos pensam que estão fazendo muitas vezes não são tão boas quanto pensam que são. O fato de 80% dos motoristas acreditarem que têm habilidades de direção acima da média não tem que ver com dirigir, mas sim com a tendência bem documentada das pessoas de terem grande confiança em suas próprias habilidades e julgamentos, uma confiança frequentemente injustificada[32]. Uma função importante do direito, portanto, é restringir até mesmo os julgamentos bem-intencionados de pessoas bem-intencionadas. E é nessa capacidade que o direito pode mais precisar contar com seu poder coercitivo, porque pode ser especialmente improvável que as pessoas que superestimam a solidez de seus próprios julgamentos os subjuguem aos ditames não impostos do direito. Como Bentham poderia ter colocado, as motivações das pessoas precisam ser ajustadas para levar em consideração e compensar o otimismo injustificado que elas muitas vezes têm na solidez de seus próprios julgamentos.

Assim terminamos onde começamos. O direito faz com que as pessoas façam coisas que não querem fazer. Um Estado ou uma comunidade que se vê, ou mesmo vê todas as suas instituições de governo, apenas neste papel restritivo, sem dúvida seria um lugar deprimente e desagradável para se viver. Estados e comunidades têm papéis positivos e fortalecedores, além de restritivos. Mas, embora o Estado tenha papéis positivos e negativos a desempenhar, é um erro presumir que os objetivos do direito sejam ou deveriam ser coincidentes com os objetivos do Estado, ou com os objetivos de uma comunidade, ou de qualquer outra unidade governamental ou coletividade dentro da qual existe direito. Assim como existem diferentes ferramentas para diferentes funções – é possível, mas não recomendável, pregar um prego com uma chave de fenda ou um parafuso com um martelo –, também existem diferentes formas de governança e diferentes formas de organização social, sendo que nem todas são igualmente boas no desempenho de todas as tarefas de que uma comunidade precisa[33]. O direito pode ser melhor em algumas coisas do que em outras, e outras instituições podem ser melhores em algumas coisas do que o direito. E, se uma das funções que o direito pode desempenhar melhor do que outras instituições é a restrição, então podemos entender por que o homem do ônibus de Clapham não está muito errado ao ver a dimensão coercitiva do direito como especialmente saliente.

Ao igualar o direito à coerção – a ameaça de punição ou algum outro "mal" –, Austin estava simplesmente errado. O direito faz muito mais do que controlar, ameaçar, punir e sancionar, e o direito nem sempre precisa da coerção para fazer o que pode. Mas o fato de que a coerção não seja tudo sobre o direito, e que sequer ela seja definitória do direito, não quer dizer que nada dela seja direito ou que se trate de uma parte sem importância do direito. Colocar o aspecto coercitivo do direito à margem do interesse teórico é perverso. E, assim, adotar uma concepção de filosofia do direito que facilite esse rebaixamento é ainda mais perverso.

11.5. Coda: o ponto de tudo isso

Compreender por si só é valioso. Muito do empreendimento da jurisprudência busca simplesmente enriquecer nossa compreensão do fenômeno do direito, sem pretender prescrever coisa alguma àqueles que fazem o direito, seguem-no ou julgam dentro dele. E é assim que deve ser, pelo menos enquanto considerarmos o empreendimento acadêmico em si, do qual a jurisprudência faz parte, como um esforço que vale a pena.

Dito isso, no entanto, um efeito colateral prático potencial, mas frequentemente negligenciado, da investigação jurisprudencial está no nível do desenho institucional. O direito não é a totalidade da organização política ou sociológica. Ele faz certas coisas e deixa algumas para outros. O direito é bom em determinadas tarefas e deficiente em outras. E, portanto, um trabalho importante para um desenho institucional informado pelo direito é determinar quais papéis sociais devem ser preenchidos por instituições jurídicas e quais não devem.

Compreender a realidade da diferenciação do direito nos ajuda a assumir essa tarefa de desenho institucional. Mais especificamente, pelo menos no contexto deste livro, examinar a estreita relação entre o direito e a coerção nos ajuda a entender em que o direito é bom e no que ele é intrinsecamente deficiente. Sim, é teoricamente possível que o direito desempenhe um papel (público) persuasivo, por exemplo, mas a persuasão é um papel que pode ser desempenhado de forma mais realista, desejável e eficaz por outros meios. Da mesma forma, há um lugar para instituições concebidas em torno da realidade da cooperação, da realidade da coordenação e da realidade da busca de boa-fé por objetivos comuns, mas, quando isso não é plausível, a capacidade coercitiva do direito pode se tornar especialmente importante.

Na verdade, se uma sociedade presumir muito rapidamente que as pessoas e os agentes públicos seguirão o direito apenas porque é o direito, essa sociedade pode descobrir que confiar demais numa suposição empírica injustificada de internalização do direito e confiar muito pouco na dimensão coercitiva do direito produzirá instituições imperfeitas e pouco adequadas aos objetivos a que se destinam.

E, assim, focar no lado coercitivo do direito nos ajuda a entender por que e quando podemos precisar do direito, e por que e quando o direito pode fazer coisas que outras instituições políticas e outras formas de organização social não podem. Este não é um livro sobre desenho institucional e isso nos afastaria muito do nosso propósito de explorar exatamente quais funções são mais bem atendidas pelo direito em sua capacidade coercitiva. Mas se ignorarmos ou menosprezarmos essa capacidade, ou mesmo pensarmos que explorá-la não faz parte de um empreendimento teórico ou filosófico, podemos perder parte da compreensão do direito que nos ajuda a ver quando usar o direito é sábio – e quando não é.

NOTAS

1. INTRODUÇÃO: A FORÇA DO DIREITO

1 O Capítulo 9 examina se existem distinções relevantes entre sanção, força, coerção, compulsão, e as várias outras ideias e termos que habitam a mesma vizinhança conceitual. Por agora essas palavras serão usadas mais ou menos de forma intercambiável, dependendo do contexto, mas sem intenção ainda de marcar as diferenças entre elas.

2 H. L. A. Hart, *The Concept of Law*, 3. ed., Penelope A. Bulloch, Joseph Raz & Leslie Green (eds.), Oxford: Oxford University Press, 2012 (primeira edição, 1961).

3 Leslie Green, "Positivism and the Inseparability of Law and Morals", *New York University Law Review* 83 (2002), pp. 1035-1058, p. 1049. De igual modo, ao comentar o argumento de Hart contra os que veem o direito como "a situação do pistoleiro ampliada" (Hart, *Concept of Law*, pp. 6-7), John Gardner descreve a posição focada na sanção contra a qual Hart argumenta como "tristemente... familiar". John Gardner, "How Law Claims, What Law Claims", *in:* Matthias Klatt, *Institutionalized Reason*: The Jurisprudence of Robert Alexy (Oxford: Oxford University Press, 2012), pp. 29-44, p. 37. No mesmo sentido, Jules Coleman, em *The Practice of Principle*: In Defense of a Pragmatist Approach to Legal Theory (Oxford: Oxford University Press, 2001), sustenta que a "jurisprudência é o estudo de como o Direito assegura o cumprimento individual em relação aos direitos e deveres que cria por suas diretivas" (p. 72). E veja também, na mesma linha, P. M. S. Hacker, "Sanction Theories of Duty", *in:* A. W. B. Simpson ed., *Oxford Essays in Jurisprudence (Second Series)* (Oxford: Oxford University Press, 1973), pp. 131-170; e D. N. MacCormick, "Legal Obligation and the Imperative Fallacy", *in* Simpson, *Oxford Essays*, pp. 100-130, o último descrevendo o foco em imperativos fundados em ameaças de uso da força como "uma das perenes e persistentes falácias na filosofia do direito" (p. 101).

4 A natureza constitutiva do direito é extensamente discutida no Capítulo 3.

5 Ver, por exemplo: Scott J. Shapiro, *Legality*, Cambridge, MA: Harvard University Press, 2011. O autor escreve: "parece-me um erro [...] considerar as sanções como sendo um aspecto necessário do direito. Não há nada de inimaginável sobre um sistema jurídico sem sanção" (p. 169). E continua: "não concordo com a tese de que o direito necessariamente use a força" (pp. 175-76).

6 Ver Frederick Schauer, "Hart's Anti-Essentialism", in Andrea Dolcetti, Luis Duarte d'Almeida & James Edwards (eds.), *Reading H. L. A. Hart's "The Concept of Law"*, Oxford: Hart Publishing, 2013, pp. 237-46.

7 Ver: Shapiro, Legality. O autor sustenta que "descobrir a natureza de uma entidade é em parte descobrir aquelas propriedades que ela necessariamente tem... Assim, descobrir a natureza do direito [...] seria em parte descobrir suas propriedades necessárias, aquelas propriedades que o direito não pode deixar de ter".

8 Joseph Raz, *The Authority of Law:* Essays on Law and Morality, Oxford: Clarendon Press, 1979, pp. 104-5. Afirmações similares podem ser encontradas em Julie Dickson, *Evaluation and Legal Theory*, Oxford: Hart Publishing, 2001, pp. 17-25.

9 Ver Frederick Schauer, "On the Nature of the Nature of Law", *Archiv für Rechts- und Sozialphilosophie* 98, 2012, pp. 457-67. Ver também o Capítulo 3.

10 Que nossas palavras e nossos conceitos, e mesmo o fenômeno a que eles se referem, podem ser entendidos não em termos de propriedades essenciais, mas, em vez disso, com referência a um conjunto de propriedades conectadas por nada mais do que uma "semelhança familiar", essa é uma afirmação notavelmente associada a Ludwig Wittgenstein, que usou o exemplo dos jogos para demonstrar a existência de conceitos resistentes a uma definição, pelas suas propriedades necessárias e suficientes. Ludwig Wittgenstein, *Philosophical Investigations*, 4. ed., G. E. M. Anscombe, P. M. S. Hacker & Joachim Schulte (trad.), Oxford: Basil Blackwell, 2009, § 66. Com relação a esse tema, Max Black (em *Problem of Analysis*, Londres: Routledge & Kegan Paul, 1954) e John Searle (em "Proper Names", *Mind* 67, 1958, pp. 166-73) propuseram a ideia relacionada de "conceito conjunto", cuja aplicação é função não de um critério necessário ou suficiente, mas, ao contrário, de uma listagem ponderada de critérios, nenhum deles necessário ou suficiente. Depois, Searle (em *Intentionality:* an Essay in the Philosophy of Mind, Cambridge, UK: Cambridge University Press, 1983, pp. 231-61), refinou e elaborou amplamente a ideia, como uma resposta à crítica de Saul A. Kripke (em *Naming and Necessity*, Cambridge, MA: Harvard University Press, 1980). A ideia é mais bem capturada pela metáfora de Wittgenstein (*Philosophical Investigations*, § 67): os componentes de um conceito não são como elos de uma corrente, em que cada um é essencial de tal modo que a remoção de um elo destrói a corrente, mas como fios numa corda, que se interligam e se sobrepõem, mas nenhum fio corre por todo o comprimento da corda.

A crítica mais proeminente da semelhança de família é a de Bernard Suits (em *The Grasshopper:* Games, Life and Utopia, Boston: David R. Godine, 1990, publicado originalmente em 1978). Ver, mais recentemente: Colin McGinn, *Truth by Analysis:* Games, Names, and Philosophy, New York: Oxford University Press,

2011. Entre os conhecidos defensores contemporâneos da análise conceitual fundada na existência de condições necessárias e suficientes inclui-se Frank Jackson, *From Metaphysics to Ethics: A Defense of Conceptual Analysis*, Oxford: Oxford University Press, 1998. Joseph Raz (in: "Can There Be a Theory of Law?", in: Martin P. Golding & William A. Edmundson, *The Blackwell Guide to the Philosophy of Law and Legal Theory*, Oxford: Blackwell, 2005, pp. 324-42) defende a busca pelas propriedades essenciais do direito e descarta o foco na semelhança de família como um todo (e considera irrelevante para a jurisprudência) na semântica.

Não é o momento de debater a solidez das ideias da semelhança familiar, de conceitos-conjunto e visão essencialista ou não essencialista das nossas palavras, dos nossos conceitos, do fenômeno ao qual essas palavras e esses conceitos estão relacionados. Retomaremos essas ideias no Capítulo 3. É interessante notar, neste momento, contudo, que mesmo se Wittgenstein, Searle e outros não essencialistas estivessem errados, seja no que diz respeito a jogos em particular ou à linguagem e a conceitos em geral, a compreensão da natureza do fenômeno social que é o direito pode ainda não ser mais bem iluminada por um enfoque que insista muito nas propriedades necessárias, e não nas propriedades típicas do direito.

11 Para uma forte defesa de tal (estreita) concepção de filosofia, ver: McGinn, *Truth by Analysis*. Um exemplo particularmente vívido dessa posição, com especial referência à filosofia do direito, é a citação de Raz, em *The Authority of Law*. O entendimento de Raz de que a tarefa da filosofia é estreita não é necessariamente falho, mas neste momento, em que a filosofia contemporânea é em boa parte empírica, e por vezes até mesmo experimental, é útil reconhecer que a concepção dele de filosofia, de forma alguma idiossincrática para ele (ver McGinn, *Truth by Analysis*), não é universalmente (ou talvez mesmo substancialmente) aceita mesmo por filósofos profissionais. Ver: Brian Leiter, "The Demarcation Problem in Jurisprudence: A New Case for Scepticism", *Oxford Journal of Legal Studies* 31, 2011, pp. 663-77; William Ramsey, "Protoypes and Conceptual Analysis", Michael R. DePaul & William Ramsey (eds.), *Rethinking Intuition: The Psychology of Intuition and Its Role in Philosophical Inquiry*, Lanham, MD: Rowman & Littlefield, 1998, pp. 161-78.

12 "Carta de Oliver Wendell Holmes Jr. a Harold J. Laski (5 de janeiro de 1921)", in: *The Holmes-Laski Letters*, Mark De Wolfe Howe (ed.), Cambridge, MA: Harvard University Press, 1953, v. 1, p. 300.

13 A questão chegou até nós por meio de Platão, em: *Apology, Crito, Euthyphro* e *Phaedo*, Harold North Fowler (trad.), Cambridge, MA: Harvard University Press/Loeb Classical Library, 1914. Importantes comentários históricos e filosóficos aparecem em: Reginald E. Allen, *Socrates and Legal Obligation*, Minneapolis: University of Minnesota Press, 1980; Thomas C. Brickhouse & Nicholas D. Smith, *Socrates on Trial*, Princeton: Princeton University Press, 1989; I. F. Stone, *The Trial of Socrates*, Boston: Little, Brown, 1988; Robin Waterfield, *Why Socrates Died: Dispelling the Myths*, New York: W. W. Norton, 2009; A. D. Woozley, *Law and Obedience: The Arguments of Plato's Crito*, London: Duckworth, 1979.

14 Ver Capítulo 5.

15 Ver Capítulos 6 e 7.

16 Os filósofos do direito gastam muito tempo e tinta na questão da normatividade do direito – a questão se e como o direito pode exercer força normativa não redutível à força moral do direito ou à obrigação moral de obedecer ao direito apenas por ser o direito. Junto com outros, e como será explorado e explicado nos capítulos 4 e 5, acredito que a questão da normatividade do direito com frequência é impropriamente conceitualizada, e, quando propriamente estruturada e entendida, é menos consequente do que muitos teóricos supõem. Ver: Brian Bix, "Kelsen and Normativity Revisited", *Festschrift for Stanley L. Paulson*, Carlos Bernal & Marcelo Porciuncula (eds.), Madri: Marcial Pons, 2014; David Enoch, "Reason-Giving and the Law", *Oxford Studies in the Philosophy of Law*, v. 1, Leslie Green & Brian Leiter (eds.), 2011, pp. 1-38; Torben Spaak, "Plans, Conventions, and Legal Normativity", *Jurisprudence* 3, 2012, pp. 509-21.

17 Essas questões compreendem a maior parte dos Capítulos 5 e 6, em que dimensões empíricas do problema possuem papel proeminente, e a pesquisa em ciência social é o foco da questão.

18 Ver Capítulo 8.

19 Ver Joshua D. Blank & Daniel Z. Levin, "When Is Tax Enforcement Publicized?", *Virginia Tax Review* 30, 2010, pp. 1-37.

20 Ver, por exemplo: Jacques Derrida, "The Force of Law: The Mystical Foundation of Authority", *Cardozo Law Review* 11, 1990, pp. 919-1045; Ronald Dworkin, *Law's Empire*, Cambridge, MA: Harvard University Press, 1986, p. 111; Ekow N. Yankah, "The Force of Law: The Role of Coercion in Legal Norms", *University of Richmond Law Review* 42, 2008, pp. 1195-255. A aula inaugural de Arthur Ripstein na Antuérpia, em 2 de novembro de 2012, teve o título "The Law of Force and the Force of Law".

21 Robert M. Cover, "Violence and the Word", *Yale Law Journal* 95, 1986, pp. 1601-29. Como no caso de Cover, descrever o uso da força pelo direito como "violência" ocorre tipicamente como um caso de ceticismo ou antipatia pelo direito e pelo que faz.

22 A filósofa Elizabeth Anscombe apontou como característica do direito a "violência atual ou ameaça de violência", em: "On the Source of the Authority of the State", in: *Authority*, Joseph Raz (ed.), New York: New York University Press, 1990, pp. 142-73; o antropólogo E. Adamson Hoebel definiu o direito incluindo a "aplicação de sua força física", em: *The Law of Primitive Man: A Study in Comparative Legal Dynamics*, Cambridge, MA: Harvard University Press, 1954, p. 28; o sociólogo Max Weber caracterizou o direito em termos de monopólio do uso legítimo da força, em: "Politics as Vocation" (1919), *From Max Weber*: Essays in Sociology, H. H. Gerth & C. Wright Mills (eds.), New York: Oxford University Press, 1946, pp. 77-128; o filósofo do direito Hans Kelsen descreveu o direito como uma "ordem coercitiva" que monopoliza "o uso da força", em: "The Law as a Specific Social Technique", in: Hans Kelsen, *What Is Justice? Justice, Law, and Politics in the Mirror of Science*, Berkeley: University of California Press, 1957; e o teórico do direito Rudolph von Ihering insistiu que não pode haver "direito [...]

sem coerção", que a "coerção [...] faz o Estado e o Direito" e que "o direito sem força é um nome vazio", em *Law as Means to an End*, Isaac Husik (trad.), Boston: Boston Book Company, 1913, pp. 73, 176, 190. Ver também: M. D. A. Freeman: "É bastante realista considerar o policial como a última marca do processo legal" (*Lloyd's Introduction to Jurisprudence*, 7. ed., Londres: Sweet & Maxwell, 2001, p. 217). Também tem sido observado que uma longa linha de grandes filósofos, incluindo Spinoza, Kant e outros, entende o direito como "a ordenação da conduta humana por meio da coerção" (Huntington Cairns, *Legal Philosophy from Plato to Hegel*, Baltimore: Johns Hopkins University Press, 1949, p. 277).

23 Thomas Hobbes, *Leviathan*, Richard Tuck (ed.), Cambridge, INGL.: Cambridge University Press, 1991 (1649), cap. 17.2, p. 117.

24 James Fitzjames Stephen, *Liberty, Equality, Fraternity*, Chicago: University of Chicago Press, 1991, p. 200 (primeira edição, 1873).

25 Ver notas 2 a 5. A exceção é Ronald Dworkin, que toma a capacidade do direito de usar o poder coercitivo como ponto de partida para um entendimento que tornaria o exercício desse poder política e moralmente legítimo. "Uma concepção do direito deve explicar como o que é preciso para ser direito oferece uma justificativa para o exercício do poder coercitivo pelo Estado" (*Law's Empire*, Cambridge, MA: Harvard University Press, 1986, p. 188). Num contexto mais geral de autoridade política, ver também Arthur Ripstein, para quem "a pretensão de autoridade do Estado é inseparável da razão da coerção" ("Authority and Coercion", *Philosophy and Public Affairs* 32, 2004, p. 2).

26 Em anos recentes, outros têm contribuído para o projeto de recuperar a coerção do exílio jurisprudencial para o qual ela foi banida. Ver: Matthew Kramer, *In Defense of Legal Positivism:* Law without Trimmings, Oxford: Clarendon Press, 1999; Kurt Gerry, "The Role of Coercion in the Jurisprudence of Hart and Raz: A Critical Analysis", in: papers.ssrn.com/sol3/papaers.cfm?abstract_id=1911249; Joshua Kleinfeld, "Enforcement and the Concept of Law", *Yale Law Journal Online* 121, 2011, pp. 293-315; Grant Lamond, "Coercion and the Nature of Law", *Legal Theory* 7, 2011, pp. 37-57; Grant Lamond, "The Coerciveness of Law", *Oxford Journal of Legal Studies* 20, 2000; Grant Lamond, "Coercion", in: *A Companion to Philosophy of Law and Legal Theory*, 2. ed., Dennis Patterson (ed.), Oxford: Wiley-Blackwell, 2010, pp. 642-53; Danny Priel, "Sanction and Obligation in Hart's Theory of Law", *Ratio Juris* 21, 2008, pp. 404-11; Nicos Stavropolous, "The Relevance of Coercion: Some Preliminaries", *Ratio Juris* 22, 2009, pp. 339-58; Yankah, "The Force of Law". E mesmo antes: Dale A. Nance, "Legal Theory and the Pivotal Role of the Concept of Coercion", *University of Colorado Law Review* 57, 1985, pp. 1-43. Meus esforços remontam a 1994, em Frederick Schauer, Critical Notice (*Canadian Journal of Philosophy* 24, 1994, pp. 495-509), livro que pode ser considerado o auge dos meus esforços de duas décadas, que também incluem: "The Best Laid Plans", *Yale Law Journal* 120, 2010, pp. 586-621; "On the Nature of the Nature of Law", *Archiv für Rechts-und Sozialphilosophie* 98, 2012, pp. 457-67; "Positivism through Thick and Thin", in: *Analyzing Law:* New Essays in Legal Theory, Brian Bix (ed.), Oxford: Clarendon Press, 1988, pp. 65-78.

2. O DIREITO DE BENTHAM

1 Ver: Huntington Cairns, "Plato's Theory of Law", *Harvard Law Review* 56, 1942, pp. 359-87; Jerome Hall, "Plato's Legal Philosophy", *Indiana Law Journal* 31, 1956, pp. 171-206; George Klosko, "Knowledge and Law in Plato's Laws", *Political Studies* 56, 2008, pp. 456-74.

2 As mais amplas observações de Aristóteles sobre o direito são encontradas no livro do autor: *Politics*, Peter L. P. Simpson (ed.), Chapel Hill: University of North Carolina Press, 1996. Comentários úteis aparecem em: Richard O. Brooks & James Bernard Murphy (eds.), *Aristotle and Modern Law*, Aldershot: Ashgate, 2003; Max Hamburger, *Morals and Law:* The Growth of Aristotle's Legal Theory, New Haven: Yale University Press, 1951; Fred D. Miller Jr., "Aristotle's Philosophy of Law", *A History of Philosophy of Law from Ancient Greeks to the Scholastics*, Fred D. Miller Jr. & Carrie-Ann Biondi (eds.), Dordrecht: Springer, 2007, pp. 79-110.

3 Marcus Tullius Cicero, *De Legibus (On the Laws)*, in: Cicero, *On the Commonwealth and on the Laws*, James E. G. Zetzel (ed.), Cambridge, INGL.: Cambridge University Press, 1999, pp. 105-75. Ver também: Elizabeth Asmis, "Cicero on Natural Law and the Laws of the State", *Classical Antiquity* 27, 2008, pp. 1-33.

4 São Tomás de Aquino, *Treatise on Law:* The Complete Text (trata-se de uma tradução da *Summa Theologica*, questões 90-108), Alfred J. Freddoso (trad.), South Bend: St. Augustine's Press, 2009. Ver também: John Finnis, *Aquinas:* Moral, Political and Legal Theory, Oxford: Oxford University Press, 1998; Anthony J. Lisska, *Aquina's Theory of Natural Law:* An Analytic Reconstruction, Oxford: Oxford University Press, 1998; John Finnis, "Aquinas' Moral, Political, and Legal Philosophy", in: *Stanford Encyclopedia of Philosophy*, Edward N. Zalta (ed.), em http://plato.stanford.edu.entries/aquinas-moral-political/ (2011).

5 Thomas Hobbes, *Leviathan*, Richard Tuck (ed.), Cambridge, INGL.: Cambridge University Press, 1991. Comentários úteis podem ser encontrados em: *Hobbes and the Law*, David Dyzenhaus & Thomas Poole (eds.), Cambridge, INGL.: Cambridge University Press, 2012; *Hobbes on Law*, Claire Finkelstein (ed.), Aldershot: Ashgate, 2005; Robert Ladenson, "In Defense of a Hobbesian Conception of Law", *Philosophy and Public Affairs* 9, 1980, pp. 134-59.

6 Uma boa visão geral de algumas importantes contribuições é encontrada em: Gerald J. Postema, "Legal Positivism: Early Foundations", *The Routledge Companion to Philosophy of Law*, Andrei Marmor (ed.), New York: Routledge, 2012, pp. 30-47.

7 O que não significa que exista algo ruim nesse tipo de investigação. De todo modo, tais empreitadas não foram aquelas de Bentham.

8 Sobre o fundamento moral normativo do projeto descritivo de Bentham, ver: David Lyons, "Founders and Foundations of Legal Positivism", *Michigan Law Review* 82, 1984, pp. 722-39.

9 Blackstone descreveu o *common law* como "o melhor direito inato e a mais nobre herança da humanidade", in: *Commentaries on the Laws of England*, Oxford: Clarendon Press, 1765-1769, v. 1, p. 436. O ponto de vista de Grant Gilmore

não é realmente muito diferente do de Blackstone: "A celebração de Blackstone do *common law* da Inglaterra glorificava o passado: sem saber ao certo o que era, ele disse, de alguma forma atingimos a perfeição da razão. Vamos preservar, inalterado, o estado que tivemos a sorte de herdar. Vamos evitar qualquer tentativa de reforma, legislativa ou judicial, já que a tentativa de fazer mudanças incidentais num sistema já perfeito apenas pode comprometer formas que vão além da compreensão mesmo dos mais bem-intencionados e visionários inovadores" (Grant Gilmore, *The Ages of American Law*, New Haven: Yale University Press, 1977, p. 5).

10 Sir Edward Coke, *Prohibitions del Roy*, 1607, 12 Co. Rep. 63. Para uma perspectiva atual, ver: Charles Fried, "The Artificial Reason of the Law or: What Lawyers Know", *Texas Law Review* 60, 1981, pp. 35-58.

11 São múltiplas as formas e as fontes de indeterminação jurídica, mas Bentham estava particularmente enfurecido com os métodos indutivos do *common law*. Acreditava que a pretensão de extrair conhecidas regras jurídicas gerais e públicas de uma série de decisões do *common law* era simplesmente uma cortina de fumaça para inferências individuais (e, portanto, "não comuns") e, logo, para a criação do direito pelos juízes: "Como um sistema de regras gerais, o *common law* é algo meramente imaginário" (*Comment on the Commentaries and a Fragment on Government*, J. H. Burns & H. L. A. Hart (eds.), Oxford: Clarendon Press, 2008, p. 119). Ver: Postema, "Legal Positivism", pp. 36-40. Sobre a possibilidade de que Bentham possa estar certo, ver: Frederick Schauer, "Is The Common Law Law?", *California Law Review* 77, 1989, pp. 455-71; e, menos diretamente: Frederick Schauer, "Do Cases Make Bad Law?", *University of Chicago Law Review* 73, 2006, pp. 883-918.

12 Jeremy Bentham, "Scotch Reform", *The Works of Jeremy Bentham*, James Bowring (ed.), Edinburgh: William Tait, 1838, pp. 1-53 (originalmente publicado em 1808).

13 Jeremy Bentham, *A Comment on the Commentaries and a Fragment on Government*, H. Burns & H. L. A. Hart (eds.), London: Athlone Press, 1977, p. 411.

14 Jeremy Bentham, "Elements of the Art of Packing as Applied to Special Juries, Particularly in Cases of Libel", *The Works of Jeremy Bentham*, John Bowring (ed.), Edinburgh: William Tait, 1838, pp. 61-186.

15 Sobre a relação entre a teoria do direito de Bentham e seus objetivos reformistas, ver: Nancy L. Rosenblum, *Bentham's Theory of the Modern State*, Cambridge, MA: Harvard University Press, 1978, pp. 88-9. E sobre o contraste entre as teorias do direito que operam dentro de um regime jurídico existente e as que, de maneira explícita, buscam uma perspectiva externa e distante, ver: Frederick Schauer, "Fuller's Internal Point of View", *Law and Philosophy* 12, 1994, pp. 285--312. Ver também Michelle Madden Dempsey, "On Finnis's Way In", *Villanova Law Review* 57, 2012, pp. 827-43; o autor sugere que se considere a natureza do direito da perspectiva de um reformador do direito, o que reconhece o "potencial para empoderamento" do direito, mas vê o potencial e o risco de o direito também ser "opressor".

16 Sobre os objetivos normativos que suportam o projeto descritivo de Bentham, ver: Frederick Schauer, "Positivism Before Hart", *Canadian Journal of Law and Jurisprudence* 24, 2011, pp. 455-71; *The Legacy of John Austin's Jurisprudence*, Michael Freeman & Patricia Mindus (eds.), Dordrecht: Springer, 2013, pp. 271-90.

17 Não caberia aqui uma total ou extensa indicação de bibliografia referente à extensa pesquisa contemporânea dentro da tradição do positivismo jurídico. De todo modo, na literatura em língua inglesa (o que exclui os trabalhos de e sobre Hans Kelsen, considerado fora do mundo da língua inglesa e o mais importante positivista jurídico do século XX), seria um bom começo incluir: H. L. A. Hart, *The Concept of Law*, 3. ed., Penelope A. Bulloch, Joseph Raz & Leslie Green (eds.), Oxford: Oxford University Press, 2012, bem como, dentro da tradição positivista, mas excluindo as críticas a ela (e também correndo o risco de receber críticas pela exclusão): Tom Campbell, *The Legal Theory of Ethical Positivism*, Aldershot: Dartmouth Publishing, 1996; *Hart's Postscript to the Concept of Law*, Jules Coleman (ed.), Oxford: Oxford University Press, 2001; Jules Coleman, *The Practice of Principle: In Defense of a Pragmatist Approach to Legal Theory*, Oxford: Oxford University Press, 2001; Julie Dickson, *Evaluation and Legal Theory*, Oxford: Hart Publishing, 2001; *The Autonomy of Law:* Essays on Legal Positivism, Robert P. George (ed.), Oxford: Clarendon Press, 1999; Matthew Kramer, *In Defense of Legal Positivism:* Law without Trimmings, Oxford: Clarendon Press, 1999; David Lyons, *Ethics and the Rule of Law*, Cambridge, INGL.: Cambridge University Press, 1984; Andrei Marmor, *Positive Law and Objective Values*, Oxford University Press, 2001; Joseph Raz, *The Morality of Freedom*, Oxford: Clarendon Press, 1986; Joseph Raz, *The Authority of Law:* Essays on Law and Morality, Oxford: Clarendon Press, 1979; Scott J. Shapiro, *Legality*, Cambridge, MA: Harvard University Press, 2011; Will J. Waluchow, *Inclusive Legal Positivism*, Oxford: Clarendon Press, 1994; John Gardner, Legal Positivism: 5½ Myths, *American Journal of Jurisprudence* 46, 2001, pp. 199-227; Kenneth Einar Himma, "Inclusive Legal Positivism", *The Oxford Handbook of Jurisprudence and Legal Philosophy*, Jules Coleman & Scott Shapiro (eds.), Oxford: Oxford University Press, 2002, pp. 125-65; Leslie Green, "Positivism and the Inseparability of Law and Morals", *New York University Law Review* 83, 2008, pp. 1035-58.

Alguns leitores podem ser tentados a situar este livro, em especial os primeiros capítulos, dentro da tradição positivista, mas o termo "positivismo" raramente aparecerá nele. Mais de quarenta anos atrás, Robert Summers defendeu que o termo "positivismo" fosse descartado, porque ele se tornou irremediavelmente envolvido em definições múltiplas e conflitantes (Robert Summers, "Legal Philosophy Today – An Introduction", *Essays in Legal Philosophy*, Robert Summers (ed.), Oxford: Blackwell, 1968, pp. 1-16). Mais recentemente, Joseph Raz advogou basicamente a mesma ideia, acreditando que tentar caracterizar essa ou aquela perspectiva sobre o direito como positivista ou não positivista tem obscurecido os esforços para alcançar um entendimento mais amplo do fenômeno jurídico. Joseph Raz, "The Argument from Justice; or How Not to Reply to Legal Positivism", in: *Law, Rights, Discourse:* The Legal Philosophy of Robert Alexy, George Pavlakos (ed.), Oxford: Hart Publishing, 2007, pp. 17-36. No mesmo sentido, ver: John

Finnis, "What Is the Philosophy of Law", *Rivista di Filosofia del Diritto*, 2012, v. 1, pp. 67-78.

Acredito que Summers, Raz e Finnis estão corretos, não apenas porque tentar caracterizar o positivismo com frequência degenera numa caricatura, mas também porque a dicotomização excessiva de perspectivas em positivistas e não positivistas (ou antipositivistas), como se elas fossem os dois lados de uma final de Copa do Mundo, dificulta perceber o valor, mesmo parcial, de pontos de vista individuais de um conjunto de diferentes perspectivas e análises.

18 Um esforço contemporâneo para justificar a alegação clássica é a de Philip Soper, "In Defense of Classical Natural Law in Legal Theory: Why Unjust Law Is No Law at All", *Canadian Journal of Law and Jurisprudence* 20, 2007, pp. 201-23. Uma perspectiva contemporânea contrastante é a de Julie Dickson, "Is Bad Law Still Law? Is Bad Law Really Law?", em *Law as Institutional Normative Order*, Maksymilian Del Mar & Zenon Bankowski (eds.), Farnham, Surrey: Ashgate Publishing, 2009, pp. 161-83.

19 Ver especialmente John Finnis, *Natural Law and Natural Rights*, Oxford: Clarendon Press, 1980, pp. 3-20; o autor elabora um método de "casos centrais" nos quais existem casos centrais dos conceitos de teoria social (como o direito), assim como casos não centrais que ainda são direito, mas em algum sentido deficiente ou defeituoso como direito. Com o mesmo efeito, ver também: Mark C. Murphy, "Natural Law Jurisprudence", *Legal Theory* 9, 2003, pp. 241-67. Um bom panorama da moderna teoria do direito natural é encontrado em: Brian Bix, "Natural Law Theory: The Modern Tradition", *Oxford Handbook of Jurisprudence and Philosophy of Law*, Jules Coleman & Scott J. Shapiro (eds.), New York: Oxford University Press, 2002, pp. 61-103.

20 Bentham afirma: "Um livro de jurisprudência pode ter um de dois objetos: 1. Asseverar o que o direito é. 2. Asseverar o que o direito deve ser. No primeiro caso, pode ser um livro de jurisprudência expositiva; no segundo, um livro de jurisprudência censória; ou, em outras palavras, um livro sobre a arte da legislação." Ver: *Of the Limits of the Penal Branch of Jurisprudence*, Philip Schofield (ed.), Oxford: Clarendon Press, 2010, p. 16.

21 Para exemplos da caricatura e sua refutação, ver: Frederick Schauer, "Positivism as Pariah", in: *The Autonomy of Law*, Robert P. George (ed.), pp. 31-56. A caricatura também é descrita e criticada em: Anthony Sebok, *Legal Positivism in American Jurisprudence*, New York: Cambridge University Press, 1998, pp. 2, 20, 39.

22 Sobre a possibilidade (mas não a necessidade) de entendimento da separação de conceitos de direito e moral, estando ela mesma a serviço de objetivos morais, ver: Liam Murphy, "Better to See Law This Way", *New York University Law Review* 83, 2008, pp. 1088-108; Neil MacCormick, "A Moralistic Case for A-Moralistic Law", *Valparaiso University Law Review* 20, 1985, pp. 1-41; Frederick Schauer, "The Social Construction of the Concept of Law: A Reply to Julie Dickson", *Oxford Journal of Legal Studies* 25, 2005, pp. 493-501. Mais controversamente, essa parece ser a posição de H. L. A. Hart, "Positivism and the Separation of the Law and Morals", *Harvard Law Review* 71, 1958, pp. 593-629, e em *The Concept of Law*, pp. 207-12.

23 Bentham, *Of the Limits of the Penal Branch of Jurisprudence*. O livro, antes publicado como *Of Laws in General* (H. L. A. Hart (ed.), London: Athlone Press, 1970), foi originalmente escrito em cerca de 1780 e estava destinado a ser parte do magistral livro do autor, *An Introduction to the Principles of Morals and Legislation* (J. H. Burns & H. L. A. Hart (eds.), London: Athlone Press, 1970).

24 Bentham pergunta, retoricamente: "O que é isso que o direito pode fazer, além de proibir e comandar?" (*Of the Limits of the Penal Branch of Jurisprudence*, p. 3).

25 Bentham afirma: "Um direito em relação ao qual ninguém está vinculado, um direito pelo qual ninguém está coagido, um direito pelo qual a liberdade de ninguém está limitada, todas essas declarações, que acabam sendo a mesma coisa, seriam uma relativa contradição" (*Of the Limits of the Penal Branch of Jurisprudence*, pp. 75-6). E, sugerindo a possibilidade de recompensas e punições serem suficientes para sustentar os mandamentos do soberano, que seriam apropriadamente entendidos como leis, Bentham observa que "a ideia de coerção deve [no sentido da humanidade] ter se tornado inseparavelmente conectada à de uma lei" (p. 145). Note-se também que a complexa definição de direito de Bentham inclui os "meios" de "levar a efeito" a situação desejada pelo legislador e a maneira como o direito forneceria "um motivo para aqueles cuja conduta está em questão" (pp. 24-5).

26 Jeremy Bentham, *The Collected Works of Jeremy Bentham*, em Constitutional Code, Edinburgh, 1842, p. 192.

27 *Ibid*.

28 Ver, em especial, a discussão de Bentham sobre a "força do direito" em *Of Limits of the Penal Branch of Jurisprudence*, pp. 142-60.

29 Por exemplo, Bentham parece ter tomado a ameaça de punição como condição necessária para a vinculação do direito, ao declarar: "Se [alguém] está vinculado [pelo direito] [...] está, de qualquer forma, exposto a sofrer" (*Of the Limits of the Penal Branch of Jurisprudence*, p. 78).

30 Meu entendimento sobre a relação entre a visão psicológica de Bentham e sua ênfase no lado coercitivo do direito teve a ajuda da meticulosa e perceptiva análise de Gerald J. Postema, *Bentham and the Common Law Tradition*, Oxford: Clarendon Press, 1986, pp. 376-402.

31 Ver: *Of the Limits of the Penal Branch of Jurisprudence*, pp. 142-60.

32 H. L. A. Hart observou: "tivesse [*Of Laws in General*] sido publicado em vida [de Bentham], ele teria, em vez do posterior e derivado trabalho de John Austin, dominado a jurisprudência inglesa" ("Bentham's 'Of Laws in General'", *Rechtstheorie*, 1971, v. 2, pp. 55-66, reimpresso em Hart, *Essays on Bentham*, Oxford: Clarendon Press, 1982, pp. 105-26).

33 Alguns dos materiais, contudo, tinham sido traduzidos para o francês e publicados enquanto Bentham ainda estava vivo. Ver: "Editorial Introduction" a *Of The Limits of the Penal Branch of Jurisprudence*, xii, n. 2.

34 Jeremy Bentham, *The Limits of Jurisprudence Defined*, Charles Warren Everett (ed.), New York: Columbia University Press, 1945.

35 Sobre Austin, ver: W. L. Morison, *John Austin*, Stanford: Stanford University Press, 1982; Wilfrid E. Rumble, *The Thought of John Austin*, Londres: Athlone Press, 1985; Wilfrid E. Rumble, *Doing Austin Justice:* The Reception of John Austin's Philosophy of Law in Nineteenth-Century England, Londres: Continuum, 2005; Brian Bix, "John Austin", *Stanford Encyclopedia of Philosophy*, em: http://plato.stanford.edu/entries/austin-john/, 2010. O lado pessoal da vida de Austin e seus efeitos na sua vida profissional são o foco de Joseph Hamburger & Lotte Hamburger, *Troubled Lives:* John and Sarah Austin, Toronto: University of Toronto Press, 1985.

36 John Austin, *The Province of Jurisprudence Defined*, Wilfrid E. Rumble (ed.), Cambridge, INGL.: Cambridge University Press, 1995 (primeira edição, 1832); John Austin, *Lectures on Jurisprudence or the Philosophy of Positive Law*, 5. ed., R. Campbell (ed.), Londres: John Murray, 1885 (primeira edição, 1861).

37 Austin, em *The Province of Jurisprudence*, p. 157.

38 Ibid., p. 21.

39 Ibid., pp. 21-2.

40 Comentários mais recentes feitos por: Michael Rodney, "What Is in a Habit?", *The Legacy of John Austin's Jurisprudence*, Michael Freeman & Patricia Mindus (eds.), Dordrecht: Springer, 2013, pp. 185-214; Lars Vinx, "Austin, Kelsen, and the Model of Sovereignty: Notes on the History of Modern Legal Positivism", in: Freeman & Mindus, *The Legacy*, pp. 51-72.

41 Uma visão difundida sustenta que o entendimento que Austin tinha do direito seria "pedestre". Postema, "Legal Positivism", p. 36. Embora essa acusação possa ter um toque de verdade quando Austin é comparado a Bentham em relação à grande glória e à grande fúria do último, em geral essa crítica se funda muito nas subsequentes caricaturas (talvez, e sobredudo, a de Hart), muitas das quais não se sustentam ao se fazer uma leitura mais atenta e caridosa dos escritos de Austin. E sobre a possibilidade (em verdade, a probabilidade) de que as omissões de Austin não tenham sido maiores do que as dos seus críticos, ver: Brian Bix, "John Austin and Constructing Theories of Law", *The Legacy*, Freeman & Mindus (eds.), pp. 1-14.

42 Austin, *Province of Jurisprudence*, p. 24.

43 Ibid., pp. 31-2, 156-7, 269-77.

44 Ibid., pp. 28-37.

45 Ibid., p. 158.

46 Assim, Blackstone reconhecidamente asseverou que, se uma decisão fosse "manifestamente absurda ou injusta", não seria uma "lei ruim", mas "não seria uma lei". Blackstone, *Commentaries*, v. 1, p. 70.

47 Veja notas 43 e 44.

48 Cicero, *De Legibus*, I, vi, pp. 18-9.

49 Lon L. Fuller, "Positivism and Fidelity to Law – A Reply to Professor Hart", *Harvard Law Review* 71, 1958, pp. 630-72.

50 Austin, *Province of Jurisprudence*, p. 163. O conhecimento e a aceitação do poder da criação judicial, por Austin, e no que se diferencia de Bentham nesses aspectos, são discutidos em: David Dyzenhaus, "The Genealogy of Legal Positivism", *Oxford Journal of Legal Studies* 24, 2004, pp. 39-67, p. 47; Andrew Halpin, "Austin's Methodology? His Bequest to Jurisprudence", *Cambridge Law Journal* 70, 2011, pp. 175-202.

51 A. W. B. Simpson, "The Common Law and Legal Theory", in: *Oxford Essays in Jurisprudence*, A. W. B. Simpson (ed.), Second Series, Oxford: Oxford University Press, 1973, pp. 77-99.

52 Sobre o conservadorismo político de Austin, na parte final da sua vida, e sobre as apologias às hierarquias existentes na vida política e jurídica da Inglaterra, ver: Wilfrid E. Rumble, "Did Austin Remain an Austinian?", *The Legacy*, Freeman & Mindus (eds.), pp. 131-54.

53 Austin possuía alguns modestos objetivos de reforma do direito, mas, menos reformista do que Bentham, ele estava mais inclinado a adotar a tarefa analítica como um fim em si mesma. Ver: Frederick Schauer, "Positivism Before Hart", *Canadian Journal of Law and Jurisprudence* 24, 2011, pp. 455-71.

54 Ver: Sean Coyle, "Thomas Hobbes and the Intellectual Origins of legal Positivism", *Canadian Journal of Law and Jurisprudence* 16, 2003, pp. 243-70; Mark Murphy, "Was Hobbes a Legal Positivist?", *Ethics* 105, 1995, pp. 846-73.

55 Thomas Erskine Holland, *The Elements of Jurisprudence*, Oxford: Clarendon Press, 1880.

56 Ver, por exemplo: W. Jethro Brown, *The Austinian Theory of Law*, London: J. Murray, 1906; E. C. Clark, *Practical Jurisprudence: A Comment on Austin*, Cambridge, INGL.: Cambridge University Press, 1883; R. A. Eastwood & G. W. Keeton, *The Austinian Theories of Law and Sovereignty*, London: Sweet & Maxwell, 1929. A aceitação da perspectiva de Austin durante esse período é completamente recontada por: Neil Duxbury, "English Jurisprudence between Austin and Hart", *Virginia Law Review* 91, 2005, pp. 1-91.

57 Henry Sumner Maine, *Lectures on the Early History of Institutions*, London: Murray, 1875, pp. 359-60.

58 W. W. Buckland, *Some Reflections on Jurisprudence*, Cambridge, INGL.: Cambridge University Press, 1945, p. 28.

59 "Mas, pela visão do nosso amigo sobre o homem mau, constataremos que ele não liga dois canudos para os axiomas ou deduções, mas quer saber o que [as cortes] farão de fato". Oliver Wendell Holmes, "The Path of the Law", *Harvard Law Review* 10, 1897, pp. 457-78.

60 Como anotado em: Thomas C. Grey, "Holmes e o pragmatismo jurídico", *Stanford Law Review* 41, 1989, pp. 787-870.

61 Ver: Laura Kalman, *Legal Realism at Yale, 1927-1960*, Chapel Hill: University of North Carolina Press, 1986; Brian Leiter, *Naturalizing Jurisprudence:* Essays on Legal Realism and Naturalism in Legal Philosophy, New York: Oxford University Press, 2007; William Twining, *Karl Llewellyn and the Realist Movement*, 2. ed., New York: Cambridge University Press, 2012; Frederick Schauer, *Thinking Like a Lawyer:* A New Introduction to Legal Reasoning, Cambridge, MA: Harvard University Press, 2009, pp. 124-47.

62 Karl N. Llewellyn, *The Theory of Rules*, Frederick Schauer (ed.), Chicago: University of Chicago Press, 2011, 1937-1938, pp. 11-23; Karl N. Llewellyn, "A Realistic Jurisprudence: The Next Step", *Columbia Law Review* 30, 1930, pp. 431--65. Ver também: Frederick Schauer, "Legal Realism Untamed", *Texas Law Review* 91, 2013, pp. 749-80.

63 Hans Kelsen, *General Theory of Law and State*, Anders Wedberg (trad.), Cambridge, MA: Harvard University Press, 1945, pp. 15-45.

64 Hans Kelsen, "The Pure Theory of Law and Analytical Jurisprudence", *Harvard Law Review* 55, 1941, pp. 44-70.

65 Kelsen, *General Theory of Law and State*, p. 29.

66 *Max Weber on Law in Economy and Society*, Max Rheinstein (ed.), Cambridge, MA: Harvard University Press, 1954, p. 13.

67 Entre os autores franceses que explicitamente aceitavam a centralidade da coerção, ver: Henri Lévy-Ullman, *La Définition du Droit*, Paris: Larose, 1917, pp. 146, 165; Ernst Roguin, *La Science Juridique Pure*, v. 1, Paris: Librairie Générale de Droit et de Jurisprudence, 1923, p. 122. Roscoe Pound se referia às suas visões como a "teoria da ameaça" do direito ("Book Review", *Texas Law Review* 23, 1945, pp. 411-18).

68 Blaise Pascal, *Pensées*, William F. Trotter (trad.), New York: E. P. Dutton, 1941, § 5, p. 298.

69 Tal como citado em *Wall Street Journal*, 13 de novembro de 1962.

70 James A. Garfield, Speech to 38th Congress as Member of Congress from Ohio, in: Russell Herman Conwell, *The Life, Speeches, and Public Services of James A. Garfield*, Portland: George Stinson & Co, 1881, p. 199.

3. A POSSIBILIDADE E A PROBABILIDADE DO DIREITO NÃO COERCITIVO

1 Assim, Bentham escreveu, numa passagem que não entrou na edição final de sua obra sobre o direito, que uma tarefa essencial era "distinguir o direito de uma peça de exortação ou conselho" (*Of Limits of the Penal Branch of Jurisprudence*, Philip Schofield (ed.), Oxford: Clarendon Press, 2010, p. 25) (nota do editor, a partir de fragmento de um manuscrito não publicado). Antes, Hobbes havia observado que "o direito em geral não é um conselho, mas um comando" (*Leviathan*, Richard Tuck (ed.), Cambridge, INGL.: Cambridge University Press, 1991, p. 183). Para Jules Coleman e Brian Leiter, a posição básica de Austin era que,

"sem sanções, comandos realmente seriam não mais do que pedidos" ("Legal Positivism", in: *A Companion to Philosophy of Law and Legal Theory*, Dennis Patterson (ed.), Oxford: Blackwell, 1996, pp. 241-60).

2 Roscoe Pound, "Book Review", *Texas Law Review* 23, 1945, pp. 411-8.

3 O termo "regras de segunda ordem" vem de Joseph Raz (*Practical Reason and Norms*, 2. ed., Princeton, NJ: Princeton University Press, 1990), mas a caracterização que Hart realizou antes, "regras sobre regras", captura a ideia básica (*The Concept of Law*, 3. ed., Penelope A. Bulloch, Joseph Raz & Leslie Green (eds.), Oxford: Oxford University Press, 2012, pp. 94-9).

4 Reconhecidamente, Ronald Dworkin faz uma distinção questionável entre regras e princípios em: *Taking Rights Seriously*, Londres: Duckworth, 1977; Frederick Schauer, *Playing by the Rules:* A Philosophical Examination of Rule-Based Decision-Making in Law and in Life, Oxford: Clarendon Press, 1991, pp. 12-14; Joseph Raz, "Legal Principles and the Limits of Law", in: *Ronald Dworkin and Contemporary Jurisprudence*, Marshall Cohen (ed.), Londres: Routledge, 1984, pp. 73-87. Para os nossos objetivos, no entanto, nada será direcionado à distinção de Dworkin ou de qualquer outra pessoa entre regras e outros tipos de prescrições.

5 *River Wear Commissioners v. Adamson* (1877) 2 A.C. 743 (Q.B.); *Grey v. Pearson* (1957) 10 Eng. Rep. 1216, 1234 (H. L.). Há muito defende-se, em especial nos Estados Unidos, que os cânones da interpretação não são obrigatórios, primeiro porque a maioria deles, incluindo a regra de ouro, pode ser evitada, recorrendo-se a outros cânones que determinam outra forma de encarar a questão. Ver especialmente: Karl N. Llewellyn, "Remarks on the Theory of Appellate Decision, and the Rules or Canons about How Statutes Are to Be Construed", *Vanderbilt Law Review* 3, 1950, pp. 395-406. Se essa defesa cética é, de fato, verdadeira, pode-se debater isso, mas esse debate nos levaria muito longe do argumento básico do texto. Ver: Michael Sinclair, "'Only a Sith Thinks Like That': Llewellyn's 'Dueling Canons', One to Seven", *New York Law School Law Review* 50, 2006, pp. 919-92).

6 Pound, Book Review, p. 415.

7 Ibid., p. 416.

8 Ibid., p. 417.

9 Frederic Harrison, "The English School of Jurisprudence: Part II – Bentham's and Austin's Analysis of Law", *Fortnightly Review* 24, 1878, pp. 682-703. Veja a detalhada análise da visão de Harrison em: Wilfrid E. Rumble, *Doing Austin Justice:* The Reception of John Austin's Philosophy of Law in Nineteenth Century England, Londres: Continuum, 2005.

10 Um valioso estudo analítico sobre isso é encontrado em: Gerald J. Postema, "Analytic Jurisprudence Established", *A Treatise of Legal Philosophy and General Jurisprudence*, Dordrecht: Springer, 2011, pp. 3-42. Ver também: Rumble, *Doing Austin Justice*, pp. 178-241; Neil Duxbury, "English Jurisprudence between Austin and Hart", *Virginia Law Review* 91, 2005, pp. 1-91.

11 Carleton Kemp Allen, "Legal Duties", *Yale Law Journal* 40, 1931, pp. 331-80.

12 Ibid., p. 351. Ver também, e mesmo antes: Edwin M. Borchard, "Book Review", *Yale Law Journal* 28, 1919, pp. 840-3, que lamenta que a concepção de direito de Austin excluía muitas regras jurídicas que não eram feitas pelo soberano; John C. Gray observa que muito do que é claramente direito não está sujeito a sanções ("Some Definitions and Questions in Jurisprudence", *Harvard Law Review* 6, 1892, pp. 21-35).

13 Austin explicitamente reconhecia que muitas leis excluídas da sua definição restritiva poderiam ser entendidas com parte do direito definido de forma mais ampla. John Austin, *The Province of Jurisprudence Determined*, Wilfrid E. Rumble (ed.), Cambridge, INGL.: Cambridge University Press, 1995 (1932), pp. 31-7. Sobre o reconhecimento das leis permissivas em Austin, ver: David A. Gerber, Book Review, *Archiv für Rechts-und Sozialphilosophie* 61, 1975, pp. 450-1.

14 Assim, Bentham reconhecia um conjunto de regras procedimentais e secundárias que chamava de "apêndices ratificadores" e "apêndices remediais" (*Of the Limits of the Penal Branch*, p. 41). O seu reconhecimento da função das leis permissivas ou constitutivas é amplamente examinado por David Lyons em: *In the Interest of the Governed:* A Study in Bentham's Philosophy of Utility and Law, rev. ed., Oxford: Clarendon Press, 1991, xviii, pp. 112-6, 125-37.

15 Ver: Lyons, *In the Interest of the Governed*, pp. 134-6.

16 John Austin, *Lectures on Jurisprudence*, Lecture XXIII, Londres: John Murray, 1862, v. II, p. 141.

17 Hart, em *The Concept of Law* (pp. 33-5), estende-se mais sobre a defesa de que a nulidade pode ser uma sanção do que o próprio Austin, mas argumenta contra essa tese. Uma elaboração útil sobre e uma crítica parcial de Hart foram realizadas por Richard Stith, "Punishment, Invalidation, and Nonvalidation: What H. L. A. Hart Did Not Explain", *Legal Theory*, 2008, v. 4, pp. 219-32.

18 Hart, *The Concept of Law*, pp. 33-5.

19 Um efeito colateral menos benigno foi que gerações de estudantes e acadêmicos aprenderam sobre Austin por meio de Hart, e não pelos próprios textos de Austin. Isso é particularmente lamentável, porque Hart reconheceu, de forma explícita, que a reconstrução que fez das concepções de Austin buscou estabelecer um alvo claro, que pode não ter capturado com precisão a profundidade e as nuanças dos escritos de Austin (Hart, *The Concept of Law*, p. 18), e porque Hart, a despeito de sua justificada influência, não era conhecido como um leitor cuidadoso ou compreensivo das obras de outros autores.

20 H. L. A. Hart, "Definition and Theory in Jurisprudence", in: *Essays in Jurisprudence and Philosophy*, Oxford: Clarendon Press, 1984, pp. 21-48.

21 John R. Searle, *Speech Acts:* An Essay in the Philosophy of Language, Cambridge, INGL.: Cambridge University Press, 1969, pp. 33-42. Ideias semelhantes são expostas em: Max Black, "The Analysis of Rules", in: *Models and Metaphors*, Ithac: Cornell University Press, 1962, pp. 95-139; B. J. Diggs, "Rules and Utilitarianism", *American Philosophical Quarterly* 1, 1964, pp. 32-44; John Rawls, "Two Concepts of Rules", *Philosophical Review* 64, 1955, pp. 3-32. Para críticas,

ainda que direcionadas mais para a coerência de chamar descrições de atos constitutivos de "regras" do que para a ideia básica, ver: Joseph Raz, *Practical Reason and Norms*, 2. ed., Princeton: Princeton University Press, 1990, pp. 108-13; Frederick Schauer, *Playing by the Rules*, p. 7, nota 13.

22 Ao menos não num sentido conceitual. Deixei de lado a possibilidade empírica contingente de que nem os carros nem as estradas existiriam sem as leis que tornam possível a construção de estradas e a fabricação de carros.

23 Assim, embora a ideia de "negligência" possa existir dentro do e ser definida pelo direito, um cirurgião pode, independentemente do direito, deixar de remover negligentemente uma esponja do corpo de um paciente após terminar uma operação.

24 A relação entre a ideia jurídica de contrato e a ideia moral de promessa tem originado uma extensa literatura. Ver: Charles Fried, *Contract as Promise*, Cambridge, MA: Harvard University Press, 1981; Jody Kraus, "The Correspondence of Contract and Promise", *Columbia Law Review* 109, 2009, pp. 1603-649; Joseph Raz, "Promises in Morality and Law", *Harvard Law Review* 95, 1982, pp. 916-38; T. M. Scanlon, "Promises and Contracts", *The Difficulty of Tolerance*, Cambridge, INGL.: Cambridge University Press, 2003, pp. 234-69; Seana Valentine Shiffrin, "Is a Contract a Promise?", *The Routledge Companion to Philosophy of Law*, Andrei Marmor (ed.), New York: Routledge, 2012, pp. 241-57.

25 Leslie Green apresenta um argumento similar sobre o casamento entre pessoas do mesmo sexo. Ele reconhece que ninguém está obrigado a casar, ou a casar com uma pessoa do sexo oposto. Mas quando o direito autoriza uma forma de casamento, e não outra, e desse modo oferece opções para alguns, e não para outros, esse desenho da distinção opera como um exercício de coerção. Leslie Green, "The Concept of Law Revisited", *Michigan Law Review* 94, 1996, pp. 1687-717.

26 Ibid., p. 1702. Outras tentativas de reabilitar a ideia de que a nulidade pode funcionar como uma sanção genuína estão em: Theodore M. Benditt, *Law as Rule and Principle*, Sussex: Harvester Press, 1978, pp. 142-57; Philip Mullock, "Nullity and Sanction", *Mind* 83, 1974, pp. 439-41; Richard Stith, "Punishment, Invalidation, and Nonvalidation: What H. L. A. Hart Did Not Explain", *Legal Theory* 14, 2008, pp. 219-32; Richard H. S. Tur, "Variety or Uniformity", *Reading HLA Hart's* The Concept of Law, Luís Duarte d'Almeida, James Edwards & Andrea Dolcetti (eds.), Oxford: Hart Publishing, 2013, pp. 37-58.

27 Hart, *The Concept of Law*, p. 34.

28 Ibid.

29 Ibid.

30 Ibid.

31 Ver: Hans Oberdiek, "The Role of Sanctions and Coercion in Understanding Law and Legal Systems", *American Journal of Jurisprudence* 71, 1976, pp. 71-94.

32 A. L. Goodhart, *The English Law and the Moral Law*, Londres: Stevens & Sons, 1953, p. 17.

33 *Longpre v. Diaz*, 237 U.S. 512, 528 (1915).

34 *California Department of Social Services v. Leavitt*, 523 F.3d 1025, 1035 (9th Cir. 2008).

35 Sobre a relação entre desejos, preferências, razões e motivações morais, jurídicas e egoísticas, uma contribuição importante, em que a ideia da motivação está em tensão com a que permeia este livro, é a de Veronica Rodriguez-Blanco, *Law and Authority Under the Guise of the Good*, Oxford: Hart Publishing, 2014.

36 Este não é um livro de teologia. No entanto, é válido notar que promessas de retribuição divina ou a ameaça de queima na danação eterna são provavelmente comuns às crenças e ao entendimento religioso. Em algumas tradições religiosas, os comandos de Deus devem ser seguidos apenas porque são comandos de Deus, e devem ser seguidos mesmo quando os raios e os fogos do inferno não estejam presentes para serem temidos.

37 Ver, por exemplo: *New Essays on the Normativity of Law*, Stefano Bertea & George Pavlakos (eds.), Oxford: Hart Publishing, 2011; Scott J. Shapiro, *Legality*, Cambridge, MA: Harvard University Press, 2011, pp. 181-8; Jules L. Coleman, "The Architecture of Jurisprudence", *Yale Law Journal* 121, 2011, pp. 2-80; Christopher Essert, "From Raz's Nexus to Legal Normativity", *Canadian Journal of Law & Jurisprudence* 25, 2012, pp. 465-82; John Gardner, "Nearly Natural Law", *American Journal of Jurisprudence* 52, 2007, pp. 1-23; Andrei Marmor, "The Nature of Law: An Introduction", *The Routledge Companion*, pp. 3-15; Stephen Perry, "Hart on Social Rules and the Foundations of Law: Liberating the Internal Point of View", *Fordham Law Review* 75, 2006, pp. 1171-209; Veronica Rodriguez-Blanco, "Peter Winch and H. L. A. Hart: Two Concepts of the Internal Point of View", *Canadian Journal of Law & Jurisprudence* 20, 2007, pp. 453-73.

38 Ver: John Gardner, "How Law Claims, What Law Claims", *Institutionalized Reason:* The Jurisprudence of Robert Alexy, Matthias Klatt (ed.), Oxford: Oxford University Press, 2012, pp. 29-44.

39 Joseph Raz, *Practical Reason and Norms*, 2. ed., Oxford: Oxford University Press, 1999.

40 Sobre o último aspecto, ver especialmente: Kurt Baier, *The Moral Point of View*, Ithaca: Cornell University Press, 1958.

41 Ver especialmente: David Enoch, "Reason-Giving and the Law", *Oxford Studies in the Philosophy of Law*, Leslie Green & Brian Leiter (eds.), Oxford: Oxford University Press, 2011, v. 1, pp. 1-38. Para o mesmo efeito, e também válido, ver: Torben Spaak, "Plans, Conventions, and Legal Normativity", *Jurisprudence* 3, 2012, pp. 509-21; e Brian Bix, Book Review, *Ethics* 122, 2012, pp. 444-48. Uma posição contrária é defendida por Veronica Rodriguez-Blanco numa série de artigos, incluindo: "The Moral Puzzle of Legal Authority", *New Essays*, Bertea & Pavlakos (eds.), pp. 86-106; "If you Cannot Help Being Committed to It, then It Exists: A Defense of Robust Normative Realism", *Oxford Journal of Legal Studies*

32, 2012, pp. 823-41; "Reasons in Action v. Triggering Reasons: A Reply to Enoch on Reason-Giving and Legal Normativity", *Problema* 7, 2013, em: http://biblio.juridicas.unam.mx/revista/FilosofiaDerecho/.

42 Sobre o compreensível desejo do Estado do Havaí de fornecer apoio protecionista a uma indústria de vinho de abacaxi que provavelmente teria dificuldades se fosse competir apenas pelos méritos intrínsecos do próprio produto, consultar: *Bacchus Imports, Ltd. v. Dias*, 468 U.S. 263 (1984).

43 Joseph Raz, *The Authority of Law: Essays on Law and Morality*, Oxford: Clarendon Press, 1979, pp. 104-105. Mais recentemente, Raz vem defendendo que uma descrição da natureza do direito "consiste de proposições sobre o direito que são necessariamente verdadeiras" ("Can There Be a Theory of Law?", *The Blackwell Guide to the Philosophy of Law and Legal Theory*, Martin P. Golding & William P. Edmundson (eds.), Oxford: Basil Blackwell, 2005, p. 324) e que as teses de uma teoria geral do direito se sustentam sobre "verdades necessárias" ("On the Nature of Law", *Archiv für Rechts und Sozialphilosophie* 82, 1996, 1-25, p. 2). No mesmo sentido: Andrei Marmor, *Interpretation and Legal Theory*, 2. ed., Oxford: Clarendon Press, 2005, p. 27, e R. H. S. Tur, "What Is Jurisprudence", *Philosophical Quarterly* 28, 1978, pp. 149-61. Comentários críticos são feitos por: Brian Bix, "Raz on Necessity", *Law and Philosophy* 22, 2003, pp. 537-59, e Danny Priel, "Jurisprudence and Necessity", *Canadian Journal of Law and Jurisprudence* 20, 2007, pp. 173-200. Como a citação do texto indica, Raz pode simplesmente estar oferecendo uma visão sobre a diferenciação entre disciplinas acadêmicas e não sobre o que, afinal, importa saber. Mas suspeito que ele e outros estão interessados não apenas em estabelecer as fronteiras entre filosofia e outras disciplinas – fronteiras que são elas próprias muito mais contestadas do que eles reconhecem –, mas também em sustentar a importância de uma pesquisa essencialista, que nesta e nas próximas seções é questionada.

44 Scott J. Shapiro, *Legality*, Cambridge, MA: Harvard University Press, 2011, pp. 13-22.

45 H. L. A. Hart, "Definition and Theory", p. 407. Isso inclui sistemas jurídicos de extraterrestres. John Austin, *Lectures*, pp. 406-7.

46 Julie Dickson, *Evaluation and Legal Theory*, Oxford: Hart Publishing, 2001, p. 17.

47 Não quero (ainda) destacar muito do conceito de conceito. Para os presentes fins, podemos concordar com Kenneth Ehrenburg: "falar sobre o conceito de direito é realmente apenas uma maneira abreviada de falar sobre a natureza das práticas jurídicas" ("Law Is Not (Best Considered) an Essentiallly Contested Concept", *International Journal of Law in Context* 7, 2011, pp. 209-32).

48 Para uma sustentação correlata de que a coerção e a força "não são parte do conceito de Estado", ver: Christopher W. Morris, "State Coercion and Force", *Social Philosophy and Policy* 29, 2012, pp. 28-49.

49 Uma pesquisa valiosa sobre essas questões é encontrada em: Brian Bix,

"Conceptual Questions and Jurisprudence", *Legal Theory* 1, 1995, pp. 465-79. Para uma visão cética de algumas das principais linhas da análise conceitual da jurisprudência contemporânea, ver: Brian Leiter, "Realism, Hard Positivism, and Conceptual Analysis", *Legal Theory* 4, 1998, pp. 533-47.

50 Ver *Lozman v. City of Riviera Beach, Florida*, 133 S. Ct. 735 (2013).

51 Ver James A. Hampton, "Thinking Intuitively: The Rich (and at Times Illogical) World of Concepts", *Current Directions in Psychological Science* 21, 2012, pp. 398-402. Pesquisas relacionadas ao mesmo conteúdo podem ser encontradas em: James A. Hampton, "Typicality, Graded Membership, and Vagueness", *Cognitive Science* 31, 2007, pp. 355-83; Steven A. Sloman, "Feature-Based Induction", *Cognitive Psychology* 25, 1993, pp. 231-80; Ling-ling Wu & Lawrence W. Barsalou, "Perceptual Simulation in Conceptual Combination: Evidence from Property Generation", *Acta Psychologica* 132, 2009, pp. 173-89.

52 Ludwig Wittgenstein, *Philosophical Investigations*, 4. ed., G. E. M. Anscombe, P. M. S. Hacker, & Joachim Schulte (trad.), Oxford: Basil Blackwell, 2009, pp. 66-67.

53 Bernard Suits, *The Grasshopper: Games, Life and Utopia*, Peterborough, Ontario: Broadview Press, 2005. No mesmo sentido, e mais recentemente, ver: Coling McGinn, *Truth by Analysis: Games, Names, and Philosophy*, Oxford: Oxford University Press, 2012. Suits oferece uma definição mais completa: "Jogar um jogo é se envolver em atividades projetadas para promover um estado de coisas específico, usando apenas os meios permitidos por regras específicas, em que os meios permitidos pelas regras têm escopo mais limitado do que teriam na ausência de tais regras, e em que a única razão para aceitar as regras é possibilitar essa atividade" (*The Grasshopper*, pp. 48-49). Ver também: Bernard Suits, "What Is a Game?", *Philosophy of Science* 34, 1967, pp. 148-56.

54 Max Black, *Problems of Analysis:* Philosophical Essays, Ithaca: Cornell University Press, 1954, p. 28; John Searle, *Speech Acts:* An Essay in the Philosophy of Language, Cambridge, INGL.: Oxford University Press, 1969, pp. 162-74. Ver também: Hilary Putnam, "The Analytic and the Synthetic", *Scientific Explanation, Space and Time*, Herbert Feigl & Grover Maxwell (eds.), v. III; *Minnesota Studies in the Philosophy of Science*, Minneapolis: University of Minnesota Press, 1962, pp. 358-97. Sobre a resposta de Kripe a Searle e a tréplica de Searle, ver: Karen Green, "Was Searle's Descriptivism Reguted?", *Teorema* 17, 1998, pp. 109-13.

55 A principal fonte da ciência cognitiva da teoria do protótipo é o trabalho de Eleanor Rosch, "Principles of Categorization", *Cognition and Categorization*, Eleanor Rosch & Barbara B. Lloyds (eds.), Hillsdale: Laurence Erlbaum Associates, 1978, pp. 27-48; Eleanor Rosch & Carolyn B. Mervis, "Family Resamblences: Studies in the Internal Structure of Categories", *Cognitive Psychology* 7, 1975, pp. 573-605. Ver também: Hans Kamp & Barbara Partee, "Prototype Theory of Compositionallity", *Cognition* 57, 1995, pp. 129-91; Gregory L. Murphy & Douglas L. Medin, "The Role of Theories in Conceptual Coherence", *Pshycological Review* 92, 1985, pp. 289-316. Adaptações filosóficas aparecem em: Dirk Geeraerts, "On Necessary and Sufficient Conditions", *Journal of Semantics* 5, 1986, pp. 275-91;

Sally Haslanger, "Gender and Race: (What) Are They? (What) Do We Want Them to Be?", *Noûs* 34, 2000, pp. 131-55; William Ramsey, "Prototypes and Conceptual Analysis", *Topoi* 11, 1992, pp. 59-70. A teoria do protótipo e as objeções a ela aparecem em: Eric Margolis & Stephen Lawrence, "Concepts", *Stanford Encyclopedia of Philosophy*, in: http://plato.stanford.edu/entries/concepts/, 2011.

56 Ver especialmente: Mark Johnston & Sarah-Leslie, "Concepts, Analysis, Generics and the Canberra Plan", *Philosophical Perspectives* 26, 2012, pp. 113-71; Sarah-Jane Leslie, "Generics: Cognition and Acquisition", *Philosophical Review* 117, 2008, pp. 1-47; Sarah-Jane Leslie, "Generics and the Structure of the Mind", *Philosophical Perspectives* 21, 2007, pp. 375-403. É notável que a pesquisa recente tenha com frequência e de modo útil combinado análise filosófica com psicologia cognitiva experimental. Ver, por exemplo: Sarah-Jane Leslie, Sangeet Khemlani & Sam Glucksberg, "All Ducks Lay Eggs: The Generic Overgeneralization Effect", *Journal of Memory and Language* 65, 2011, pp. 15-31.

57 Entre as defesas da análise conceitual e da clássica definição de conceitos que se destacam, incluem-se as de Frank Jackson, *From Ethics to Metaphysics:* A Defense of Conceptual Analysis, Oxford: Clarendon Press, 1998; e McGinn, *Truth by Analysis*. No extremo oposto estão os que rejeitam o essencialismo clássico, mesmo para tipos naturais ou entidades matemáticas. Ver Joseph Almog, "Nature without Essence", *Journal of Philosophy* 107, 2010, pp. 360-83.

58 Ou mesmo que precisamos de conceitos. Conferir: Edouard Machery, *Doing without Concepts*, New York: Oxford University Press, 2009.

59 Ou, de forma relacionada, se podem existir numa sociedade "conceitos múltiplos e conflituosos" do mesmo fenômeno, incluindo o direito. Bix, "Raz on Necessity", p. 556.

60 Para uma conclusão similar, apesar de obtida por um caminho diferente, consultar: Brian Leiter, "The Demarcation Problem in Jurisprudence: A New Case for Skepticism", *Oxford Journal of Legal Studies* 31, 2011, pp. 663-77. Ver também os argumentos antiessencialistas em Brian Leiter, "Why Legal Positivism (Again)?", in: http:ssrn.com/abstract=2323013.

61 H. L. A. Hart, "Positivism and the Separation of Law and Morals", *Harvard Law Review* 71, 1958, pp. 593-629. O exemplo é retomado em Hart, *The Concept of Law*, pp. 125-7.

62 Para suporte textual dessa afirmação, ver: Frederick Schauer, "Hart's Anti-Essentialism", in: Andrea Dolcetti, Luis Duarte d'Almeida & James Edwards, *Reading H. L. A. Hart's* The Concept of Law, Oxford: Hart Publishing, 2013, pp. 237-46.

63 E, assim, Brian Bix, correta e ceticamente, pergunta se, mesmo que o direito tenha propriedades essenciais e que seja possível identificá-las pela análise conceitual, as "conquistas" dessa atividade "são substanciais". Brian Bix, "Joseph Raz and Conceptual Analysis", *APA Newsletter on Philosophy of Law* 6/2, 2007, pp. 1-7.

64 Ver: Richard A. Posner, "What Do Judges Maximize? (The Same Thing

Everybody Else Does)", *Supreme Court Economic Review* 3, 1993, pp. 1-41; Frederick Schauer, "Incentives, Reputation, and the Inglorious Determinants of Judicial Behavior", *University of Cincinnati Law Review* 68, 2000, pp. 615-36.

65 Para entender como um governo inteiro (e, *mutatis mutandis*, um sistema jurídico inteiro) pode ser fundado na atuação dos agentes públicos, baseada numa "rede de medo" de uns em relação aos outros ou a um único déspota, ver: Gregory S. Kavka, *Hobbesian Moral and Political Theory*, Princeton: Princeton University Press, 1986, pp. 254-7; Matthew H. Kramer, *In Defense of Legal Positivism: Law without Trimmings*, New York: Oxford University Press, 1994, p. 94; Sean Coyle, "Practices and the Rule of Recognition", *Law & Philosophy* 25, 2006, pp. 417-52.

66 Não me esqueci de Hitler ou de Stalin. Mas nem eles nem os regimes que dominaram foram movidos pela ganância, ou mesmo pela ganância pelo poder, tanto quanto foram movidos por uma visão moral grotesca, mas que, mesmo assim, era uma visão moral. Esse pode não ser o caso das cleptocracias modernas e não tão modernas, nas quais os agentes públicos, em especial os do topo, criam sistemas jurídicos como parte de um regime cujo único objetivo pode ser o acúmulo de riqueza ou, às vezes, o poder por si só.

67 Livros inteiros têm sido escritos sobre a relação entre direito e "Estado de Direito". Este não é um desses livros. No entanto, subscrevo a visão de que o Estado de Direito leva a certos valores de moralidade ou eficiência que podem não ser satisfeitos por todos os sistemas jurídicos. Se a visão de que o Estado de Direito não é uma redundância, podemos imaginar – e de fato observar – o direito sem o Estado de Direito.

68 Sobre a intrigante possibilidade de que o direito seja menos sobre o uso da coerção do Estado do que sobre a limitação e regulação desse uso, ver: Patricia Mindus, "Austin and Scandinavian Realism", *The Legacy of John Austin's Jurisprudence*, Michael Freeman & Patricia Mindus (eds.), Dordrecht: Springer, 2013, pp. 73-106.

69 Oliver Wendell Holmes Jr., "The Path of the Law", *Harvard Law Review* 10 (1897), pp. 457-78.

70 Hart, *The Concept of Law*, p. 39.

71 Ibid., p. 78.

72 Scott J. Shapiro, *Legality*, Cambridge, MA: Harvard University Press, 2011.

73 Ibid., pp. 69-73.

4. EM BUSCA DO HOMEM PERPLEXO

1 Ver Capítulo 3.

2 A literatura sobre o surgimento do Estado Administrativo e da regulação administrativa é vasta. Contribuições importantes: *Comparative Administrative Law*, Susan Rose-Ackerman & Peter Lindseth (eds.), Cheltenham: Edward Elgar, 2010; James M. Landis, *The Administrative Process*, New Haven: Yale University

Press, 1938; Paul L. Joskow & Roger G. Noll, "Regulation in Theory and Practice", *Studies in Public Regulation*, Gary Fromm (ed.), Cambridge, MA: Harvard University Press, 1981, pp. 1-78; Giandomenico Majone, "The Rise of the Regulatory State in Europe", *West European Politics* 17, 1994, pp. 77-101; David H. Rosenbloom, "The Judicial Response to the Rise of the American Administrative State", *American Review of Public Administration* 15, 1981, pp. 29-51.

3 Ver, por exemplo: Julie Dickson, *Evaluation and Legal Theory*, Oxford: Hart Publishing, 2001; Joseph Raz, "The Problem about the Nature of Law", *Ethics in the Public Domain:* Essays in the Morality of Law and Politics, Oxford: Clarendon Press, 1994, pp. 195-209; Leslie Green, "Positivism and the Inseparability of Law and Morals", *New York University Law Review* 83, 2008, pp. 1035-58 ("nem todas as verdades necessárias são verdades importantes").

4 Ver: Danny Priel, "Jurisprudence and Necessity", *Canadian Journal of Law and Jurisprudence* 20, 2007, pp. 173-200.

5 H. L. A. Hart, *The Concept of Law*, 3. ed., Penelope A. Bulloch, Joseph Raz & Leslie Green (eds.), Oxford: Clarendon Press, 2012, pp. 39-40.

6 Ver Capítulo 3, especialmente Seção 3.3.

7 "Por que não deveria o direito se preocupar igualmente, se não mais, com o 'homem confuso' ou o 'homem ignorante', que está disposto a fazer o que é exigido se pelo menos lhe disserem o que é?" (Hart, *The Concept of Law*, p. 40).

8 A afirmação no texto é ligeiramente rápida. O direito pode ser causalmente eficaz para indicar aos desinformados ou inseguros quais são suas responsabilidades não jurídicas, como argumentado de forma persuasiva em Donald H. Regan, "Reasons, Authority, and the Meaning of 'Obey': Further Thougts on Raz and Obedience to Law", *Canadian Journal of Law and Jurisprudence* 3, 1990, pp. 3-28. Ver também: Donald H. Regan, "Authority and Value: Reflections on Raz's *Morality of Freedom*", *Southern California Law Review* 62, 1989, pp. 995-1095; Donald H. Regan, "Law's Halo", *Social Philosophy and Policy* 4, 1986, pp. 15-30. No mesmo sentido: David Enoch, "Reason-Giving and the Law", *Oxford Studies in the Philosophy of Law*, Brian Leiter & Leslie Green (eds.), 2011, v. 1, pp. 1-38, que indica que a capacidade do direito de dar razões pode ser estritamente "epistêmica".

9 Ver, no contexto da teoria do direito penal: Michael Plaxton, "The Challenge of the Puzzled Man", *McGill Law Journal* 58, 2012, pp. 451-80.

10 Scott Shapiro é ainda mais explícito empírica e quantitativamente, enfatizando sua premissa de que existem "muitos bons cidadãos" que "aceitam que os deveres impostos pelas regras [jurídicas] são razões morais para agir separadas e independentes" (*Legality*, Cambridge, MA: Harvard University Press, 2011, pp. 69-70). No mesmo sentido: Christopher Essert, "Legal Oblitation and Reasons", *Legal Theory* 19, 2013, pp. 63-88.

11 Hart, *The Concept of Law* (pp. 80, 91) e também: "O modelo simples do direito como um conjunto de ordens coercitivas do soberano não reproduz, em vários aspectos fundamentais, algumas das principais características dos siste-

mas jurídicos" (p. 79). Mas para a visão de que Hart e seus sucessores têm igualmente falhado em reproduzir algumas das principais características de um sistema jurídico, apesar de serem diferentes, ver: Brian Bix, "John Austin and Constructing Theories of Law", *The Legacy of John Austin's Jurisprudence*, Michael Freeman & Patricia Mindus (eds.), Dordrecht: Springer, 2013, pp. 1-13; "Book Review", *Ethics* 122, 2012, pp. 444-8.

12 "Se você quer conhecer o direito e nada mais, deve olhar para ele como um homem mau, que se preocupa somente com as consequências materiais que tal conhecimento lhe possibilita prever, não como um homem bom, que encontra suas razões para agir, seja dentro do direito, seja fora, nas mais vagas sanções da consciência" (Oliver Wendell Holmes Jr., "The Path of Law", *Harvard Law Review* 10, 1897, pp. 457-78).

13 Robert H. Mnookin & Lewis Kornhauser, "Bargaining in the Shadow of the Law: The Case of Divorce", *Yale Law Journal* 88, 1976, pp. 950-97.

14 Jeremy Bentham, *Of the Limits of the Penal Branch of Jurisprudence*, Philip Schofield (ed.), Oxford: Clarendon Press, 2010, pp. 6, 91, 142-60.

15 Ver: Plaxton, "The Challenge", pp. 456-58. "É um tanto problemático [para Hart] afirmar, de forma descritiva, que temos obrigações jurídicas na ausência de ao menos ameaças de sanções. Hart não produziu evidências empíricas para suportar essa afirmação" (p. 457). Ver também: Stephen R. Perry, "Hart's Methodological Positivism", *Legal Theory* 4, 1998, pp. 427-67.

16 Ver Plaxton, "The Challenge".

17 Hart, *The Concept of Law*, p. 91.

18 Embora meu entendimento sobre o que é "obedecer" não se funde no uso ordinário, mas sim no uso convencional. Ver Joseph Raz, "The Obligation to Obey: Revision and Tradition", *Notre Dame Journal of Law, Ethics & Public Policy* 1, 1984, pp. 139-55; Reagan, "Reasons, Authority, and the Meaning of 'Obey'".

19 Ou, sobre esse tema, mesmo se eu dissesse "Não coma!".

20 Há uma pergunta interessante sobre até que ponto, se é que há, o direito desempenha algum papel na criação de crenças morais ou em informar as pessoas sobre exigências morais dos quais, de outra forma, elas não teriam consciência. Os realistas escandinavos, que eram éticos não cognitivistas e, portanto, negavam a existência de uma realidade moral, são figuras importantes aqui, porque acreditavam que as crenças morais das pessoas são criadas ou influenciadas de modo substancial pelos comandos do direito. Conferir, em especial: Axel Hägerström, *Inquires into the Nature of Law and Morals*, Estocolmo: Almqvist & Wiksell, 1953; Anders Vilhelm Lundstedt, *Legal Thinking Revisited:* My Views on Law, Estocolmo: Almqvist & Wiksell, 1956. Para uma análise valiosa e comentários, ver: Patricia Mindus, *A Real Mind:* The Life and Work of Axel Hägerström, Dordrecht: Springer, 2012. A questão do efeito causal do direito positivo sobre as crenças morais dos cidadãos é empírica, e tem tanto defensores quanto céticos. Uma valiosa revisão da literatura, que traz uma conclusão positiva, mas qualificada, sobre a capacidade do direito de afetar as crenças morais, é a de Kenworthy

Bilz & Janice Nadler, "Law, Psychology, and Morality", *Moral Judgement and Decision Making* (*Psychology of Learning and Motivation*, v. 50), Daniel Bartels et al. (eds.), San Diego: Academic Press, 2009, pp. 101-31. Exemplos de maior ceticismo em relação ao poder do direito sobre as crenças morais incluem Gerald N. Rosenberg, *The Hollow Hope:* Can Courts Bring about Social Change?, Chicago: University of Chicago Press, 1991; Nigel Walker & Michael Argyle, "Does the Law Affect Moral Judgments?", *British Journal of Criminology* 4, 1964, pp. 570-81. Para os fins deste livro, considero não apenas que realmente há exigências morais independentes do direito, mas que o direito positivo tipicamente atua para além do seu papel principal de inculcar conhecimento e crença em tais exigências.

21 A literatura sobre a capacidade das pessoas de se comportarem moral e altruisticamente, mesmo sem a ameaça de sanções, é vasta. Ver, por exemplo: Daniel M. Bartels, "Principled Moral Judgment and the Flexibility of Moral Judgment and Decision Making", *Cognition* 108, 2008, pp. 381-417; Gert Cornelissen et al., "Rules or Consequences? The Role of Ethical Mind-Sets in Moral Dynamics", *Psychological Science* 24, 2013, pp. 482-8; Ernst Fehr & Urs Fischbacher, "The Nature of Human Altruism", *Nature* 425, 2003, pp. 785-91; Shaun Nichols, "Norms with Feeling: Towards a Psychological Account of Moral Judgment", *Cognition* 84, 2002, pp. 221-36; Jamil Zaki & Jason P. Mitchell, "Intuitive Prosciality", *Current Directions in Psychological Science* 22, 2013, pp. 466-70.

22 Reza Bankar, "Can Legal Sociology Account for the Normativity of Law?", in: *Social and Legal Norms*, Matthias Baier (ed.), Farnham, Surrey: Ashgate Publishing, 2013, cap. 2.

23 Joseph Raz, *Practical Reason and Norms*, 2. ed., Oxford: Oxford University Press, 1999.

24 Citação usual: H. L. A. Hart, "Commands and Authoritative Legal Reasons", in: *Essays on Bentham:* Jurisprudence and Political Theory, Oxford: Oxford University Press, 1982, pp. 243-68. Ver também: Kenneth Einar Himma, "H. L. A. Hart and the Practical Difference Thesis", *Legal Theory* 6, 2000, pp. 1-43; Frederich Schauer, "Authority and Authorities", *Virginia Law Review* 94, 2008, pp. 1931-961. Uma crítica cética à ideia de que a autoridade é independente do conteúdo, focando a relação entre conteúdo independente e autoridade política, foi feita por George Klosko, "Are Political Obligations Content Independent?", *Political Theory* 39, 2011, pp. 498-523.

25 O *locus classicus* é W. D. Ross, *The Right and the Good*, Oxford: Clarendon Press, 1930, pp. 19-47. Ross usa a linguagem de direitos e deveres, *prima facie*, mas é mais comum, na atualidade, expressar a mesma ideia com o termo *pro tanto*. Ver também: Alan Gewirth, "Are There Any Absolute Rights?", *Philosophical Quarterly* 31, 1981, pp. 1-16; Robert Nozick, "Moral Complications and Moral Structures", *Georgia Law Review* 27, 1993, pp. 415-34; John R. Searle, "*Prima Facie* Obligations", *Practical Reasoning*, Joseph Raz (ed.), Oxford: Oxford University Press, 1978, pp. 81-90; Judith Thomson, "Some Ruminations on Rights", *Arizona Law Review* 19, 1977, pp. 45-60.

26   Carta ao Congressista Hill, 6 de julho de 1935, in: *The Public Papers and Addresses of Franklin D. Roosevelt*, Washington: Government Printing Office, 1938, v. 4, pp. 297-8.

27   Ver: Kenneth Einar Himma, "H. L. A. Hart and the Practical Difference Thesis", *Legal Theory* 6, 2000, pp. 1-43; Scott J. Shapiro, "Law, Morality, and the Guidance of Conduct", *Legal Theory* 6, 2000, pp. 127-70.

28   Os argumentos de Sócrates são recontados por Platão no *Crito* e os eventos concernentes aparecem também em *Euthyphro, Apology* e *Phaedo*. Uma análise particularmente válida é a de Thomas C. Brickhouse & Nicholas D. Smith, *Socrates on Trial*, Princeton: Princeton University Press, 1989.

29   Thomas Hobbes, *Leviathan*, Richard Tuck (ed.), Cambridge, INGL.: Cambridge University Press, 1991 (1651); John Locke, *Two Treatises on Government*, Peter Laslett (ed.), Cambridge, INGL.: Cambridge University Press, 1988 (1690).

30   John Rawls, "Legal Obligation and the Duty of Fair Play", in: *Law and Philosophy*, Sidney Hook (ed.), New York: New York University Press, 1964, pp. 3-18. Ver também: Jonathan Hecht, "Fair Play – Resolving the Crito – Apology Problem", *History of Political Thought* 32, 2011, pp. 543-64.

31   Ver: Mark C. Murphy, "Surrender of Judgment and the Consent Theory of Political Authority", *Law and Philosophy* 16, 1997, pp. 115-43.

32   Ver: Eerik Lagerspetz, *The Opposite Mirrors:* An Essay on the Conventionalist Theory of Institutions, Dordrecht: Kluwer Academic, 1999; Chaim Gans, "The Normativity of Law and Its Co-ordinative Function", *Israel Law Review* 16, 1981, pp. 333-49; Gerald J. Postema, "Coordination and Convention at the Foundations of Law", *Journal of Legal Studies* 11, 1982, pp. 165-203; Noel Reynolds, "Law as Convention", *Ratio Juris* 2, 1989, pp. 105-20.

33   Ver: Thomas Christiano, *The Constitution of Equality:* Democratic Authority and its Limits, New York: Oxford University Press, 2008.

34   See Joseph Raz, "The Obligation to Obey: Revision and Tradition", *Notre Dame Journal of Law, Ethics & Public Policy* 1, 1984, pp. 139-62; M. B. E. Smith, "Is There a Prima Facie Obligation to Obey the Law", *Yale Law Journal* 82, 1973, pp. 950-76. Dois panoramas válidos são apresentados por: William Edmundson, "State of the Art: The Duty to Obey the Law", *Legal Theory* 10, 2004, pp. 215-59; e George Klosko, "The Moral Obligation to Obey the Law", in: Andrei Marmor, *The Routledge Companion to Philosophy of Law*, New York: Routledge, 2012, pp. 511-26.

35   O trabalho atual que se destaca é o de A. John Simmons, *Moral Principles and Political Obligations*, Princeton: Princeton University Press, 1979. Relativamente semelhante, mas com importantes variações, ver: Leslie Green, *The Authority of the State*, Oxford: Clarendon Press, 1988; Robert Paul Wolff, *In Defense of Anarchism*, Berkeley: University of California Press, 1970.

36   Hart, *The Concept of Law*, p. 198.

5. AS PESSOAS OBEDECEM AO DIREITO?

1 Tom R. Tyler, *Why People Obey the Law*, 2. ed. Princeton: Princeton University Press, 2006.

2 H. L. A. Hart, *The Concept of Law*, 3. ed., Penelope A. Bulloch, Joseph Raz & Leslie Green (eds.), Oxford: Oxford University Press, 2012, p. 39.

3 Ver Scott J. Shapiro, *Legality*. Cambridge, MA: Harvard University Press, 2011, p. 69-70. O autor afirma que "muitos bons cidadãos" cumprem o direito por ser o direito, mesmo sem a ameaça de punição.

4 Tom R. Tyler, "Compliance with Intellectual Property Laws: A Psychological Perspective", *NYU Journal of International Law and Pollitics* 29, 1997, pp. 213-36. Similarmente, "a pesquisa sugere que o comportamento das pessoas é mais fortemente influenciado pelo que consideram moralmente apropriado do que pelas preocupações em ser punido por violar a regra" (Tom R. Tyler, "Beyond Self--Interest: Why People Obey Laws and Accept Judicial Decisions", *The Responsive Community*, Fall, 1998, pp. 44-52).

5 Tyler, "Beyond Self-Interest", p. 45.

6 Ver: www.psych.nyu/edu/tayler/lab.

7 De fato, o próprio Tyler, mais recentemente, reconheceu o papel da cooperação, independente do direito. Tom Tyler, "The Psychology of Cooperation", *The Bahavioral Foundations of Public Policy*, Eldar Shafir (ed.), Princeton: Princeton University Press, 2013, pp. 77-90.

8 Ver, por exemplo: C. Daniel Batson & Laura L. Shaw, Evidence for Altruism: Toward a Pluralism of Prosocial Motives, *Psychological Inquiry* 2, 1991, pp. 107-22; Augusto Blasi, Moral Cognition and Moral Action: A Theoretical Perspective, *Developmental Review* 3, 1983, pp. 178-210; Robert Hogan, Moral Conduct and Moral Character: A Psychological Perspective, *Psychological Bulletin* 79, 1973, pp. 217-32; John A. King et al., Doing the Right Thing: A Common Neural Circuit for Appropriate Violent or Compassionate Behavior, *NeuroImage* 30, 2006, pp. 1069-76; Louis A. Penner et al., Prosocial Behavior: Multilevel Perspectives, *Annual Review of Psychology* 56, 2005, pp. 365-92; Jane Allyn Piliavin & Hong--Wen Charng, Altruism: A Review of Recent Theory and Research, *American Review of Sociology* 16, 1990, pp. 27-65; Lauren J. Wispé, Positive Forms of Social Behavior: An Overview, *Journal of Social Issues* 28, 1972, pp. 1-19. Outras contribuições valiosas estão reunidas em Walter Sinnott-Armstrong (ed.), *Moral Psychology*, Cambridge: MIT Press, 2008. São realizados debates contínuos sobre se o comportamento aparentemente altruísta é, num nível mais profundo, produzido por interesse próprio, levando em conta os bons sentimentos que tal comportamento produz no altruísta (ver Martin L. Hoffman, Is Empathy Altruistic?, *Psychological Inquiry* 2, 1991, pp. 131-3), mas para os nossos propósitos esse debate não interessa neste momento. Tanto os que percebem o altruísmo profundo quanto os que o veem baseado num grande egoísmo concordariam com a ampla adoção de um comportamento não egoístico, independente do direito e de sanções.

9 Ver Roy F. Baumeister, Todd F. Heatherton & Dianne M. Tice, *Losing Control: How and Why People Fail at Self-Regulation*, San Diego: Academic Press, 1994; Roy F. Baumeister, Kathleen D. Vohs & Dianne M. Tice, The Strenght Model of Self-Control, *Current Directions in Psychological Science* 16, 2007, pp. 351-5.

10 Ver Linda J. Skitka, The Psychology of Moral Conviction, *Social and Personality Psychology Compass* 4, 2010, pp. 267-81.

11 Em adição ao trabalho de Tyler, ver Mike Hough, Jonathan Jackson & Ben Bradford, Legitimacy, Trust and Compliance: An Empirical Test of Procedural Justice Theory Using the European Social Survey, em: http://ssrn.com/abstract=2234339.

12 Tyler qualifica seus achados, ao deixar claro que eles se aplicam amplamente quando a probabilidade de punição é pequena (Tyler, *Why People Obey the Law*, p. 22). Mas a qualificação supõe que a probabilidade subjetiva de punição das pessoas leve à probabilidade objetiva, o que pode não ser verdadeiro. Sobretudo quando as penalidades são severas, as probabilidades subjetivas de punição podem ser sistematicamente superiores às probabilidades objetivas. E, na medida em que é assim, a suposição de que as pessoas não respondem à probabilidade de punição quando as probabilidades objetivas são baixas é um erro bastante difundido.

13 Tyler, *Why People Obey the Law*, pp. 19-68; Hough et al., Legitimacy, Trust and Compliance". Hogan, usando um conjunto de dados diferente e olhando para a Europa, em vez dos Estados Unidos, chega a uma conclusão diferente: constata que a legitimidade, embora seja uma determinante estatisticamente significativa do cumprimento do direito, é menos determinante do que a consistência com a moral do agente, suas crenças e o risco de sanções que percebe.

14 Tyler, *Why People Obey the Law*, pp. 41-43, pp. 187-90.

15 Ver Elizabeth Mullen & Janice Nadler, Moral Spillovers: The Effect of Moral Violations on Deviant Behavior, *Journal of Experimental Social Psychology* 44, 2008, pp. 1239-45; Linda J. Skitka, Christopher W. Bayman & Brad L. Lytle, The Limits of Legitimacy: Moral and Religious Convictions as Constraints on Deference to Authority, *Journal of Personality and Social Psychology* 97, 2009, pp. 567-78; Linda J. Skitka & Elizabeth Mullen, Moral Convictions Often Override Concerns about Procedural Fairness: A Reply to Napier and Tyler, *Social Justice Research* 21, 2008, pp. 529-46.

16 A metodologia que Tyler mais utiliza é o questionário, e não o experimento. Os questionários costumam ser valiosos, mas podem ser menos valiosos quando as pessoas são solicitadas a responder sobre sua inclinação em adotar comportamentos que consideram socialmente valorizados, como a obediência ao direito. Nesses casos, a vontade declarada de cumprir pode ser, como discutido neste texto, um indicador não confiável da conformidade real.

17 Tyler, *Why People Obey the Law*, Table 4.4, p. 46.

18 Ibid., pp. 45-6.

19 Ver também Jonathan Jackson et al., Why Do People Comply with the Law? Legitimacy and the Influence of Legal Institutions, *British Journal of Criminology* 52, 2012, pp. 1051-71.

20 Ver análise similar em Leslie Green, Who Believes in Political Obligation?, in: John T. Sanders & Jan Narveson (eds.), *For and against the State:* New Philosophical Readings. Lanham: Rowman & Littlefield, 1996, pp. 1-17, 10-14.

21 Tyler, Beyond Self-Interest, p. 45.

22 Ver, entre outros: Ernest Q. Campbell, The Internalization of Moral Norms, *Sociometry* 27, 1964, pp. 391-412; Ernst Fehr & Urs Fischbacher, Social Norms and Human Cooperation, *Trends in Cognitive Sciences* 8, 2004, p. 185-90. Um amplo conjunto de perspectivas é encontrado em: Walter Sinnott-Armstrong (ed.), *Moral Psychology,* Cambridge: MIT Press, 2007.

23 Spike Lee (produtor, roteirista e diretor), *Do the Right Thing,* Universal Pictures, 1989.

24 Ver: Robert M. Axelrod, *The Evolution of Cooperation,* New York: Basic Books, 1984; Elinor Ostrom, Collective Action and the Evolution of Social Norms, *Journal of Economic Perspectives* 14, 2000. Ver também James Andreoni, William T. Harbaugh & Lise Vesterlund, The Carrot or the Stick: Rewards, Punishments, and Cooperation, *American Economic Review* 93, 2003, pp. 893-902.

25 Fiery Cushman, Liane Young & Marc Hauser, The Role of Conscious Reasoning and Intuition in Moral Judgments: Testing Three Principles of Harm, *Psychological Science* 17, 2006, pp. 1082-9.

26 Ver Alan Page Fiske & Philip E. Tetlock, Taboo Trade-offs: Reactions to Transactions that Transgress the Spheres of Justice, *Political Psychology* 18, 1997, pp. 255-97.

27 Ver Karl Aquino & Americus Reed II, The Self-Importance of Moral Identity, *Journal of Personality and Social Psychology* 83, 2002, pp. 1423-40.

28 Por exemplo, Campbell, The Internalization of Moral Norms.

29 Ver W. D. Hamilton, The Genetical Evolution of Social Behavior, *Journal of Theoretical Biology* 7, 1964, pp. 1-52; Kalle Parvinen, Joint Evolution of Altruistic Cooperation in a Metapopulation of Small Local Populations, *Theoretical Population Biology* 85, 2013, pp. 12-9.

30 Ver Joshua D. Greene et al., Na fMRI Investigation of Emotional Engagement in Moral Judgment, *Neuron* 44, 2004, pp. 389-400; Dominique J.-F. de Quervain, The Neural Basis of Altruistic Punishment, *Science* 305, 2004, pp. 1254-8.

31 Não levar em conta essa distinção prejudica grande parte da literatura sobre o cumprimento do direito internacional, que muitas vezes falha em distinguir atos nacionais consistentes com o direito internacional de atos nacionais causados, pelo menos em parte, pelo direito internacional. O aspecto é discutido em George W. Downs, David M. Rocke & Peter N. Barsoom, Is the Good News about Compliance Good News about Cooperation?, *International Organization* 50, 1996, pp. 379-406.

32 Ver, por exemplo, Donald H. Regan, Law's Halo, in: Jules Coleman & Ellen Frankel Paul (eds.), *Philosophy and Law,* Oxford: Basil Blackwell, 1987, pp. 15-30.

33 O direito é necessariamente geral e, em virtude de sua generalidade, gerará inevitavelmente resultados errôneos de vez em quando. Aristóteles foi o primeiro que capturou a ideia e argumentou que a equidade era o método necessário de "retificação" dos erros ocasionados pela imprecisão intrínseca das regras gerais e das leis gerais. Aristóteles, *Nicomachean Ethics*, trad. J. A. K. Thomson, Harmondsworth: Penguin, 1977, p. 1137a-b. Ver também Aristóteles, *The "Art" of Rhetoric*, trad. John Henry Freese, Cambridge, MA: Harvard University Press, 1947, p. 1374a, em que Aristóteles declara que a "equidade, embora justa, e melhor do que um tipo de justiça, não é melhor do que a justiça absoluta – apenas que o erro devido à generalização". Para uma análise histórica, exegética e jurídica de Aristóteles sobre equidade, ver John Triantaphyllopoulos, Aristotle's Equity, in: Alfredo Mordechai Rabello, *Aequitas and Equity*: Equity in Civil Law and Mixed Jurisdictions, Jerusalem: The Hebrew University of Jerusalem, 1997, pp. 12-22. Sobre o problema da regra geradora de erro, conferir: Frederick Schauer, *Profiles, Probabilites, and Stereotypes*, Cambridge, MA: Harvard University Press, 2003, pp. 27-54; Frederick Schauer, *Playing by the Rules*: A Philosophical Examination of Rule-Based Decision-Making in Law and in Life, Oxford: Clarendon Press, 1991, *passim*.

34 N. J. Schweitzer et al., The Effect of Legal Training on Judgments of Rule of Law Violations, artigo apresentado à Associação Americana de Psicologia Jurídica, em 5 de março de 2008, disponível em: http://www.allacademic.com/meta/p229442_index.html. Basicamente, na mesma linha, ver N. J. Schweitzer, Douglas J. Sylvester & Michael J. Saks, Rule Violations and the Rule of Law: A Factorial Survey of Public Attitudes, *DePaul Law Review* 56, 2007, pp. 615-36.

35 Joshua R. Furgeson, Linda Babcock & Peter Shane, Behind the Mask of Method: Political Orientation and Constitutional Interpretative Preferences, *Law & Human Behavior* 32, 2008, pp. 502-10; Joshua R. Furgeson, Linda Babcock & Peter M. Shane, Do a Law's Policy Implications Affect Beliefs about Its Constitutionality? An Experimental Test, *Law & Human Behavior* 32, 2008, pp. 219-27.

36 Ziva Kunda, The Case for Motivated Reasoning, *Psychological Bulletin* 108, 1990, p. 489-98. Uma aplicação jurídica proeminente é encontrada em Dan M. Kahan, Foreword: Neutral Principles, Motivated Cognition, and Some Problems for Constitutional Law, *Harvard Law Review* 126, 2011, p. 1-77. Uma boa discussão sobre o raciocínio motivado pode ser encontrado em Peter H. Ditto, David A. Pizarro & David Tannenbaum, Motivated Moral Reasoning, *Psychology of Learning and Motivation* 50, 2009, pp. 307-38.

37 Ver: Keith E. Stanovich & Richard F. West, On the Failure of Intelligence to Predict Myside Bias and One-Side Bias, *Thinking & Reasoning* 14, 2008, pp. 129-67; Keith E. Stanovich & Richard F. West, Natural Myside Bias Is Independent of Cognitive Ability, *Thinking & Reasoning* 13, 2007, pp. 225-47; Keith E. Stanovich, Richard F. West & Maggie E. Toplak, Myside Bias, Rational Thinking, and Intelligence, *Current Directions in Psychological Science* 22, 2013, pp. 259-64.

38 Ver: Elieen Braman, *Law, Politics, and Perception*: How Policy Preferences Influence Legal Reasoning, Charlottesville: University of Virginia Press, 2009; Linda Babcock e Joshua Furgeson, Legal Interpretations and Intuitions of Public

Policy, in: Jon Hanson (ed.), *Ideology, Psychology, and Law*, New York: Oxford University Press, 2012, pp. 684-704; Linda Babcock & Joshua Furgeson, Experimental Research on the Psychology of Disputes, in: Jennifer Arlen (ed.), *Research Handbook on the Economics of Torts*, Cheltenham: Edward Elgar, 2014, pp. 360-82. O mesmo fenômeno parece ocorrer com relação a normas não legais. Cristina Bichieri & Alex Chavez, Norm Manipulation, Norm Evasion: Experimental Evidence, *Economics and Philosophy* 29, 2013, pp. 175-98.

39 O realismo jurídico tem muitas dimensões, mas o foco nas decisões judiciais e nas justificações como racionalizações jurídicas para decisões obtidas com base em fundamentos não jurídicos é mais associado, entre outros, a: Jerome Frank, *Law and the Modern Mind*, New York: Brentano's, 1930; Joseph C. Hutcheson Jr., The Judgment Intuitive: The Function of the "Hunch" in Judicial Decision, *Cornell Law Quarterly* 14, 1929, pp. 274-88; Herman Oliphant, A Return to Stare Decisis, *American Bar Association Journal* 14, 1928, pp. 71-76, 107, 159-62. Esse entendimento do realismo jurídico é compartilhado por Brian Leiter, que o analisa e relaciona com debates jurisprudenciais recentes em Brian Leiter, *Naturalizing Jurisprudence*: Essays on American Legal Realism and Naturalism in Legal Philosophy, New York: Oxford University Press, 2007. Ver também: Frederick Schauer, *Thinking Like a Lawyer*: A New Introduction to Legal Reasoning, Cambridge, MA: Harvard University Press, 2009, pp. 124-47; Frederick Schauer, Editor's Introduction, in: Karl Llewellyn, *Theory of Rules*, Frederick Schauer (ed.), Chicago: University of Chicago Press, 2011, pp. 1-28; Frederick Schauer, Legal Realism Untamed, *Texas Law Review* 91, 2013, pp. 749-80.

40 Ver Duncan Kenedy, Freedom and Constraint in Adjudication: A Critical Phenomenology, *Journal of Legal Studies* 36, 1986, pp. 518-62.

41 Ver Saul M. Kassim & Samuel R. Sommers, Inadmissible Testimony, Instructions to Disregard, and the Jury: Substantive *Versus* Procedural Considerations, *Personality & Social Psychology Bulletin* 25, 1997, pp. 1046-54.

42 Muito da pesquisa tem sido conduzida no contexto do uso de evidências epistemicamente relevantes, mas não admissíveis em termos legais. Uma visão geral é oferecida por Nancy Steblay, Harmon N. Hosch, Scott E. Culhane & Adam McWethy, The Impact on Juror Veredicts of Judicial Instruction to Disregard Inadmissible Evidence, *Law & Human Behavior* 30, 2006, pp. 469-92.

43 Associated Press Story, 5 de dezembro de 1967, tal como publicado em diversos jornais, incluindo o *Kentucky New Era*.

44 Associated Press Story, por Joann Loviglio, 11 de agosto de 2001, conforme publicado em numerosos jornais, incluindo o *Topeka Capital-Journal*.

45 *San Francisco Chronicle*, 9 de maio de 2007.

46 Ver Audiência do Comitê de Saúde do Conselho da Cidade de New York sobre o Projeto de Lei para Aumento do Valor da Taxa de Licenciamento de Cachorros, 17 de dezembro de 2010, em: www.shelterreform.org/2010DecHealthMetting.html; Relatório do Presidente do Distrito de Manhattan, www.mbpo.org/re;ease_details.asp?id=2029 (2006).

47 Conferir Lior Jacob Stahilevitz, How Changes in Property Regime Influence Social Norms: Commodifying California's Carpool Lanes, *Indiana Law Journal* 75, 2000, pp. 1231-94, 1242, nota 52.

48 Quando o condado de Los Angeles, por exemplo, tentou operar o seu sistema de metrô sem impor a aplicação da lei que exigia o pagamento da tarifa, a maioria das pessoas não pagou, levando a autoridade de transporte a desistir do "experimento" e instalar catracas. Ver LA Subway Installs First Turnstiles, *Boston Globe*, 4 de maio de 2013, A2. Conferir também Ronald V. Clarke, Stephane Contre, & Gohar Petrossian, Deterrance and Fare Evasion: Results of a Natural Experiment, *Security Journal* 23, 2010, pp. 5-17.

49 www.pulitzercenter.org/reporting/roads-kill-worldwide-quick-facts-fatality-driver-automobile-accident-intoxicant-enforcement.

50 Ming-yue Kan & Maggie Lau, Tobacco Compliance in Hong Kong, *Nicotine and Tobacco Research* 10, 2008, pp. 337-40; Ming-yue Kan & Maggie Lau, Minor Access Control in Hong Kong under the Framework Convention on Tobacco Control, *Health Policy* 95, 2010, pp. 204-10.

51 Adam Nagourney & Rick Lyman, Few Problems with Cannabis for California, *New York Times*, 27 de outubro de 2013.

52 A natureza enganosa da palavra "voluntário" no contexto tributário é observada por Leandra Lederman, Tax Compliance and the Reformed IRS, *Kansas Law Review* 51, 2003, pp. 971-1011.

53 Muito do que se seguirá vem de: *Internal Revenue Service Release IR-2012-4*, 6 de janeiro de 2012. IRS Releases New Tax Gap Estimates; Internal Revenue Service Report GAO/T-66-D-97-35, 1997, Taxpayer Compliance: Analyzing the Nature of the Income Tax Gap; Maurice Allingham & Agnar Sandmo, Income Tax Evasion: A Theoretical Analysis, *Journal of Public Economics* 1, 1972, pp. 323-38; Internal Revenue Service, Reducing the Federal Tax Gap: A Report on Improving Voluntary Compliance, 2007; James Andreoni, Brian Erard & Jonathan Feinstein, Tax Compliance, *Journal of Economic Literature* 36, 1998, pp. 818-60; Charles Clotfelter, Tax Evasion and Tax Rates: An Analysis of Individual Returns, *Review of Economics and Statistics* 65, 1983, pp. 363-73; Lederman, Tax Compliance.

54 Conferir James Alm, Tax Compliance and Administration, em *Handbook on Taxation*, New York: Marcel Dekker, 1999; John L. Mikesell & Liucija Birksyte, The Tax Compliance Puzzle: Evidence from Theory and Practice, *International Journal of Public Administration* 30, 2007, pp. 1045-81.

55 Stanley Milgram, *Obedience to Authority:* An Experimental View, New York: Harper & Row, 1974; Some Conditions of Obedience and Disobedience to Authority, *Human Relations* 18, 1965, pp. 57-76; Behavioral Study of Obedience, *Journal of Abnormal and Social Psychology* 67, 1963, pp. 371-8. A notoriedade é baseada em parte no fundamento dos estudos, em parte nas implicações que produziram para o entendimento do Holocausto e, em parte, ainda, no trauma imposto aos sujeitos, que explica por que é difícil imaginar os experimentos aprovados hoje por um comitê institucional de revisão. Em verdade, os experi-

mentos de Milgram foram, ao menos em parte, a razão para a criação de comitês institucionais de revisão.

56 Sobre a discussão, ver, por exemplo: Neil Lutsky, When Is "Obedience" Obedience? Conceptual and Historical Commentary, *Journal of Social Issues* 51, 1995, pp. 55-65; David R. Mandel, The Obedience Alibi: Milgram's Account of the Holocaust Reconsidered, *Analyse & Kritik* 20, 1998, pp. 74-94. Conferir também Herbert C. Kelman & V. Lee Hamilton, *Crimes of Obedience*: Toward a Social Psychology of Authority and Responsibility, New Haven: Yale University Press, 1989.

57 Quando entendida como uma afirmação de autoridade, e não como existência real de autoridade justificada, a descrição no texto captura parte do trabalho de grande importância de Joseph Raz. Ver, por exemplo, Joseph Raz, *Ethics in the Public Domains*: Essays in the Morality of Law and Politics, Oxford: Clarendon Press, 1994; *The Authority of Law*: Essays on Law and Morality, Oxford: Clarendon Press, 1979, pp. 233-49.

58 Os comentários são em grande número. Conferir: Arthur G. Miller, *The Obedience Experiments*: A Case Study of Controversy in Social Science, New York: Preager, 1986; Thomas Blass, *The Man Who Shocked the World*: The Life and Legacy of Stanley Milgram, New York: Basic Books, 2004; Thomas Blass, Understanding Behavior in the Milgram Obedience Experiment, *Journal of Personality and Social Psychology* 60, 1991, pp. 398-413; Jerry Burger, Replicating Milgram: Would People Still Obey Today?, *American Psychologist* 64, 2009, pp. 1-11; Steven J. Gilbert, Another Look at the Milgram Obedience Studies: The Role of the Graded Series of Shocks, *Personality and Social Psychology Bulletin* 7, 1981, pp. 690-95; Moti Nassani, A Cognitive Reinterpretation of Stanley Milgram's Observations on Obedience to Authority, *American Psychologist* 45, 1990, pp. 1384-85; Stephen D. Reicher, S. Alexander Haslam & Joanne R. Smith, Working toward the Experimenter: Reconceptualizing Obedience within the Milgram Paradigm as Identification-Based Followership, *Perspectives on Psychological Science* 7, 2012, pp. 315-24; Phillip G. Zimbardo, On "Obedience to Authority", *American Psychologist* 239, 1974, pp. 566-7.

59 Ver especialmente Reicher et al., Working toward the Experimenter.

60 Muito da pesquisa é sumarizado em Robert B. Cialdini & Noah J. Goldstein, Social Influence: Compliance and Conformity, *Annual Review of Psychology* 55, 2004, pp. 591-621. Como esse artigo exemplifica, contudo, a inclinação de grande parte da pesquisa, talvez ainda influenciada pelos experimentos de Milgram, e a crença de que o Holocausto era mais o produto do excesso de obediência do que de conformidade voluntária têm sido excessivas e bastante insuficientes. Isso é curioso, pois dificilmente fica claro que os danos do excesso de obediência, no agregado, são maiores do que os de obediência insuficiente. Sem dúvida, essa conclusão varia de acordo com o contexto, mas, ainda assim, parece um pressuposto amplamente contextual que aparece em grande parte das pesquisas sobre a obediência em excesso constituir um problema maior do que a obediência insuficiente.

61 Ronald Dworkin, *Justice in Robes*, Cambridge: Belknap/Harvard University Press, 2008; *Law's Empire*, Cambridge, MA: Harvard University Press, 1986; *Taking Rights Seriously*, Cambridge, MA: Harvard University Press, 1977.

62 Ruth Gavinson, Legal Theory and the Role of Rules, *Harvard Journal of Law & Public Policy* 14, 1991, pp. 727-70, p. 740-41. Linguagem similar aparece em Ruth Gavison, Coment, in: Ruth Gavison (ed.), *Issues in Contemporary Legal Philosophy: The Influence of H. L. A. Hart*, Oxford: Clarendon Press, 1987, pp. 21-32, 29-32.

63 Conferir N. W. Barber, Legal Realism, Pluralism and Their Challengers, in: Ulla Neergaard & Ruth Nielsen (eds.), *European Legal Method – Towards a New European Legal Realism*, Copenhagen: DJOEF Publishing, 2013.

64 Ver Frederick Schauer, Official Obedience and the Politics of Defining "Law", *Southern California Law Review* 86, 2013.

65 Para referências, ver capítulo 4, nota 182.

66 Ver Kenworthey Bilz & Janice Nadler, Law, Psychology, and Morality, in: Daniel Bartels et al. (eds.), *Moral Judgment and Decision Making (Pshychology of Learning and Motivation, v. 50)*, San Diego: Academic Press, 2009, pp. 101-31.

67 Nigel Walker & Michael Argyle, Does the Law Affect Moral Judgments?, *British Journal of Criminology* 4, 1964, pp. 570-81.

68 Leonard Berkowitz & Nigel Walker, Laws and Moral Judgments, *Sociometry* 30, 1967, pp. 410-22. Para a crítica, ver Bliz & Nadler, Law, Psychology, and Morality.

69 Ver Michael Klarman, *From the Closet to the Altar:* Courts, Backlash, and the Struggle for Same-Sex Marriage, New York: Oxford University Press, 2012; Marieka M. Klawitter & Victor Flatt, The Effects of State and Local Discrimination Policies on Earnings by Gays and Lesbians, *Journal of Policy Analysis and Management* 17, 1998, pp. 658-86.

70 347 U.S. 483 (1954).

71 Gerald N. Rosenberg, *The Hollow Hope: The Courts and Social Change*, Chicago: University of Chicago Press, 1991.

72 William K. Muir Jr., *Law and Attitude Change:* Prayer in the Public Schools, Chicago: University of Chicago Press, 1973.

73 Ver Lee Hamilton & Joseph Sanders, Crimes of Obedience and Conformity in the Workplace: Surveys of Americans, Russians, and Japanese, *Journal of Social Issues* 51, 1995, pp. 67-88.

74 Ver a audiência pública do Comitê de Saúde do Conselho da Cidade de Nova York.

75 Conferir Raymond Fisman & Edward Miguel, Corruption, Norms, and Legal Enforcement: Evidence from Diplomatic Parking Tickets, *Journal of Political Economy* 115, 2007, pp. 1020-48.

6. OS AGENTES PÚBLICOS ESTÃO ACIMA DO DIREITO?

1 A versão moderna mais conhecida da história é encontrada em Stephen W. Hawking, *A Brief History of Time:* From the Big Bang to Black Holes, New York:

Bantam Books, 1988, p. 1. Antonin Scalia, da Suprema Corte Norte-Americana, usa uma versão diferente em *Rapanos v. United States*, 547 U.S., pp. 715-54, 2006.

2 De fato, isso é concedido mesmo para aqueles que consideram que as sanções não são parte do conceito de direito, nem do conceito de obrigação jurídica. Ver Joseph Raz, *Between Authority and Interpretation:* On the Theory of Law and Practical Reason, Oxford: Oxford University Press, 2009, pp. 158-9; *The Concept of a Legal System:* An Introduction to the Theory of Legal System, 2. ed., Oxford: Clarendon Press, 1980, pp. 150-1, pp. 185-6.

3 H. L. A. Hart, *The Concept of Law*, 3. ed., Penelope A. Bulloch, Joseph Raz & Leslie Green (eds.), Oxford: Oxford University Press, 2012, pp. 26-44. Antes, ver James Bryce, *Studies in History and Jurisprudence*, Oxford: Oxford University Press, 1901, p. 538; Albert Venn Dicey, *Introduction to the Study of the Law of the Constitution*, London: Macmillian, 1915 (1885), pp. 26-7.

4 Assim, Austin criou a imagem do soberano como a pessoa a quem os sujeitos costumam obedecer, e a mais ninguém. John Austin, *The Province of Jurisprudence Determined*, Wilfred E. Rumble (ed.), Cambridge, INGL.: Cambridge University Press, 1986, aula VI.

5 "Na teoria política de Hobbes, o poder do soberano não possui limites jurídicos", Perez Zagorin, Hobbes as a Theorist of Natural Law, *Intellectual History Review* 17, 2007, pp. 239-55, 253.

6 Os juízes, por exemplo, podem ser promovidos para tribunais superiores com base, em parte, na frequência com que seus julgamentos são confirmados na instância recursal, ou se descobre que suas atribuições e outras condições de trabalho tinham relação com o fato de agradar a seus superiores. Estes podem basear suas avaliações na medida do cumprimento do direito ou, em vez disso, em critérios diferentes e não jurídicos, mas, atualmente, o aspecto a considerar é que mesmo os juízes operam com frequência em um ambiente hierárquico no qual recompensas e punições não são irrelevantes. Um exemplo desse fenômeno no contexto do Japão aparece em J. Mark Ramseyer e Eric B. Rasmussen, Why Are Japanese Judges so Conservative in Politically Charged Cases, *American Political Science Review* 95, 2001, pp. 331-44.

7 De fato, o problema do regresso infinito – o problema da tartaruga – permeia a questão sobre os fundamentos da matemática e da linguagem, entre outros. Gödel e Wittgenstein formam dois pensadores que geraram muitos debates. Ver Ludwig Wittgenstein, *Philosophical Investigations*, G. E. M. (trad.), 3. ed., New York: Macmillan, 1958; Ludwig Wittgenstein, *Remarks on the Foundations of Mathematics*, G. H. von Wright, R. Rhees & G. E. M. Anscombe (eds.), rev. ed., Cambridge: MIT Press, 1978; Jean van Heijenoort (ed.), *From Frege to Gödel:* A Source Book on Mathematical Logic, 1879-1931, Cambridge, MA: Harvard University Press, 1967 (contém uma tradução do artigo de Gödel, junto com um comentário). Ver também G. P. Baker & P. M. S. Hacker, *Skepticism, Rules, and Language*, Oxford: Blackwell, 1986; Saul Kripke, *Wittgenstein on Rules and Private Language*, Cambridge, MA: Harvard University Press, 1982; Colin McGinn, *Wittgenstein on Meaning:* An Interpretation and Evaluation, Oxford: Blackwell, 1984.

8 Ver Peter Suber, *The Paradox of Self-Amendment:* A Study of Law, Logic, Omnipotence, and Change, New York: Pater Lang Publishing, 1990.

9 Hart, *The Concept of Law,* pp. 94-110.

10 "Uma pessoa viola uma norma jurídica ao dirigir a velocidade superior a 65 milhas na maioria das rodovias, enquanto outra viola uma norma de etiqueta falando com a boca cheia à mesa." Brian Leiter, Positivism, Formalism, Realism, *Columbia Law Review* 99, 1999, pp. 1138-64, p. 1141.

11 29 C.F.R. 1910.96 (2012).

12 5 U.S.C. §§ 701-6 (2010).

13 *Occupational Safety and Health Administration Act* de 1970, Pub. L. n. 91-596, 84 Stat. 1590 (1970), codificada como alterada, 29 U.S.C. §§ 651-78 (2010).

14 Diversos aspectos desse fenômeno são explorados por Matthew Adler & Kenneth Einar Himma (eds.), *The Rule of Recognition and the U.S. Constitution,* New York: Oxford University Press, 2009.

15 Observe-se que é um erro, embora comum, considerar a Constituição, que pode ser a principal regra operativa dentro do sistema jurídico, como a regra última de reconhecimento. Esta regra não é a Constituição, mas sim a que torna a Constituição a principal regra operativa.

16 Esse exemplo é explorado (talvez em excesso) de forma mais aprofundada em Frederick Schauer, Amending the Presuppositions of a Constitution, in: Sanford Levinson (ed.), *Responding to Imperfection:* The Theory and Practice of Constitutional Amendment, Princeton: Princeton University Press, 1995, pp. 145-61.

17 Hart sustentava que a aceitação pelos agentes públicos e principalmente pelos juízes (ver Hanoch Sheinman, The Priority of Courts in the General Theory of Law, *American Journal of Jurisprudence* 52, 2007, pp. 229-58, pp. 37-8), era a chave para a existência de um sistema jurídico. Hart, *The Concept of Law,* pp. 112-7. Hart foi desafiado nesse ponto, sobretudo pelos que argumentam que a aceitação por um segmento da população em geral é necessária ou suficiente para a existência de um sistema jurídico. Ver, por exemplo: F. Patrick Hubbard, Power to the People: The Takings Clause, Hart's Rule of Recognition, and Populist Law--Making, *University of Louisville Law Review* 50, 2011, pp. 87-130, pp. 92-5; Jeremy Waldron, Can There Be a Democratic Jurisprudence?, *Emory Law Journal* 58, 2009, pp. 675-712, pp. 694-7. Mas também podemos (e faremos isso a seguir) perguntar se as forças armadas têm um papel a desempenhar, pois a existência última de um sistema jurídico pode depender da sua aceitação pela fonte última de poder em uma sociedade.

18 Existem importantes conexões entre a descrição de Hart e a imagem do direito como hierarquia de normas oferecida por Hans Kelsen em: *Introduction to the Problems of Legal Theory:* A Translation of the First Edition of Reine Rechtslehre or Pure Theory of Law, trad. Bonnie Litschewski Paulson & Stanley L. Paulson, Oxford: Clarendon Press, 1992; *The Pure Theory of Law,* trad. Max Knight, Berkeley: University of California Press, 1967; *General Theory of Law and State,* trad. Anders Wedberg, Cambridge, MA: Harvard University Press, 1945.

Enquanto para Kelsen a compreensão da estrutura jurídica repousava na pressuposição (ou conhecimento transcendental, no sentido kantiano) do que ele chamava *Grundnorm* ("norma fundamental"), a regra última de reconhecimento de Hart não seria um constructo mental da teoria, mas um fato fundacional sobre a existência real de sistemas jurídicos.

19 Um fato que ficou visível pela maneira como os tribunais que enfrentam realmente a questão usaram o termo "kelseniano *Grundnorm*". A controvérsia inspirou comentários relevantes e jurisprudencialmente informados. Conferir: F. M. Brookfield, The Courts, Kelsen, and the Rhodesian Revolution, *University of Toronto Law Journal* 19, 1969, pp. 326-52; J. M. Eekelaar, Rhodesia: The Abdication of Constitutionalism, *Modern Law Review* 32, 1969, pp. 115-8; Principles of Revolutionary Legality, in: A. W. B. Simpson (ed.), *Oxford Essays in Jurisprudence (Second Series)*, Oxford: Oxford University Press, 1973, pp. 22-43; Splitting the Grundnorm, *Modern Law Review* 30, 1967, pp. 156-75; J. M. Finnis, Revolutions and Continuity of Law, em Simpson, *Oxford Essays in Jurisprudence*, pp. 44-76; J. W. Harris, When and Why Does the *Grundnorm* Change?, *Cambridge Law Journal* 29, 1971, pp. 103-33; A. M. Honoré, Reflections on Revolution, *Irish Jurist*, 1967, v. 2, pp. 268-78; T. C. Hopton, Grundnorm and Constitution: The Legitimacy of Politics, *McGill Law Journal* 24, 1978, pp. 72-91.

20 Sobre Kelsen, ver nota 298.

21 Thomas C. Schelling, *The Strategy of Conflict*, Cambridge: Harvard University Press, 1960.

22 Elinor Ostrom, *Governing the Commons:* The Evolution of Institutions for Collective Action, Cambridge, MA: Cambridge University Press, 1990.

23 Robert C. Ellickson, *Order without Law:* How Neighbors Settle Disputes, Cambridge, MA: Harvard University Press, 1994.

24 Robert Axelrod, *The Evolution of Cooperation*, ed. rev., New York: Basic Books, 2006.

25 David Lewis, *Convention:* A Philosophical Study, Cambridge, MA: Harvard University Press, 1969.

26 Edna Ullman-Margalit, *The Emergence of Norms*, Oxford: Clarendon Press, 1977.

27 Thomas Hobbes, *Leviathan*, in: Richard Tuck (ed.), Cambridge, INGL.: Cambridge University Press, 1991 (1651).

28 Ver Gillian K. Hadfield & Barry R. Weingast, What Is Law? A Coordination Model of the Characteristics of Legal Order, *Journal of Legal Analysis*, 2012, pp. 471-514. Para um estudo de caso da operação do processo, ver Avner Greif, *Institutions and the Path to the Modern Economy:* Lessons from Medieval Trade, New York: Cambridge University Press, 2006; Avner Greif, Paul Milgrom & Barry R. Weingast, Coordination, Commitment, and Enforcement: The Case of the Merchant Guild, *Journal of Political Economy* 102, 1994, pp. 745-76.

29 Ronald Dworkin, *Law's Empire*, Cambridge, MA: Harvard University Press, 1986, p. 35. Se Dworkin estava de fato certo, isso envolve um debate amargo sobre

a existência e a extensão das tendências e simpatias, independente do medo dos que estavam abaixo do topo da hierarquia nazista. Compare Daniel Jonah Goldhagen, *Hitler's Willing Executioners: Ordinary Germans and the Holocaust*, New York: Vintage Books, 1996. Em outras palavras, a questão é se, como Dworkin sustenta, a maioria dos agentes públicos nazistas se comportou por medo dos seus superiores na hierarquia nazista, ou se, como Goldhagen e outros afirmam, devem ser vistos mais como participantes dispostos a agir do que como subordinados assustados. Independentemente de o exemplo ser bom ou ruim, ele sugere pelo menos a possibilidade de um sistema jurídico repousar na capacidade indutora do medo e, portanto, na capacidade coercitiva de uma pessoa ou de um número muito pequeno de pessoas no topo.

30 Isso pode incluir a crença, por parte da população, de que o déspota recebeu uma missão especial de uma divindade para exercer os poderes punitivos em nome dela. Se você acredita que o rei é rei por causa do direito divino, e se também acredita que Deus tem o poder de condená-lo ao fogo eterno do inferno por desobedecer ao agente de Deus na Terra, é fácil perceber que o fundamento do sistema jurídico do rei repousa na ameaça de sanções.

31 Hart, *The Concept of Law*, p. 95.

32 Ibid., p. 98.

33 Conferir Joel Parker, *Lectures Delivered in the Law School of Harvard College*, New York: Hurd & Houghton, 1869, pp. 66-71; Joseph E. Fallon, Power, Legitimacy, and the Fourteenth Amendment, *Chronicles Magazine*, mar. 2002, pp. 42-3.

34 Ver Bruce Ackerman, *We the People. Volume 2: Transformations*, Cambridge, MA: Harvard University Press, 2000.

35 Assim, a Suprema Corte observou que "as questões fundamentais sobre a extensão da supremacia federal [sob a Constituição] foram resolvidas pela guerra". *Testa v. Katt*, 330 U.S. 386, 390, 1947.

36 Ver Arthur Ripstein, Self-Certification and the Moral Aims of the Law, *Canadian Journal of Law and Jurisprudence* 25, 2012, pp. 201-17.

37 Hobbes, *Leviathan*, cap. 5.

38 Conferir Jason Briggeman, Governance as a Strategy in State-of-Nature Games, *Public Choice*, 2009, v. 141, pp. 481-91.

39 Ver Hart, *The Concept of Law*, pp. 50-78.

40 Um panorama analítico valioso do regime norte-americano, que pode sujeitar e com frequência sujeita os policiais e outros agentes públicos de nível relativamente mais baixo à responsabilidade civil por atos conhecidamente inconstitucionais, aparece em John C. Jeffreis Jr., The Liability Rule for Constitutional Torts, *Virginia Law Review* 99, 2013, pp. 207-70.

41 Isso pode ou não funcionar como uma sanção, conforme discutido no capítulo 3.

42 O fato de os juízes dos chamados tribunais que se encontram no ápice não estarem sujeitos a sanções jurídicas por decisões erróneas não implica que suas

conclusões não recebam incentivos. Bons juízes podem de fato desejar fazer nada além do que o direito exige, mas juízes reais operam num mundo em que suas decisões moldam sua reputação e a estima de seus colegas juízes, advogados, imprensa, público e da história. Isso varia claramente de juiz para juiz, mas parece tolice supor que, para todos ou mesmo para a maioria dos juízes, esses aspectos são totalmente irrelevantes. Conferir Richard A. Posner, What Do Judges Maximize? (The Same Thing Everybody Else Does), *Supreme Court Economic Review* 3, 1993, pp. 1-41; Frederick Schauer, Incentives, Reputation, and the Inglorious Determinants of Judicial Behavior, *University of Cincinnati Law Review* 68, 2000, pp. 615-38.

43 Ibid.

44 Ver Jeffries, The Liability Rule. Conferir também Sheldon H. Nahmod, *Civil Rights and Civil Liberties Litigation:* The Law of Section 1983, 4. ed., St. Paul: West Group, 2008.

45 Ver Frederick Schauer, The Political Risks (If Any) of Breaking the Law, *Journal of Legal Analysis* 4, 2012, pp. 83-101.

46 Um bom panorama das diferentes visões e componentes do que é o estado de direito é encontrado em: Richard H. Fallon Jr., "The Rule of Law" as a Concept in Constitutional Discourse, *Columbia Law Review* 97, 1997, pp. 1-56.

47 Conferir Ronald A. Cass, *The Rule of Law in America*, Baltimore: John Hopkins University Press, 2003, p. 34-45; Joseph Raz, *The Authority of Law:* Essays on Law and Morality, Oxford: Clarendon Press, 1979, p. 212; Geoffrey De Q. Walker, *The Rule of Law:* Foundation of Constitutional Democracy, Melbourne: Melbourne University Press, 1988, pp. 31-2.

48 Pub. L. n. 93-148, 87 Stat. 55 (1973), codificado em 50 U.S.C., §§ 1541-8 (2010). A resolução foi primeiro editada como uma resposta à incursão ao Camboja não autorizada pelo Congresso, durante a presidência de Rixard Nixon. Para uma visão da história, conferir Thomas F. Eagleton, *War and Presidential Power:* A Chronicle of Congressional Surrender, New York: Liveright, 1974.

49 Ver Harold Hongju Koh (Legal Advisor, U.S. Department of State), Statemente Regarding the Use of Force in Libya, 26 de março de 2011, em: http://www.state.gov/s/releases/remarks/159201.htm.

50 Ver, por exemplo, Trevor W. Morrison, "Hostilities", *Journal of Law* 1 (*Public Law Miscellaneous*), 2011, pp. 233-6; Trevor W. Morrison, Libya, "Hostilities", the Office of Legal Counsel, and the Process of Executive Branch Interpretation, *Harvard Law Review Forum* 124, 2011, pp. 62-74. Conferir também: Louis Fisher, Military Operations in Libya – No War? No Hostilities?, *Presidential Studies Quarterly* 42, 2012, pp. 176-89; Robert J. Spitzer, Comparing the Constitutional Presidencies of George W. Bush and Barack Obama: War Powers, Signing Statements, Vetoes, *White House Studies* 12, 2013, pp. 125-46.

51 Conferir Jennifer Medina, Charges Dropped against Mayor Who Performed Gay Weddings, *New York Times*, 13 jul. 2005, B5; Dean E. Murphy, California Supreme Court Considers Gay Marriage Licenses, *New York Times*, 26 maio 2014, A14.

52 18 U.S.C. § 1385 (2010).

53 Conferir a entrevista com Ray Nagin, prefeito de New Orleans, em: *When the Levees Broke*: A Requiem in Four Acts (HBO Documentary Films, 2006).

54 Para outros exemplos, ver: Frederick Schauer, When and How (If at All) Does Law Constrain Official Action?, *Georgia Law Review* 44, 2010, pp. 769-801; Frederick Schauer, Ambivalence about the Law, *Arizona Law Review* 49, 2007, pp. 11-28.

55 Ver Schauer, The Political Risks.

56 David Hume, *The History of England, from the Invasion of Julius Caesar to the Revolution of 1688*, Indianapolis: Liberty Fund, 1983 (1778), v. 6, p. 482. Sou grato a Jon Elster pela referência.

57 Conferir Eric A. Posner & Adrian Vermule, *The Executive Unbound*: After the Madisonian Republic, New York: Oxford University Press, 2010, p. 15; Frederick Schauer, The Political Risks.

58 Ver P. S. Atiyah & R. S. Summers, *Form and Substance in Anglo-American Law*: A Comparative Study in Legal Reasoning, Legal Theory and Legal Institutions, Oxford: Clarendon Press, 1987. Os autores sustentam que a cultura jurídica norte-americana é menos formal e menos preocupada com o direito pelo direito quando este conflita com a substância do que a cultura jurídica no Reino Unido.

7. COAGINDO A OBEDIÊNCIA

1 Ver em especial: Scott J. Shapiro, *Legality*, Cambridge, MA: Harvard University Press, 2011, pp. 169-170, e a envolvente análise do fictício Clube de Cozinha, que se transforma numa ainda mais fictícia Ilha dos Cozinheiros. Ver também Joseph Raz, *Practical Reason and Norms*, 2. ed., Oxford: Oxford University Press, 1999, pp. 159-60; Hans Oberdiek, "The Role of Sanctions and Coercion in Understanding Law and Legal Systems", *American Journal of Jurisprudence* 21, 1976, pp. 71-94.

2 Assim, mesmo Shapiro, um dos mais destacados proponentes da visão de que a coerção não é essencial para o direito, e que sustenta que a não essencialidade da coerção é jurisprudencialmente importante, reconhece, numa linguagem hobbesiana, que "é de fato possível que a vida fosse pobre, desagradável, brutal e curta sem os sistemas jurídicos a manter a ordem por meio de ameaças de coerção" Ver: Shapiro, *Legality*, 175. Joseph Raz tem o mesmo posicionamento. Ver: Joseph Raz, *Between Authority and Interpretation*: On the Theory of Law and Practical Reason, Oxford: Oxford University Press, 2009, pp. 158-9; *The Concept of a Legal System*: An Introduction to the Theory of Legal System, 2. ed., Oxford: Clarendon Press, 1980, pp. 150-1.

3 H. L. A. Hart, *The Concept of Law*, 3. ed., Penelope A. Bulloch, Joseph Raz & Leslie Green (eds.) Oxford: Oxford University Press, 2012, p. 199. Ver também: Kenneth Einar Himma, "Law's Claim of Legitimate Authority", *Hart's Postscript*: Essays on the Postscript to "The Concept of Law", Jules Coleman (ed.), Oxford: Oxford University Press, 2001, pp. 271-309, 307-9.

4 Raz, *Practical Reason and Norms*, pp. 159-60.

5 Para que não restem dúvidas sobre a natureza das afirmações de Austin relativas ao *status* da coerção, contra as quais Hart e seus antecessores argumentam, vale ressaltar que a teoria do direito dependente de sanções de Austin estava em busca da "essência ou natureza do que é comum a todas as leis que são leis propriamente chamadas". John Austin, *The Province of Jurisprudence Determined*, Wilfrid E. Rumble (ed.), Cambridge, INGL.: Cambridge University Press, 1995 (primeira edição, 1832), p. 12.

6 Ver: Frederick Schauer, "Hart's Anti-Essentialism", *Reading H. L. A. Hart's "The Concept of Law"*, Andrea Dolcetti, Luis Duarte d'Almeida & James Edwards (eds.), Oxford: Hart Publishing, 2013.

7 A "pessoa confusa" é introduzida por Hart, *The Concept of Law*, p. 40. E há posteriores comentários de Hart sobre o "número e força" dos que se envolvem em "tolerância mútua" de interesses próprios em favor do cumprimento do direito (pp. 197-8).

8 De fato, mesmo alguns teóricos que acreditam que a coerção é jurisprudencialmente importante supõem que é generalizada a obediência não coagida ao direito apenas porque é o direito. Observe o "algumas" na seguinte afirmação: "A maioria de nós, vez ou outra, cumprimos uma lei devido ao risco de sermos pegos e penalizados. E suspeitamos que algumas pessoas mais recalcitrantes ignorariam persistentemente seus deveres legais não fosse pelo estímulo da execução" (Grant Lamond, "The Coerciveness of Law", *Oxford Journal of Legal Studies* 20, 2000, pp. 39-62).

9 Ver: Hart, *The Concept of Law*, pp. 79-99.

10 Ibid., pp. 79, 96-7.

11 Essa é a caracterização oferecida, sem endosso, por Mark Greenberg, em: "The Standard Picture and Its Discontents", *Oxford Studies in the Philosophy of Law*, Leslile Green & Brian Leiter (eds.), 2011, v. 1, pp. 39-106. Os textos de Joseph Raz que Greenberg resume incluem: *The Morality of Freedom*, Oxford: Oxford University Press, 1986; *Practical Reason and Norms*, 2. ed., Oxford: Oxford University Press, 1999; *The Authority of Law*: Essays on Law and Morality, Oxford: Clarendon Press, 1979.

12 Scott Shapiro, *Legality*, Cambridge, MA: Harvard University Press, 2011, pp. 391-2.

13 Embora seus líderes por vezes justifiquem seus poderes em nome dos objetivos morais do anticolonialismo.

14 Uma boa análise da visão de que o direito necessariamente reivindica (mas não necessariamente tem) autoridade legítima é encontrada em: Brian Bix, "Robert Alexy, Radbruch's Formula, and the Nature of Legal Theory", *Rechtstheorie* 37, 2006, pp. 139-49.

15 Greenberg ("The Standard Picture", p. 103) arguiria que tais sistemas representam direito defeituoso, e ele não resistiria a distinguir sua posição daquela de

Bentham, Austin e de alguns ramos da tradição positivista subsequente. Mas, em seguida, emerge a questão sobre o que uma descrição do direito deve realizar. Se, de acordo com Bentham e Austin, uma descrição teórica do direito é concebida para fazer isso, com o mínimo possível de vestígios de avaliação moral, ela deve descrever e explicar como direito os sistemas mencionados no texto, algo que uma descrição que exija que um sistema reivindique autoridade legítima parece incapaz de fazer.

16 Para repetir, a palavra "mau", usada primeiro por Holmes, nesse contexto, e depois por Hart, em contraposição a Holmes, deve ser entendida de maneira técnica, e não pejorativa. A pessoa "má" é aquela que decide o que fazer não influenciada pelo direito, mas que pode muito bem ser influenciada pela moralidade. A pessoa má obedece ao direito apenas por causa da ameaça de sanções, mesmo que possa basear sua decisão, em um primeiro momento, em valores e motivações morais, independentemente de sanções.

17 Tom R. Tyler, *Why People Obey the Law*, 2. ed., Princeton: Princeton University Press, 2006 (discutido no Capítulo 5).

18 *The Federalist*, 1787-1788, n. 10.

19 Ver Capítulo 4. Conferir também: Elliot Sober & David Sloan Wilson, *Unto Others:* The Evolution and Psychology of Unselfilsh Behavior, Cambridge, MA: Harvard University Press, 1998; Karl Aquino & Americus I. Reed, "The Self-Importance of Moral Identity", *Journal of Personality and Social Psychology* 83, 2002, pp. 1423-40; Daniel M. Bartels, "Principled Moral Sentiment and the Flexibility of Moral Judgment and Decision Making", *Cognition*, 108, 2008, pp. 381-417; Daniel M. Bartels & Douglas L. Medin, "Are Morally Motivated Decision Makers Insensitive to the Consequences of Their Choices?", *Psychological Science* 18, 2007, pp. 24-8; Ernst & Campbell, "The Internalization of Moral Norms", *Sociometry* 27, 1964, pp. 391-412; John Darley, "Research on Morality: Possible Approaches", *Psychological Science* 4, 1993, pp. 353-7; Ernst Fehr & Urs Fischbacher, "Social Norms and Human Cooperation", *Trends in Cognitive Sciences* 8, 2004, pp. 185-90; Jonathan Haidt, "The Emotional Dog and Its Rational Tail: A Social Intuitionist Approach to Moral Judgment", *Psychological Review* 108, 2001, pp. 814-34; Dannis L. Krebs, "Morality: An Evolutionary Account", *Perspectives on Psychological Science* 3, 2008, pp. 149-72.

20 Christopher W. Morris, "State Coercion and Force", *Social Philosophy and Policy* 29, 2012, pp. 28-49.

21 Observe que rejeitar uma visão essencialista da natureza do direito não é condição necessária para apreciar a importância das propriedades típicas, mas não conceitualmente necessárias, do direito. Pode-se acreditar que nosso conceito de direito possui propriedades necessárias ou essenciais, porém as propriedades não essenciais, mas empiricamente difundidas, caracterizam a experiência da juridicidade como a conhecemos e são dignas de exame filosófico.

22 A regra, na verdade, proíbe trazer esses itens para a sala de exames, mas o ímpeto por trás da regra é o intrigante desejo dos estudantes de Oxford de jogar comida uns nos outros ao concluir os exames.

23 No mesmo sentido, um artigo de abril de 2010 da revista *Sport Driver* tinha o título: "Não acaricie os tubarões". Francamente, embora eu pratique mergulho, nunca me ocorreu fazer isso. Mas o título do artigo me informa que talvez eu seja uma exceção.

24 "Nenhum Soldado será, em tempo de paz, aquartelado em qualquer casa, sem o consentimento do Proprietário, nem em tempo de guerra, senão na forma prescrita em lei".

25 Tais leis raramente mencionam o canibalismo como tal, mas tipicamente exprimem suas proibições em termos de profanação de cadáveres.

26 John Searle, *Speech Acts:* An Essay in the Philosophy of Language, Cambridge, INGL.: Cambridge University Press, 1969. Ver também: Herman Tennessen, "What Is Remarkable in Psychology", *Annals of Theoretical Psychology*, Joseph R. Royce e Leendert Mos (eds.), 1984, v. 2, pp. 273-8.

27 Quem criou o termo foi o filósofo Paul Grice, uma grande figura da teoria dos atos de fala. H. P. Grice, *Studies in the Way of Words*, Cambridge, MA: Harvard University Press, 1989, pp. 269-82.

28 Larry Alexander e Emely Sherwin, *The Rule of Rules:* Morality, Rules, and the Dilemmas of Law, Durham: Duke University Press, 2001. Aqui também me baseio, em certa medida, nos escritos anteriores, em coautoria com Larry Alexander, embora ele não seja de forma alguma responsável pelo meu entendimento atual da questão ou pela maneira como ela é apresentada aqui. Conferir: Larry Alexander e Frederick Schauer, "Defending Judicial Supremacy: A Reply", *Constitutional Commentary* 17, 2000, pp. 455-82; "On Extrajudicial Constitutional Interpretation", *Harvard Law Review* 110, 1997, pp. 1359-87.

29 A ideia de um ponto focal para a coordenação é tão comumente, e de maneira apropriada, atribuída a Thomas Schelling (em especial em *The Strategy of Conflict*, Cambridge, MA: Harvard University Press, 2006), que os pontos focais com frequência são chamados de "pontos de Schelling". Ver: Ken Binmore e Larry Samuelson, "The Evolution of Focal Points", *Games & Economic Behavior* 55, 2006, pp. 21-42.

30 Ver: David M. DeJoy, "The Optimism Bias and Traffic Accident Risk Perception", *Accident Analysis and Risk Prevention* 21, 1989, pp. 333-40; Ola Svenson, Baruch Fischhoff & Donald MacGregor, "Perceived Driving Safety and Setbelt Usage", *Accident Analysis and Risk Prevention* 17, 1985, pp. 119-33. Conferir também: Mark D. Alicke e Olesya Govorun, "The Better-Than-Average Effect", *The Self in Social Judgment*, Mark D. Alicke, David A. Dunning e Joachim Krueger (eds.), New York: Psychology Press, 2005, pp. 85-107.

31 Ver: Robert Burton, *On Being Certain:* Believing You Are Right Even When You're Not, New York: St. Martin's Press, 2008.

32 A literatura é vasta, e muitos dos mais importantes artigos estão reunidos em: Daniel Kahneman & Amos Tversky, *Choices, Values, and Frames*, Cambridge, INGL.: Cambridge University Press, 2000; Daniel Kahneman, Amos Tversky & Paul Slovic (eds.), *Judgement Under Uncertainty:* Heuristics and Biases, Cambridge, INGL.: Cambridge University Press, 1979.

33 Ver: Mary C. Kern e Dolly Chugh, "Bounded Ethicality: The Perils of Loss Framing", *Psychological Science* 20, 2009, pp. 378-84. Sobre outras possíveis causas de erro moral, ver: Lynne C. Vincent, Kyle J. Emich & Jack A. Goncalo, "Stretching the Moral Gray Zone: Positive Affect, Moral Disengagement, and Dishonesty", *Psychological Science* 24, 2012, pp. 595-9.

34 A referência a "agentes públicos" no texto pode ser muito simples. Seria possível supor, por exemplo, que os que aspiram a cargos eletivos ou que os exercem podem muito bem decidir sem avaliar de maneira crítica seus atos, enquanto os que contam com uma relativa segurança no serviço público podem ser particular e talvez até excessivamente críticos em relação a sua capacidade de tomada de decisão.

35 Ver, por exemplo: Philip K. Howard, *The Death of Common Sense*, New York: Random House, 1992.

36 Conferir, por exemplo: Albert E. Mannes & Don A. Moore, "A Behavioral Demonstration of Overconfidence in Judgment", *Psychological Science* 20, 2013, pp. 1-8 e respectivas referências.

37 Em que a objeção ao protecionismo dos Estados tende a ser enquadrada na chamada cláusula de comércio adormecida ou negativa.

[N. do T.] A "cláusula de comércio" (*commerce clause*) referida por Schauer nesta nota está prevista no Artigo 1, Seção 8, Cláusula 3, da Constituição dos Estados Unidos. Tal dispositivo atribui ao Congresso o poder de regular o comércio com nações estrangeiras e entre os diversos Estados norte-americanos. A chamada "cláusula de comércio dormente" (ou negativa) – considerada implícita naquele dispositivo constitucional – dispõe que os Estados norte-americanos não podem impor discriminações ou obstáculos excessivos ao comércio interestadual. Trata-se, aqui, de noção semelhante à contida na Constituição brasileira, em seu art. 150, V, que veda à União, Estados, Distrito Federal e Municípios "estabelecer limitações ao tráfego de pessoas ou bens, por meio de tributos interestaduais ou intermunicipais, ressalvada a cobrança de pedágio pela utilização de vias conservadas pelo Poder Público".

38 *Bachus Imports, Ltd. v. Dias*, 468 U.S. 263 (1984).

39 Ver: Cass R. Sunstein & Edna Ullman-Margalit, "Second-Order Decisions", *Ethics* 110, 1999, pp. 5-31.

8. CENOURA E PORRETE

1 Muitas tentativas para explicar o altruísmo em termos de interesse próprio estão baseadas em teorias evolutivas (por exemplo: Richard Dawkins, *The Selfish Gene*, New York: Oxford University Press, 2006) ou inseridas em paradigmas econômicos tradicionais. Ver, entre outros: James Andreoni, "Impure Altruism and Donations to Public Goods: A Theory of Warm-Glow Giving", *Economic Journal* 100, 1990, pp. 464-77; Georg Kirchsteiger, Luca Rigotti & Aldo Rusticine, "Your Morals Might Be Your Moods", *Journal of Economic Behavior and Organization* 59, 2006, pp. 155-72. Ver também a discussão e análise feita em: Neera K.

Badwhar, "Altruism *vs.* Self-Interest: Sometimes a False Dichotomy", *Social Philosophy & Policy* 10, 1993, pp. 90-117. Neste livro não cabe examinar o amplo debate sobre a possibilidade de altruísmo profundo, em grande parte porque as alegações básicas aqui apresentadas sobre a natureza e o efeito do direito não são afetadas pela possibilidade de que o altruísmo aparente seja meramente superficial e reflexo de profundo interesse próprio. Enquanto as pessoas adotam um comportamento aparentemente altruísta sem compulsão jurídica, como muito da literatura discutida estabeleceu, a possibilidade de que esse comportamento seja impulsionado por interesse próprio indireto é em grande parte irrelevante para questões relativas ao efeito do direito.

2 Jeremy Bentham, *Of the Limits of Penal Branch of Jurisprudence*, Phillip Schofield (ed.), Oxford: Clarendon Press, 2010, pp. 5-6. Como David Lyons explica, é um erro, ao menos no caso de Bentham, confundir egoísmo com hedonismo. Uma pessoa que toma decisões baseadas na maximização do prazer e na minimização da dor dos outros, como Bentham observava, poderia ser hedonista, em termos de entender os interesses das outras pessoas, mas não egoísta, em termos de colocar os próprios interesses acima dos interesses dos outros. David Lyons, *In the Interest of the Governed:* A Study in Bentham's Philosophy of Utility and Law, rev. ed., Oxford: Clarendon Press, 1991, pp. 69-74. A insistência de Bentham para que todos contem como uma pessoa, e não mais que uma, implica, e certamente implicou para ele, que o próprio prazer e a dor do sujeito não contavam mais do que o prazer e a dor de qualquer outra pessoa.

3 Bentham, *Of the Limits of the Penal Branch of Jurisprudence*, p. 6, 14-15.

4 Ver Capítulo 5 e as referências que nele constam.

5 Bentham, *Of the Limits*, pp. 59-62.

6 Conferir: William A. Fischel, "The Political Economy of Just Compensation: Lessons from the Military Draft for the Takings Issue", *Harvard Journal of Law and Public Policy* 20, 1996, pp. 23-63.

7 Algumas pesquisas relevantes estão sumarizadas em: Edward R. Christopherson & Susan L. Mortweet, *Parenting that Works:* Building Skills that Last a Lifetime, Chicago: American Psychological Association, 2003, pp. 31-45, 65-66.

8 B. F. Skinner, *Science and Human Behavior*, New York: Macmillan, 1953.

9 Para uma amostra da literatura, ver: Abram Ansel, "The Role of Frustrative Nonreward in Noncontinuous Reward Structures", *Psychological Bulletin* 55, 1958, pp. 102-19; William M. Baum, "Rethinking Reinforcement: Allocation, Induction, and Contingency", *Journal of Experimental Analysis of Behavior* 97, 2012, pp. 101-24.

10 No que diz respeito aos seres humanos e não aos ratos, e quando as tarefas são mais complexas e envolvem múltiplas interações, existem algumas evidências experimentais que indicam que a punição é muito eficaz na indução do afastamento inicial do completo interesse próprio, mas que a posterior cooperação é mais facilitada com recompensas do que com punições ou ameaças. James Andreoni, William

Harbaugh & Lisa Vesterlund, "The Carrot or the Stick: Rewards, Punishments, and Cooperation", *American Economic Review* 93, 2003, pp. 893-902.

11 A insistência de Bentham em incluir criaturas não humanas sencientes dentro do cálculo utilitarista – "a questão não é, eles podem raciocinar? Eles não podem falar? Mas eles podem sofrer?" (*Principles of Morals and Legislation*, Capítulo XVII) – sugere, no entanto, que ele não estava desinteressado em ratos ou em seu bem-estar.

12 Embora de má vontade, Bentham reconheceu que as leis apoiadas apenas por recompensas ainda poderiam ser leis, mas propôs um rótulo específico para elas – "uma lei invitativa ou premial; ou pode ser designada como um convite legislativo ou recompensa" –, a fim de que não fossem confundidas com o que considerou o tipo mais comum de leis, apoiadas por punições e outras sanções. Ver: Bentham, *Of the Limits*, p. 146; Lyons, *In the Interest*, pp. 134-7.

13 Bentham, *Of the Limits*, 7, nota a.

14 Ibid., p. 142.

15 Ibid., p. 144, nota a.

16 Ibid., p. 143.

17 Ibid.

18 Bentham também parecia acreditar que as recompensas eram menos coercitivas do que as punições. Conferir: H. L. A. Hart, "Legal Powers", *Essays on Bentham:* Jurisprudence and Political Theory, Oxford: Clarendon Press, 1982, pp. 194-219. No mundo de Bentham, aquele para o qual a punição em geral era severa e as recompensas eram raras, isso sem dúvida era verdade. Se continua sendo até hoje, esta é uma questão mais discutível, pelo menos num contexto em que as punições podem ser mais leves, e as chamadas recompensas, com mais frequência essenciais. Então, quando Bentham (*Of the Limits*, 144, nota a) observou que "a escala de prazer [...] é muito curta e limitada: a escala da dor é comparativamente ilimitada", ele provavelmente não conseguiria imaginar um mundo em que um ganhador da loteria poderia receber quase $ 600 milhões um bilhete de $ 1, nem em que haveria prisões sem grades, mas com quadras de tênis e bibliotecas.

19 John Austin, *The Province of Jurisprudence Determined*, Wilfrid E. Rumble (ed.), Cambridge, INGL.: Cambridge University Press, 1995, p. 23 (originalmente publicado em 1832).

20 Ibid., pp. 23-4.

21 Ibid.

22 W. L. Morison, *John Austin*, Stanford: Stanford University Press, 1982, pp. 44, 65-7.

23 Deixando de lado o decréscimo marginal do valor do dinheiro.

24 Conferir, por exemplo: Andreoni et al., "The Carrot or the Stick"; David L. Dickinson, "The Carrot vs. the Stick in Work Team Motivation", *Experimental Economics* 4, 2001, pp. 107-24; Avery Wiener Katz, "The Option Element in Con-

tracting", *Virginia Law Review* 90, 2004, pp. 2187-244, 2201-202; Shmuel Leshem e Abraham Tabbach, "Solving the Volunteers's Dilemma: The Efficiency of Rewards and Punishments", in: http://ssrn/com.abstract=2264521; Donald Wittman, "Liability for Harm or Restitution for Benefit?", *Journal of Legal Studies* 13, 1984, pp. 57-80.

25 Ver: Daniel Kahneman & Amos Tversky, "Prospect Theory: An Analysis of Decision under Risk", *Econometrica* 47, 1979, pp. 263-92; Amos Tversky & Daniel Kahneman, "The Framing of Decisions and the Psychology of Choice", *Science* 211, 1981, pp. 453-8. Conferir também: *Punished by Rewards:* The Trouble with Gold Stars, Incentive Plans, A's, Praise, and Other Bribes, New York: Houghton Mifflin, 1993; Daniel Balliet, Laetitia B. Mulder & Paul A. M. Van Lange, "Reward, Punishment, and Cooperation: A Meta-Analysis", *Psychological Bulletin* 137, 2011, pp. 594-615; Laetitia B. Mulder, "The Difference between Punishment and Rewards in Fostering Moral Consensus in Social Decision Making", *Journal of Experimental Social Psychology* 44, 2008, pp. 1436-43; Karl Sigmund, Christoph Hauert & Martin A. Nowak, "Reward and Punishment", *Proceedings of the National Academy of Sciences* 98, 2001, pp. 1757-762.

26 Ver: Gerrit De Geest & Giuseppe Dari-Mattiacci, "The Rise of Carrots and the Decline of Sticks", *University of Chicago Law Review* 80, 2013, pp. 341-92; Giuseppe Dari-Mattiacci & Gerrit De Geest, "Carrots, Sticks, and the Multiplication Effect", *Journal of Law, Economics, and Organization* 26, 2010, pp. 365-84.

27 Na realidade, a questão é mais complexa. Uma vez que apreciemos as implicações do fato de que pessoas que não morrem de doenças relacionadas ao tabagismo falecerão por outro motivo, surgem dúvidas sobre se, por exemplo, os custos médicos das doenças relacionadas ao tabagismo são maiores ou menores do que os de outras doenças terminais, se os ganhos com tributos sobre cigarros são maiores do que os tributos perdidos com mortes prematuras e se quaisquer custos com assistência médica são compensados pelo não gasto com as pensões das pessoas que morrem mais cedo ou mais tarde. Sobre essas questões e outras a elas relacionadas, as conclusões são menos claras do que sugerem observações casuais sobre os custos do tabagismo. Comparar: Organização Mundial da Saúde, *Assessment of the Economic Costs of Smoking*, Geneva: WHO Press, 2011, e Frank A. Sloan et al., *The Price of Smoking*, Cambridge: MIT Press, 2004, com Jari Tiihonen et al., "The Net Effect of Smoking on Healthcare and Welfare Costs. A Cohort Study", *BMJ Open* 2, e001678 doi:10.1136/bmjopen-2012-110678, e W. Kip Viscusi, *Smoke-Filled Rooms:* A Postmortem on the Tobacco Deal, Chicago: University of Chicago Press, 2002.

28 Sobre o uso de tais gastos condicionais para induzir (ou coagir) os estados a proibir a compra ou o uso de álcool por qualquer pessoa com menos de 21 anos, consultar *South Dakota v. Dole*, 483 U.S. 203, 1987.

29 Para uma discussão sobre as questões constitucionais, ver: Lynn A. Baker, "Conditional Spending after Lopez", *Columbia Law Review* 95, 1995, pp. 1911-89; Mitchell N. Berman, "Coercion without Baselines: Unconstitutional Conditions in Three Dimensions", *Georgetown Law Journal* 90, 2001, pp. 1-112.

30 Conferir: Sarah Conly, *Against Autonomy:* Justifying Coercive Paternalism, Cambridge, INGL.: Cambridge University Press, 2012, pp. 3-4.

31 O fato de recompensas serem particularmente ineficazes no contexto dos regulamentos prisionais (incluindo a exigência de não tentar escapar) deve causar pouca surpresa, uma vez que consideremos que a população-alvo é um grupo desproporcionalmente propenso a tomar más decisões, desproporcionalmente propenso a subestimar irracionalmente a probabilidade de apreensão e punição, e desproporcionalmente improvável de perceber o valor de recompensas não imediatas. Grande parte da pesquisa está resumida em: Paul H. Robinson e John M. Darley, "Does Criminal Law Deter? A Behavioural Science Investigation", *Oxford Journal of Legal Studies* 24, 2004, pp. 173-205.

32 Sobre economia experimental, conferir: Ernst Fehr & Simon Gächter, "Fairness and Retaliation: The Economics of Reciprocity", *Journal of Economic Perspectives* 14, 2000, pp. 159-81; Theo Offerman, "Hurting Hurts More than Helping Helps", *European Economic Review* 46, 2002, pp. 1423-437. E sobre psicologia social, ver: Roy F. Baumeister et al., "Bad is Stronger than Good", *Review of General Psychology* 5, 2001, pp. 323-70; Susan T. Fiske, "Attention and Weight in Person Perception: The Impact of Negative and Extreme Behavior", *Journal of Experimental Research in Personality* 22, 1980, pp. 889-906; Paul Rozin e Edward B. Royzman, "Negativity Bias, Negativity Dominance, and Contagion", *Personality and Social Psychology Review* 5, 2001, pp. 296-320.

33 Bentham, *Of the Limits*, p. 146.

34 Explicações sobre essa questão podem ser encontradas em: Burkhard Bilger, "Raw Faith: The Nun and the Cheese Underground", *New Yorker*, 19 ago. 2002, pp. 150-62; U.S. Food and Drug Administration, "The Dangers of Raw Milk", in: www.fda.gov/Food/ResourcesForYou/consumers/ucm07951.htm; Harry G. West, "Food Fears and Raw-Milk Cheese", *Appetite* 51, 2008, pp. 25-9. Ver também: Frederick Schauer, *Profiles, Probabilities, and Sterotypes*, Cambridge, MA: Harvard University Press, 2003, pp. 278-91.

35 O dispositivo – um produto chamado *SawStop* – recebeu uma recomendação de segurança do *U.S. Consumer Product Safety Commission* [Comissão dos Estados Unidos de Segurança de Produtos ao Consumidor] em julho de 2001, levantando, assim, a questão sobre se prêmios governamentais – o equivalente governamental à estrelinha de ouro dada por um professor escolar – podem atuar como incentivos para um comportamento socialmente aceito. Neste caso, apesar de o certificado do prêmio poder ser usado para finalidades de marketing, parece que não é isso que acontece. Sobre o tema, ver: Jeff Plugis, "Consumer Safety: A Fight over Table Saws", *Bloomberg Business Weeks Magazine*, 9 jun. 2011, in: www.businessweek.com/magazine/content/11_25/b423303271256.htm. Também é relevante o papel do direito privado – em especial, o da responsabilidade civil – na aplicação e na criação de parâmetros jurídicos, um tópico que será abordado no capítulo 9. Nesse contexto particular, ver: *Osario v. One World Technologies, Inc.*, 716 F. Supp. 2d 155 (D. Mass. 2010), aff'd, 659 F.3d 81 (1º Cir. 2011), na decisão sobre a responsabilidade do produtor da mesa de serra que deixou de instalar o dispositivo de proteção nas mesas vendidas.

36 Este não é um livro sobre estética, porque o autor é bastante desqualificado para escrever um livro sobre o tema. Contudo, a sugestão no texto está próxima das teorias comumente conhecidas como "institucionalistas" e associadas sobretudo a: George Dickie, *Art and Value*, Oxford: Blackwell, 2001; George Dickie, *The Art Culture*, New Haven: Yale University Press, 1984; Lydia Goehr, *The Imaginary Museum of Musical Works*, Oxford: Oxford University Press, 1994; Larry Shiner, *The Invention of Art*, Chicago: University of Chicago Press, 2001; Derek Matravers, The Institutional Theory: A Protean Culture, *British Journal of Aesthetics* 40, 2000, pp. 242-50.

37 Conferir: Ronald Dworkin, "A Reply By Ronald Dworkin", *Ronald Dworkin and Contemporary Jurisprudence*, Marshall Cohen (ed.), Totowa: Rowman & Littlefield, 1984, pp. 247-300.

38 É apropriado aqui concordar com a direção de Niklas Luhmann, *Law as a Social System*, Klaus A. Zeigert (trad.), Oxford: Oxford University Press, 2004, cujo entendimento do direito e de muitas outras instituições sociais era largamente sociológico, em vez de conceitual. Ver também: Hugh Baxter, "Autopoiesis and the 'Relative Autonomy' of Law", *Cardozo Law Review* 19, 1987, pp. 1987-2090.

9. O ARSENAL COERCITIVO

1 Existe uma vasta literatura sobre os mecanismos de dissuasão, mas, para os nossos fins, tudo o que precisamos aceitar é que, sob condições de penalidade severa (pelo menos em relação aos ganhos potenciais da infração) e grande probabilidade de execução, o aspecto dissuasório do direito é relativa e incontroversamente eficaz. No entanto, debate-se até que ponto as proibições de pequena probabilidade, mas de punição severa, são eficazes como instrumentos de dissuasão. Para quem considera que a penalidade esperada é tudo ou quase tudo o que importa, e que a punição severa com baixa probabilidade é um impedimento equivalente ao da punição com alta probabilidade e pena suave, o clássico é: Gary Becker, "Crime and Punishment: An Economic Analysis", *Journal of Political Economy* 76, 1968, pp. 169-217. Ver também: Daniel Kessler & Steven D. Levitt, "Using Sentence Enhancements to Distinguish between Deterrence and Incarceration", *Journal of Law and Economics* 42, 1999, pp. 343-63. E para a ideia de que a severidade da sentença tem pouco efeito nos baixos níveis de execução, ver: Tom R. Tyler, *Why People Obey the Law*, 2. ed., Princeton: Princeton University Press, 2006; John M. Darley, "On the Unlikely Prospect of Reducing Crime Rates by Increasing the Severity of Prision Sentences", *Journal of Law & Policy* 13, 2005, pp. 181-247; Paul H. Robinson & John M. Darley, "Does Criminal Law Deter? A Behavioral Science Investigation", *Oxford Journal of Legal Studies* 24, 2004, pp. 173-205.

2 Ver: Jan C. van Oirs e Ben Vollard, "The Engine Immobilizer: A Non-Starter for Car Thieves", Tilburg Law and Economics Center (TILEC) Discussion Paper 2013-001,14 jan. 2013, em: http://ssrn.com/abstract=2202165.

3 Sobre a força como sendo uma forma de coerção, e não distinta da coerção, ver: Benjamin Sachs, "Why Coercion Is Wrong When It's Wrong", *Australasian Journal of Philosophy* 91, 2013, pp. 63-82.

4 Conferir: Mitchell Berman, "The Normative Function of Coercion Claims", *Legal Theory* 8, 2002, pp. 45-89; William A. Edmundson, "Coercion", *Routledge Companion to the Philosophy of Law*, Andrei Marmor (ed.), New York: Routledge, 2012, pp. 451-66.

5 Ver: E. Allan Farnsworth, "Coercion in Contract Law", *University of Arkansas Little Rock Law Journal* 5, 1982, pp. 329-43.

6 Conferir: Patrícia J. Falk, "Rape by Fraud and Rape by Coercion", *Brooklyn Law Review* 64, 1998, pp. 39-180.

7 Nos Estados Unidos, ver, por exemplo: *Ashcraft v. Tennessee*, 322 U.S. 143, 1936; *Brown v. Mississippi*, 297 U.S. 278, 1936.

8 Uma coleção valiosa de diferentes pontos de vista é oferecida em: Roland Pennock & John W. Chapman (eds.), *Coercion:* Nomos XIV, Chicago: Atherton, 1972.

9 A assertiva do texto é uma grande simplificação do tema básico de Robert Nozick, "Coercion", *Philosophy, Science, and Method:* Essays in Honor of Ernst Nagel, Sidney Morgenbesser, Patrick Suppes & Morton White (eds.), New York: St. Martin's Press, 1969, pp. 440-72.

10 A defesa mais importante da concepção moralizada da coerção aparece em: Alan Wertheimer, *Coercion*, Princeton: Princeton University Press, 1989. Ver também: Scott Anderson, "Coercion", *Stanford Encyclopedia of Philosophy*, em: http://plato.stanford.edu/entries/coercion, 2011; Martin Gunderson, "Threats and Coercion", *Canadian Journal of Philosophy* 9, 1979, pp. 247-59; Hans Oberdiek, "The Role of Sanctions and Coercion in Understanding Law and Legal Systems", *American Journal of Jurisprudence* 21, 1976, pp. 71-94.

11 A incompletude da discussão de Austin sobre a natureza real das sanções é debatida e parcialmente remediada por: Matthew H. Kramer, "John Austin on Punishment", *University of Cambridge Legal Studies Research Paper* 45, 2011, in: http://ssrn.com/abstract=1934750.

12 Veja Capítulo 11.

13 P. G. Wodehouse, "The Truth about George", *Meet Mr. Mulliner*, 1927.

14 "O dever de manter um contrato no *common law* significa um aviso de que você deve pagar por danos se não respeitá-lo, e nada mais" (Oliver Wendell Holmes Jr., "The Path of the Law", *Harvard Law Review* 10, 1897, pp. 457-78).

15 Isso está mais ou menos implícito na teoria da economia pura do direito penal. Ver Becker, "Crime and Punishment".

16 A existência de uma medida privada pela qual as vítimas, em especial em ações coletivas, podem recuperar todo o seu prejuízo (tais como pagamentos adicionais substanciais para os seus advogados) faz que a divulgação de informações privilegiadas (ver seção 9.5) seja muito menos lucrativa do que seria se fosse limitada a uma multa com valor determinado.

17 Eu digo "quase" porque existem crimes que não se encaixam nesse molde. Excesso de velocidade é um crime, mas seria um erro pensar que todas as muni-

cipalidades preferem o não excesso de velocidade a muita velocidade conjugada com uma grande quantidade de receita com multas por excesso de velocidade. Além disso, algumas atividades ilegais, como o excesso de velocidade, podem gerar benefícios econômicos, portanto não está claro que o ideal de velocidade seja zero. De fato, não apenas a velocidade pode ser pensada dessa maneira. Na medida em que o comportamento lícito seja realizado sob condições de incerteza sobre se é ou será considerado ilegal, e na medida em que o comportamento lícito for benéfico, a eliminação do comportamento ilícito extinguirá algum comportamento lícito e benéfico. E, portanto, definir a frequência ideal de comportamento ilícito é muito mais complexo do que apenas tentar torná-la a menor possível.

18 Sobre o anarquismo filosófico, incluindo a visão de que não existe obrigação moral de obedecer ao direito apenas porque é o direito, ver: A. John Simmons, *Moral Principles and Political Obligations*, Princeton: Princeton University Press, 1979, e também o Capítulo 4.

19 Observe-se a diferença entre "desencorajar" e "eliminar". Em muitos domínios, não está claro que o nível ótimo de criminalidade seja zero. Esta é quase certamente a taxa ideal de homicídios e estupros, mas, em outras áreas, o medo excessivo de punição pode não apenas reduzir muito o crime, mas também produzir muito pouca atividade benéfica. Se as penalidades para divulgação de informações privilegiadas fossem estabelecidas no ponto em que o nível dessa atividade fosse reduzido a zero, haveria muito pouca pesquisa séria sobre valores mobiliários ou muito pouco investimento por parte de membros corporativos nas empresas pelas quais são responsáveis? Se o nível ótimo de velocidade fosse zero, a taxa de fluxo de tráfego seria ineficientemente baixa? Quando as penalidades por violação de patentes ou direitos autorais são muito altas, há pouca inovação?

20 *New York Times*, 6 jun. 1985, A22.

21 *New York Times*, 6 jan. 1997.

22 Ver, por exemplo: Stephen P. Garvey, "Can Shaming Punishments Educate?", *University of Chicago Law Review* 65, 1998, pp. 733-94; Dan M. Kahan, "What's Really Wrong with Shaming Sanctions", *Texas Law Review* 84, 2006, pp. 2075-95; Dan M. Kahan, "What Do Alternative Sanctions Mean?", *University of Chicago Law Review* 63, 1996, pp. 591-653; David R. Karp, "The Judicial and Judicious Use of Shaming Penalties", *Crime & Delinquency* 44, 1998, pp. 277-94; Dan Markel, "Are Shaming Punishments Beautifully Retributive? Retributivism and the Implications for the Alternative Sanctions Debate", *Vanderbilt Law Review* 54, 2001, pp. 2157-242; James Q. Whitman, "What Is Wrong with Inflicting Shame Sanctions?", *Yale Law Journal* 107, 1998, pp. 1055-92; Toni M. Massaro, "Shame, Culture, and American Criminal Law", *Michigan Law Review* 89, 1991, pp. 1880-944; David A. Skeel Jr., "Shaming in Corporate Law", *University of Pennsylvania Law Review* 149, 2001, pp. 1811-868.

23 Muito disso tudo é maravilhoso e terrivelmente contado no romance de Marcus Clarke, *For His Natural Life*, de 1836.

24 Oona Hathaway e Scott Shapiro, "Outcasting: Enforcement in Domestic and International Law", *Yale Law Journal* 121, 2011, pp. 252-349.

25 Conferir: Roger Cotterrell, *Law's Community:* Legal Ideas in Sociological Perspective, Oxford: Clarendon Press, 1995. Leslie Green objeta que a incapacidade de distinguir as instituições que são direito das que são análogas ao direito produziu grande quantidade de "teorias do direito ruins". Ver: Leslie Green, "The Morality in Law", Oxford Legal Studies Research Paper 12/2013, 24 fev. 2013, in: http://ssrn.com/abstract=2223760. Green atribui o problema à intrigante incapacidade de alguns teóricos de compreender a diferença entre "contar como" e "ser análogo a", mas uma das muitas leituras positivas diria que alguns teóricos simplesmente discordam da visão de Green de que o direito "propriamente dito", para usar o termo de Austin, exclui sistemas de normas para fins especiais, como as normas de clubes e associações, e que "regular todos os tipos de coisas" não é uma propriedade essencial do direito. Além disso, uma vez que reconheçamos que várias formas de direito religioso buscam regular "todos os tipos de coisas" e que o direito do comércio internacional, como a OMC, possui um propósito bastante especial, a distinção de Green se torna ainda mais problemática. Ele ainda pode estar certo, e retornaremos a essas questões no Capítulo 11, mas pelo menos não devemos aceitar com muita rapidez como sendo simplesmente confusos os que veem o direito não só no Estado, mas em muitos outros âmbitos, e que percebem quando ele é especializado.

26 Veja nota 440.

10. INUNDADO EM UM MAR DE NORMAS

1 Ver, por exemplo: Michael Hechter & Karl-Dieter (eds.), *Social Norms*, New York: Russel Sage, 2005; Cristina Bicchieri & Ryan Muldoon, "Social Norms", in: www.plato.stanford.edu/entries/social-norms/; Jon Elster, "Social Norms and Economic Theory", *Journal of Economic Perspectives* 3, 1999, pp. 99-117; Ernst Fehr & Urs Fischbacher, "Social Norms and Human Cooperation", *Trends in Cognitive Sciences* 8, 2004, pp. 185-90; Elinor Ostrom, "Collective Action and the Evolution of Social Norms", *Journal of Economic Perspectives* 4, 2000, pp. 137-58; Barak D. Richman, "Norms and Law: Putting the Horse before the Cart", *Duke Law Journal* 62, 2012, pp. 739-66; H. Peyton Young, "Social Norms and Economic Welfare", *European Economic Review* 42, 1998, pp. 821-30.

2 Ver Jon Elster, "Norms of Revange", *Ethics* 100, 1990, pp. 862-85.

3 Ver Richard McAdams, "The Origin, Development, and Regulations of Norms", *Michigan Law Review* 96, 1997, pp. 338-433.

4 Ao menos para teóricos do direito, a distinção icônica entre regularidades comportamentais e comportamentos determinados por regras é encontrada em: H. L. A. Hart, *The Concept of Law*, 3. ed., Penelope A. Bulloch, Joseph Raz & Leslie Green (eds.), Oxford: Clarendon Press, 2012, pp. 9-12, 55-60. Hart infelizmente misturou a conhecida distinção entre hábitos e comportamentos determinados por regras, de um lado, e a também conhecida diferença entre ponto de vista interno e externo, de outro. Ambas as distinções são aceitas, mas, como é possível identificar, do exterior, o comportamento determinado por normas, por assim dizer, é um equívoco considerar que o erro ao desconsiderar o ponto de

vista interno seja causado, seja a causa de ou até mesmo esteja correlacionado com a falha em adotar o ponto de vista interno. Entender o comportamento determinado por regras requer apreciar que aqueles que adotam comportamento fundado em regras têm um ponto de vista sobre elas, mas essa apreciação, como Joseph Raz argumentou, pode ser identificada inteiramente de forma descritiva e do exterior (*The Authority of Law*: Essays on Law and Morality, Oxford: Clarendon Press, 1979, pp. 153-7).

5 Em oposição a colocar uma meia e depois um sapato, e depois pôr a outra meia e o outro sapato. O exemplo foi inspirado num episódio da série norte-americana de televisão *All in the Family*.

6 Robert Ellickson, *Order without Law:* How Neighbors Settle Disputes, Cambridge, MA: Harvard University Press, 1991.

7 Lisa Bernstein, "Private Commercial Law in the Cotton Industry: Creating Cooperation through Rules, Norms and Institutions", *Michigan Law Review* 90, 2001, pp. 1724-788; "Merchant Law in a Merchant Court: Rethinking the Code's Search for Immanent Business Norms", *University of Pennsylvania Law Review* 144, 1996, pp. 1765-820; "Opting out of the Legal System: Extralegal Contractual Relations in the Diamond Industry", *Journal of Legal Studies* 21, 1992, pp. 115-57. Por razões que se tornarão claras adiante neste capítulo e no capítulo 11, os exemplos do algodão e do diamante são mais complexos porque, ao contrário das normas de caça às baleias e dos fazendeiros de Shasta County, as indústrias do algodão e do diamante, como Bernstein explicou, inscrevem suas normas em livros de regras canônicas e resolvem em tribunais as disputas que as envolvem e a sua aplicação. Assim, uma vez que esse grau de formalidade se consolida, podemos chamar de direito os sistemas de normas formalmente aplicadas das indústrias de algodão e de diamante, apesar de não serem direito de Estado.

8 Ver: Dan M. Kahan, "Privatizing Criminal Law: Strategies for Private Norm Enforcement in the Inner City", *UCLA Law Review* 46, 1999, pp. 1859-72. E sobre muitas normas da cultura de gangues, ver: Jeffrey Fagan, "The Social Organization of Drug Use and Drug Dealing among Urgan Gangs", *Criminology* 27, 1989, pp. 633-70.

9 Ver: Aaron K. Perzanowski, "Tatoos and IP Norms", *Minnesota Law Review* 98, 2013, pp. 511-91.

10 Ver: Dotan Oliar & Christopher Sprigman, "There's No Free Laugh (Anymore): The Emergence of Intellectual Property Norms and the Transformation of Stand-up Comedy", *Virginia Law Review* 94, 2008, pp. 1787-867.

11 Ver, por exemplo: Cristina Bicchieri, *The Grammar of Society:* The Nature and Dynamics of Social Norms, New York: Cambridge University Press, 2006; Jon Elster, *The Cement of Society:* A Study of Social Order, Cambridge, INGL.: Cambridge University Press, 1989; Edna Ullman-Margalit, *The Emergence of Norms*, Oxford: Clarendon Press, 1977. Ver também: Eric Posner, *Law and Social Norms*, Cambridge, MA: Harvard University Press, 2000; Robert Axelrod, "An Evolutionary Approach to Norms", *American Political Science Review* 80, 1986, pp. 1095-111.

12 Ver: Fehr & Fischbacher, "Social Norms"; Toshio Yamagishi, "The Provision of a Sanctioning System as a Public Good", *Journal of Personality and Social Psychology* 51, 1986, pp. 110-6; "Serious of Social Dilemmas and the Provision of a Sanctioning System", *Social Pshychology Quarterly* 51, 1988, pp. 32-42.

13 Ao contrário de Hobbes, pode não ser necessário que as sanções sejam impostas de fora, e membros de grupos cooperativos podem desenvolver e impor suas próprias sanções a potenciais transgressores, de modo a permitir que o grupo de normas persista. Ver: Elinor Ostrom, James Walker & Roy Gardner, "Convenants with and without the Sword – Self-Governance is Possible", *American Political Science Review* 86, 1992, pp. 404-17.

14 Ver: *Alfred F. Beckett, Ltd. V. Lyons* [1976] Ch. 449. 1 All Eng.L.R. 833; *Mills v. Colchester Corp.* [1867] L.R. 2 C.P. 476; Rupert Cross, *Precedent in English Law*, 3. ed., Oxford: Clarendon Press, 1977, p. 160; David J. Bederman, "The Courious Ressurrection of Custom: Beach Access and Judicial Takings", *Columbia Law Review* 96, 1996, pp. 1375-455.

15 *Mercer v. Denne* [1904] 2 Ch. 534, aff'd [1905] 2 Ch. 538 (C.A.). Para uma descrição mais detalhada e uma análise do problema de incorporação do costume ao *common law*, ver: Andrew C. Loux, "The Persistence of the Ancient Regime: Custom, Utility, and the Common Law in the Nineteenth Century", *Cornell Law Review* 79, 1993, pp. 183-218; David J. Bederman, *Custom as a Source of Law*, Cambridge, INGL.: Cambridge University Press, 2010; E. K. Braybrooke, "Custom as a Source of English Law", *Michigan Law Review* 50, 1951, pp. 71-94; Frederick Schauer, "The Jurisprudence of Custom", *Texas Journal of International Law* 48, 2013, pp. 523-34.

16 A categoria daqueles com muita fé no poder normativo do direito parece abarcar, de modo desproporcional, advogados, juízes, professores de direito e estudantes de direito. Mas talvez isso não devesse nos surpreender, não mais do que nos surpreendemos com o compromisso de texanos e sauditas com a importância econômica e de segurança da exploração e perfuração de petróleo.

17 Uma importante e recente análise e um panorama da relação entre direito e mudanças de atitude (e de comportamento) é encontrado em: Kenworthey Bilz & Janice Nadler, "Law, Moral Attitudes, and Behavioral Change", *Oxford Handbook of Behavioral Economics and the Law*, Eyal Zamir & Doron Teichman (eds.), New York: Oxford University Press, 2014. Ver também: Dan M. Kahan, "Social Influence, Social Meaning, and Deterrence", *Virginia Law Review* 83, 1997, pp. 349-95.

18 Ver: Lior Jacob Strahilevitz, "How Changes in Property Regimes Influence Social Norms: Commodifying California's Carpool Lanes", *Indiana Law Journal* 75, 2000, pp. 1232-94.

19 Ver: Lawrence Lessig, "The Regulation of Social Meaning", *University of Chicago Review* 62, 1995, pp. 943-1045. Sobre as normas sociais e o fumo, ver: Edna Ullman-Margalit, "Revision of Norms", *Ethics* 100, 1990, pp. 756-67.

20 Ver: Matthew Iglesias, "Buenos Aires' Dog Poo Problem", *Slate*, 15 out. 2012, in: www.slate.com/blogs/moneybox/2012/10/15/buenos_aires_dog_doo_Argentina's_capital_has_a_log_of_pet_excrement.html.

21 Isto é, supondo que elas sejam moralmente inclinadas, mas nem sempre cientes do comportamento específico que irá desencadear suas inclinações morais. Sobre a distinção entre razões genuínas e fatos que vão desencadear razões genuínas – razões desencadeadoras, ver: David Enoch, "Reason-Giving and the Law", Leslie Green & Brian Leiter (eds.), *Oxford Studies in the Philosophy of Law*, Oxford: Oxford University Press, 2011, v. 1, pp. 1-38.

22 Ibid.

23 A importante distinção entre razões indicativas e intrínsecas é introduzida e desenvolvida por: Donald H. Regan, "Law's Halo", *Philosophy and Law*, Jules Coleman & Ellen Frankel Paul (eds.), Oxford: Basin Blackwell, 1987, pp. 15-30; Donald H. Regan, "Authority and Value: Reflections on Raz's Morality of Freedom", *Southern California Law Review* 62, 1989, pp. 995-1095; e, em maior profundidade, Donald H. Regan, "Reasons, Authority, and the Meaning of 'Obey': Further Thoughts on Raz and Obedience to Law", *Canadian Journal of Law and Jurisprudence* 3, 1990, pp. 3-28.

24 Veja *Cooper v. Aaron*, 358 U.S. 1 (1958).

25 O efeito causal do direito, ou da relevante decisão da Suprema Corte dos Estados Unidos para o caso *Brown v. Board of Education*, 347 U.S. 483 (1954), envolvendo segregação racial, é amplamente reconhecido, mas representou um grande desafio. Ver: Gerald N. Rosenberg, *The Hollow Hope*: Can Courts Bring About Social Change?, Chicago: University of Chicago Press, 1991.

26 Entre os clássicos incluem-se: Leon Festinger & James M. Carlsmith, "Cognitive Consequences of Forced Compliance", *Journal of Abnormal & Social Psychology* 58, 1959, pp. 203-10; Herbert C. Kelman, "Attitude Change as a Function of Response Restriction", *Human Relations* 6, 1953, pp. 185-214. Um bom resumo da pesquisa psicológica que se seguiu é encontrado em: Travis Proulx, Michael Inzlicht & Eddie Harmon-Jones, "Understanding All Inconsistency Accommodation as a Palliative Response to Violated Expectations", *Trends in Cognitive Sciences* 16, 2012, pp. 285-91. Uma aplicação contemporânea às questões jurídicas e políticas é encontrada em: Ann P. Kinzig et al., "Social Norms and Global Environmental Challenges: The Complex Interaction of Behaviors, Values, and Policy", *BioScience* 63, 2013, pp. 164-75. A relação entre normas sociais e sanções é bem analisada em: Cédric Paternotte & Jonathan Grose, "Social Norms and Game Theory: Harmony or Discord?", *British Journal of the Philosophy of Science*, 64, 2013, pp. 551-87.

27 Típica é esta afirmação não documentada: "A maioria das pessoas tende a considerar o direito como tendo força moral, em vez de apenas um custo que se deve levar em conta ao pesar os benefícios e as desvantagens de cursos alternativos de ação" (Milton C. Regan Jr., "How Does Law Matter?", *The Green Bag 2d*, 1998, v. 1, pp. 265-75).

28 A possibilidade de que o direito forneça razões não prudenciais e não morais fundamenta as afirmações daqueles que acreditam na chamada normatividade do direito e que se esforçam para explicá-la. Ver, por exemplo: Jules Coleman, *The Practice of Principle:* In Defense of a Pragmatist Approach to Legal Theory, New York: Oxford University Press, 2003, cap. 7; Scott J. Shapiro, *Legality*, Cambridge, MA: Harvard University Press, 2011, pp. 181-8; Andrei Marmor, "The Nature of Law", *The Stanford Encyclopedia of Philosophy*, em: http://plato.stanford.edu/archives/fall2008/entrues/lawphil-nature/, 2008; Gerald J. Postema, "Coordination and Convention at the Foundation of Law", *Journal of Legal Studies* 11, 1982, pp. 165-203. Nem todos consideram que a normatividade do direito é um problema. Alguns teóricos, em vez disso, abraçam a visão de que qualquer poder normativo, independente da produção ou da sanção do direito *qua* direito, é apenas função da existência (ou não) de uma razão moral para obedecer ao direito apenas porque é o direito. Conferir: Enoch, "Reason-Giving"; Frederick Schauer, "Positivism Through Thick and Thin", *Analyzing Law:* New Essays in Legal Theory, Brian Bix (ed.), New York: Oxford University Press, 1998, pp. 65-78; Torben Spaak, "Legal Positivism, Law's Normativity, and the Normative Force of Legal Justification", *Ratio Juris* 16, 2003, pp. 469-85.

29 H. L. A. Hart, *The Concept of Law*, 3. ed., Penelope A. Bulloch, Leslie Green & Joseph Raz (eds.), Oxford: Claraendon Press, 2012, p. 40 (já abordado no Capítulo 4).

30 Ellickson, *Order without Law*, p. 177; Lewis A. Kornhauser, "Are There Cracks in the Foundations of Spontaneous Order?", *N.Y.U. Law Review* 67, 1992, pp. 647-73; Carol M. Rose, "The Several Futures of Property: of Cyberspace and Folk Tales, Emission Trades and Ecosystems", *Minnesota Law Review* 83, 1998, pp. 129-82.

31 John Stuart Mill, *On Liberty*, London: John W. Parker and Son, 1859.

32 Comerciantes que reduzem significativamente seus preços, a fim de obter vantagem em relação a seus concorrentes, por exemplo, têm muito mais probabilidade de serem condenados do que elogiados pelos seus pares, o que sugere que a norma social, para algumas classes de comerciantes, pode ser uma norma fraca contra cartéis, em vez de condenar a prática.

33 Repetindo um tema recorrente neste livro, isso não é o mesmo que ter uma razão moral para obedecer à lei que exige o pagamento de impostos. Essa distinção correta raramente é observada de forma explícita na literatura sobre conformidade tributária, mas às vezes aparece implícita. Ver: Yair Listokin & David M. Schizer, "I Like to Pay Taxes: Taxpayer Support for Government Spending and the Efficiency of the Tax System", *Tax Law Review* 66, 2013, pp. 179-216.

34 Conferir: Joshua D. Blank & Daniel Z. Levin, "When Is Tax Enforcement Publicized?", *Virginia Tax Review* 30, 2010, pp. 1-37.

35 Hart, *The Concept of Law*, pp. 55-61, 79-91.

36 Sobre a possibilidade de essa norma ser registrada, ou como isso pode ser feito, ver: Ian MacMullen, "Educating Children to Comply with Laws", *Journal of Political Philosophy* 21, 2013, pp. 106-24.

37 Henry David Thoreau, "On the Duty of Civil Disobedience", in *Walden and "Civil Disobedience"*, New York: Signet, 1980, p. 228.

38 Evidentemente, nem são os pedestres de Manhattan ou de Harvard Square que podem representar o extremo oposto.

11. A DIFERENCIAÇÃO DO DIREITO

1 Isso também ocorre atualmente com os bancos de dados *on-line* jurídicos e não jurídicos.

2 Sobre a concepção de que uma descrição do direito deve explicar a maneira como ele pode fazer diferença prática nas nossas deliberações, ver: Jules L. Coleman, "Incorporationism, Conventionality, and the Practical Difference Thesis", *Legal Theory* 4, 1998, pp. 381-425; Scott J. Shapiro, "Law, Morality, and the Guidance of Conduct", *Legal Theory* 6, 2000, pp. 127-70.

3 Existem muitas razões para distinguir o direito do sistema jurídico, mas uma das mais importantes é que os tomadores de decisões jurídicas – paradigmaticamente, os juízes – são claramente parte do sistema jurídico, mas também se valem de dados de entrada (as regras gramaticais, o significado de termos não técnicos e os princípios da aritmética, por exemplo) que não são em si mesmos direito. Permanece em contestação quanto do que os juízes e outros atores jurídicos usam para tomar suas decisões deve ser considerado como direito. Hans Kelsen insistiu que "todo ato de aplicação do direito é apenas parcialmente determinado pelo direito" (*Pure Theory of Law*, 2. ed., Max Knight (trad.), Berkeley: University of California Press, 1967). Também Joseph Raz distinguiu o direito do raciocínio jurídico de advogados e juízes, sustentando que o último recorre, e inevitavelmente deve fazer isso, a grande número de contribuições não jurídicas, incluindo a moralidade, mas não se limitando a ela ("Postema on Law's Authority and Public Practical Reason: A Critical Comment", *Between Authority and Interpretation:* On the Theory of Law and Practical Reason, Oxford: Oxford University Press, 2009, pp. 373-96). Por outro lado, Ronald Dworkin adota, de maneira implícita, uma concepção ampla de direito, que compreende a maior parte do que os juízes fazem e usam como direito (*Justice in Robes*, Cambridge, MA: Harvard University Press, 2008; *Law's Empire*, Cambridge, MA: Harvard University Press, 1986; *Taking Rights Serously*, Londres: Duckworth, 1977). A esse respeito, a compreensão de Dworkin de que o direito é amplamente dependente do que os advogados e juízes fazem e usam é semelhante às teorias institucionais da arte, que definem "arte" em grande parte, em termos do que os artistas e outros membros da instituição da cultura da arte consideram como arte (ver: George Dickie, *The Art Circle: A Theory of Art*, New Haven: Yale University Press, 1984; Stephen Davies, *Definitions of Art*, Ithaka: Cornell University Press, 1991, pp. 78-114). Outros consideram que o direito nada mais é do que a decisão social sobre o que os juízes podem ou não usar, permitindo, assim, concepções muito amplas e restritas dos insumos legítimos usados em argumentos e decisões que são considerados direito (ver: W. J. Waluchow, *Inclusive Legal Positivism*, Oxford: Clarendon Press, 1994; Coleman, "Incorporationism"; Kenneth Einar Himma, "Inclusive

Legal Positivism", *Oxford Handbook of Jurisprudence and Philosophy of Law*, Jules Coleman & Scott J. Shapiro (eds.), New York: Oxford University Press, 2002, pp. 125-65). Os debates entre os que defendem essas posições se prolongam há décadas, sem uma visão clara sobre o seu vencedor ou mesmo sobre o valor de debater, mas, para os nossos fins, tudo o que precisamos aceitar é a noção crua de que existe pelo menos alguma diferença entre a ideia de direito e o conjunto completo de regras, atores e instituições que, juntos, constituem o sistema jurídico.

4 Niklas Luhmann, *The Differentiation of Society*, Stephen Holmes e Charles Larmore (trad.), New York: Columbia University Press, 1984. Sobre a diferenciação do direito em particular, ver: Niklas Luhmann, *Law as a Social System*, Klaus Ziegert (trad.), Fatima Kastner e Richard Nobles (eds.), New York: Oxford University Press, 2008; Niklas Luhmann, *A Sociological Theory of Law*, Martin Albrow e Elizabeth King-Utz (trad.), Londres: Routledge & Kegan Paul, 1985; Niklas Luhmann, *Ausdifferenzierung des Rechts:* Beiträge zur Rechtssoziologie und Rechtstheorie, Frankfurt am Main: Suhrkamp Verlag, 1981.

5 O termo técnico para esse fenômeno de progressivo aumento da diferenciação, adaptado da biologia, é "autopoiese", ao menos para Luhmann e seus seguidores. Ver: Gunther Teubner, *Autopoietic Law:* A New Approach to Law and Society, Berlin: Walter de Gruyter, 1988.

6 Sobre o caminho pelo qual, sobretudo nos Estados Unidos, debates científicos importantes e com consequências políticas são resolvidos por meio de um processo de litígio em que os principais defensores não são os próprios cientistas, conferir: Sheila Jasanoff, *Science at the Bar:* Law, Science and Technology in America, Cambridge, MA: Harvard University Press, 1997.

7 *Prohibitions del Roy* (1607) 12 Co. Rep. 63. Ver também: Edward Coke, *The First Part of the Institutes of the Laws of England; or A Commentary upon Littleton*, Charles Butler (ed.), Londres: E. Brooke, 1809 (primeira edição, 1628). Para comentários, ver, por exemplo: Jerome Bickenbach, "The 'Artificial Reason' of the Law or: What Lawyers Know", *Texas Law Review* 60, 1981, pp. 35-38; John Underwood Lewis, "Sir Edward Coke (1552-1633): His Theory of 'Artificial Reason' as Context for Modern Basic Legal Theory", *Law Quarterly Review* 84, 1968, pp. 330-42.

8 Ver: Gerald J. Postema, *Bentham and the Common Law Tradition*, Oxford: Clarendon Press, 1986, pp. 4-13, 19-27; Anthony J. Sebok, *Legal Positivism in American Jurisprudence*, New York: Cambridge University Press, 1998, pp. 23-32.

9 Conferir: Frederick Schauer, *Thinking Like a Lawyer:* A New Introduction to Legal Reasoning, Cambridge, MA: Harvard University Press, 2009.

10 Os desafios às alegações sobre a natureza diferente, ou mesmo de alguma maneira diferenciada, do raciocínio jurídico têm vindo de diferentes quadrantes, incluindo alguns realistas jurídicos (ver, por exemplo: Jerome Frank, "Are Judges Human? Part One: The Effect on Legal Thinking of the Assumption that Judges Behave Like Human Beings", *University of Pennsylvania Law Review* 80, 1931), de alguns ramos do movimento de Estudos Jurídicos Críticos (ver, por exemplo: Roberto Mangabeira Unger, *The Critical Legal Studies Movement*, Cambridge, MA:

Harvard University Press, 1983) e de alguns estudiosos com compromissos jurisprudenciais bastante diversos (por exemplo: Larry Alexander e Emily Sherwin, *Desmystifying Legal Reasoning*, New York: Cambridge University Press, 2008).

11 Assim, Leslie Green, ao descrever a visão de Joseph Raz, observou que "o direito começa e termina com suas fontes – as leis, os casos e as convenções, na medida em que sua existência e seu conteúdo podem ser verificados por referência a questões de fato social" (Leslie Green, "Three Themes from Raz", *Oxford Journal of Legal Studies* 25, 2005, pp. 503-23).

12 John Gardner, "Legal Positivism: 5½ Myths", *American Journal of Jurisprudence* 46, 2001, pp. 199-227.

13 Uma ênfase na autoridade, ao explicar que a natureza do direito está mais fortemente associada, hoje em dia, aos escritos de Joseph Raz (ver do autor, por exemplo: *Between Authority and Interpretation: On the Theory of Law and Practical Reason*, Oxford: Oxford University Press, 2009; *Ethics in the Public Domain: Essays on the Morality of Law and Politics*, Oxford: Oxford University Press, 1999; *The Authority of Law: Essays in Law and Morality*, Oxford: Clarendon Press, 1979). Evidentemente, há muito neste livro que discute o compromisso metodológico de Raz em identificar as propriedades que o direito necessariamente possui e as implicações da restrição que ele faz à investigação jurisprudencial de tais propriedades essenciais, mas essas discordâncias não são inconsistentes com o reconhecimento da importância especial da autoridade para o direito e para a tomada de decisões jurídicas, nem com o reconhecimento do papel singular de Raz em nos ajudar a entendê-la.

14 Conferir: Scott Hershovitz, "The Authority of Law", *The Routledge Companion to Philosophy of Law*, Andrei Marmor (ed.), New York: Routledge, 2012, pp. 65-75; Scott Hershovitz, "The Role of Authority", *Philosopher's Imprint*, in: www.philosophersimprint.org/011007, mar. 2011; Frederick Schauer, "Authority and Authorities", *Virginia Law Review* 95, 2008, pp. 1931-61; Scott J. Shapiro, "Authority", *Oxford Handbook*, Coleman & Shapiro (eds.), pp. 382-439.

15 Ver: Frederick Schauer, "The Limited Domain of the Law", *Virginia Law Review* 90, 2004, pp. 1909-56. Quanto o domínio é limitado – a extensão em que não são utilizáveis no direito as fontes utilizáveis em ambientes não jurídicos de tomada de decisão – não é apenas uma questão de grau, mas também está sujeita a mudanças com o decorrer do tempo. Ver: Frederick Schauer & Virginia J. Wise, "Non-Legal Information and the Delegalization of Law", *Journal of Legal Studies* 29, 2000, pp. 495-515.

16 Uma forma de entender o influente desafio que Ronald Dworkin propôs a Hart e à tradição moderna do positivismo jurídico é ver que o primeiro negou que a tomada de decisão judicial é ou pode ser restrita ao limitado domínio das fontes identificáveis pela regra de reconhecimento. Ver do autor: *Law's Empire*, Cambridge, MA: Harvard University Press, 1986; *Taking Rights Seriously*, Londres: Duckworth, 1977. Para a elaboração desse entendimento de Dworkin, conferir: Frederick Schauer, "The Limited Domain"; "Constitutional Invocations", *Fordham Law Review* 47, 1997, pp. 1295-312.

17 H. L. A. Hart, *The Concept of Law*, 3. ed., Penelope A. Bulloch, Joseph Raz & Leslie Green (eds.), Oxford: Clarendon Press, 2012, p. 6.

18 Ibid., pp. 7 e 82.

19 H. L. A. Hart, "Positivism and the Separation of Law and Morals", *Harvard Law Review* 71, 1958, pp. 593-629.

20 Ibid., p. 6.

21 Ver: Leslie Green, "The Morality in Law", Oxford Legal Studies Research Paper 12/2013, em: https://paper.ssrn.com/sol3/papers.cfm?abstract-id+2223760.

22 Na verdade, podemos dizer quase a mesma coisa sobre as organizações hoje rotuladas como "terroristas". Mesmo se evitarmos controvérsias sobre quais organizações merecem esse rótulo, sem dúvida pejorativo, e quais não o merecem, é claro que muitas organizações terroristas são complexamente organizadas e altamente racionais e sofisticadas em suas tomadas de decisão. Conferir: Jessica Stern, *Terror in Name of God*: Why Religious Militants Kill, New York: Harper--Collins, 2003. Portanto, não devemos nos surpreender com a descoberta de que muitas organizações terroristas têm regras primárias e secundárias, regras de reconhecimento e a internalização de uma regra de reconhecimento pelos seus líderes e seguidores.

23 O uso linguístico é curioso nesse caso. Referimo-nos ao "direito da OMC", "direito da UE", "direito canônico", mas apenas às "regras" que regem o Marylebone Cricket Club e os funcionários da General Motors. Isso aconteceria porque, no uso comum, a palavra "direito" é reservada a regras que não são apenas canonicamente estabelecidas, mas também existem dentro de organizações que buscam exercer jurisdição abrangente e não limitada? O Marylebone Cricket Club não reivindica o poder de regular a vida de seus mebros em todos os aspectos, mas a Nação Seneca, situada inteiramente dentro das fronteiras dos Estados Unidos, faz isso, assim como a Igreja Católica. A OMC, porém, não faz nenhuma reivindicação desse tipo, e resta-nos descobrir quais tipos de reivindicações e quais tipos de conexões com o Estado são necessárias para que as pessoas associem a palavra "direito" a algumas organizações, mas não a todas as organizações que possuem regras primárias e secundárias, regras de reconhecimento e apenas o tipo de internalização da regra final de reconhecimento que, para Hart, era o determinante mais importante da existência do direito.

24 Deixei de lado as questões ocasionalmente importantes relativas a jurisdição extraterritorial, que podem surgir quando um Estado busca regular as atividades de seus cidadãos no exterior ou de seus próprios cidadãos (ou de suas próprias corporações e associações) de maneira que implicam sobrepor-se, e possivelmente sobrepõem-se, a leis de outros Estados.

25 John Austin, *The Province of Jurisprudence Determined*, Wilfrid E. Rumble (ed.), Cambridge, INGL.: Cambridge University Press, 1995, pp. 164-293.

26 A frequente violência física do hóquei no gelo e a presença tolerada de lutas no hóquei profissional norte-americano envolvem questões jurídicas interessantes e relacionadas. O jogador de hóquei que soca outro jogador pode sofrer a pe-

nalidade da caixa, e o jogador de hóquei que soca outro jogador cinco vezes e depois chuta-o quando está caído pode ser levado para a Penitenciária de Kingston.

Nesse sentido, o sistema jurídico do hóquei não é totalmente limitado, e a interseção entre as leis do hóquei e as leis da província de Ontário apresenta uma questão complexa que se encontra no cerne de muitas questões importantes da teoria jurídica.

27 Max Weber, "Politics as a Vocation", 1919, *From Max Weber:* Essays in Sociology, H. H. Gerth & C. Wright Mills (eds.), New York: Oxford University Press, 1946, pp. 77-128. No mesmo sentido, ver: "O poder [político] é sempre um poder coercitivo respaldado pelo uso de sanções pelo governo, pois somente o governo tem autoridade para usar a força para defender suas leis" (John Rawls, *Political Liberalism*, New York: Columbia University Press, 1993, p. 136).

28 Comparar com: Brian Leiter, "The Demarcation Problem in Jurisprudence: A New Case for Skepticism", *Oxford Journal of Legal Studies* 32, 2011, pp. 1-15. Concordo com Leiter em relação à impossibilidade de demarcação do direito, mas acredito que ele se move muito rápido da premissa dessa impossibilidade ao que me parece uma conclusão cética sobre a possibilidade da diferenciação não demarcadora.

29 Bertrand Russell, "Vagueness", *Australasian Journal of Philosophy* 1, 1923, pp. 84-92.

30 Arthur Ripstein encara o mesmo problema de diferenciar o direito de várias outras instituições – a Federação Canadense de Xadrez é um exemplo – que parecem ter regras primárias e secundárias, reivindicações de autoridade sobre seus membros e o poder de fazer cumprir suas regras de uma forma ou de outra. Para Ripstein, a chave para diferenciar o direito está na natureza de autocertificação dele e no fato de que ele pode usar a força para fazer cumprir seus editos sem requerer a permissão de outro órgão (Arthur Ripstein, "Self-Certification and the Moral Aims of the Law", *Canadian Journal of Law and Jurisprudence* 25, 2012, pp. 201-17). A análise de Ripstein é perspicaz, mas pode ser mais austiniana do que ele gostaria de admitir, na medida em que a linha de separação entre o poder da autocertificação e o que Austin chama de "soberania" é imprecisa. Além disso, parece forçada a tentativa de Ripstein em distinguir o poder de um conselho de condomínio de usar a força para fazer cumprir sua autoridade e o poder de um estado norte-americano de fazer a mesma coisa, já que ambos estão subordinados à autoridade nacional, em termos de presunção de autoridade. Embora se possa presumir que os estados norte-americanos têm o poder de ordenar e realizar uma execução física na ausência de um ato afirmativo de retirada por parte do governo federal, as presunções são diferentes em sistemas menos federalizados, em termos constitucionais, do que os Estados Unidos. De modo mais particular, pode ser que algumas instituições subordinadas tenham pretensões de autoridade jurídica abrangente – os *departments* da França, por exemplo –, embora sua relação com a autoridade nacional seja tal que exista muito menos presunção de autoridade de execução.

31 Scott J. Shapiro, *Legality*, Cambridge, MA: Harvard University Press, 2011, pp. 169-75.

32 Conferir, como parte da ampla literatura: Nigel Harvey, "Confidence in Judgment", *Trends in Cognitive Sciences*, 1997, v. 1, pp. 78-82; Pascal Mamassian, "Overconfidence in an Objective Anticipatory Motor Task", *Psychological Science* 19, 2008, pp. 601-6; Albert E. Mannes e Don A. Moore, "A Behavioral Demonstration of Overconfidence in Judgment", *Psychological Science* 20 (2013), pp. 1-8; Don A. Moore & Paul J. Healy, "The Trouble with Overconfidence", *Psychological Review* 115, 2008, pp. 502-17. E, para uma importante aplicação dessa ideia básica aos muitos disseminados aspectos da vida moderna e da política pública moderna, ver: Sarah Conly, *Against Authonomy:* Justifying Coercive Paternalism, Cambridge, INGL.: Cambridge University Press, 2012.

33 De fato, apesar da sua visão incessantemente favorável sobre o direito, Lon Fuller continua sendo um dos teóricos mais importantes da ideia de que a tomada de decisão jurídica é, por natureza, adequada para algumas tarefas sociais, mas não para outras (Lon L. Fuller & Kenneth I. Winston, "The Forms and Limits of Adjudication", *Harvard Law Review* 92, 1978, pp. 353-409).